Hartmut Rupp unter Mitarbeit von Markus Mühling

Oberstufe Religion

Gott

Herausgegeben von Veit-Jakobus Dieterich und Hartmut Rupp

Lehrerband

Calwer Verlag Stuttgart

Inhalt

Der Calwer Verlag ist Mitglied im Verlagsring Religionsunterricht (VRU)

ISBN 978–3–7668–4149–0

Umschlagentwurf: Rainer E. Rühl, Alsheim
Satz und Herstellung: Karin Class, Calwer Verlag
Druck: AZ Druck und Datentechnik, Kempten

E-Mail: info@calwer.com
Internet: www.calwer.com

Einleitung

Das Thema »Gott« in der Oberstufe des Gymnasiums

Die Relevanz des Themas

Hans-Georg Ziebertz u.a. betonen in ihrer Studie »Letzte Sicherheiten, eine empirische Untersuchung zu den Weltbildern Jugendlicher«,[1] dass die für das Erleben, Urteilen und Handeln bedeutsamen Vorstellungen, wie die Welt als Ganzes konstruiert und menschliches Leben darin verankert ist, in der Regel auf die Konzeption eines Gottes bezogen sind. Dies gilt auch dann, wenn Gott ausdrücklich bestritten wird. Gott bzw. eine höhere Macht bildet gleichsam einen archimedischen Punkt, der das eigene Weltbild bis hin zu den persönlichen Lebensauffassungen unter Beurteilung des politischen Engagements in den Blick bringt.

Diese sozialwissenschaftliche Einsicht macht noch einmal deutlich, worum es bei dem Thema Gott im Religionsunterricht geht: Es geht nicht einfach um Teilbereiche religiösen Lebens, sondern es geht um meist gar nicht deutlich bewusste, in der Regel uneinheitliche Hintergrundüberzeugungen für das eigene Leben. Es geht um die Vorstellungen von dem Selbst, der Welt und einem guten Leben sowie dem, was einen unbedingt angeht und worauf man ganz fest vertraut.

Die Inkonsistenzen werden erkennbar an der Komposition unterschiedlicher Elemente aus verschiedenen religiösen Traditionen, an Unsicherheiten, Fragen, Zweifeln sowie an der Zuneigung zu religionskritischen Konzepten. Deutlich zu betonen ist, dass religionskritische, atheistische oder religionsindifferente Positionen immer auch grundlegende Weltbilder beinhalten, die sich auf das Verständnis des Menschen, der Welt, eines guten Lebens sowie dem, woran das Herze hängt, beziehen.

Ziebertz u.a. weisen darauf hin, dass solche hintergründigen Weltsichten gar nicht so leicht veränderbar sind. Sie verdanken sich lebensgeschichtlichen Erfahrungen, deren Wirkungen auch bei jungen Erwachsenen nicht recht zugänglich sind. Um so mehr aber lohnt es sich, die eigenen Weltsichten zu entdecken, zu klären und zu anderen Sichtweisen in Bezug zu setzen.

Wenn dabei im Unterricht dem christlichen Glauben eine Priorität eingeräumt wird, ohne jedoch andere, durchaus auch kritische Sichtweisen zu ignorieren, dann hängt dies mit zwei Gründen zusammen:

Zum einen wird damit das eigene Wissen um den christlichen Glauben noch einmal überprüft und geklärt; zum anderen wird die christliche Tradition, ihre Inhalte und Formen sowie ihre Reflexionsform, die Theologie, als Bezugsgröße angeboten, an der sich eigene Vorstellungen klären und entwickeln können.

Die Auseinandersetzung mit zentralen Themen der christlichen Gotteslehre wird zur Einsicht führen, dass es Theologie immer um Grundfragen des Lebens und der Erkenntnis der Wirklichkeit als Ganze geht (vgl. U 2).

- □ So stellt der Gottesbegriff die Frage nach dem, was dem Leben eine Mitte und eine innere Orientierung gibt.
- □ Die Geschichte Gottes mit dem Menschen, wie sie die biblisch-christliche Tradition erzählt, stellt die Frage nach den Erfahrungen, die uns prägen und Lebensperspektiven eröffnen.
- □ Die Auseinandersetzung mit den Wegen der Erkenntnis Gottes stellt die Frage, wie Erkenntnis überhaupt sich vollziehen kann und worin die Grenzen vernünftiger Erkenntnis liegen.
- □ Die Auseinandersetzung mit der Bestreitung Gottes lässt unterschiedliche bis gegensätzliche Lebenshaltungen erkennen, die die Frage stellen, was zu einem eigenständigen und verantwortungsvollen Leben führen kann und dieses begründet.
- □ Die Beschäftigung mit der Theodizeeproblematik lässt fragen, wie man Böses, Übles, Leid, Schmerz und Tod bestehen kann.
- □ Der Blick in andere Religionen lässt nicht nur alternative Wirklichkeitskonzepte erkennen, sondern auch fragen, was das Zusammenleben Unterschiedlicher ermöglichen kann.
- □ Die Begegnung mit ausgewählten Biografien stellt die Frage, was das Leben trägt und gelingen lässt.

In diesem Rahmen greift das Material aktuelle Herausforderungen auf, die sich in einer öffentlichen Debatte zeigen, sei es gesellschaftsweit, kirchlich oder innertheologisch. Angenommen wird, dass auch die Schülerinnen und Schüler der Oberstufe dafür ansprechbar sind. Dazu gehören Debatten um den Religionsbegriff (S. 14–15), um Evolution, Kreationismus, Intelligent Design und Schöpfung (S. 16–18), um die Erfahrbarkeit Gottes (S. 48–51), um die Gewalttätigkeit des Monotheismus (S. 56), um die Religionskritik von Richard Dawkins (S. 57–59), um die Theodizeefrage (S. 64–71), um die Möglichkeiten eines interreligiösen Dialogs (S. 72–79), um die Personalität Gottes und das Gebet (S. 5.40f.). Eine besondere Rolle spielt die Auseinandersetzung mit der Trinitätslehre (S. 36–43), in der das Spezifische des christlichen Redens von Gott gesehen wird.

Angezielte Kompetenzen

Mit diesem Ansatz will der Religionsunterricht einen Beitrag für den Erwerb unterschiedlicher Kompetenzen liefern, wie sie in den Bildungsplänen der einzelnen Länder sowie in dem Kerncurriculum der EKD zu finden sind.

Als angezielte Kompetenzen werden im Schülerheft (U 2) konzentriert formuliert:

Schülerinnen und Schüler können

- *über den christlichen Glauben an den biblischen Gott Auskunft geben,*

---

1 Gütersloh / Freiburg 2008.

- *eigene Vorstellungen von Gott, von dem Menschsein, der Welt, einem guten Leben formulieren und dem christlichen Glauben zuordnen,*
- *Grundfragen des Lebens formulieren und unterschiedliche Antworten dazu darstellen und*
- *die Kritik des Gottesglaubens darstellen und sich argumentativ damit auseinandersetzen.*

Diese Kompetenzen und die zu ihrem Erwerb im Heft vorgelegten Inhalte entsprechen den Bildungsplänen der meisten Bundesländer und nehmen fast vollständig die Kompetenzen des EKD Kerncurriculum für die Sekundarstufe II auf[2], die ihrerseits den Einheitlichen Prüfungsanforderungen der KMK für Evangelische Religionslehre[3] gerecht werden wollen. Dazu seien einige Hinweise gegeben:

EKD Kerncurriculum Sek II	**Bezüge im Materialheft**
Die Schülerinnen und Schüler können	
□ erläutern, dass Gott das bezeichnet, woran Menschen ihr Herz hängen und worauf sie sich bedingungslos verlassen, □ darlegen, dass die Bibel einen Gott bezeugt, der sich den Menschen selbst vorstellt und zu erkennen gibt, □ darlegen, inwiefern der Grundkonflikt zwischen Gott und den Göttern nicht nur die Bibel durchzieht, sondern auch die Lebenspraxis von Christen heute prägt, □ den Sinn des Bilderverbots aufzeigen und erläutern, dass das Reden von Gott und unsere Vorstellungen von Gott die Wirklichkeit Gottes nicht erfassen können,	Block B: Was meint das: »Gott«? Block C: Wer ist das: »Gott«? S. 20f. S. 10 Block C: »Wer ist das: Gott«? S. 22f. S. 12
□ aufzeigen, wie sich Menschen als von Gott angesprochen sehen und wie sich dies auf ihr Leben auswirkt, □ die Theodizee-Frage und die Erfahrung der Abwesenheit Gottes als Krise des Glaubens interpretieren, □ die Shoah als tiefste Durchkreuzung des christlichen Redens von Gott deuten und Ansatzpunkte für ein gemeinsames Nachdenken von Juden und Christen über ihren Glauben an Gott benennen und entfalten,	S. 5.6.9.19.25.48.50.79.80 Block G: Warum gibt es Leid? S. 69 Zusatzmaterial Hans Jonas **M 19** s. LH G 29.9.
□ aufzeigen, inwiefern religionskritisches Denken zum Grundbestand biblischen Redens von Gott gehört, □ das religionskritische Konzept Feuerbachs, seine Voraussetzungen und Auswirkungen darstellen und theologisch begründet dazu Stellung nehmen. □ erörtern, wie angesichts von Haltungen wie Agnostizismus, Fundamentalismus und Atheismus heute von Gott theologisch reflektiert geredet werden kann,	S. 63 S. 53–55 S. 60–62
□ die Verwandtschaft des jüdischen Glaubens an den Gott Abrahams, Isaaks und Jakobs mit dem christlichen Bekenntnis zu dem in Jesus zu den Menschen gekommenen Gott darstellen, □ die Trinitätslehre als systematisch-theologische Denkfigur des monotheistischen Christentums mit dem islamischen Gottesverständnis vergleichen, □ aufzeigen, dass alle drei Religionen davon ausgehen, dass der Mensch auf die Gnade Gottes angewiesen ist und Folgerungen daraus für den Umgang miteinander ziehen, □ einen aufklärerischen Lösungsversuch für das Verhältnis der drei Religionen erörtern sowie Perspektiven für den Dialog der Religionen entwickeln.	Block H: Glauben alle Religionen an denselben Gott? bes. S. 72 Block D: Wie ist Gott? S. 36–39 Block H: Glauben alle Religionen an denselben Gott? Hicks S. 78 Ergänzbar Lessing Nathan der Weise

2 EKD Texte 109, Kerncurriculum für das Fach Evangelische Religionslehre in der gymnasialen Oberstufe. Themen und Inhalte für die Entwicklung von Kompetenzen religiöser Bildung, Hannover 2010.

3 Beschlüsse der Kultusministerkonferenz, Einheitliche Prüfungsanforderungen Evangelische Religionslehre Beschluss vom 1.12.1989 i.d.F. vom 16.11.2006, Neuwied 2007.

Das EKD Kerncurriculum sieht die Auseinandersetzung mit biblischen Basistexten vor.

Basistexte	**Erläuterungen**	**Schülerheft**
Ex 3,1–15	Mose am Dornbusch; Gottesname	S. 20f. LH 8.4
Ex 20,1–21	Dekalog	S. 22f. LH 9.2
Mt 19,10–26	Reicher Jüngling	Anschließbar an S. 28f.
Mt 20,1–16	Arbeiter im Weinberg	Anschließbar an S. 30
Ps 22 in Verbindung Mk 14f.	Leiden und Sterben Jesu	S. 33.69 LH 14.1
Hiob	Deutung des Leids im Hiobbuch	S. 67 LH 14.3; 29.1; 29.2
Mt 6,5–15	Vaterunser	S.32; 40f. LH 13.1
Jes 44,6–20	Monotheismus: »Außer mir ist kein Gott«	Anzuschließen an S. 23, s. LH 9.6
Am 5,21–24	Prophetische Sozial- und Religionskritik	S. 24 LH 9.6; 9.7
Röm 8,31–39	Nichts kann uns trennen von der Liebe Gottes	Anschließbar an S. 43; anschließbar auch an Bild S. 25, s. LH 15.3
2. Kor 5,17–21	Lasst euch versöhnen mit Gott	Anzuschließen an S. 78, s. LH 34.4.
Hebr 11,1–12,3	Glaube ist Zuversicht	Anzuschließen an S. 19 und S. 78, s. LH 8.4 und 34.3.
Gal 3,15–29	Christus und das Gesetz	Anschließbar S. 78, s. LH 34.5.

Das Heft bietet vielfache Überschneidungen mit dem Thema Jesus Christus, insbes. im Blick auf Kreuz, Tod und Auferstehung.

Die Leitthemen »Gott im Leben Jugendlicher«, »Gott in der Bibel«, »Die Erkenntnis Gottes«, »Gott und das Leid«, »Religionskritik«, »Gott in anderen Religionen« finden sich in allen Vorgaben für den Religionsunterricht der Kursstufe. Indem immer wieder elementare Fragen zum Ausgangspunkt gemacht werden, wird dazu angeregt solche Fragen immer wieder im offenen Gespräch zu bedenken und dann dazu die vorgeschlagenen Texte »einzuspielen«.

Die Schülerinnen und Schüler

Das Materialheft geht von einer religiös heterogenen Schülerschaft aus, wie U 2 ankündigt und Block A zeigt. Neben kirchlich-religiösen Schülerinnen und Schülern (vgl. Bild S. 4.) wird man religiös-autonome Schülerinnen und Schüler (vgl. Bild S. 3) finden, aber auch religiös-suchende bis hin zu religionskritischen und religiös-indifferenten (S. 4). Gerade in westlichen Bundesländern wird man junge Erwachsene finden, die wie Janine (S. 4) dabei sind, ihren theistischen Kinderglauben in einen jugendlichen Glauben zu transformieren, der vor allem den eigenen Freiheitsansprüchen, aber auch den Geborgenheitsbedürfnissen gerecht werden soll.

Nach Ziebertz u.a.[4] gibt es im Gymnasium kirchlich-christliche Schülerinnen und Schüler (16,7 %), christlich-autonome (27,4 %), konventionell-religiöse (20,6 %), autonom-religiöse (20,0 %) und nicht-religiöse Schülerinnen und Schüler (15,3 %).

- Die »kirchlich-christlichen« Jugendlichen zeigen Nähe zu dem Glauben wie er kirchlich repräsentiert ist. Religion und moderne Gesellschaft passen zusammen.
- »Christlich-autonome« Jugendliche sehen in Religion und Glaube etwas, das sie selbst gemacht haben. Von einer Glaubensgemeinschaft will man unabhängig sein.
- »Konventionell-religiöse« Jugendliche können in Religion und Glaube eine Lebens- und Orientierungshilfe sehen, sehen aber darin kein so wichtiges Thema. Zu religiösen Gruppen sucht man keine Beziehung. Gott ist etwas im Menschen.
- »Autonom-religiöse« Jugendliche stehen in kritischer Distanz zu religiösen Institutionen. Religion und Glaube sind jedoch wichtige Orientierungshilfen im Leben, allerdings muss der Mensch sich diese selber zusammen »basteln«.
- Die nicht-religiösen Jugendlichen kämpfen nicht gegen Religion, sie haben mit Religion einfach nichts zu tun. Religiosität ist für sie Einbildung. Religiöse Angebote mögen für andere wichtig sein, für einen selbst aber nicht.

---

4 Hans Georg Ziebertz, Boris Kalbheim, Ulrich Riegel, Religiöse Signaturen heute, Gütersloh / Freiburg 2003, 391–394.

Anzunehmen ist, dass wie die meisten Menschen auf dieser Erde auch Schülerinnen und Schüler der Oberstufe deutlich der Weltsicht des »Existenzialismus« zuneigen. Sie stimmen dann der Aussage zu: »Das Leben hat nur dann einen Sinn, wenn man ihm selber einen Sinn gibt.« [5] Dieser Haltung entspricht dem Bedürfnis, sich seine eigenen Gedanken und sich selbst ein Bild machen zu wollen. Dem entspricht ein Unterricht, der diskursiv angelegt ist und einem nachdenklichen Gespräch, aber auch der Diskussion von Streifragen Raum gibt.

Lernstandserhebung
Wer Lernzuwächse erzielen und feststellen will, kommt nicht umhin zu Beginn eines Kurses eine möglichst individuelle Lernstandserhebung durchzuführen. Dazu bietet das Heft mehrere Möglichkeiten, die auch zu einer umfassenden Erhebung zusammengefügt werden können. Ausgangspunkt sind dafür die oben genannten Kompetenzziele des Heftes.

Die Möglichkeiten:

(1) Sch. suchen in dem Heft fünf Bilder, die den biblischen Glauben an Gott zum Ausdruck bringen (**M 1**) und erzählen diese nach bzw. halten den Plot dieser Erzählung fest (die Story; Aussagen über Gott). Die Lehrkraft wertet das aus.

(2) Sch. suchen sich aus dem Bildprogramm ein Bild aus, das ihrem eigenen Gottesbild am nächsten kommt und stellen das einander vor.

(3) Sch. erhalten die Leitfragen des Heftes (vgl. Titel der Themenblöcke, SH S. 2) in Form von Fragekärtchen (**M 2**). Sie legen zu zweit fest, was sie wie beantworten können, was sie nicht beantworten können und was sie am meisten interessiert. Die Ergebnisse werden vorgestellt und gemeinsam bewertet.

(4) Sch. formulieren ein Argument, das nach ihrer Einsicht am meisten gegen den Glauben an Gott spricht und formulieren eine Begründung. Die Argumente werden vorgestellt.

Auf dem Hintergrund dieser Erhebungen kann der Kurs gemeinsam geplant werden.

Transparenz
Schülerinnen und Schüler, die einen eigenen Überblick über die Kurseinheit haben, wissen stets wo sie stehen und was noch auf sie zukommt. Sie können damit den Verlauf auch mitsteuern und so Verantwortung für ihr eigenes Lernen übernehmen.

Dazu dient meist die Vorstellung des Bildungsplans und der Blick in das Heft. Was müssen wir unbedingt machen, wo können wir wählen?
Ausgehend von den Leitfragen des Heftes (**M 2**) und ihrer Erörterung kann aber auch gemeinsam festgelegt werden, wie lange man sich mit den einzelnen Teilfragen und damit den Teilthemen beschäftigen will. Die Fragen dienen dann zugleich als advance organizer, d.h. als vorausgehende und begleitende Lernhilfe. Sie zeigen immer an, wo man gerade steht und was noch kommt. Die Karten sollten immer wieder in Erinnerung gebracht werden.

Die Arbeit mit dem Heft
Der Kursunterricht kann sich an den einzelnen Seiten orientieren und einen Kursverlauf planen, indem in den einzelnen Stunden bzw. Doppelstunden immer eine oder zwei Seiten bearbeitet werden. Dazu finden sich in dem Lehrerkommentar jeweils didaktische Erschließungen und Anregungen. Daneben oder stattdessen ist auch ein Kurs denkbar, der stärker auf individuelles Lernen setzt und deshalb Schülerpräsentationen vorsieht oder Teilkapitel projektartig erschließt. Dies führt dazu, dass Schülergruppen sich einzelne Teilthemen selber erarbeiten und diese dann anderen präsentieren.

Vorschlag für einen vierstündigen Kurs »Gott«

Kompetenzziele: *Schülerinnen und Schüler können*

- *über eigene Vorstellungen von Gott sprechen und sie dem christlichen Glauben zuordnen,*
- *die lebensgeschichtliche Bedeutung der Gottesfrage sowie die besonderen Schwierigkeiten einer Rede von Gott erläutern,*
- *über den christlichen Glauben an den biblischen Gott Auskunft geben,*
- *Herausforderungen des Gottesglaubens durch die Theodizee und die Religionskritik darstellen, mögliche Antworten benennen und eine eigene Position formulieren,*
- *Gemeinsamkeiten und Unterschiede des christlichen Gottesbildes mit dem anderer Religionen herausstellen.*

Vorausgesetzt wird, dass im Halbjahr 40 Wochen Unterricht ist, so dass 37 Doppelstunden angenommen werden können.

---

5 Heiner Meulemann, Säkularisierung oder religiöse Erneuerung? Weltanschauungen in 22 Gesellschaften: Befunde und Hinweise einer Querschnittsuntersuchung, in: Bertelsmann Stiftung (Hg.), Woran glaubt die Welt? Gütersloh 2009, 691–723.695

Doppel-Std.	Themen / elementare Fragen	Texte, Bilder etc.	Hinweise, Alternativen
1	Wie steht es mit Gott in meinem Leben? Die Religiosität der SuS	SH S. 4 Janine	Alternativ: SH S. 3 Fragebogen oder Suche nach einem Bild im Heft, das dem eigenen Gottesbild am ehesten entspricht
2	Gott in Rock und Pop Religion in der Alltagskultur	SH S. 6 Bono	Alternativ: SH S. 5 Sido mit dazugehöriger Musik oder: Gott in der Literatur Ergänzend: SH S. 32 Wie sollen wir beten? SH S. 41f. Beten
3	Gott in der Kirche	SH S. 9	
4	Organisation des Kurses und Überblick	1. Vorstellen der Kompetenzziele; Definition von Präsentationsthemen, Klausurtermine etc. 2. Überblick: Der Kurs in Bildern (möglichst DIN A4 laminiert): Bilder SH S. 17, 19, 21, 27, 31, 33, 34, 35, 39, 68, 75, 53	Die Bilder werden interpretiert und in eine Reihenfolge gebracht.
5	Wer ist das: »Gott«? Der Begriff Gott	SH S. 10–11 in arbeitsteiliger Erschließung	Präsentation SH S. 12 Gottesbild in der kath. Theologie
6	Gott – ein Geheimnis	1. SH S. 12 Das Gottesbild in der katholischen Theologie 2. SH S. 13 Gott als Natur und als höchstes Wesen; Pantheismus und Deismus	
7	Wer ist das: »Gott«? Das biblische Gottesbild	SH S. 16f. Gott erschafft Gen 1	Die Bilder dienen als advance organizer
8		SH S. 19 Gott beruft und befreit Abraham Gen 12	Vertiefend: Abraham in Hebr 11 LH 34.3 und Gal 3,15–29 LH 34.5. Ergänzend: SH S. 25 Elia und Paulus; S. 45 Jakob LH 20.4
9		SH S. 20f. Gott beruft und befreit Mose am brennenden Dornbusch, Bedeutung des Gottesnamens Ex 3	
10		SH S. 22f. Gott nimmt in Anspruch (Dekalog inkl. Bilderverbot) Ex 20	Vertiefend Jes 44,6–20 LH 9.6
11		Der richtende Gott; Amos SH S. 24	
12		SH S. 26f. Gott ist mitten im Leben gegenwärtig Lukas 2	Ergänzend: SH S. 28f. Jesus bringt den Menschen Gott (Reich Gottes Botschaft)
13		S. 30f. Gott erbarmt sich Lk 15,11–31	
14		SH S. 33f. Gott leidet mit. Gott will Leben Mk 15; Ps 22, Lk 24	Ergänzend SH S. 69 Der gekreuzigte Gott
15		Gott der Heilige Geist SH S. 35	
16	Klausur 1		
17	Wie ist Gott? Theologische Klärungen	SH S. 36 Die Dreieinigkeit Gottes	Ergänzend: Gott als Person SH S. 41 Kröger Erweiternd: Vergleich mit dem islamischen Gottesverständnis SH S. 73
18		Allmacht und Liebe SH S. 42f.	
19	Wie kann man Gott erkennen?	Gottesbeweise SH S. 44f.	
20		Einstein und Polkinghorne SH S. 46f.	
21		Pascal sowie Mystik SH S. 48; 50f.	
22	Warum gibt es Leid? Theodizeefrage	SH S. 64–66.70f. Arbeitsteilige Erschließung von Leibniz, Epikur, Kushner, Kreiner, Prozesstheologie	Ergänzend: Georg Büchner **M 18** oder Hans Jonas **M 19**
23		Präsentation	
24		SH S. 67 Hiob	
25	Klausur 2		
26	Was spricht gegen den Gottesglauben? Religionskritik	SH S. 52 Kahlau Formen der Religionskritik	

27		Feuerbach und Freud SH S. 54f.	Präsentationen zu Marx oder Nietzsche
28		Dawkins SH S. 57–59	
29		Religiöse Indifferenz SH S. 60	
30	Glauben alle Religionen an den gleichen Gott? Interreligiöser Dialog	SH S. 77 Hindu, Christ und Moslem zugleich	Wenn ausreichend Zeit
31		Arbeitsteiliges Vorgehen: Gottesbilder Islam, Hinduismus, Buddhismus SH S. 72–77	
32		Präsentation und Suche nach Gemeinsamkeiten und Unterschieden	
33		SH S. 72 Der Glaube an Gott im Judentum – Gemeinsamkeiten und Unterschiede von Judentum und Christentum	Vertiefend Gal 3,15–29 LH 34.5
34		Religionstheorien SH S. 78	Ergänzend Positioneller Pluralismus bei Härle
35	Was bedeutet es, mit Gott zu leben?	SH S. 79 Bonhoeffer	
36		SH S. 80 Margot Käßmann	Alternativ: Bonhoeffer evtl. mit Ausschnitten aus dem Film »Die letzte Stufe«
37	Rückblick	Evaluation des Kurses durch Metakognition und Struktur legen	

Vorschlag für einen zweistündigen Kurs »Gott«

Kompetenzziele: *Schülerinnen und Schüler können*

- *über eigene Vorstellungen von Gott sprechen und sie dem christlichen Glauben zuordnen,*
- *über den christlichen Glauben an den biblischen Gott Auskunft geben,*
- *Herausforderungen des Gottesglaubens durch die Theodizee und die Religionskritik darstellen, mögliche Antworten benennen und eine eigene Position einnehmen,*
- *Gemeinsamkeiten und Unterschiede des christlichen Gottesbildes mit dem anderer Religionen herausstellen.*

Vorausgesetzt wird, dass im Halbjahr 20 Wochen Unterricht ist, so dass 19 Doppelstunden angenommen werden können.

Doppel-Std.	**Themen / elementare Fragen**	**Texte, Bilder etc.**	**Hinweise, Alternativen**
1	Wie steht es mit Gott in meinem Leben? Die Religiosität der SuS	SH S. 3 Fragenbogen	SH S. 4 Janine oder: Suche nach einem Bild im Heft, das meinem eigenen Gottesbild am ehesten entspricht
2	1. Gott in Rock und Pop Religion in der Alltagskultur 2. Organisation des Kurses	1. SH S. 6 Bono oder S. 5 Sido mit dazugehöriger Musik 2. Vorstellen der Kompetenzziele; Definition von Präsentationsthemen, Klausurtermine etc.	Alternativ: Gott in der Literatur Ergänzend: SH S. 32 Wie sollen wir beten? S. 41f. Beten
3	Wer ist das: »Gott«? Der Begriff Gott	SH S. 10 Luther Woran dein Herz hängt, das ist dein Gott Beispiel aus dem Alltagsleben	Ergänzend: ebd. Pannenberg Gott die alles bestimmende Wirklichkeit Präsentation SH S. 12 Gottesbild in der kath. Theologie
4	Wer ist das: »Gott«? Das biblische Gottesbild	1. Überblick gewinnen über das biblische Gottesbild mit ausgewählten Bildern (auf laminierten Karten) SH S. 17, 19, 21, 27, 31, 33, 34, 35, 39, 68 2. SH S. 16f. Gott erschafft Gen 1	Die Bilder dienen als advance organizer
5		SH S. 19 Gott beruft und befreit Abraham Gen 12	Vertiefend: Abraham in Hebr 11 LH 34.3 und Gal 3,15–29 LH 34.5 Ergänzend: SH S. 25 Elia und Paulus; S. 45 Jakob

6		SH S. 20f. Gott beruft und befreit Mose am brennenden Dornbusch, Bedeutung des Gottesnamens Ex 3	
7		SH S. 22f. Gott nimmt in Anspruch (Dekalog incl. Bilderverbot) Ex 20	Präsentation zu Amos SH S. S.24 Vertiefend Jes 44,6–20
8		SH S. 26f. Gott ist mitten im Leben gegenwärtig, Lk 2	Ergänzend: SH S. 28f. Jesus bringt den Menschen Gott (Reich Gottes Botschaft)
9		S. 30f. Gott erbarmt sich Lk 15,11–31	
10		SH S. 33f. Gott leidet mit. Gott will Leben Mk 15; Ps 22, Lk 24	
11	Klausur		
12	Wie ist Gott? Theologische Klärungen	SH S. 36 Die Dreieinigkeit Gottes	Ergänzend: Gott als Person SH S. 41 Kröger Erweiternd: Vergleich mit dem islamischen Gottesverständnis SH S. 73
13	Warum gibt es Leid? Theodizeefrage	SH S. 65f. Epikur, Kushner, Kreiner	Ergänzende Präsentationen: Leibniz SH S. 65 oder Prozesstheologie SH S. 70f.
14		SH S. 67 Hiob	
15	Was spricht gegen den Gottesglauben? Religionskritik	1. Formen der Religionskritik 2. Feuerbach SH S. 54f.	Präsentationen zu Freud, Marx oder Nietzsche LH 23.5; 26.4
16		Dawkins SH S. 57–59	Ergänzend: Vergleich mit Einstein und Polkinghorne SH S. 46f.
17	Glauben alle Religionen an den gleichen Gott? Interreligiöser Dialog	SH S. 77 Hindu, Christ und Moslem zugleich SH S. 78 John Hick / Mühling	Wenn ausreichend Zeit: Präsentationen zu Islam, Hinduismus, SH S. 72–75
18		SH S. 72 Der Glaube an Gott im Judentum – Gemeinsamkeiten und Unterschiede von Judentum und Christentum	Vertiefend Gal 3,15–29 LH 34.5
19	Was bedeutet es mit Gott zu leben?	SH S. 80 Margot Käßmann	Alternativ: Bonhoeffer evtl. mit Ausschnitten aus dem Film »Die letzte Stufe«

Kursplanung auf der Basis individualisierenden Lernens

Voraussetzung für den folgenden Kurs ist die Annahme, dass die Schülerinnen und Schüler auch in der Kursstufe unterschiedliche Interessen, Fähigkeiten und Lernstile haben. Die Planung basiert auf den Ergebnissen einer konkreten Lerngruppe und ist deshalb in seinen Details als exemplarisch anzusehen. Die Grundstruktur kann allgemein empfohlen werden.
Der folgende Kurs setzt zunächst einmal Schülerinnen und Schüler einem gemeinsamen Impuls aus (Janine), rechnet aber dann mit ganz unterschiedlichen Reaktionen und vor allem auch Fragen. Diese Fragen werden im zweiten Schritt konstruiert, geprüft und dann zum Ausgangspunkt für individualisierendes Lernen mit dem Heft gemacht. Dazu bedarf es der Definition von Lernaufgaben, die ihrerseits eine gute Kenntnis des Heftes voraussetzen. Je nach Klassensituation müssen die Lernaufgaben neu konstruiert werden. Die Ergebnisse werden präsentiert. Es versteht sich, dass je nach den Fragen sich das Vorgehen ändert. Insofern ist der hier vorgeschlagene Kurs ein Modell für ein solches Vorgehen.
Da ein solches Vorgehen nicht unbedingt die Basics eines solchen Kurses sichert, wird in einem weiteren Schritt ein Überblick über die Breite der Thematik gegeben und die Schülerinnen und Schüler werden angehalten, zusätzlich ein weiteres Basismodul zu erarbeiten.

Kompetenzziele: *Schülerinnen und Schüler können*
- *über eigene Vorstellungen von Gott sprechen,*
- *einen Kurs zum Thema Gott mitplanen,*
- *Grundfragen des Glaubens formulieren und dazu eigenständig Antworten entwerfen,*
- *über den christlichen Glauben an den biblischen Gott Auskunft geben,*
- *Herausforderungen des Gottesglaubens durch die Theodizeefrage und die Religionskritik darstellen, mögliche Antworten benennen und eine eigene Position einnehmen,*
- *Gemeinsamkeiten und Unterschiede des christlichen Gottesbildes mit dem anderer Religionen herausstellen.*

	Inhalt – Vorgehen	Std.	Kommentar
1	Auseinandersetzung mit **Janine** (SH S. 4) – Wie alt ist Janine? – Worin stimme ich Janine zu? – Wo kann ich ihr nicht zustimmen?	2	Zielrichtung ist die Religiosität der Schülerinnen und Schüler. Die These ist, dass viele sich in der Nähe von Janine sehen.
2	Auswerten der schriftlichen Texte und Formulieren von **Schlüsselfragen,** zum Beispiel: – Wie kommt man zum Glauben an Gott? – Ist Gott Person? – Macht Glaube unfrei? – Warum glauben so viele an eine höhere Macht? – Was ist das eigentlich: »Schicksal«? – Hilft Gott auch in schweren Zeiten? – Gibt es Engel? Vergewisserndes Gespräch über die Fragen	1	Die Fragen basieren auf der Grundlage einer konkreten Erhebung. Dieser Schritt ist zeitaufwändig, liefert aber wichtige Hinweise zum Verständnis der eigenen Schülerinnen und Schüler sowie der Lebensphase, in der sie sich befinden. Die Schlüsselfragen verdanken sich der Sichtweise der Lehrperson und bedürfen der Rückkopplung: »Ist das Ihre Frage?«
3	**Definition und Bearbeitung von Lernaufgaben** auf der Basis der Fragen und des zur Verfügung stehenden Materials. Wichtig ist die schriftliche Formulierung des Ergebnisses (siehe unten).	6–8	Dieser Schritt muss jeweils neu entwickelt werden. Es setzt eine gute Kenntnis der vorliegenden Materialien voraus, kann selbstverständlich durch andere ergänzt werden.
4	**Ausführliche Präsentation und Erörterung der eigenen Ergebnisse** im Sinne einer GFS (jeweils 45 Minuten). Alle Schülerinnen und Schüler bekommen das Handout für ihre eigenen Unterlagen. Abschließend Klären neu entstandener Fragen.	6–8	
5	Überblick über das Thema Gottesglauben anhand von ausgewählten Bildern (**Advance organizer**) Was erzählen diese und wie gehören sie zusammen? Welche Fragen lösen sie aus? – Lyonel Feininger: Marktkirche Halle (SH S. 9) – Mikalojus Ciurlionis: Opfer (SH S. 17) – Wiener Genesis: Abraham (SH S. 19) – Marc Chagall: Brennender Dornbusch (SH S. 21): – Antonius van Dyck: Anbetung der Hirten (SH S. 27) – Rembrandt: Verlorener Sohn (SH S. 31) – Guercino: Thomas (SH S. 34) – Andrej Rubljew: Dreieinigkeit (SH S. 37) – William Blake: The ancient of days (SH S. 68) – Lovis Corinth: Das große Martyrium (SH S. 69) – Trimurti (SH S. 75)	2	Falls möglich sollten die Bilder auf DIN A4 gebracht und laminiert werden. Dann kann man sie verschieben und zuordnen. Denkbar ist auch eine Power Point mit den Bildern. Die Bilder werden dann nacheinander betrachtet und erläutert und gedanklich zusammengefügt
6	**Individuelle Arbeit an Basics** Vorgelegt werden verschiedene Fragekarten (DIN A5), die alle in Tandems bearbeitet werden können. Auf den Fragekarten wird die Antwort notiert (wie bei einem Katechismus). – Was ist das: »Gott«? (Luther SH S. 10) – Was meint: »Die Welt ist Schöpfung Gottes«? (SH S. 16f.) – Was hat Jesus mit Gott zu tun? (SH S. 26f.28) – Was meint Dreieinigkeit? (SH S. 36) – Ist Gott allmächtig? (SH S. 43) – Glauben Hindus, Buddhisten und Christen an denselben Gott? (SH S. 74f.76) – Wie passen Glaube an Gott und die moderne Naturwissenschaft zusammen? (SH S. 46.47.57) – Was unterscheidet Glaube und Wissen? – Was meint: der »liebe Gott«? (SH S. 42)	4	Grundsätzlich ist jetzt auch ein linearer gemeinsamer Verlauf möglich. Weitere Basics können ergänzt werden
7	**Vorstellen und Diskussion der Antworten. Möglichkeit der Vertiefung** Alle bekommen die Antworten und fertigen einen eigenen »Katechismus«.	6–8	
8	**Evaluation durch Metakognition**: – Wie habe ich gelernt? Was fiel mir schwer? Was fiel mir leicht? – Was habe ich Neues entdeckt und verstanden? Was bleibt mir unklar? Welche Fragen stellen sich mir jetzt? – Wie beurteile ich meinen Lernertrag?	2	
		ca. 32 Std.	

Lernaufgaben (zu Schritt 3)

Wie kommt es zum Glauben an Gott?

Die Geschichte des Christentums durchzieht die Frage, ob der Glaube an Gott eine Konstruktion des Menschen ist, oder ob der Glaube von Gott geschaffen wird.

Diese Frage wurde von Ludwig Feuerbach (SH S. 54) und Sigmund Freud (SH S. 55) verschärft, aber auch in der Theologie aufgenommen (SH S. 63 Karl Barth). In der Bibel wird immer wieder von Begegnungen mit Gott erzählt, in denen Menschen vollkommen überrascht werden und dadurch eine neue Lebenseinstellung und einen neuen Lebensweg eingeschlagen haben, so Abraham (SH S. 19), Elia (SH S. 25) und Mose (SH S. 20f.)

1. Erarbeiten Sie sich die Position von Feuerbach und Freud. Wie beurteilen sie den Glauben an Gott?
2. Finden Sie heraus, was in den Gottesbegegnungen von Abraham, Mose und Elia ähnlich oder gleich ist.
3. Beziehen Sie die Position von Karl Barth auf diese Einsichten.
4. Formulieren Sie schriftlich Ihre Antwort auf die Ausgangsfrage und vertreten sie diese vor dem Kurs. Achten Sie auf begründende Argumente.

Ist Gott eine Person?

Viele Menschen heute tun sich mit der Vorstellung von Gott als Person schwer. Gebetsworte wie »Vater unser im Himmel« sind ihnen fremd geworden. Andere aber halten an der Personalität Gottes fest und verweisen darauf, dass man ohne diese Vorstellung nicht mehr beten könne.

1. Erarbeiten Sie sich die Positionen von Reimann (SH S. 40), Brümmer (SH S. 40f.) und Kröger (SH S. 41) zur Frage der Personalität Gottes. Worin unterscheiden sich die Positionen?
2. Klären Sie, woran Einstein (SH S. 46) glaubt. Was unterscheidet ihn von Kröger?
3. Formulieren Sie schriftlich Ihre Antwort auf die Ausgangsfrage und vertreten sie diese vor dem Kurs. Achten Sie auf begründende Argumente.

Macht der Glaube an Gott unfrei?

Der Glaube an Gott stellt den Menschen in Beziehung zu Gott. Kritiker sehen darin eine Abhängigkeit und den Grund für menschliche Unfreiheit. Sie lehnen dann um der Autonomie des Menschen willen den Glauben an Gott ab. Vertreter dieser Sichtweise sind Ludwig Feuerbach (SH S. 54), Sigmund Freud (SH S. 55), aber auch Karl Marx (Zusatztext **M 12**). Vertreter des biblischen Glaubens vertreten eine andere Sichtweise: Gerade die Beziehung zu Gott macht frei und hält an, sich für Freiheit einzusetzen.

1. Erarbeiten Sie sich die Position von Feuerbach und Freud.
2. Bestimmen Sie, worauf biblische Texte wie Ex 3 (SH S. 20f.), Ex 20 (SH S. 22f.), Amos (SH S. 24) und Lukas 4 (SH S. 21.28) zielen.
3. Formulieren Sie schriftlich Ihre Antwort auf die Ausgangsfrage und vertreten sie diese vor dem Kurs. Achten Sie auf begründende Argumente.

Hilft Gott in schweren Zeiten?

Viele Menschen haben erfahren, dass Gott auf ihre Bitte hin in Notzeiten nicht einzugreifen scheint. Diese führte zu Fragen, Zweifel, Nachdenken und zum Teil auch zur Absage an den Glauben an Gott. Wie kann es sein, dass ein Gott, der allmächtig und gütig ist, nicht eingreift, wenn Menschen unverschuldet in Not geraten?

In der Geschichte des Glaubens haben Menschen auf diese existenzielle Frage ganz unterschiedliche Antworten gefunden.

1. Rekonstruieren Sie die Antworten von Leibniz (SH S. 64), Kushner (SH S. 66), Moltmann (S. 69), Kegler (S. 67) und Bonhoeffer (S. 69) und formulieren Sie eine knappe Zusammenfassung. Berücksichtigen Sie dabei auch Positionen, die angesprochen, aber abgelehnt werden.
2. Erweitern Sie diese Positionen um die Position des Buddhismus (SH S. 76).
3. Formulieren Sie schriftlich Ihre Antwort auf die Ausgangsfrage und vertreten Sie diese vor dem Kurs. Achten Sie auf begründende Argumente.

Warum glauben Menschen an eine höhere Macht oder ein höheres Wesen?

Für viele ist der Glaube an ein höheres Wesen oder eine höhere Macht näher liegend als der Glaube an einen himmlischen Vater (Vater Unser SH S. 32) oder den Vater, den Sohn und den Heiligen Geist (SH S. 9). Fragt man sie nach den Gründen, so tun sie sich gar nicht so leicht. Hier hilft ein Blick in die französische Aufklärung, die einen Kult des höchsten Wesens proklamiert hat (SH S. 13).

1. Suchen Sie zunächst einmal selber Gründe, warum Menschen den Glauben an ein höheres Wesen oder eine höhere Macht dem Glauben an einen himmlischen Vater (vgl. Vater Unser) vorziehen.
2. Arbeiten Sie heraus, was die Französische Revolution bewegt hat, ein höheres Wesen zu verehren. Bestimmen Sie auch Gründe, warum dieser Glaube sich damals nicht halten konnte.
3. Formulieren Sie schriftlich Ihre Antwort auf die Ausgangsfrage und vertreten sie diese vor dem Kurs. Achten Sie auf begründende Argumente.

Was ist das: »Schicksal«?

Die Aussage »Schicksal!« wirkt resignativ. Der Glaube an das Schicksal durchzieht die ganze Menschheitsgeschichte und findet sich z.B. auch in der griechischen Mythologie, in der von den »Moiren«, den Schicksalsgöttinnen, erzählt wird (wikipedia).

1. Entwerfen Sie das Wirklichkeitsverständnis eines Menschen, der an das Schicksal glaubt. Wie seht er die Welt, das Leben und seine eigenen Handlungsmöglichkeiten?
2. Vergleichen Sie dieses Wirklichkeitsverständnis mit dem Glaubensbekenntnis von Dietrich Bonhoeffer (SH S. 9) und den Lebensauffassungen jener Menschen, von denen Steffensky erzählt (SH S. 62).
3. Formulieren Sie schriftlich Ihre Antwort auf die Ausgangsfrage und vertreten sie diese vor dem Kurs. Achten Sie auf begründende Argumente.

Gibt es Engel?

Engelwesen gibt es in verschiedenen Religionen. Sie sind Mittler zwischen Transzendenz und Immanenz. Das deutsche Wort Engel kommt vom griechischen »*angelos*«, Bote.

Im christlichen Glauben werden demnach Engel als Boten Gottes verstanden. Sie stehen alle in Beziehung zu Gott, selbst die gefallenen Engel. Die Bibel enthält viele Engelgeschichten, z.B. Gen 28 (SH S. 45 Bild) oder Lukas 2 (SH S. 26f.). Sie begegnen auch in Liedern (Von guten Mächten) und Gebeten (Luthers Morgen- und Abendsegen). Wahrzunehmen ist aber auch, dass Engel auch ganz ohne Gott gedacht werden können (vgl. Engellieder in der Popszene). Manche sehen in den Engeln eine Konkurrenz zur Größe und Einzigkeit Gottes und zu der zentralen Offenbarung in Jesus Christus. Wieder andere können mit Engeln gar nichts anfangen. Sie sagen dann z.B. »Ich glaube nur, was ich sehe.«

1. Finden Sie in der Bibel mithilfe einer Konkordanz Geschichten mit Engeln. Nicht alle sind Begleiter von Menschen! Arbeiten Sie heraus, welche Erfahrungen mit Engeln verbunden sind, und entwerfen Sie dazu eine Mindmap.
2. Entwerfen Sie eine Theorie, wie Engel und Gott zusammengehören könnten.
3. Formulieren Sie schriftlich Ihre Antwort auf die Ausgangsfrage und vertreten Sie diese vor dem Kurs. Achten Sie auf begründende Argumente.

Vorschläge für Schüler/innen-Präsentationen

Das Heft erlaubt vielfältige Schülerpräsentationen, die eingangs vorgestellt und gewählt werden. Grundlage für die Platzierung sind die oben dargestellten Kursverläufe. Selbstverständlich gibt es weitere Möglichkeiten.

	Themen	Heft S.	Hinweise
1	Gott in Rock und Pop	S. 5.6.64	z.B. auch Xavier Naidoo, U 2
2	Gott in Gedichten	S. 8.9.18.61	
3	Der Glaube in unserer Gemeinde	S. 9.4 Bild	
4	Der theologische Hintergrund der Chroniken von Narnia	S. 7	Markus Mühling, Gott und die Welt in Narnia, Göttingen 2005 (TB)
5	Gott im Internet	S. 5 Bild	
6	Das Weltbild in Superman	S. 71	
7	Vorstellen des Romans von W.M. Paul Young: »Die Hütte«	S. 38	
8	Vorstellen des Romans von Yann Martel: »Schiffbruch mit Tiger«	S. 77	
9	Gott im Film		z.B. »Bruce Allmächtig«
10	Gottesbilder in der Kunst: Nolde, Blake, Chagall	S. 8.68.21	
11	Keith Haring, Bilder zu den zehn Geboten	S. 23	
12	Der Glaube von Dietrich Bonhoeffer	S. 9.69	Von guten Mächten wunderbar geborgen Bonhoeffer Film »Die letzte Stufe«
13	Biografie und Einsichten von Blaise Pascal	S. 48	Hans Küng, Existiert Gott?, 1978, 64–118
14	Definitionen: Pantheismus, Deismus, Panentheismus, Theismus, Polytheismus, Henotheismus	S. 13	
15	Definitionen: Atheismus, methodischer Atheismus, praktischer Atheismus, Agnostizismus		
17	Was ist Religion?	S. 14f.	
18	Gotteserfahrungen in der Bibel: Abraham, Jakob, Mose, Elia, Paulus, Jesu Taufe, Jesus und die Kinder	S. 25.45	Weitere Texte möglich
19	Die Gotteserfahrung von Luther	S. 42	Luther-Film
20	Pro und Contra Beten	S. 5.32.41f.	
21	Bildbetrachtung: Dreieinigkeits-Ikone von A. Rubljew	S. 37	
22	Bildbetrachtung: Hildegard von Bingen, Die wahre Dreiheit in der wahren Einheit	S. 51	
23	Biografien von Einstein und Polkinghorne	S. 46.47	
24	Mystik	S. 50f.	
25	Religionskritik von Marx		Zusatzmaterial LH M 12 Hans Küng, Existiert Gott? 1978, 251–298
26	Religionskritik von Nietzsche		Zusatzmaterial LH M 13 Hans Küng, Existiert Gott? 1978, 383–470
27	Religionskritik von Karl Barth	S. 63	
28	Religionskritik von Georg Büchner		Zusatzmaterial LH M 18
29	Vorstellen des Hiobbuches	S. 67	
30	Vorstellen des Films über Bonhoeffer	S. 79	»Die letzte Stufe«
31	Zusammenfassung: Der christliche Glaube an Gott		
32	Interview mit einem Vertreter einer anderen Religion. Wer ist für dich Gott? Was heißt für dich an Gott glauben?	S. 72–76	

Evaluation

Jeder Kurs sollte es sich zur Aufgabe machen, am Ende das Lernergebnis zu erheben, auf den Kurs zurückzublicken und den gemeinsamen Lerngang noch einmal prüfend zu würdigen. Lernpsychologisch gesehen verbessert dies die Nachhaltigkeit des Lernens.

Folgende Formen der Evaluation sind denkbar:

- Struktur legen: Die Schülerinnen und Schüler erhalten wichtige Begriffe auf kleinen Kärtchen und gestalten daraus im Tandem ein Begriffsbild möglichst auf DIN A3. Dieses wird mit einem anderen Tandem besprochen und bei Bedarf ergänzt, korrigiert etc. Am Ende werden die Begriffsbilder vorgestellt.
- Zu jeder Doppelstunde bekommen zwei Schülerinnen bzw. Schüler die Aufgabe, einige wenige Fragen zu formulieren, um die es in der Sequenz gegangen ist, und dazu die Antworten zu benennen. Frage und Antwort werden auf einer Lernkarte festgehalten. Die Lernkarten werden zum Schluss verteilt und wechselseitig abgefragt. Daraus kann man ein Spiel machen.
- Die Leitfragen der einzelnen Kapitel werden verteilt und dazu in Partnerarbeit Antworten formuliert. Die Antworten werden vorgestellt.
- Verwenden einer »Feedback-Landschaft« **M 25**: Die eigene Befindlichkeit auf dem Bild wiederfinden (z.B. Ich bin am Ende eines Tunnels).
- Metakognition: Am Kursende beantworten alle Schülerinnen und Schüler folgende Fragen (vgl. **M 26**):
  Was hat mir am besten gefallen? Mit was konnte ich nichts anfangen?
  Was ist mir neu aufgegangen? Welche Fragen stellen sich jetzt noch?
  Was hat mir Spaß gemacht? Was hat mir keinen Spaß gemacht?
  Welches Vorgehen hat es gebracht? Was sollte man in Zukunft vermeiden?
- Schülerinnen und Schüler überprüfen die Kompetenzen in U 2. Zu wieviel Prozent kann ich das nun?
- Bearbeiten von Anforderungssituationen wie z.B. diese: Die junge Familie ist gerade umgezogen, der Garten noch nicht angelegt, und so sieht man eines Morgens aus dem Fenster blickend den Gärtner dort stehen, wie er mit prüfendem Blick auf Erdaushub und unstrukturiert Wachsendes Vorschläge zur Gestaltung entwickelt und einen Mitarbeiter für die ersten Schritte der Umsetzung anweist. In der typischen leichten Körperfülle von Menschen »mittleren Alters« steht er da, lockig das leicht ergrauende Haar und mit einem stattlichen Vollbart. Die fünfjährige Lena versetzt dieser Anblick in tiefe, ernsthafte Aufregung, die sie flüstern lässt: »Ist das der liebe Gott?« ...

Aus: Ulrike Link-Wieczorek, Wer ist das eigentlich Gott? Eine religionspädagogische Annäherung, in: Religion 5–10, 1/2011, S. 4.

A: Wie steht es mit Gott in unserem Leben?

Themenblock A soll Raum geben, die eigene Position zum Thema Gott zu formulieren und zu vertreten, bei Bedarf auch (neu) zu entdecken. So haben die Seiten 3–9 auch den Charakter einer Eingangsdiagnose oder Lernstandserhebung im Blick auf die Gottesvorstellungen der Schülerinnen und Schüler (vgl. insbesondere SH S. 3 und 4). Dabei soll von Anfang an auch einbezogen werden, dass Glaubensvorstellungen in sich recht heterogen sein können und Schülerinnen und Schüler diese vor allem mit dem Anspruch formulieren, sie selbst gebildet zu haben. Nahezu alle Jugendliche und jungen Erwachsenen sind davon überzeugt, dass jeder und jede es mit sich selbst ausmachen muss, was das eigene Leben bedeutet und welche Rolle darin Gott, Religion und Glaube spielen. Der Glaube an Gott wird als persönliche Entscheidung begriffen. Darüber hinaus sollen die Schülerinnen und Schüler aber auch Einblick gewinnen in die Präsenz des Gottesthemas in der eigenen Alltagswelt und darüber hinaus. Von Gott wird nicht nur in der Kirche gesprochen (SH S. 9), sondern auch in der Musik (SH S. 5.6), in der Literatur (SH S. 7.8) und in Videospielen (SH S. 5). Das Heft zeigt in seiner vielfältigen Auswahl von Bildern, dass das Thema Gott auch in der darstellenden Kunst präsent ist.
Weitere Begegnungsfelder wären zu finden: so im Fernsehen (Serien, Fernsehgottesdienste), im Sport (Fußballer wie Cacau vom VfB Stuttgart), Videospiele, Werbung und in der modernen Kunst. Von Anfang an soll aber ernst genommen werden, dass es neben dem Glauben an Gott auch die Ablehnung Gottes sowie eine religiöse Indifferenz gibt, die ohne einen Gottesbezug problemlos das eigene Leben gestaltet und dabei nichts vermisst. Nach einer Studie von Hans-Georg Ziebertz kann davon ausgegangen werden, dass die Mehrzahl der Schülerinnen und Schüler weder kirchlich-christlich noch nicht-religiös eingestellt sind. (s. Einleitung)

Als Kompetenzziel kann formuliert werden: *Schülerinnen und Schüler können*

- *über ihre eigenen Glaubensvorstellungen Auskunft geben und diese anderen Sichtweisen zuordnen,*
- *Formen des Gottesglaubens im Alltag wahrnehmen und deuten.*

Mögliche Präsentationsthemen:

- Christliche Religion in Liedern der irischen Rockband »U 2«
- Der religiöse Hintergrund der Narnia-Chroniken
- Gott in Liedern der Rock- und Popszene
- Religiöse Motive in der Werbung
- Die Rede von Gott in einem Sonntagsgottesdienst
- Gott in Liedern von Xavier Naidoo

1. Wie glauben und denken Jugendliche?

Das Material will unterschiedlichen religiösen Einstellungen Raum geben und dabei auch deren Hintergründe erhellen. Dazu gehört nicht nur der theistisch geformte biblisch-christliche Glaube, wie er in christlichen Kirchen verkündigt wird (SH S. 16–35.36–43) oder unterschiedliche religionskritische Positionen (SH S. 52–59), sondern auch ein Glaube an eine höhere Macht (SH S. 13), der Glaube an eine göttliche Durchdringung der Natur (SH S. 13) sowie eine religiöse Indifferenz, die Gott weder kennt noch braucht (SH S. 4.60.61). Zu vermuten ist, dass sich diese unterschiedlichen Formen der Religiosität auch unter den Schülerinnen und Schülern finden. Da diese davon ausgehen, dass ihr Gottesverständnis ihre eigene Wahl ist (s.o.) und daher das Individuum Ausgangs- und Bezugspunkt des Gottesglaubens ist, wird der Vorschlag gemacht, zunächst bei den Jugendlichen bzw. den jungen Erwachsenen selbst anzusetzen und dabei auch die Unterschiedlichkeit in der Lerngruppe wahrzunehmen.

1.1 Aussagen aus einem Fragebogen (SH S. 3)

Der Fragebogen stammt aus der Studie von Hans Georg Ziebertz u.a., Religiöse Signaturen heute. Er wurde 15-jährigen Gymnasiastinnen und Gymnasiasten mit den Kategorien 1 bis 5 vorgelegt (1 = starke Ablehnung; 5 = starke Zustimmung). Aufgrund von Pre-Tests ging man von 10 unterschiedlichen Gotteskonzepten aus, die Ziffern benennen das jeweilige Item:

- der biblisch-christliche Glaube (13.15.20.21)
- die humanistische Rede von Gott (11.16)
- Gottes immanente Präsenz (4.8)
- ein deistisches Gottesbild (7.9.12)
- eine kosmologische Deutung des Göttlichen (3.14.18)
- ein Metatheismus mit einem abstrakten Gottesbild (1.2.5)
- eine religionskritische Position (17.22)
- eine atheistische Haltung (23.24)
- eine agnostische Position (10)
- eine »barocke« Sichtweise (25).

Es gehört nicht zu den Erwartungen des Fragebogens, dass sich die Schülerinnen und Schüler nach diesen Kategorien aufteilen lassen. Vielmehr ist davon auszugehen, dass sich Cluster bilden, die unterschiedliche Akzentsetzungen enthalten und so ein eigenes Profil bilden. So ist es vorstellbar, dass Gott als eine höhere Macht angesehen wird, die sich in jedem Mensch zeigt. Das Ganze kann sodann mit einer agnostischen Fraglichkeit verbunden sein.

1.2 Bild: Dios es Amor (SH S. 3)

Das Foto zeigt einen tätowierten jungen Mann aus der Punkszene, der bekennt, dass Gott Liebe ist und sein Herz für Bruderschaft (»brotherhood«) entflammt ist. Die interessante Frage ist, ob und wie wohl die anderen Körperteile tätowiert sind. Was würde dieser junge Mann bei dem Fragebogen ankreuzen? Wie mag er leben? Ist das »echt«? Der junge Mann, der von seinem Äußeren ein »Jesus-Freak« sein könnte, erweist sich als ein Anhänger Krishnas, der vegan lebt, den Drogen abgeschworen hat und zu den »Hardline-

Straight-Edger« zählt: Don't drink, don't fuck, don't smoke (Ian MacKaye von Minor Threat in Stride Age). Diese Gruppierung will ganz nach dem Gesetz der Natur leben. Natur ist heilig.
Lars, so der Name der abgebildeten Person, ist Realschullehrer und hat von Krishna den Weg des Lebens gezeigt bekommen; er besucht einen hinduistischen Tempel in Zürich. Die Bhagavad-Gita ist seine Heilige Schrift. Er hat einen Hausaltar und opfert Früchte und Speisen. Er singt immer wieder das »Hare Krishna«, was ihn Gott näher bringt. Nach seiner Sicht haben alle Menschen das gleiche Ziel, nämlich den Weg zu Gott zu finden und glückselig zu werden. Dieser Gott ist für alle Menschen der Gleiche. Für seine Überzeugungen würde Lars in den Tod gehen, wie er sagt. Das Foto repräsentiert somit eine eigenständige ernsthafte Religiosität in Mitteleuropa, die auf Inhalte und Formen asiatischer Religion zurückgreift (SH S. 74f.), sich aber auch Motiven einer weltweiten Subkultur bedient (Straight-Edge).

1.3 Fragen an Janine (SH S. 4)

Das Interview mit Janine gehört zu den qualitativen Daten der Religiositätsstudie von Hans Georg Ziebertz, Boris Kalbheim und Ulrich Riegel. Janine ist 17 Jahre alt und besucht ein Gymnasium in Franken. Sie bildet in dem Heft nahezu ein Modell für die Schülerinnen und Schüler eines Kurses. Die These lautet, dass sich viele Gleichaltrige Janine nahe sehen. Deshalb sei ihren Aussagen etwas intensiver nachgegangen: Janine entwickelt ihre Vorstellungen von Gott und den Menschen als Antwort auf die Frage nach Gott. »Glaubst du an Gott?« Es stellt sich die Frage, ob Jugendliche nur dann explizit religiös argumentieren, wenn sie religiös angesprochen werden.
Die Aussagen selbst sind als religiös zu bezeichnen, da sie ein grundlegendes Verständnis von dem Selbst, der Welt, einem guten Leben und von dem, worauf man sich verlassen kann, entwickeln. Sie sind jedoch auch als theologisch zu bezeichnen, da sie die eigenen Vorstellungen argumentativ entfalten und persönlich begründen. Der reflexive Charakter ist durchgängig zu erkennen.
Janine entwickelt ihre Position, indem sie zunächst einmal ein vorsichtiges Bekenntnis ablegt. »Also ich denke schon, dass jeder Mensch von einer höheren Macht begleitet wird, die ihn beschützt und in gewissen Dingen auch leitet.« Daraufhin legt sie dar, was sie ablehnt (9 mal »nicht«), um sodann ihren individuellen Glauben zu entwickeln (»ich glaub'«, »ich finde«, »ich denke«). Allerdings zieht sich die Abgrenzungslinie durch den ganzen Text. Janine folgt einem Schema wie es z.B. von der Barmer Theologischen Erklärung bekannt ist.
Abgelehnt wird die Vorstellung, dass es einen Gott gibt,

- der für alle Menschen gleich ist und deshalb von allen Menschen mit dem gleichen Namen angesprochen wird,
- der die Welt und die Menschen erschaffen hat, allgegenwärtig ist, über alle Menschen wacht und für den alle gleich sind,
- der die Menschen leitet, sie wie eine Marionette in der Hand hält, deren Lebensweg absolut vorher bestimmt, so dass Menschen daran nichts ändern können,
- der über alle Menschen wacht und alle Menschen begleitet und
- der allmächtig ist.

Janine grenzt sich von einem theistischen Gottesglauben ab, den sie offenkundig mit der Bibel verbindet und wohl auch früher geteilt hat (zwei Mal »nicht mehr«). Daraus könnte man auf eine kirchlich-religiöse Sozialisation von Janine schließen.
Zu vermuten ist, dass diese kritische Abgrenzung auch mit einer Distanzierung gegenüber einer kirchlichen Frömmigkeit einhergeht, die in ihren Liedern und Gebeten die Vorstellung eines allmächtigen und allgegenwärtigen Gottes erweckt. Dieser hat den Menschen und die Welt erschaffen, begleitet und geleitet sie und beschützt sie in der Not. Schöpfung und Vorsehung sind tragende Säulen dieses Gottesglaubens.
Die Ablehnung wird weder mit negativen Erfahrungen mit einem solchen Gott begründet noch mit Erkenntnissen aus Gesprächen mit anderen oder aus Auseinandersetzungen mit Filmen, Büchern o.a. Nur am Rande tauchen kognitive Probleme auf (»der wär' ja dann andauernd beschäftigt«), was als eine Nachwirkung kindlichen Denkens wirkt. Entscheidend ist, dass die Vorstellungen von einem allgegenwärtigen und allmächtigen Gott mit den eigenen Gedanken und dem eigenen Lebensgefühl nicht übereinstimmen (»das kann ich mir nicht vorstellen«, »ich denk' in Momenten so vom Allgemeinen«, »was ich nicht gut finde«, »mit dem fühle ich mich einfach nicht wohl«, »das kann ich mit mir nicht vereinbaren«, »das ist mir sehr angenehm«). Für Janine ist letztlich das eigene Nachdenken und das eigene Empfinden Maßstab für die Akzeptanz religiöser Vorstellungen. Es geht ihr um die Übereinstimmung mit sich selbst. Allerdings wirken die Positionierungen nicht ganz gewiss. Die Aussagen werden immer wieder etwas vage formuliert (»ich würde nicht sagen«, »vielleicht«, »eventuell«) und werden damit wohl auch revidierbar gehalten.
Janine glaubt daran, dass

- jeder Mensch von einer höheren Macht begleitet wird, die diesen beschützt und leitet,
- jeder seinen Gott selber definieren muss,
- die höhere Macht irgendwann da war und geholfen hat zu entstehen »bis jetzt oder dem früheren Leben«,
- jeder von einem individuellen Partner begleitet wird, der Teil einer großen Gesamtmacht ist,
- der eintritt, wenn Hilfe gebraucht wird, und hilft, den Weg zu finden,
- der in Gefahr die Hand über einen hält,
- im Leben des Einzelnen das Karma-Gesetz wirkt.

Janine entwickelt in Abgrenzung zu einem biblischen Gottesbild (»Jahwe«) ein abstraktes Gottesbild, das mit individuellen Begleitern verknüpft ist und Bezüge zur Reinkarnations- und Karmalehre enthält. Dieses Gottesbild besitzt durchaus Nähen zu dem abgelehnten theistischen Gottesbild (schützen, begleiten, helfen), lässt aber selbst in schwierigen Zeiten Raum für eigenständiges Handeln (»und es nicht alleine schaffe, wieder den richtigen Weg zu finden, dann glaub' ich, steht einem die Macht zur Seite und hilft einem, den Weg zu finden«). Das Gottesbild unterstützt die Eigenständigkeit des Individuums. Ethische Maßstäbe sind mit diesem Gottesbild nicht verbunden. Reinkarnation spielt eine eher untergeordnete Rolle (»oder eventuell in einem früheren Leben«). Der Karmagedanke unterstützt die Eigenständigkeit und Eigenverantwortlichkeit des Handelns

(»sehr angenehm«), steht jedoch im Widerspruch zu der rettenden Hilfe in Gefahr. Die Vermutung drängt sich auf, dass Janine mit einem theistischen Gottesglauben aufgewachsen ist, diesen aber im Jugendalter in ein abstraktes Gottesbild transformiert.

Die Aussagen von Janine lassen sich einzelnen Ergebnissen der Jugendforschung zuordnen und deshalb aus verschiedenen Perspektiven interpretieren. Eine besondere Rolle spielen dabei die entwicklungs- und sozialpsychologischen Konzepte.

Aus der Perspektive des Lebenszykluskonzeptes von Erikson[1] erweist sich die Position von Janine als Ausdruck der Suche nach Identität. Sie kann und will nur das akzeptieren, was ihren inneren Gefühlen entspricht, und arbeitet deshalb frühere Identifikationen um. Dazu dürfte auch der Gottesglaube gehören. In dem Glauben an eine beschützende Macht dürfte sich die Gewissheit aussprechen, beachtet zu sein und in eine Zukunft hineinzugehen, die trotz ihrer Offenheit Vertrauen verdient.

Nach dem Konzept der Entwicklungsaufgaben von Havighurst arbeitet Janine – so scheint es – an der Autonomie gegenüber elterlichen Autoritäten, was auch die religiöse Sozialisation und das darin erworbene Gottesbild betrifft.[2]

Die Gesamtausrichtung der Aussagen von Janine deutet auf die individuierend-reflektierende 4. Glaubensstufe von James Fowler.[3] Die Autorität wird innerhalb des eigenen Ich verortet, bisher selbstverständliche und wenig bewusste Überzeugungen werden kritisch reflektiert.[4] Allerdings lassen sich durchaus auch synthetisch-konventionelle Züge aufweisen.[5] Der Glaube an eine höhere Macht sowie an einen engelhaften Begleiter, der jedoch alle Züge biblisch-kirchlicher Frömmigkeit abgestreift hat, dürfte gesellschaftliche Anerkennung finden und entspricht durchaus dem, was auch Gleichaltrige meinen und sagen. Dies gilt sicherlich auch für den Rekurs auf eigene Gedanken und Empfindungen als Maßstab für die Akzeptanz religiöser Vorstellungen. Auch der Einbau von Reinkarnation und Karma dürfte Zustimmung finden. Religionssoziologische Arbeiten belegen, dass 51 Prozent der 18–29 jährigen einem abstrakten Gottesbild stark oder sehr stark zuneigen. Sie sehen in Gott eine höhere Kraft und distanzieren sich damit von einem persönlichen Gott.[6] Die Aussagen von Janine zeigen also auch konformistische Züge.

Die Abgrenzung von einem theistischen Gottesbild wird man theologisch unterschiedlich beurteilen: Eine christologisch begründete sowie trinitarisch ausgerichtete Theologie wird mit Janine dieses Gottesbild mit theologischen Gründen überwinden wollen. Eine an Schleiermacher orientierte Theologie hingegen wird dem Empfinden Achtung schenken und für eine Theologie eintreten, die dem Lebensgefühl Ausdruck und Gestalt gibt und dabei die Erfahrung von Grenzen und Abhängigkeit betont.

Die von Carsten Gennerich vorgelegte Wertefeldanalyse operiert mit der Annahme, dass die unterschiedlichen Wertorientierungen einzelner Menschen unabhängig vom Alter und von kultureller Verwurzelung mithilfe von vier polar angeordneten Dimensionen beschrieben werden können.[7] Diese Dimensionen sind »Offenheit für Wandel« vs. »Bewahrung« und »Selbst-Transzendenz« vs. »Selbst-Steigerung«.[8]

- »Offenheit für Wandel« korreliert mit dem Interesse an Unabhängigkeit, Freiheit, eigene Ziele zu wählen, aber auch dem Wunsch nach einem abwechslungsreichen, anregenden Leben, mit Neugierde und Genuss.
- »Bewahrung« korreliert mit Respekt gegenüber der Tradition, mit dem Bedürfnis nach Sicherheit sowie einem Zugehörigkeitsgefühl.
- »Selbst-Transzendenz« korreliert mit dem Interesse, die Wohlfahrt anderer zu steigern, mit Hilfsbereitschaft, Loyalität, Verantwortung, Umweltschutz aber auch mit Spiritualität.
- »Selbst-Steigerung« korreliert mit dem Wunsch persönliche Interessen zu maximieren, mit der Suche nach sozialer Anerkennung, mit Ehrgeiz und dem Streben nach Einfluss.

Betrachtet man auf dieser Folie die Aussagen von Janine, so bringen sie auf der einen Seite den Wunsch nach Selbstentfaltung, Selbstbestimmung und Eigenständigkeit zum Ausdruck (im Sinne von Gennerich den Pol »Offenheit für Wandel«), aber sie betonen ganz deutlich auch ein Moment der Bewahrung und Sicherheit und formulieren das Bedürfnis nach Schutz und Begleitung. Zumindest in den vorliegenden Aussagen ist dieser Pol sogar dominierend. Dies könnte darauf hinweisen, dass im Jugendalter das Bedürfnis nach Unabhängigkeit und das Bedürfnis nach Geborgenheit neu justiert werden müssen und in religiösen Aussagen eine große Rolle spielen. Wie sich das mit den Polen »Selbst-Transzendenz« und »Selbst-Steigerung« verhält, muss mangels Angaben offen bleiben. Aber es stellt sich schon die Frage, ob und wie Janine mit ihrer höheren Macht kommuniziert und wie sie sich in schweren Momenten, in denen sie Hilfe braucht, verhält. Betet sie?

Die Aussagen von Janine lassen sich zusammenfassend als Ausdruck eines Transformationsprozesses lesen, in dem der Kindheitsglaube angesichts der Entwicklungsaufgaben des Jugendalters und bedeutsamen Anderen in der eigenen Lebenswelt bearbeitet wird.[9] Mit dem Glauben an eine höhere Macht sowie an eine Begleitung durch einen individuellen Partner hält Janine das in der Kindheit erworbene Gottvertrauen aufrecht. Sie kann dafür mit einer sozialen und gesellschaftlichen Akzeptanz rechnen. Der Glaube an eine

---

1 Vgl. Erik H. Erikson, Identität und Lebenszyklus, Frankfurt a.M. 1979, 106–114.

2 Vgl. Rolf Oerter / Leo Montada, Entwicklungspsychologie, Weinheim 1995, 124.

3 Vgl. James W. Fowler, Stufen des Glaubens, Gütersloh 1991, 192–201.

4 Fowler a.a.O., 197 »Die beiden wesentlichen Merkmale des Entstehens der Stufe 4 sind demnach die kritische Distanzierung von einem früheren als selbstverständlich angenommenen Wertesystem und das Entstehen eines exekutiven Ich.«

5 Vgl. dazu Fowler, a.a.O. 167–192.

6 Vgl. Hans Georg Ziebertz, Gibt es einen Traditionsabbruch? In: Religionsmonitor 2008, 44–53.49.

7 Carsten Gennerich, Empirische Dogmatik des Jugendalters, Stuttgart 2010.

8 Gennerich, a.a.O., 32.

9 Auf einen solchen Transformationsprozess macht Fred-Ole Sandt, Religiosität von Jugendlichen in der multikulturellen Gesellschaft, Münster 1996, 158 u.ö. aufmerksam.

höhere Macht und einen individuellen Partner kann danach als Versuch gedeutet werden, ein erworbenes Gottes- und Lebensvertrauen unter veränderten Lebensbedingungen neu zu formulieren. Es dürfte in seiner immer wieder auch vagen Form leichter kognitiven Anfragen standhalten können und z.B. zur Vereinbarkeit von Religiosität und naturwissenschaftlichem Weltbild beitragen. Die höhere Macht kann bei Bedarf auch zur Macht der Evolution werden.

1.4 Bild: Junge Frau mit Kreuz (SH S. 4)

Die junge Frau trägt ein Kreuz mit der Aufschrift »Liebe« und »Jesus«. Auf der Wäscheklammer steht der Name »Rebecca«. Sie hält die Augen geschlossen und scheint zu singen oder zu beten. Wie alt ist sie? Wo ist die Szene aufgenommen? Wie ist sie dazu gekommen, dass sie dieses Kreuz trägt? Das Foto ist auf dem Weltjugendtag 2007 in Zug / Schweiz aufgenommen. Es handelt sich um die 20-jährige katholische Judith, die schon an mehreren Jugendtreffen teilgenommen hat. Sie besucht regelmäßig die Heilige Messe und repräsentiert so eine kirchliche Religiosität.

1.5 Aussagen Jugendlicher (SH S. 4)

Die vier Aussagen stammen bewusst von Männern. Es stellt sich die Frage, ob Männer eine andere Religiosität haben als Frauen wie Janine oder Judith (Foto). Die ersten beiden Aussagen sind religionskritisch und atheistisch. Gott wird als menschliche Erfindung angesehen, sei es von Menschen, die es sich zu einfach machen, sei es von einer Kirche, die Menschen unterdrückt. Die Frage stellt sich, wie Gläubige und Kirche erlebt werden. Die dritte Aussage klingt vertraut. Die Frage ist, was damit gemeint ist. Woran glaubt man, wenn man nur an sich selber glaubt? Welche Erfahrungen stecken dahinter? Denkbar sind Enttäuschungen, die das Vertrauen zu anderen erschüttert haben. Denkbar ist die Überzeugung (bzw. der Wunsch), mit eigener Kraft und eigenen Fähigkeiten alle Lebenssituationen bewältigen zu können – und zu müssen. Die vierte Aussage enthält keinen Bezug zu Gott, aber Familie, Freunde und das Leben an sich werden letztinstanzliche Funktionen zugeschrieben. Sie geben Halt und werden – so scheint es – gegen den Glauben an Gott gesetzt. Wer einen guten Freundeskreis besitzt und eine intakte Familie, der braucht keinen Gott. Wie sieht ein solches Leben aus? Wie ist es zu einer solchen Lebenshaltung gekommen?

Unterrichtsideen SH S. 3/4

(1) Spiel mit Fragekarten (**M 2**)
Die Karten werden gedoppelt, so dass alle Schülerinnen und Schüler eine Frage bekommen und alle Fragen beantwortet werden. Bei der Bearbeitung wird auf zwei Aspekte geachtet: Wie argumentieren die Schülerinnen und Schüler? Welche weiteren Fragen entstehen?
(2) Schülerinnen und Schüler legen fest, welche Fragen und Themen unbedingt bearbeitet werden müssen.
(3) Lehrperson formuliert die Kompetenzerwartung.
(4) Rundgespräch: Wie steht es mit Gott in unserem Leben?
(5) Schülerinnen und Schüler bearbeiten den Fragebogen A 1.1 in Einzelarbeit, indem sie den einzelnen Items die Stufen 1 bis 5 zuordnen: 1 = starke Ablehnung, 3 = teils / teils, 5 = starke Zustimmung. Daran anschließend suchen sie in Partnerarbeit Gemeinsamkeiten und Unterschiede und formulieren mögliche Profile, indem sie auf die Werte größer als 3 achten. Abschließend gilt es, verschiedene Formen des Gottesglaubens im Fragebogen zu identifizieren.
(6) Bildbetrachtung SH S. 3. Was erkenne ich? Wie sehen die anderen Körperteile aus? Was sagt das über die Person? Wie mag diese Person leben und glauben? Was sollte die Person in dem Fragebogen ankreuzen?
(7) Interview mit Janine
   a) Text mit verschiedenen Rollen lesen und auf die Betonung achten. Wie mag Janine klingen? Gemeinsam überlegen, wie alt Janine sein könnte. Wie hat ihre Biografie ausgesehen?
   b) Im Text unterstreichen, wogegen und wofür Janine eintritt, sowie das, was den Ausschlag für ihre Glaubensauffassung gegeben hat. Unterschiede und Gemeinsamkeiten zur eigenen Religiosität formulieren.
   c) Bildbetrachtung SH S. 4. In Gedanken das Umfeld des Bildes entwerfen. Wo ist das? Was geschieht hier? Warum? Mit Janine vergleichen: Könnte das Janine sein?
   d) Die Aussagen Jugendlicher durch vier einzelne Schülerinnen und Schüler lesen lassen. Danach die Leser »stellen«. Wer steht enger zusammen? Welche weiter? Was unterscheidet die Positionen?

2. Gott in Rock und Pop

Mit dem Blick in die Rock- und Popszene soll der Bereich der populären Religion erschlossen werden (vgl. auch Genesis, Tell my why, SH S. 64). Hier werden Formen individuellen Glaubens massenmedial und im Modus der Unterhaltung angeboten. Viele nehmen daran Anteil. Dieser Bereich der populären Kultur wird derzeit durch Internetseiten, Blogs, Twitter und Facebook noch verstärkt. Nicht nur das, was sorgsam aufbereitet wurde, sondern auch das, was gerade passiert und jemandem einfällt, wird veröffentlicht und von anderen rezipiert. Populäre Religion ist deshalb nicht bloß eine weit verbreitete und bekannte Form der Religion, sondern auch eine medial kommunizierte. Schülerinnen und Schüler bewegen sich darin und kennen weitere Protagonisten, wie z.B. Madonna, Lady Gaga oder Xavier Naidoo.

2.1 Sido, Danke (SH S. 5)

Sido, geboren am 30. November 1980, ist Sohn einer Sinti und stammt aus dem Märkischen Viertel in Berlin. Anfangs wurde er als der Rapper mit der silbernen Maske bekannt. Seine Texte waren aggressiv und oft frauenfeindlich. Sein bürgerlicher Name ist Paul Würdig. Sido versteht seinen Namen als Abkürzung für »Scheiße in dem Ohr« oder »Super intelligentes Drogenopfer«.
Der Rapsong »Danke« ist entgegen den Selbstbehauptungen im Refrain ein Dankgebet. Der Text beginnt mit einer Art Widmung, geht dann über in eine Bitte (»Hör dir an«), kommt dann zu einem Sündenbekenntnis (»Es tut mir leid«). Nach dem Dank (Refrain: »Danke für deine Güte«) kommt die Fürbitte (»Doch jetzt geh und hilf den anderen«), in der Probleme im privaten und familiären Zusammenhang auf-

gezählt werden. Jedes Teilgebet schließt mit »Amen«. Zu bedenken wäre, wofür Sido dankt.
Darüber nachzudenken verdient vor allem das Wort »Danke«. Beim Dank steht der Mensch als Dankender im Zentrum. Beim Lob ist es der Geber. Dank bringt also eine Lebenshaltung zum Ausdruck. Sie kann aus einem Pflichtgefühl resultieren, aber auch aus Freude und großer Erleichterung. Das Lied ist anschlussfähig an die Gottesdefinition von Schleiermacher (SH S. 11) und das Gedicht von Enzensberger (SH S. 61). Wie würde Schleiermacher das Gebet interpretieren? Worin unterscheidet sich der Dank in dem Gedicht von Enzensberger von dem in Sidos Songtext?
Das Gottesbild von Sido entspricht in mannigfacher Weise dem Gottesbild, das Janine (SH S. 4) ablehnt. Für ihn ist Gott ein personales Gegenüber (vgl. auch Welker SH S. 16f.), das zuhört, versteht, spricht und im Gebet angesprochen werden kann (SH S. 32.40f.). Dieses Gegenüber ist in seinem Handeln frei (»Du hast dich mir nicht gezeigt«). Gott hilft bei Problemen, schickt Engel, rettet, hält die Zügel in der Hand. Er zeigt das Leben, schenkt Vertrauen, nimmt die Angst, hält einen Platz in der Ewigkeit frei und belehrt durch Notlagen (»Ich war ganz unten, nur damit ich mein Leben zu schätzen weiß«). Vergleicht man diesen Glauben mit dem Apostolikum (SH S. 9), so fällt auf, dass er sich auf den ersten Glaubensartikel konzentriert, aber auch das ewige Leben in den Blick nimmt. Christologische Bezüge spielen offenbar keine Rolle. Leitend ist das Vorsehungs- und Begleitungshandeln Gottes, das letztlich durch die Liebe geprägt ist. Es geht um die *creatio continua* (vgl. auch Ps 104 SH S. 18) im Sinne eines erhaltenden Handelns mit den Momenten Segnen und Retten. Dieses Handeln ist lenkend (*gubernatio*) und leitend (*directio*) und vollzieht sich in dem biografischen Erleben eines Menschen (*providentia Dei specialis statt generalis*). Dieser Glaube führt bei Sido zu einem großen Lebensvertrauen, das Krisen des Lebens integrieren kann, Nichtbeeinflussbares bejaht und den Blick für andere zu öffnen vermag, ohne sich selbst zu überfordern.

2.2 Bild: Gott im Internet und in Computerspielen (SH S. 5)

Der betende Moslem in dem an die Moschee in Cordoba erinnernden virtuellen Gebetsraum ist ein Hinweis auf Cyber-Gottesdienste und auf die Präsenz von Religion in virtuellen Welten, aber auch in Computerspielen. Hier kann man eintreten und die Gesten mit vollziehen. Hier wird man als Angehöriger einer anderen Religion mit einer fremden Religion konfrontiert und kann sich spielerisch und anonym auf diese einlassen. Die Frage ist, wie es mit Religion in der virtuellen Welt steht. Da geht es nicht bloß um die Zeichen institutionalisierter Religion, sondern auch um die dort repräsentierten und in Anspruch genommenen grundlegenden Überzeugungen von dem Selbst, der Welt und einem guten Leben.

Unterrichtsideen SH S. 5

(1) Gespräch über Sido: Was wissen wir über ihn? Evtl. Schülerreferat.
(2) Den Text rappen.
(3) Vergleich der eigenen Inszenierung mit dem Original.
(4) Den Rap von Sido beurteilen mit Schulnoten für Musikalität, Verständlichkeit, Aktualität, Glaubwürdigkeit.
(5) Gespräch über die Zeile: »Das hier ist kein Gebet«. Hat Sido Recht?
(6) Textanalyse in Einzelarbeit:
  a) Die einzelnen Strophen identifizieren (evtl. Begriffe vorgeben wie Bitte, Dank, Sündenbekenntnis, Fürbitte).
  b) Das Gottesbild von Sido in Einzelarbeit herausarbeiten, in Tandems vergleichen und in der Gesamtrunde zusammenfassen.
  c) Vergleich des Gottesbildes von Sido in Partnerarbeit mit dem Apostolikum (SH S. 9), Janine (SH S. 4), Enzensberger (SH S. 61), Schleichermacher (SH S. 11) oder Einordnung in den Fragebogen SH S. 3. Anschließend Vorstellung der Ergebnisse.
  d) Gespräch: Janine kann nicht so glauben wie Sido. Warum nicht?

2.3 Bono, Für mich ergibt das einen Sinn (SH S. 6)

Bono (geb. 1960), der Leadsänger der irischen Rockband U2, ist Katholik. U2 gilt als ›katholisch geprägte‹ Rockband. Bono berichtet in diesem Interview von einer religiösen Schlüsselerfahrung, die ihn überwältigt und zum Weinen bringt (vgl. die religiöse Erfahrung als fascinosum et tremendum bei Rudolf Otto, SH S. 15). Diese Schlüsselerfahrung ist durch die Beschäftigung mit einem biblischen Text, der Weihnachtsgeschichte, ausgelöst worden (vgl. dazu SH S. 26.27). Andere Schlüsselerfahrungen zeigen sich in der Mystik (SH S. 50.51) und in der Bibel (SH S. 19 Abraham; SH S. 25 Elia und Paulus). Die Immanenz des transzendenten Gottes in dem Kind in Armut und Stroh, die Inkarnation (vgl. Theißen SH S. 27), erweist Gott als den, der das Universum geschaffen hat, der Gesellschaft und Beziehung sucht und darin als Liebe erfahren wird, was in der Trinitätslehre explizit gemacht wird (SH S. 36f.).
Bono beschreibt als persönliche Entdeckung, was den christlichen Gottesglauben insgesamt auszeichnet: Wer und was Gott ist, wird in der Geschichte Jesu offenbar (vgl. auch SH S. 28.29). Das Wesen Gottes entschlüsselt sich hier nicht als Stärke, sondern als verwundbare Liebe. Diese Liebe hat jedoch verwandelnde schöpferische Kraft.
Von daher werden Fragen, wie die nach dem Verhältnis von Altem und Neuem Testament sowie nach Karma und Gnade geklärt. Gegen Janines Sympathie für die Karmalehre (SH S. 4) erhebt sich Einspruch, und der Glaube an die Befreiung von den Sünden erweist sich als Quelle für die Fähigkeit, sich selbst angesichts von Fehlern ohne Verdrängung annehmen zu können. Der Tod am Kreuz offenbart die Verwundbarkeit der Liebe. Ein Vergleich des Gottesglaubens von Bono mit dem Apostolikum (SH S. 9) zeigt, dass die Christologie hier aufgenommen ist – im Unterschied zu Sido. Man könnte auf die beiden das Gedicht Bonhoeffers »Christen und Heiden« (SH S. 69) anwenden und überlegen, wo Bono zu Wort kommt und wo Sido (SH S. 69).

Der Text lässt sich in vier Abschnitte gliedern:
1. Weihnachtsgottesdienst
2. Die Person Jesu Christi
3. Altes und Neues Testament
4. Gnade und Karma

Unterrichtsideen SH S. 6

(1) Die Lehrperson liest die Schlüsselszene vor: »Ich saß da, Tränen strömten mir über mein Gesicht ... und sich dafür entscheiden«.
(2) Schülerinnen und Schüler erfinden dazu in Einzelarbeit einen passenden Zusammenhang. Anschließend austauschen in Partnerarbeit, dann Austausch der Ergebnisse im Plenum.
(3) Vergleich der Ergebnisse mit dem Text in Abschnitt 1 und 2.
(4) Rekonstruktion des Gottesglaubens von Bono
  a) Identifikation von vier Schlüsselaussagen in Einzelarbeit.
  b) Anschließend Austausch und / oder Formulieren des Glaubensbekenntnisses
  c) Gemeinsam das Verhältnis von AT und NT sowie von Karma und Gnade klären.
  d) Vergleich Bono mit Sido.

3. Der Glaube an Gott in der Literatur

Die Relevanz der Gottesfrage zeigt sich auch in der Literatur, z.B. bei Georg Langenhorsts Werk »Ich gönne mir das Wort Gott«. Annäherung in der Gegenwartsliteratur, Herder Verlag, Freiburg 2009 oder bei Walter Jens / Hans Küng, Dichtung und Religion, Kindler, München 1985. Offenkundig lässt Menschen das Thema Gott nicht in Ruhe. Gott ist, wie der ganze Themenblock A zeigen will, kein Lebensthema, das bloß in der Kirche verhandelt wird.
In dem Arbeitsheft sind über die Gedichte auf SH S. 8 hinaus weitere auf SH S. 9 sowie S. 18, 52, 61 und 69 aufgenommen. Es bietet sich die Möglichkeit, eigene Begegnungen mit der Literatur einzubringen.
Vermittelt bzw. gefördert werden soll die Kompetenz, die Rede von und über Gott in der Literatur untersuchen und beurteilen zu können.

3.1 C.S. Lewis, Religionskritik in Narnia (SH S. 7)

Clive Staples Lewis (1898–1963) lehrte in Oxford und Cambridge Englische Sprache und Literatur. Zunächst anglikanisch-protestantisch erzogen, distanzierte er sich bald vom Christentum, fand jedoch unter dem Einfluss seines katholischen Freundes J.R.R. Tolkien 1931 zum Christentum zurück. Die phantasiereichen sieben Chroniken von Narnia entstanden 1951–1956 und sind zutiefst christlich geprägt, wie auch die Rezeptionsgeschichte zeigt (vgl. Markus Mühling, Gott und die Welt in Narnia, Göttingen 2005).
Die Szene im Schülerheft beschreibt ein dramatisches Element in dem Buch »Der silberne Sessel«. Der verschollene Prinz Rilian wird gefunden und aus dem Zauber der grünen Hexe befreit. Doch diese gibt nicht auf. Sie will den Kindern, dem Moorwackler (Putlegum) und dem Prinzen, den Zielpunkt ihrer Hoffnung nehmen, nämlich das Land des Lichts, die Oberwelt und Aslan, den Löwen. Dieser ist als Christusfigur zu deuten, der die Befreiung der Unterwelt von der Macht böser Mächte betreibt. Dazu braucht es jedoch die Mithilfe der Kinder Jell und Eustachius. Die Hexe will den Vieren diese Hoffnung nehmen und stellt sie als Märchen, als Kinderei und als törichten Traum dar.
Ausgangspunkt ihrer destruktiven Kritik sind die Versuche der Vier, von »dem ganz anderen« zu sprechen. Sie wählen Beispiele aus der unmittelbaren Lebenserfahrung (Lampe; Katze) und beschreiben die andere Welt durch Übersteigerung (*via eminentiae*). Danach ist die Sonne ist viel größer und heller als die Lampe, der Löwe ist viel größer und besser als die Katze und schrecklich stark. Die Hexe versucht, die metaphorische Sprache (die Sonne ist wie eine Lampe) als Illusion darzustellen, als bloßes Fantasieprodukt, für die es keinen empirischen Beweis gibt.
Zunächst scheint diese Strategie auch aufzugehen, doch es ist der Moorwackler, der die Argumentation durchbricht: Der bloße Traum von Bäumen, Gras, Sonne, Mond und Sternen sowie Aslan und die Hoffnung darauf sind noch besser als ein Leben in einer armseligen und dunklen Unterwelt. Dieser Gegenangriff nimmt der Hexe alle Kraft und sie muss vergehen.
Der Auszug aus dem sechsten Band der »Chronik von Narnia« erweist sich als fantastische Darstellung einer Religionskritik, die die analogisierende metaphorische Rede von Gott und Transzendenz (Gott ist wie ein Vater, das Reich Gottes ist wie ein Weinbergbesitzer, der ...) als kindische Einbildung deutet. Der Versuch, mithilfe realer Erfahrungen von dem zu reden, was empirische Erkenntnisse überschreitet, wird abgelehnt. Nur das, was vor Augen liegt, kann als ›richtige' Welt bezeichnet werden. Es gibt nur eine einzige Welt. Ein weiseres und erwachseneres Leben gibt solche kindische Reden auf. Das Buch liefert jedoch auch eine Kritik einer solchen Religionskritik. Ohne den Traum von einer anderen Welt und ohne die Suche danach wird das Leben ärmer.

3.2 Bild: Emil Nolde, Der große Gärtner (SH S. 8)

Emil Noldes (1867–1956) Deutung Gottes als großer Gärtner kann sich auf Gen 2 berufen. Der große Gärtner wirkt wie ein älterer Mann mit Bart, der sich liebevoll mit geschlossenen Augen und fast meditierend einzelnen Pflanzen zuwendet. Spürbar wird ein inniges Verhältnis zur Schöpfung.

3.3 Peter Horst Neumann, Vom siebenten Tag (SH S. 8)

Das Gedicht von Peter H. Neumann (geb. 1936) greift das biblische Motiv des siebten Schöpfungstages auf. Es besteht aus drei Versen (1. Am siebten Tag; 2. Sechs Tage Mühe; 3. Manchmal). Der dritte Vers ist im Heft nicht deutlich genug abgegrenzt.
Das Gedicht enthält eine Erzählung: Am siebten Tag legt sich Gott außerhalb von Raum und Zeit erschöpft nieder und überlässt fürs Erste die noch unvollständige Schöpfung der Zeit. Das Erwachen der Natur im Frühling vermittelt den Eindruck, dass der Schöpfungsakt weitergeht und gemäß dem zwischenzeitlich von Gott bedachten Plan vollendet wird. Diese Erzählung enthält Deutungen der Welt. Sie ist bislang Fragment, ein Plan ist nicht recht zu erkennen, die in Gen 1,1–2,4a berichtete Vollendung steht noch aus. Gott hat die Welt sich selbst überlassen, doch sie ist ausgerichtet auf Vollendung. Der Mensch wartet darauf. Glaube ist Warten darauf, dass Gott mit seiner Schöpfung weitermacht und sie zur Vollendung bringt.

3.4 Richard Exner, Wer im Gedicht (SH S. 8)

Richard Exner (1929–2008), geboren im Harz und aufgewachsen in Darmstadt, lehrte von 1950 bis 1992 in den USA Literaturwissenschaft und kehrte danach wieder nach

Deutschland zurück. Exner ist geprägt von einer benediktinischen Frömmigkeit, die er in den USA erlebte.
Das Gedicht fordert auf, Satzzeichen zu setzen und sich so den Sinn zu erschließen. Auffallend ist die respektvolle Großschreibung (ER; SEINE), die insgesamt auf ein lebendiges und persönliches Gottesverhältnis verweist. Als Botschaft kann man erschließen: Menschen können / sollen sich die Worte ersparen, denn weder erfassen sie die Worte Gottes, noch geht es darum, dass Gott den Menschen hört. Entscheidend ist nicht das Gedicht über oder zu Gott, sondern die Berührung durch seinen Pfeil. Dieser trifft spürbar. Bereitet er auch Schmerzen? Von einer Begegnung mit Gott als Feuer berichtet Blaise Pascal (SH S. 48). Bei ihm löste das nur ein Staunen aus, bei Exner eine Zurücknahme der vielen Worte. Die Anzahl der Worte werden im Gedicht immer weniger. Das zehnte Wort ist auch das zehnte im Vers.

Unterrichtsideen SH S. 8

(1) Jeder Schüler, jede Schülerin wählt sich eines der drei Elemente aus (»Was spricht mich an?«) und schreibt dazu einen persönlichen Kommentar.
(2) Die drei Elemente werden vorgestellt und bei Bedarf noch einmal gemeinsam erschlossen.
(3) Auseinandersetzung mit den Gedichten von Exner und Neumann und dem Bild von Nolde
   a) Text von Exner vortragen: Worin liegt seine Botschaft? Wie ist Gott?
   b) Neumann ebenso vortragen: Wie wird die Welt gedeutet? Wie steht es mit Gott?
   c) Nolde beschreiben: Ich sehe – ich empfinde – ich deute. Wie ist Gott? Wie ist mein Gott?
(4) Klassengespräch: Welches Gottesbild ist mir näher? Warum? Welches entspricht der Bibel?
(5) Ein eigenes Gedicht schreiben mithilfe eines Elfchens (**M 3**) und anschließend einander vorstellen.

4. Gott in der Kirche

Auch der kirchliche Glaube an Gott gehört zur Erfahrungs- und Alltagswelt der Schülerinnen und Schüler. Auf ihn verweisen vor allem die Kirchengebäude (vgl. das Bild von Feininger), dann aber auch der Gottesdienst einschließlich der Taufe und der Konfirmation. Das kirchliche Gottesbild ist weitgehend theistisch, Gott wird personal gedacht. Im Fragebogen in A 1 (SH S. 3) entsprechen dem kirchlichen Gottesglauben die Items 13, 15, 20 und 21.
Davon auszugehen ist, dass mehr als 70 Prozent der Oberstufenschülerinnen und -schüler getauft und konfirmiert sind und deshalb auch das Glaubensbekenntnis kennen. Kirchlicher Gottesglaube wird aber auch repräsentiert durch jene Personen, die Kirchen leiten (vgl. Margot Käßmann SH S. 80) oder auf die sich Kirche beruft (z.B. Bonhoeffer SH S. 79). Die Frage ist, wie kirchlicher Gottesglaube zu verstehen ist. Ist er normierend gemeint oder unterstützend? Hier wird die These vertreten, dass kirchlicher Glaube dazu dient, biblischen Glauben sichtbar zu machen und zugleich eigener Religiosität Impulse zur Weiterentwicklung zu geben.

4.1 Das Apostolische Glaubensbekenntnis (SH S. 9)

Das aus dem dritten Jahrhundert stammende altrömische Apostolikum kann als dreigliedriges Taufbekenntnis gesehen werden. Es wird in den westlichen Kirchen als gemeinsames Glaubensbekenntnis gesprochen und gilt den Reformatoren als Zusammenfassung der Heiligen Schrift. Was auf den ersten Blick als unsystematische Aneinanderreihung von Sätzen gesehen werden kann, kann als Geschichte des dreieinigen Gottes verstanden werden. Auch wenn wichtige Teile dieser Geschichte (so die Geschichte Gottes mit dem Volk Israel oder das Leben Jesu) nicht erzählt werden, so können diese doch ergänzt werden. Diese Geschichte erzählt, wer und wie Gott ist und mit wem es die Menschen zu tun haben. Es ist der dreieinige Gott, der sowohl transzendent als auch immanent ist, der in seinem Geist, in der Gemeinschaft oder im einzelnen Menschenleben, aber auch in dem natürlichen Leben wirkt.
Gott hat den einzelnen Menschen erschaffen (1. Artikel Schöpfung), er hat ihn von Sünden befreit (2. Artikel Erlösung) und diesen samt der ganzen Christenheit erleuchtet, berufen, im Glauben erhalten bis zum jüngsten Tag (3. Artikel Heiligung). Das Apostolikum zeigt verschiedene Wirkweisen Gottes. Daran ändert auch die schöne Legende nichts, die die Entstehung des Apostolikums den Aposteln zuschreibt. Am Ende des Apostelkonzils in Jerusalem (Apg 15) haben sie sich zusammengesetzt und das Grundbekenntnis des neuen Glaubens unter Einwirkung des Heiligen Geistes formuliert (vgl. **M 4**).
Historisch ergibt sich das trinitarische Glaubensbekenntnis aus der Reflexion der Erfahrungen, die Menschen mit Jesus gemacht haben. Ist er der Gott in Menschengestalt? Ist er Mensch wie wir, der in seiner Taufe jedoch von Gottes Geist begabt worden ist? Die Antwort kann Johannes 1,1–14 zeigen: Das Wort ward Fleisch. Gott ist Mensch geworden. Der Glaube an den Heiligen Geist dürfte sich aus der Reflexion der Erfahrungen der ersten Christen ergeben haben. Haben wir das aus eigenem Willen gemacht oder war da jemand oder etwas am Werk?
Als Bekenntnis ist das Apostolikum mit dem Sch´ma Jisrael (SH S. 72) verwandt sowie mit dem islamischen Glaubensbekenntnis (vgl. dazu SH S. 73).

4.2 Glaubensbekenntnis von Dietrich Bonhoeffer (SH S.9)

Das Bekenntnis von Bonhoeffer (vgl. dazu auch SH S. 69.79) weist zunächst einmal darauf hin, dass es neben dem offiziellen und gemeinsamen Glaubensbekenntnis schon immer persönliche Bekenntnisse gegeben hat (vgl. auch Blaise Pascal SH S. 48). Solche persönlichen Bekenntnisse sprechen aus, was man selber glaubt. Erkennbar wird hier ein personales Gottesverständnis und ein personaler Gottesglauben. Die vier Strophen sind in ihrer Abfolge kunstvoll thematisch miteinander verschränkt:

A: Gutes und Böses
        C: Fehler und Guttaten
B: Gegenwart und Zukunft
        D : Zeit und Ewigkeit

Sie lassen sich im Kontext des Bonhoefferschen Denkens folgendermaßen interpretieren:

A: Wie steht es mit Gott in unserem Leben?

Zu A: Gottes Allmacht bleibt nicht jenseitig, sondern konkretisiert sich in seiner richtenden, vergebenden und erneuernden Liebe, die auch aus dem (gegenwärtig) Bösesten (zukünftig) noch Gutes entstehen lassen kann und will. Gott handelt auch nicht in »Menschenlosigkeit« als »deus ex machina«, sondern er gebraucht zu seinem Vorsehungshandeln in der Geschichte Menschen, die sich mitten in dieser Welt von seinem Wort in Anspruch nehmen lassen und auf seine Führung vertrauen.

Zu B: Wenn »Gott mitten in unserem Leben jenseits« ist, dann bedeutet die Erfahrung einer Leidenssituation nicht mehr Gottesferne und Gottverlassenheit, sondern die Bewährung des Glaubens an den »gekreuzigten Gott«, also ein »Hindurchgetragenwerden«. Solch existenzielles Gottvertrauen vermag uns nicht zukünftiger Leiden zu entheben, wohl aber schon gegenwärtig einengende und lähmende Zukunftsängste zu überwinden.

Zu C: In diesem Glauben können selbst schon zu Vergangenheit gewordene irreversible Fehler und Irrtümer dennoch als nicht »vergeblich«, sondern als von Gott »vergebbar«, als zukünftig zum Guten wendbar, erhofft und angenommen werden (vgl. Strophe A).

Zu D: Alle Glaubenshoffnungen gründen in der Gewissheit, dass christlicher Glaube nicht an dem Gott der Philosophen, einem zeitlosen und unpersönlichen Fatum, sondern an dem »Vater Jesu Christi« hängt (vgl. SH S. 48 Pascal). Dieser Glaube bekennt sich zu dem lebendigen, dreieinigen und persönlichen Gott im »Beten und Tun des Gerechten«.

Bonhoeffer hat die Gedankenimpulse dieser »Glaubenssätze« in seinem persönlichen Rechenschaftsbericht mit Überlegungen zu »Vertrauen«, »Leid« sowie »Gegenwart und Zukunft«, aber auch zu »Gefährdung und Tod« abgerundet: »Uns bleibt nur der sehr schmale und manchmal kaum noch zu findende Weg, jeden Tag zu nehmen, als wäre er der letzte, und doch in Glauben und Verantwortung so zu leben, als gäbe es noch eine große Zukunft. Denken und Handeln im Blick auf die kommende Generation, dabei ohne Furcht und Sorge jeden Tag bereit sein zu gehen, das ist die Haltung, die uns praktisch aufgezwungen ist und die tapfer durchzuhalten nicht leicht, aber notwendig ist.«

Geradezu prophetisch muten heute die folgenden, zwei Jahre vor Bonhoeffers Hinrichtung geschriebenen Sätze an: »Der Gedanke an den Tod ist uns in den letzten Jahren immer vertrauter geworden. ... Im Grunde empfinden wir wohl, dass wir ihm schon gehören, und dass jeder Tag ein Wunder ist. Es wäre wohl nicht richtig zu sagen, dass wir gern sterben ..., dazu sind wir schon zu neugierig oder etwas ernsthafter gesagt: wir möchten gern noch etwas vom Sinn unseres zerfahrenen Lebens zu sehen bekommen. ... Noch lieben wir das Leben, aber ich glaube, der Tod kann uns nicht mehr sehr überraschen ... Nicht die äußeren Umstände, sondern wir selbst werden es sein, die unseren Tod zu dem machen, was er sein kann, zum Tod in freiwilliger Einwilligung.« (Eberhard Bethge [Hg.], Widerstand und Ergebung, München 1985, S. 25f.)

4.3 Eva Zeller, Wer weiß (SH S. 9)

Eva Zeller zählt zu den christlichen Schriftstellerinnen. Sie schreibt dieses Gedicht als über Achtzigjährige und reflektiert darin ihren Glauben.

In zwei parallelen Versen mit metaphorischen Redensarten (Schnee von gestern; das letzte Wort behalten) entwirft Zeller zwei Fragen, wobei der erste Vers den zweiten erläutert und der zweite das eigentliche Ziel darstellt. Schwebend – fragend (»Wer weiß?«) wird die These, der Kinderglaube sei Schnee von gestern, infrage gestellt und zumindest andeutungsweise ins Recht gesetzt. Was könnte die Schriftstellerin dazu gebracht haben? Was würde sie Janine sagen? Das Gedicht von Eva Zeller kann in der Auseinandersetzung mit SH S. 8 einbezogen werden.

4.4 Bild: Lyonel Feininger, Marktkirche in Halle (SH S. 9)

Der deutsch-amerikanische Maler, Grafiker und Karikaturist Lyonel Feininger (1871–1956) hielt sich zwischen 1906 und 1937 immer wieder zu Arbeits- und Studienaufenthalten in Thüringen auf, wo er bevorzugt Kirchen malte. Seine Werke galten in der Zeit des Nationalsozialismus als entartete Kunst. Feininger gehörte zum Bauhaus und gründete mit Paul Klee, Wassily Kandinsky und Alexej von Jawlensky »Die blaue Vier«. Er nannte seinen Stil »Prismaismus« und wollte sich damit vom Kubismus absetzen. Die dargestellten Gegenstände werden geometrisch rekonstruiert und mit überschneidenden farbigen Lichtschleiern überzogen. Feininger stellt so die spätgotische evangelische Marktkirche in Halle an der Saale dar, entstanden zwischen 1529 und 1554 (88m lang, 24m breit). Der Entwurf stammte von Caspar Crafft. Man sieht im Vordergrund die sog. »Hausmannstürme«. Darüber erkennt man im Westen die sog. »blauen Türme«. In dieser Kirche führte Justus Jonas 1541 in Halle die Reformation ein, hier wurde 1546 der tote Martin Luther aufgebahrt. Die Kirche wird durch das Bild als Lichtkristall gedeutet, indem sie auf vielfache Weise das Licht bricht. Die davor stehenden Menschen werden – so scheint es – von dem Licht angezogen und zum Teil umfasst.

Unterrichtsideen SH S. 9

(1) Das Bild von Feininger beschreiben und deuten:
  a) Was sehe ich?
  b) Wie fühlen sich die Menschen auf dem Bild?
  c) Was ist die Kirche für Feininger?
  d) Meine Erfahrungen mit Kirche. Was ist Kirche für mich?
  e) Wenn Kirche ein Gotteshaus ist, welchen Gott kann man darin treffen?

(2) Das Apostolikum gemäß der Legende als Bekenntnis der Apostel rezitieren. Wie sprechen sie? Wie stehen sie zueinander? **(M 4)**

(3) Klassengespräch: Eigene Empfindungen und Gedanken bei dem Sprechen des Credos mitteilen. Was gefällt mir? Wo tue ich mich schwer? Welches Gottesbild wird hier transportiert?

(4) Bekenntnis von Dietrich Bonhoeffer
  a) Das Bekenntnis von Bonhoeffer so sprechen, wie es in einem Gestapo-Gefängnis geklungen haben mag.
  b) Experimentieren: Was ändert sich, wenn ich das Bekenntnis als Selbstbekenntnis oder als Gespräch mit einem Mitgefangenen spreche?
  c) Klassengespräch: Bonhoeffer lebt aus dem Apostolikum. Worin aber unterscheidet sich sein Bekenntnis von dem trinitarischen Credo?

B: Was meint das: »Gott«?

Angesichts einer Tendenz, den Glauben an Gott zu privatisieren und für das Leben insgesamt randständig oder gar als belanglos anzusehen, angesichts der Behauptung, Glaube und Denken habe nichts miteinander zu tun, sowie der Annahme, Gott sei ein Element innerhalb der Wirklichkeit, sucht dieses Kapitel die Lebensrelevanz und die Denkmöglichkeit Gottes in den Blick zu nehmen und dabei zu klären, was der Begriff Gott meint.
Jugendliche und junge Erwachsene sollen entdecken, dass es in der Gottesfrage um zentrale Aspekte des Lebens überhaupt geht, die auch dort bedeutsam sind, wo Glaube, Gott und Religion in Zweifel gezogen oder abgelehnt werden. Deutlich werden soll, dass es in einem Kurs »Gott« um Lebens- und Weltsichten geht, die auch die eigene Selbstsicht einschließt. Ganz formal geht es um eine Verständigung darüber, was wir meinen, wenn wir von »Gott« sprechen. Das »wir« deutet darauf hin, dass dies in einem bestimmten Kommunikationszusammenhang geschieht, nämlich der christlich-abendländischen Tradition.
Angenommen wird, dass sich die Schülerinnen und Schüler darüber noch keine oder nur sehr wenige Gedanken gemacht haben. Etliche dürften den Begriff ganz selbstverständlich gebrauchen.
Gerade in der Kursstufe 1 im Rahmen des achtjährigen Gymnasiums dürften die philosophisch ausgerichteten Texte gewisse Schwierigkeiten bereiten. Auf diesem Hintergrund dürfte die Definition von Luther am leichtesten zugänglich sein. Doch ist damit zu rechnen, dass die Frage selbst Aufmerksamkeit findet. Die Begriffsdefinitionen von Luther bis Schleiermacher tragen theistische Züge. Dies gilt auch für das Gottesbild des katholischen Erwachsenenkatechismus. Der Blick in die Jugendkultur zeigt, dass junge Erwachsene neben theistischen, metatheistischen und religionskritischen Gottesvorstellungen auch deistische und pantheistische Vorstellungen entwickeln. Die Auseinandersetzung mit Goethe und der Vorstellung eines höchsten Wesens soll dazu beitragen, historische Hintergründe eigener Konzepte zu entdecken.

Angezielte Kompetenz ist die Fähigkeit, darüber Auskunft geben zu können, was man meint, wenn man von Gott spricht.

Angeboten werden fünf verschiedene Definitionswege, die im Kontext christlichen Glaubens entstanden sind. Ihre Ansatzpunkte sind verschieden. So geht Luther von einer existenziellen Lebenshaltung aus (›woran dein Herze hängt‹), Pannenberg von der Fülle der Welterfahrung. Anselm von Canterbury geht vor allem von dem Begriff Gott aus und bewegt sich vollständig im Raum des Denkens. Schleiermacher setzt bei dem Selbstbewusstsein ein und sucht Gott durch die Reflexion tief sitzender Empfindungen zu bestimmen. Die katholische Theologie setzt an der unumgänglichen Frage nach dem Sinn an.
Die verschiedenen Definitionsansätze können den drei Wegen der Erkenntnis zugeordnet werden:

- die *via negationis* zeigt sich in der Erahnung eines Größeren und schlechthin Ergreifenden (Gott als Geheimnis),
- die *via causalitas* zeigt sich in der Frage nach dem Woher der Welt (Schleiermacher),
- die *via eminentiae* zeigt sich in der Frage nach dem Sinn und in der Frage nach Erfüllung.

Der Blick auf Goethe und die Französische Revolution (SH S. 13) soll zwei Gottesbegriffe thematisieren, die unter heutigen Zeitgenossen verbreitet sind und die vorangehenden formalen Gottesbegriffe füllen. Die Begegnung mit der biblisch-christlichen Tradition (Block C und D) wird eine christliche Füllung anbieten.
Die Beschäftigung mit verschiedenen Religionsbegriffen (SH S. 14–15) soll der begrifflichen Klärung dienen, kann aber auch erkennen lassen, dass mit dem Gottesbegriff ganz unterschiedliche Momente verbunden sind.
Es wird sich zeigen, dass die Klärung des Begriffes »Gott« in der ganzen Unterrichtseinheit immer wieder als Grundlage der Entfaltung unterschiedlicher thematischer Aspekte herangezogen wird.

5. Begriffsdefinitionen

5.1 Martin Luther, Woran dein Herz hängt, das ist dein Gott (SH S. 10)

Martin Luther entwickelt seinen Gottesbegriff in der Auslegung des ersten Gebotes im Dekalog (vgl. SH S. 22f.). Er hat Nähen zum funktionalen Religionsbegriff (SH S. 14) und stellt die Frage, was Glaube an Gott heißt und wie sich dies lebensgeschichtlich zeigt (SH S. 80). Es sind Bezüge zu dem Glauben Abrahams zu entdecken (SH S. 19) sowie zu dem Gottesnamen (SH S. 20f.).
Zentrales Anliegen der Katechismen Luthers ist der Aufbau eines elementaren Glaubenswissens. Die Katechismen gehen aus Katechismuspredigten hervor, wie ihrer sprachlichen Gestalt zu entnehmen ist. Während sich der »Kleine Katechismus« von 1528 an die Predigthörer, aber auch die Familien wenden wollte und auswendig zu lernen war, richtete sich der »Große Katechismus« von 1529 an die Pfarrer und Prediger und sollte täglich meditiert werden. Der große Katechismus sollte so der Vorbereitung der Verkündigung sowie der theologischen Bildung der Geistlichen dienen.
Der Text definiert im ersten Abschnitt, was Gott heißt, und betont, dass es auf den rechten Glauben in Unterscheidung von einem unrechten Glauben ankommt. Letztlich zeigt sich die Unterscheidung von Gott und Abgott daran, ob das, worauf man setzt, auch in der Not Zuversicht und Trost gibt und so Bestand hat. Damit ist eine formale Bedingung von Gott benannt: Gott ist diejenige Wirklichkeit, die in allen Lebenslagen Zuversicht verbürgen kann.
Im zweiten und dritten Abschnitt wird auf zwei Formen eines letzten Vertrauens hingewiesen: das Vertrauen auf Geld

und Gut sowie das Vertrauen auf Wissen, Klugheit, Macht, Beliebtheit, Freundschaft und Ehre. Glaube kann also materielle und immaterielle Bezugspunkte haben. Möglicherweise hilft es in der Erschließung, wenn man das, woran das Herz hängt, auch mit dem in Zusammenhang bringt, was einen ständig beschäftigt oder wovor man große Angst hat. In dem Resümee (»darum sage ich noch einmal«) wird definiert, was es heißt, einen Gott zu haben. Betont wird jetzt das »gänzlich«, was auf das ganze Leben deutet, einschließlich aller Nöte. Gott, so kann man zusammenfassend sagen, ist eine Wirklichkeit, die das Leben existenziell bestimmt.

5.2 Wolfhart Pannenberg, Gott als alles bestimmende Wirklichkeit (SH S. 10)

Die Definition von Pannenberg nähert sich schöpfungstheologischen Einsichten an (vgl. SH S. 16–18).

Die Definition von Wolfhart Pannenberg wurde von Rudolf Bultmann eingeführt und wendet sich sowohl gegen die Auffassung, Gott sei ein Element in der Welt und als solches »feststellbar«, als auch gegen die Annahme, es gäbe Bereiche der Wirklichkeit, die mit Gott nichts zu tun haben. Dagegen setzt Pannenberg die Definition Gottes als die »alles« bestimmende Wirklichkeit. Damit wird ausgesagt, dass die Wirklichkeit insgesamt ohne Bezug zu Gott überhaupt nicht zu verstehen ist, aber auch, dass diese alles bestimmende Wirklichkeit nicht einfach feststellbar ist. Da sie jedoch überall als das Bestimmende wirklich ist, ist von Spuren Gottes auszugehen, die auf das weisen, was die Wirklichkeit konstituiert. Gott selbst bleibt in dieser Wirklichkeit jedoch transzendent und kann zugleich nicht überboten werden. Gott ist von dieser Wirklichkeit unterschieden. Einzuräumen ist, dass der Begriff »bestimmend« mehrdeutig ist. Meint er, dass Gott die Wirklichkeit determiniert, beeinflusst, durchdringt oder in Anspruch nimmt? (vgl. Härle, Dogmatik, 211). Meint sie gar, dass Gott der Wirklichkeit ein letztes Ziel gibt? Der Text expliziert die Formel von Gott als »die alles bestimmende Wirklichkeit« in dreierlei Hinsicht:

- alles wird von dieser Wirklichkeit bestimmt,
- sie deutet Gott als Macht, lässt aber weitere Bestimmungen offen,
- das Wirkliche enthält indirekte Hinweise, Spuren von Gott.

5.3 Anselm von Canterbury, Ein Gottesbeweis (SH S. 11)

Anselm von Canterbury stammte aus Italien und wurde benediktinischer Mönch in der Abtei Bec in der Normandie; später wird er dort auch Abt. Hier schreibt er im Jahre 1078 den so genannten Proslogion. Er wird später gegen seinen Willen Erzbischof von Canterbury.

Seine Reflexion des Gottesbegriffes ist der Schrift »Proslogion« (der »Anrede an Gott«) entnommen. Der ursprüngliche Titel war »Fides Quaerens Intellectum« (»Glaube, der nach Erkenntnis fragt«). Um seine Erkenntnis hat Anselm lange Zeit gerungen. Er wollte schon aufgeben, da erschloss sich ihm im Frühgebet plötzlich die Einsicht, Gott sei »etwas, über dem nichts Größeres gedacht werden kann«. Sie wird in dem Text elfmal benannt.

Der Text setzt ein mit einer Gebetsbitte, die das Thema benennt (Propositio). Das Thema ist: »Gott ist das, über den hinaus nichts Größeres gedacht werden kann.« Auf die Benennung des Themas folgt die Beweisführung (Argumentatio bzw. Probatio), die in drei Schritten erfolgt:

(1) Zunächst wird in einem fiktiven Dialog dargelegt, dass das, worüber nichts Größeres gedacht werden kann, ein sinnvoller Begriff ist. Selbst der Tor versteht ihn.

(2) Dann wird dargelegt, dass jenem Wesen eine größere Seinsfülle zukommt, das nicht bloß im Verstand ist, sondern auch in der Wirklichkeit existiert. Der Begriff existiert nicht bloß *in intellectu*, sondern auch *in re*.

(3) Sodann wird in einem dritten Schritt die Gegenannahme geprüft (*argumentum e contrario*), ob das, was nicht existierend ist, das sein kann, über dem nichts Größeres gedacht werden kann.

Der Text findet seinen Abschluss (Peroratio bzw. Conclusio) in einer Gebetsanrede an Gott. Gott kann nicht als nichtexistierend gedacht werden, was dem Glauben schon vorher bekannt war.

Für Anselm ist gewiss, dass Gott ist. Er betet ja zu Gott und wer betet, ist sich des Gegenübers gewiss. Der Glaube an Gott ist für ihn kein Produkt des Denkens, sondern ein Geschenk Gottes. Die Suche nach einem klaren Begriff Gottes dient nicht dazu, neues Wissen zu erzeugen, sondern dazu, die Wahrheit des Glaubens als begründet zu erkennen. Das argumentierende Vorgehen dient offenkundig dazu, den Leser in ein Mit- und Nachdenken zu versetzen, auf dessen Weg ihm dieselbe Erleuchtung zuteil werden kann. Auch diese Erleuchtung ist ein Geschenk Gottes, das in betender Kontemplation gründet. Der Ausgangspunkt in einem Begriff (das, worüber hinaus nichts Größeres gedacht werden kann) nimmt auf und ernst, dass Gott Wort ist und der rationale Umgang mit Worten dem göttlichen Geschöpf Mensch entspricht. Leitend ist die Annahme, dass die Wahrheit einfach ist, weshalb Anselm nur mit einem Argument operiert und keiner weiteren Argumente bedarf. Die Argumentation vollzieht sich deshalb allein im Denken. Streng genommen entwirft Anselm keinen Gottesbegriff, sondern eine Regel, wie man denken muss, wenn man Gott denken will. In die Regel eingeschlossen ist die Annahme, dass Gott letztlich nicht gedanklich zu erfassen ist (SH S. 12). Gottes Wesen übersteigt, was wir zu erkennen vermögen.

Die Formel sagt nicht aus, wer und was Gott ist. Gott ist mindestens das, über das Größeres nicht mehr gedacht werden kann. Ist die Rede von etwas Geringerem, so kann die Rede nicht von Gott sein. Von Gott muss als etwas Wahres und Wirkliches die Rede sein, so dass eine Nichtexistenz nicht gedacht werden kann.

Anselms Argumentation gehört auch in die Tradition der Gottesbeweise (vgl. SH S. 44–45), nimmt aber darin eine Sonderstellung ein. Seine Argumentation wurde immer schon in Frage gestellt, so von Kant und zu seinen Lebzeiten von dem Mönch Gaulino. Hegel bestreitet, dass es sich hier um einen Gottesbeweis handelt und bezeichnet Anselms Vorgehen als »denkende Erhebung des Geistes zu Gott«.

5.4 Friedrich Schleiermacher, Gott als das Woher des Gefühls absoluter Abhängigkeit (SH S. 11)

Schleiermacher entwirft in seiner Argumentation im Grunde einen kosmologischen Gottesbeweis (SH S. 44) und wählt dabei die *via causalitas*. Er rekurriert auf Erfahrungen, wie sie z.B. im Psalm 104 formuliert sind (SH S. 17) und bezieht sich demnach auf Gott als Schöpfer.

Ausgangspunkt der Argumentation ist das Selbstbewusstsein und damit das Nachdenken über die innere Erfahrung, die der Mensch mit sich selbst als Mensch macht. Wer sich selbst betrachtet und über sich selber nachdenkt, entdeckt, dass er in seinem Leben einerseits selbst tätig ist, andererseits von Voraussetzungen abhängig ist, die er selber nicht geschaffen hat (1. Abschnitt).

Zu unserer Selbsterfahrung und zu unserem Selbstbewusstsein gehören demnach ein Freiheitsgefühl und das Gefühl der Abhängigkeit. Da beides zusammengehört, ist eine vollkommene Freiheit undenkbar (2. und 3. Abschnitt) bzw. Selbsttäuschung.

Die Einsicht in die Begrenzung der Freiheit durch Abhängigkeit ist selber schon als Erfahrung einer grundlegenden Abhängigkeit zu verstehen (4. Abschnitt). Das Gefühl der Abhängigkeit weist zurück auf einen Ausgangspunkt, von dem die Voraussetzungen ausgehen und der selber nicht abhängig ist. Diesen Ausgangspunkt nennt Schleiermacher Gott (5. Abschnitt). Gott wird so als Bedingung der Existenz der Welt gesehen. In ihm ist das Dasein der Welt begründet. Der Begriff »Woher« bedarf des genaueren Verstehens. Geht es um eine räumliche oder zeitliche Beziehung? Oder geht es um eine transzendental Beziehung, wonach Gott die Bedingung der Möglichkeit alles Seienden ist?

Unterrichtsideen SH S. 10/11

Für die Frage, was ist ein »Gott«, bieten sich drei unterschiedliche Wege an:

- Konzentration auf Luther (Vorschlag 1)
- Schrittweise Erarbeitung der vier einzelnen Positionen (Vorschlag 2)
- Arbeitsteilige Erschließung aller vier Positionen (Vorschlag 3)

Vorschlag 1: Konzentration auf Luther

(1) Einzelarbeit: Was ist das, ein »Gott«? Anschließend Austausch in Partnerarbeit, danach sammeln unterschiedlicher Definitionen an der Tafel.

(2) Klassengespräch: Vergleich mit dem Schlusssatz des Luthertextes.
  - Wo gibt es Ähnlichkeiten zu unseren Definitionen?
  - Wie kommt Luther darauf?

(3) Arbeitsteilige Arbeitsaufgaben in Partnerarbeit
  - Definition verschiedener Arten, einen Gott zu haben
  - Unterschied von Gott und Abgott
  - Bedeutung von »gänzlichem« Vertrauen

(4) Gemeinsames Gespräch: An was glauben heutige Zeitgenossen?

Vorschlag 2: Schrittweise Erarbeitung der vier einzelnen Positionen

(1) Einzelarbeit: Was ist das, »ein Gott«? (siehe oben)

(2) *Luther* (wie oben)

(3) *Pannenberg*
  a) Gespräch: Wo ist Gott?
  b) Informationen zu Wolfhart Pannenberg
  c) In Einzelarbeit herausarbeiten, wie Pannenberg diese Frage beantwortet.
  d) Zusammenfassende Reflexion: Was besagt das Wort »Gott«? Was nicht?

(4) *Anselm von Canterbury*
  a) Text laut lesen und auf die Sprache achten. Lassen sich verschiedene Abschnitte hören? Die Form des Textes miteinander klären. Worum handelt es sich?
  b) Informationen zu Anselm von Canterbury
  c) In Partnerarbeit die einzelnen Abschnitte in Thesen zusammenfassen, so dass die Beweisführung sichtbar wird.

> Ergebnis könnte sein:
> 1. Gott ist etwas, über das hinaus nichts Größeres gedacht werden kann.
> 2. Da dieser Begriff gedacht werden kann, ist er im Verstand existierend.
> 3. Wenn Gott nur im Verstand ist, lässt sich Etwas denken, das größer ist.
> 4. Ein existierendes Etwas (Gott) ist größer als ein bloß gedachtes Etwas (Gott).
> 5. Der Gedanke eines bloß gedachten Etwas, über das hinaus nichts Größeres gedacht werden kann, ist selbst widersprüchlich.
> 6. Gott muss als existierend gedeutet werden.

  a) Austausch der Thesen und Rekonstruktion des gesamten Beweises
  b) Zusammenfassende Reflexion: Was besagt das Wort »Gott«? Was nicht?

(5) *Friedrich Schleiermacher*
  a) Wie frei und wie abhängig bin ich? Was sagt das über mich als Mensch?
  b) Informationen über Schleiermacher
  c) Textarbeit in Einzelarbeit. Die Argumentation in einer Grafik darstellen.
  d) Austausch in Partnerarbeit.
  e) Zusammenfassende Reflexion. Was besagt das Wort »Gott«?
  f) Kann die Zustimmung, wie behauptet, unbedingt gefordert werden?

(6) Positionen auf Textkarten schreiben und Beziehungen darstellen. Welche Positionen sind sich näher?

Vorschlag 3: Arbeitsteilige Erschließung aller vier Positionen

(1) Einzelarbeit: Was meint man mit dem Wort »Gott«? Anschließend Austausch in Partnerarbeit, dann Plenum.

(2) Vorstellung der vier Theologen aus dem 11., dem 16., dem 19. und dem 20. Jahrhundert durch die Lehrperson oder Schülerreferate.

(3) Die einzelnen Gruppen entscheiden sich für eine Position und erarbeiten diese. Was meinen Luther, Pannenberg, Anselm und Schleiermacher mit dem Wort »Gott«, wie begründen sie ihre Position und wie kommen sie dazu?

(4) Vorstellung der Ergebnisse.

(5) Suche nach der überzeugendsten Position und Suche nach möglichen Gegenargumenten.

(6) Vergleich mit dem katholischen Erwachsenenkatechismus.

5.5 Katholischer Erwachsenenkatechismus: Gott – ein Geheimnis (SH S. 12)

Mit dem Textauszug aus dem katholischen Erwachsenenkatechismus soll ausdrücklich einer katholischen Position Raum gegeben werden. Damit wird zugleich die Tradition

der *via negationis* (kein Gegenstand; nicht in der Weise, wie es Dinge oder Menschen gibt; nicht abzuleiten; kein Machwerk; nicht Wunscherfüllung) aufgenommen, die Gott als etwas verstehen will, was Menschen von sich aus weder mit den Sinnen erfassen noch sich mit Hilfe des Verstandes darlegen können. Gott ist der Unerkennbare. Alle Antworten des Menschen erweisen sich letztlich als unzureichend. Gott ist größer als unsere Vorstellungen (vgl. Anselm von Canterbury SH S. 10).
Grundgedanke ist, dass Gott ein Geheimnis ist. Doch was ist ein Geheimnis? Abstrakt formuliert ist es eine Information, die zu einem Zusammenhang gehört, aber nicht bekannt und auch nicht einsehbar ist. Solange dieses Geheimnis verborgen bleibt, bleibt eine Sache oder ein Zusammenhang nicht erklärbar bzw. nicht verstehbar. Es bleibt letztlich rätselhaft, z.B. weil die Erkenntnismöglichkeiten nicht zur Verfügung stehen, menschliche Erkenntnis so nicht ausreicht oder nur bestimmten Menschen zugänglich ist. Zur Eigentümlichkeit eines Geheimnisses gehört der Drang, dieses aufzuklären oder zu entschlüsseln.
Der Text spricht von einem doppelten Geheimnis: Dem Geheimnis Gottes und dem Geheimnis des menschlichen Wesens. Beides hängt zusammen, denn in der Gotteserkenntnis geht es um den Sinn des Lebens und den Sinn der Welt. Immer dann, wenn Menschen nach dem Sinn des Lebens und der Welt fragen, fragen sie nach Gott. Sie fragen danach, wie sie sich selbst, das Leben und die Welt letztlich deuten und in Konsequenz dieser Deutung leben sollen. Die Antwort auf diese Fragen zeigt sich im Lebensvollzug. Schon in der Frage nach dem Sinn des Lebens zeigt sich die Bezogenheit des Menschen auf Gott. Selbst der Leugnung Gottes (Allumfassendes, Natur, Materie, sinnloses Nichts) geht diese Bezogenheit nicht verloren. Auch sie ist Ausdruck der Frage Gottes an den Menschen. Darin zeigt sich, dass Gott uns die Frage stellt, wie wir unser Leben verstehen wollen. Offenkundig wird die Sinnfrage als unumgänglich angesehen.
Der Mensch kann gar nicht anders, als die Frage nach dem Sinn des Lebens und der Welt zu stellen und zu beantworten. Die Antwort ist seine Lebenspraxis. Der christliche Glaube gibt Antworten, die dem Geheimnis Gottes nahe kommen und das Geheimnis des Lebens zeigen. Die Antworten ergeben sich, wenn man sich auf die Heilige Schrift und darin auf die Geschichte Jesu Christi vertrauend einlässt. Danach ist das Leben ein Geschenk, das aus der Fülle des Seins kommt und in diese Fülle zurückstrebt. Der Mensch ist ganz und gar angenommen, er soll sich anderer annehmen und sich gegen lebenszerstörende Mächte für das Leben einsetzen. Letztlich kann aber auch diese Antwort das Geheimnis Gottes nicht auflösen. Gott ist größer als die eigenen Vorstellungen. Keiner kann für seine Antworten letzte Wahrheit beanspruchen.

5.6 Bild: Yves Klein, o.T. (MG 18) (SH S. 12)

Der französische Künstler Yves Klein (1928–1962) war Maler, Bildhauer und Performancekünstler. Sein Gesamtwerk ist bestimmt von monochromen Bildern in der Farbe Blau (ultramarinblau). Zwischen 1959 und 1961 erarbeitete er auch Bilder in Monogold.
Das Bild »MG 18« befindet sich im Museum Ludwig in Köln. Es hat die Größe 79 x 56cm. Es setzt sich aus ca. 180 einzelnen Blattgoldstückchen zusammen, die dem Bild eine Gitterstruktur geben. Zwischen den Stücken gibt es flache Hohlräume. In den Goldstückchen befinden sich blaue Einsprengsel, die die Tafel mit den blauen Werken des Künstlers verbinden. Während die Farbe Blau für das Meer, den Himmel und die Liebe steht, symbolisiert Gold die Gegenwart Gottes, aber auch das himmlische Licht. In mittelalterlichen Bildern bildet Gold den Hintergrund für die gemalten biblischen Szenen. Gold kann als die Gegenwart des Immateriellen, des Geheimnisses und der gefüllten Leere verstanden werden (nach August Heuser).

Unterrichtsideen SH S. 12

(1) Einzelarbeit: Was ist ein Geheimnis? Anschließend Austausch.
(2) Rundgespräch: Reflexion des Satzes »Gott ist ein tiefes Geheimnis«. Was sagt das über Gott?
(3) Textarbeit an Abschnitt 1 und 2. Warum ist Gott ein Geheimnis?
(4) In Partnerarbeit ausgewählte Sätze erläutern.
   - »In der Gotteserkenntnis geht es auch um uns selber, um den Sinn unseres Menschseins, um den Sinn unserer Welt.«
   - »So ist Gott nicht mehr nur eine Antwort, sondern auch eine Frage an uns.«
   - »Wer Gott kennt, dessen Leben wird sich verändern.«
   - »Weil Gott ein übergroßes Geheimnis ist, kann ihn der Mensch auch leugnen.«
(5) Austausch der Erarbeitungen
   Versuch einer gemeinsamen Definition: Was meint das Wort »Gott«? Was wird vom Menschen gesagt? Das Ergebnis grafisch darstellen.
(6) Bildbetrachtung: Yves Klein
   1. Was sehe ich?
   2. Wie ist das Bild gestaltet?
   3. Was empfinde ich?
   4. Wie kann das Bild gedeutet werden?
   5. Wie kann das Bild mit dem Text in Zusammenhang gebracht werden?
(7) Vergleich mit einer Position auf SH S. 10 und 11.

5.7 Johann Wolfgang von Goethe, Die Natur schafft ewig neu (SH S. 13)

Der vorliegende Text ist ein Abschnitt aus dem Fragment aus dem Jahr 1783. Das Fragment repräsentiert den Pantheismus Goethes, wenngleich es wohl nicht persönlich von ihm verfasst worden ist. Er schreibt dazu später: »Dass ich diese Betrachtungen verfasst, kann ich mich zwar faktisch nicht erinnern, allein sie stimmen mit den Vorstellungen wohl überein, zu dem sich mein Geist damals ausgebildet hatte ... Man sieht die Neigung zu einer Art Pantheismus, in dem den Welterscheinungen ein unerforschliches, unbedingtes, humoristisches, sich selbst widersprechendes Wesen zum Grunde gedacht ist«. Goethe orientiert sich dabei an Benedikt bzw. Baruch de Spinoza (1632–1677), der einer völligen Loslösung von Natur und Gott im Deismus und einem Theismus, der Gott von außerhalb des Weltgeschehens eingreifen sieht, einen Pantheismus gegenüberstellt, der Natur und

Gott identifiziert. Der kurze Auszug soll diesen Pantheismus, der auch Züge eines Panentheismus trägt, verdeutlichen. Die Natur trägt göttliche Prädikate. Sie ist ewig, ohne jedoch in sich zu ruhen. Sie bewegt und sie verändert sich. Sie ist schöpferisch im Sinne einer *creatio continua* (SH S. 18), denn sie schafft ständig neue Gestalten, verwandelt dabei immer wieder das, was ist. Hier zeigt sich Goethes Prinzip der Metamorphose. »Alles ist neu und doch immer das Alte.« Sie ist allumfassend, denn wir sind von ihr umgeben und umschlungen (vgl. Apg 17,28). Sie spricht unaufhörlich mit uns, doch sie verrät uns ihr Geheimnis nicht (vgl. SH S. 12). Sie sagt den Menschen nicht, woher sie kommen und wohin sie gehen. Ihr Sinn bleibt verborgen. Sie ist allmächtig, denn wir sind »unvermögend, aus ihr herauszutreten und tiefer in sie hineinzukommen«. Menschen haben keine Gewalt über sie. Ihre Gesetze bestimmen alles (vgl. SH S. 3 Item Nr. 18).

Unterrichtsideen SH S. 13

(1) Begriffe Theismus, Deismus, Pantheismus, Monotheismus, Polytheismus, Atheismus, Panentheismus, Henotheismus definieren (evtl. Schüler-Präsentation). Vergleich der Ergebnisse mit U3. Anwenden der Einsichten auf Luther und andere.
(2) Text still lesen, überlegen, wie das erste Wort des Textes klingt. Seufzend oder frustrierend? Verschiedene Klänge ausprobieren.
(3) Binnendifferenzierendes Vorgehen. Die Schülerinnen und Schüler wählen eine der folgenden Aufgaben:
   - Zu dem Text ein Bild zeichnen.
   - Die Göttlichkeit der Natur herausarbeiten.
   - Das Verhältnis von Goethe zur Natur beschreiben.
   - Dem Text Konsequenzen für das eigene Leben entnehmen.
   - Eine Kritik des Glaubensbekenntnisses aus der Perspektive von Goethe formulieren.
   - Ein Glaubensbekenntnis von Goethe entwerfen.
(4) Ergebnisse vorstellen.
(5) Den Pantheismus Goethes beurteilen: Was gefällt mir daran? Was gefällt mir nicht? Was überzeugt mich nicht? Lässt sich das Geheimnis der Natur entschlüsseln?

5.7 Der Glaube an ein höchstes Wesen (SH S. 13)

Während Janine an eine »höhere Macht« glaubt (SH S. 4), geben viele Zeitgenossen an, an ein »höheres Wesen« zu glauben. Dieser Glaube trägt theistische Züge, will sich jedoch inhaltlicher und konfessioneller Festlegungen enthalten, steht in Distanz zu einem kirchlichen Glauben, verknüpft aber damit gewisse moralische Regeln und ein anständiges Leben. Atheistische Vorstellungen werden dabei abgelehnt. Mit diesen Glaubensvorstellungen kann man durchaus auch Kirchenmitglied sein, wie Mitgliedschaftsstudien zeigen. Die Auseinandersetzung mit diesem Glauben will dessen historische Wurzeln in den Blick nehmen. Seine Ursprünge liegen einmal in der scholastischen Theologie, die von einem »*summum ens*« sprach. Sie liegen zum anderen in der europäischen Geschichte und da wiederum in den englischen Religionskriegen und sollte jenseits konfessioneller Trennung einen religiösen Konsens anbahnen, der integrierend wirken soll. Der Glaube an ein höchstes Wesen sollte in der französischen Revolution den Kult der Vernunft ablösen, der antikirchlich ausgerichtet war und eine nur vernünftige Erkenntnis beinhalten sollte. Dieser Glaube an die Vernunft führte nicht nur zu Widerständen in der Bevölkerung, sondern vernachlässigte auch die emotionalen Seiten des Volkes. So führte Robespierre per Dekret den Kult des höchsten Wesens ein, der konfessionelle Differenzen überwinden, atheistische Positionen ablehnen, religiöse Bedürfnisse aufnehmen, zugleich aber auch Religionsfreiheit garantieren und Normen eines zivilen Zusammenlebens begründen sollte. Der Text lässt sich als eine Art Glaubensbekenntnis darstellen »Ich glaube an ein höchstes Wesen, ...«.

5.8 Bild: »Der Kult des höchsten Wesens« (SH S. 13)

Der von Robespierre erlassene Kult des höchsten Wesens wurde am 8. Juni 1794 eingeweiht. Zunächst entzündete Robespierre in den Tuilerien eine »Säule des Atheismus« auf einem Scheiterhaufen, die nach dem Abbrennen einem »Standbild der Weisheit« Raum gab. Dann gab es auf dem Marsfeld den zweiten Teil der Feier, den das Bild zeigt. Um einen künstlichen Berg mit einem Freiheitsbaum und einer Statue des höchsten Wesens hat sich das Volk versammelt und spricht einen Eid, dazu spielt Orchestermusik. Begangen wird ein zivilreligiöser Gottesdienst. Das Zeremoniell soll dem Zusammenhalt der Gesellschaft dienen.

Unterrichtsideen SH S. 13

(1) Mind Map zu »Ich glaube an ein höchstes Wesen«, zunächst in Einzelarbeit, dann im Plenum. Was ist alles damit verbunden?
(2) Bild gemeinsam beschreiben und deuten: Was sehe ich? Was machen die Menschen? Was soll das Bild mit dem aufbrechenden Himmel bei den Betrachtern bewirken?
(3) Lehrperson informiert über die Hintergründe.
(4) Selbstdifferenzierende Arbeitsaufgaben zur Wahl:
   - Den Eid des Volkes formulieren.
   - Das Bild des höchsten Wesens zeichnen.
   - Blüten und Wurzeln des Glaubens an ein höchstes Wesen zeichnen.
   - Kommentar eines katholischen Priesters formulieren.
   - Die Musik fantasieren und beschreiben.
(5) Vergleich mit den eigenen Deutungen in Schritt 1 und mit dem Glauben von Janine an eine höhere Macht

6. Was ist Religion?

Mit dem Begriff der Religion nähert sich das Denken gleichsam von außen dem Phänomen an, dass Menschen zu allen Zeiten sich an etwas »gebunden« haben (nach religare = binden), das ihr Leben grundlegend bestimmt. Mit einer Definition von Religion wird der Versuch gemacht, ganz unterschiedliche Phänomene zu erfassen und auf einen gemeinsamen Kern zurückzuführen. Dabei ist jedoch nicht entschieden, ob diese Definition positiv akzeptierend oder negativ ablehnend ausfällt, wie dies z.B. in der Religionskritik der Fall ist (SH S. 52–59). Der Sachverhalt, dass alle Religionsbegriffe in der Regel umstritten sind, zeigt, dass es gar nicht so einfach ist, alle Religionen auf ein gemeinsames Merkmal zurückzuführen. So kennt der Buddhismus (SH S. 76) keinen Gott und keine Götter. Manche sprechen bei ihm deshalb eher von einer Philosophie statt von einer Religion.

6.1 Religionsbegriffe (SH S. 14)

Der systematisierende Überblick von Regina Polak (geb. 1967, Professorin für Katholische Theologie an der Universität Wien) stellt drei unterschiedliche Religionsbegriffe heraus, die in der Religionssoziologie und in der Religionswissenschaft verwendet werden. Die Begriffe werden knapp beschrieben (»betont«, »fokussiert«, »macht deutlich«) und zumindest bei den ersten beiden Begriffen deren Vorteile und Nachteile herausgearbeitet. Erkennbar wird die Ableitung des substanziellen und phänomenologischen Religionsbegriffes vom Christentum.

6.2 Theo Sundermeier, Religion – was ist das? (SH S. 15)

Der Text von Theo Sundermeier ist ein Beispiel für einen substanziellen Religionsbegriff, der Text von Franz Xaver Kaufmann ein Beispiel für einen funktionalen Religionsbegriff. In den Zusatzmaterialien findet sich ein Text von Rudolf Otto (**M 5**), der den phänomenologischen Ansatz noch einmal illustriert. Bei der Erschließung der Texte sollten Grundbegriffe geklärt werden.

- »Transzendieren« bezeichnet die Überschreitung (von *transzendere* = hinübersteigen) eines Bereiches in Richtung eines Jenseitigen. Meist geht es um die Überschreitung der gegenständlichen, empirischen oder sinnlichen Erkenntnis hin auf einen Bereich, der einer solchen Erkenntnis nicht zugänglich ist. Dieser Bereich bezeichnet dann der Begriff »Transzendenz,« dessen Gegenbegriff der Begriff der Immanenz bildet.
- »Religiosität« bezeichnet die subjektive Religion, also die individuelle Aneignung religiöser Vorstellungen durch die einzelne Person.
- Das »Numinose« bezeichnet das Göttliche als eine überlegene und unbegreifliche Macht, die Menschen anzieht, aber auch erschrecken lässt.
- Die Unterscheidung von »fides qua creditur« und »fides quae creditur« bezeichnet einmal das, was geglaubt wird (z.B. der Dreieinige Gott) und zum anderen die Art und Weise, wie geglaubt wird (z.B. als Vertrauen).
- Eine »religionslose« Gesellschaft bezeichnet eine Gesellschaft, die jede Transzendenz ablehnt und sich ganz auf die Immanenz konzentriert.

6.3 Franz Xaver Kaufmann,
Die Funktion der Religion (SH S. 15)

Die funktionale Betrachtung der Religion ist vor allem von Émile Durkheim geprägt worden, der nach der Funktion der Religion für eine Gesellschaft fragte. Ein funktionales Religionsverständnis kann man schon bei Robespierre entdecken. In dieser soziologischen Betrachtung spielt es keine Rolle, ob es Gott gibt oder nicht, auch nicht, wie Gott selber ist. Religionen dienen also der Lösung eines Problems, bei der sich immer die Frage stellt, ob diese Lösung nicht auch von anderen gesellschaftlichen Institutionen oder Sinnsystemen erbracht werden kann oder sogar wird.
Émile Durkheim sieht die Funktion der Religion in der Sicherung eines gesellschaftlichen Zusammenhalts. Niklas Luhmann sieht diese in der Bewältigung von Kontingenz und in der Bestimmung der unbestimmten Umwelt der Systeme, in denen sich Menschen bewegen. Hermann Lübbe sieht die Funktion der Religion in der Herstellung eines vernünftigen Verhältnisses zu dem Unverfügbaren, das gerade in den Kontingenzen als einbrechend erlebt wird. Thomas Luckmann sieht die Funktion der Religion in der sinnhaften Deutung der weltlichen Erfahrungen, so dass Menschen handelnd damit umgehen können. Peter Berger sieht die Funktion der Religion in der letzten Absicherung einer gesellschaftlichen Sinnordnung, die vor allem dann benötigt wird, wenn diese Sinnordnungen in Grenzsituationen des Lebens fraglich werden und der erneuten Legitimierung bedürfen. Dieser funktionale Religionsbegriff steht bei Berger im Rahmen eines Substanziellen. Berger nennt diesen Prozess der Legitimierung »Kosmisierung«.
Franz Xaver Kaufmann integriert in seinen Religionsbegriff unterschiedliche Funktionen, die in der religionstheoretischen Diskussion verhandelt werden und sechs Probleme lösen, nämlich die Angstbewältigung, die Handlungsführung im Außeralltäglichen, die Verarbeitung von Kontingenz, die Begründung der gesellschaftlichen Sinnordnung, die Ermöglichung von Widerstand und Protest. Für alle diese Probleme braucht es anschauliche Beispiele im Unterricht. Diese Funktionen haben die historischen Religionen in vormodernen Gesellschaften erbracht. Die Frage ist, ob sie noch heute diese Funktionen übernehmen oder sie an andere Institutionen oder Deutungssysteme abgegeben haben. Solche Sinnsysteme oder auch Institutionen wären z.B. die populäre Kultur. So haben die Lieder von Herbert Grönemeyer eine große Bedeutung beim Tod eines lieben Menschen. Der medizinische Fortschritt verheißt nach und nach, auch schwere Krankheiten heilen zu können. Die Sozialversicherung und Krankenversicherung nehmen die Angst vor Alter und Pflegebedürftigkeit. Große Sportereignisse, wie z.B. die Fußball-Weltmeisterschaft 2006 in Deutschland vereinigt die Deutschen und trägt zum Zusammenhalt der Gesellschaft bei. Der tägliche Blick auf den DAX vor den Nachrichten im Fernsehen weist darauf hin, dass das Herz der Menschen offenkundig am Geld hängt. Fallender Kurs löst Ängste aus, steigender Kurs Hoffnungen. Säkulare Theorien, wie z.B. die Menschenrechte, liefern Handlungsprinzipien und Handlungsnormen, wenn das alltägliche Handeln fraglich wird. Gruppen wie Amnesty International, Greenpeace oder Occupy praktizieren Protest und Widerstand, ohne sich ausdrücklich auf religiöse Traditionen zu berufen. Die Frage Luthers bleibt also, woran hängt des Menschen Herz? Was gibt den Menschen Trost und Lebensgewissheit? Christliche Theologie betont, dass das Vertrauen in den barmherzigen Gott, wie er sich in der Geschichte Jesu Christi gezeigt hat, Menschen die Freiheit gibt, von der allzu großen Angst um sich selbst Abstand zu nehmen (Glaube), die Zuversicht auf ein Mitgehen Gottes zu entwickeln (Hoffnung) und die Freiheit für den anderen zu leben (Liebe).

Unterrichtsideen SH S. 14/15

(1) Klärung der Leitfrage: Was ist Religion? Think – Pair – Share: Einzelarbeit, dann Austausch in Partnerarbeit, dann Plenum. Gibt es unterschiedliche Definitionen?

(2) Arbeitsteiliges Vorgehen.
   a) Die Hälfte der Schülerinnen und Schüler erarbeitet Sundermeier (A), die andere Hälfte Kaufmann (B). Sie beantworten schriftlich aus der Sicht der Autoren die Leitfrage.
   b) Bildung von A/B-Vierergruppen. Worin unterscheiden sich unsere Antworten?
   c) Gemeinsam werden die Definitionen geprüft. Erfasst Sundermeier das Christentum? Auch das Judentum und den Islam? Erfüllt das Christentum heute noch diese Funktionen? Gibt es neue Religionen?

(3) Binnendifferenzierende Aneignung des Textes von Regina Polak.
   Folgende Aufgaben werden angeboten:
   – Begriffe definieren: Transzendieren, *fides qua – fides quae*, Numinoses, Heiliges, Faszinosum, Tremendum.
   – Je ein Poster zu den drei Religionsbegriffen entwerfen
   – Einen Überblick über verschiedene Religionen mithilfe der Kategorien von Sundermeier geben (**M 6**).
   – Sundermeier den drei Positionen einordnen.
   – Kaufmann den drei Positionen einordnen.
   – Ein Beispiel für die Erfahrung des *Faszinosum et Tremendum* finden (evtl. durch Auseinandersetzung mit der Apg 9 (siehe SH S. 25) oder Gen 28, Jakob und die Himmelsleiter oder sogar Gen 32 Jakobs Kampf am Jabbok.

(4) Ergebnisse vorstellen.

(5) Vertiefung: Das Heilige bei Rudolf Otto (**M 5**).

(6) Noch einmal: Was ist Religion? Bearbeitung des eigenen Anfangstextes.

C: Wer ist das: »Gott«?

Die Vielfalt der biblischen Erfahrungen stellt die Frage, ob es sich in den unterschiedlichen Erfahrungen mit Gott, von denen erzählt wird, um denselben Gott handelt. Diese Frage hat auch dann ein Recht, wenn von einem wandlungsfähigen und überraschenden Gott zu sprechen ist (vgl. Huber SH S. 20f.). Systematisch-theologisch geht es um das Wesen Gottes (Huber SH S. 30).

In der Geschichte christlicher Theologie wurden unterschiedliche Sichtweisen entwickelt, was die verschiedenen Gotteserfahrungen verbindet und vereint. Eine wichtige ist das Konzept des Bundes bzw. der Gerechtigkeit zwischen Gott und dem Menschen (Berger SH S. 24). Dieses Konzept besteht darin, dass Gott will und alles dafür tut, dass Menschen mit ihm in Vertrauen zusammenleben und diese Gerechtigkeit auch untereinander praktizieren. Dieses Zusammenleben mit Gott schließt die Auferstehung ein und gilt in besonderer Weise für die Schwachen und die Leidenden (SH S. 33.34.26.24). Sie schließt Verschiedenheit ein (Welker SH S. 35). Es geht um lebensnotwendige Verbindungen (Crüsemann SH S. 22). Huber (SH S. 30) hebt im Anschluss an Claus Westermann Retten und Segnen als zentrale Merkmale von Gottes Wirken heraus, die im Bild vom Reich Gottes ihre Zusammenfassung finden (Huber SH S. 28).

Der Themenblock C »Wer ist das: ›Gott‹«? ist im christlichen Glauben und in der christlichen Theologie grundlegend für das Verständnis Gottes. Die Texte der Bibel repräsentieren unterschiedliche Erfahrungen von Menschen mit Gott. Durch die Einfügung in das Buch der Bücher haben sie kanonische Geltung erfahren. Dies schließt andere Erfahrungsgeschichten nicht aus, die biblischen Texte aber haben normative Bedeutung. Ob andere Erfahrungen als Erfahrung mit Gott bezeichnet werden können, entscheidet sich im Vergleich mit den kanonischen Schriften und Texten. Die Begegnung mit diesen zeigt nicht nur die Vielfältigkeit der Erfahrungen mit Gott, sondern auch die Wandelbarkeit Gottes. In der Auseinandersetzung mit Ex 3 (vgl. Huber SH S. 20f., Ich werde da sein, als der ich da sein werde) wird dies ausdrücklich thematisiert und dabei auch eine religionsgeschichtliche Betrachtung eröffnet.

Zur Eigentümlichkeit dieser Texte gehört ihre Fremdheit. Sie sind in einer fremden Sprache geschrieben und einer fernen Zeit verhaftet. Sie sind in ihrer Form ganz unterschiedlich und setzen auf Seiten des Verstehen-Suchenden Verstehensbereitschaft, Lesekompetenz und auch eine gewisse Frustrationstoleranz voraus. Die Konstruktion einer eigenen Sinndeutung will nicht sofort gelingen. Umso eher kommt es darauf an, motivierende Zugänge anzubieten.

Die folgenden acht Teilkapitel (C 1 bis C 8) folgen in großen Schritten dem Aufbau der Bibel und beschäftigen sich dabei mit dem

- erschaffenden Gott (Schöpfungstexte, Gen 1, Ps 104, Röm 8, Gen 2–11),
- berufenden und befreienden Gott (Abraham und Mose, Gen 12, Gen 15, Ex 3),
- fordernden und richtenden Gott (Dekalog und Propheten, Ex 20, Amos),
- sich offenbarenden Gott (Elia, Paulus, 1. Kön 19, Apg 9),
- immanenten Gott (Inkarnation, Weihnachten, Lk 2),
- erbarmenden Gott (Jesus Christus, Gleichnis vom verlorenen Sohn, Lk 15,11–32),
- angerufenen Gott (Vater unser, Mt 6,5–11),
- leidenden Gott (Kreuzigung und Tod Jesu, Mk 15),
- Leben schaffenden Gott (Auferstehung, Heiliger Geist, Mk 16, Apg 2).

Die zugrunde liegenden Bibeltexte sind in der Regel nicht abgedruckt. Jedoch gehört die Begegnung mit diesen zu den notwendigen Voraussetzungen, um die Texte des Schülerheftes zu erschließen. Wenn da und dort biblische Texte eingefügt werden (SH S. 18 Röm 8,18–22; SH S. 21 Lk 4,16–21; SH S. 23 Mt 5,27f. und 43–45) dann deshalb, um den Zusammenhang von Altem und Neuem Testament zu verdeutlichen und einer Aufteilung eines Gottes im Alten Testamentes und eines Gottes im Neuen Testamentes zu wehren.

Zur Eigenart der Texte gehört ihre unterschiedliche Sprachgestalt. Sie begegnen als dramatische Erzählungen und Gleichnisse und operieren mit Bildern, Symbolen und Metaphern.

Zur Eigentümlichkeit dieser Begegnung gehört nicht nur die Fremdheit der Texte, sondern auch ihre Vielfalt und Unterschiedlichkeit. Sie repräsentieren ganz unterschiedliche Erfahrungen von Menschen mit Gott, die in einem ersten Schritt

- als Erfahrung mit Gott in der Geschichte des Volkes Israels,
- als Erfahrung mit Gott in der Geschichte Jesus Christi und
- als Erfahrung mit Gott in der Geschichte der christlichen Kirchen

unterschieden werden können.

Die Frage muss sein, ob Gott nicht auch in der Geschichte der Völker und in natürlichen Prozessen zu erfahren ist. Wird Gott formal als »die alles bestimmende Wirklichkeit« verstanden (Pannenberg SH S. 10), so ist diese Frage zwingend. Anzunehmen ist jedoch, dass solche Erfahrungen erst über bestimmte Erfahrungen erschließbar werden. Woher kann ich wissen, welche Erfahrungen Erfahrungen mit Gott sind, wenn ich nicht ansatzweise weiß, wer das ist »Gott«? Sicherlich wird es dabei auch immer eine Rolle spielen, was andere Menschen ihrerseits als Erfahrung mit Gott bezeichnen, bekennen und feiern.

Nach 700 Stunden Religionsunterricht (von der ersten bis zur 10. Klasse) müsste davon ausgegangen werden, dass sich alle Schülerinnen und Schüler mit den hier vorgelegten Texten im Wesentlichen schon einmal auseinandergesetzt haben. Die Erfahrungen zeigen, dass diese Texte häufig nicht präsent sind. Wo sie gekannt werden, stehen sie oft nur narrativ und auch nur in einem einfachem Plot zur Verfügung. Eine theologische Reflexion der Texte muss mit gewissen Widerständen rechnen. Umso wichtiger ist es,

vielfältige Formen der Erarbeitung einzusetzen und eine gewisse Eintönigkeit zu vermeiden.
Das Heft operiert mit der Annahme, dass neben dem Heft eine (Luther-) Bibel zur Verfügung steht. Es gilt sie immer wieder heranzuziehen. Häufig wird der Vorschlag gemacht, den Text sprachlich zu inszenieren und so zu Gehör zu bringen. Es zeigt sich, dass mehrmaliges sprachliches Inszenieren Deutungsfragen aufwirft, die für das Verstehen des Textes hilfreich sind. Wie spricht Gott zu Abraham? Wie redet Amos? Wie redet der auferstandene Christus zu Paulus?
Die Anlage des Heftes bietet darüber hinaus mehrere Möglichkeiten, biblische Texte zu erschließen, so durch den Text-Text-Vergleich oder den Text-Bild-Vergleich. Wichtig wird immer sein, eigene Deutungen zu erzeugen und diese mit den beigefügten theologischen Texten zu vergleichen.

Ziel sollte es ein, dass Schülerinnen und Schüler Grundzüge des biblischen Gottesbildes erläutern und argumentativ entfalten können.

Der Begriff »argumentativ entfalten« verdient eine kurze Besinnung. Er enthält ein dialogisches Moment und setzt sich immer auch mit innerchristlichen, aber auch mit religionskritischen Anfragen auseinander. Diese Entfaltung kann vereinfacht so dargestellt werden:

1. Die These (so sieht die Bibel Gott)
2. Die innerbiblische Begründung (dafür sprechen folgende biblische Aussagen)
3. Die Auseinandersetzung mit Anfragen
4. Schlussfolgerung

Vorausgehende Lernhilfen zu S. 16–35

Für die Beschäftigung mit den biblischen Vorstellungen von Gott sollte ein Advance Organizer vorgeschaltet werden, d.h. eine vorausgehende Lernhilfe.

(1) Ein einfacher Überblick könnte in der Zuordnung und Erläuterung verschiedener Begriffe liegen. Die Schülerinnen und Schüler erhalten jeweils einen der Begriffe Schöpfung, Abraham, Mose, Dekalog, Amos, Elia, Paulus, Weihnachten, Jesus Christus, Reich Gottes, Verlorener Sohn, Vater Unser, Kreuzigung Auferstehung, Pfingsten. Sie erläutern, was damit gemeint ist, und formulieren, was das über den Gott der Bibel aussagt.

(2) Eine etwas elaborierte Fassung könnte darin bestehen, Bilder aus dem Heft zu entnehmen und daraus postkartengroße Bilder zu machen. Die Schülerinnen und Schüler erhalten die Aufgabe, daraus die Story des biblischen Gottes zu rekonstruieren. Kreative Leistungen sind erwünscht. Als DIN A4-Bilder können sie geordnet, erläutert und gedeutet werden und an der Wand hängend den weiteren Gang des Unterrichts bezeichnen.

(3) Gottesgeschichten finden
    a) Rundgespräch: Was muss ich tun, wenn ich sagen möchte, wie eine Person ist? Genügt der Name, der Beruf, oder muss man Geschichten erzählen?
    b) Die Bibel erzählt in ganz verschiedenen Geschichten von Gott. Welche sind die wichtigsten?
       – In Einzelarbeit fünf Geschichten benennen.
       – In Partnerarbeit acht Geschichten entwickeln.
       – Gemeinsam die wichtigsten zehn Geschichten bestimmen. Wie ist Gott?
    c) Überblick über die Eigenarten des biblischen Gottesbildes.

7. Gott erschafft

Schöpferisches Handeln Gottes begegnet nicht bloß als Schöpfung am Anfang (*creatio originalis*: Gen 1; 2; Hiob 38f. u.ö.), sondern auch in der fortwährenden Schöpfung (*creatio continua*: Ps 104) sowie als neu schaffendes Handeln (*creatio nova*: Röm 8,18–21 SH S. 18), das sich gerade auch in der Auferstehung Jesu zeigt (SH S. 34) sowie in dem inspirierenden Wirken des Heiligen Geistes (SH S. 35). Es spielt in der Dreieinigkeit Gottes (SH S. 36) eine entscheidende Rolle (SH S. 36f.), wird auf eigene Weise von Einstein und Polkinghorne reflektiert (SH S. 46f.) und wird von religionskritischen Positionen infrage gestellt und abgewiesen (SH S. 57–59). Das schöpferische Handeln wird bei Schleiermacher zur Grundlage des Gottesglaubens (SH S. 11) und wird in Gottesbeweisen auf philosophische Weise angegangen. Die Frage wird sein, ob Schöpfungstexte und philosophische Texte dasselbe meinen.
Zu rechnen ist einerseits mit einem distanzierten Verhalten von Jugendlichen, die in einer Schöpfung Gottes einen Gegensatz zur wissenschaftlichen Welterkennntnis sehen. Vereinbarkeiten werden in einer zeitlichen Vorordnung der Schöpfung Gottes vor einem Urknall gesehen. Damit geht aber der Blick auf die fortwährende Schöpfung sowie der Gedanke einer neuen Schöpfung verloren. Es wird sicherlich immer wieder auch Schülerinnen und Schüler geben, die eine kreationistische Position vertreten oder der Position des Intelligent Design, die von Richard Dawkins in Frage gestellt wird (SH S. 57f.)

7.1 Ergänzung zu SH S. 65: Genesis 1,1–2,4a

Der Text von Michael Welker kann als zusammenfassende Interpretation des biblischen Schöpfungsglaubens, wie er sich in Gen 1 darstellt, eingebracht werden. Sie erlaubt es, eine eigene Auslegung durch die Schülerinnen und Schüler zu überprüfen. Der Text von Welker setzt dann die genaue Untersuchung und die deutende Auseinandersetzung mit Gen 1 voraus.
Zur Eigentümlichkeit von Gen 1 gehört, dass es ein Lobgedicht mit berichtendem Charakter ist. Kennzeichnend sind eine strophische Gliederung und eine rhythmische Gestaltung, in die aber Naturwissen (vgl. die verschiedenen Kategorien von Pflanzen) eingetragen ist. Erkennbar ist ein Interesse an Zahlen (vgl. Claus Westermann, Genesis, Kapitel 1–3, Neukirchener Verlag, Neukirchen 1999, S. 126–130).
Gen 1 steht am Anfang der Urgeschichte, die einen in sich geschlossenen Komplex bildet. Gen 1 ist aber zugleich die Eröffnung der Priesterschrift, die über die Urgeschichte, die Berufung der Väter, die Offenbarung der Tat (Schilfmeer) und die Offenbarung des Wortes (Sinai), die Führung durch die Wüste bis zur Errichtung und Weihung des Heiligtums reicht.
Nach Gerhard Liedke (Im Bauch des Fisches, Stuttgart / Berlin 1979, S. 126ff.) entwirft Gen 1 eine ökologische Sicht der Welt. Der priesterliche Erzähler sieht in der Welt unterschiedliche Lebensräume, denen die Lebewesen zuge-

ordnet sind. In der Schöpfung ist eine sinnvolle Ordnung zu erkennen, die das Leben und das Zusammenleben prägt. Erkennbar werden vier Lebensräume, denen Lebewesen zugeordnet sind: Himmel, Meer, Luftraum und die Erde samt den Pflanzen. Sie sind die Lebensräume für Gestirne, Wassertiere, Lufttiere, Landtiere und Menschen. Die Zuordnung der Landtiere und der Menschen zu dem Lebensraum Erde signalisiert einen Konflikt, der der Lösung bedarf.
Es verdient darüber nachzudenken, auf welche Fragen Gen 1 antwortet. Auch wenn die Frage, wie die Welt entstanden ist, nicht von vornherein abgelehnt werden kann, so stehen doch die Fragen, wie es um die Welt steht, ob man zu ihr Vertrauen haben kann, wer die Menschen sind und welchen Auftrag sie haben, wie sie leben sollen, im Vordergrund.
Einzelne Beobachtungen an Gen 1 sollen herausgestellt werden:

- V. 1 ist als eine Art Überschrift zu verstehen, die die ganze Erzählung zusammenfasst. Als Erstes – und als Letztes – wird gesagt, dass die Schöpfung Gottes Werk ist. Diese Schöpfung ist der Anfang aller Geschichte (Westermann a.a.O., S. 136), »Himmel und Erde« machen zusammen das ganze Universum aus.
- V. 2 enthält keine Aussage, ob die Schöpfung aus dem Nichts erfolgte (*creatio ex nihilo*) oder Materie als vorhanden vorausgesetzt wird. Es heißt nicht, »Gott schuf aus ...«. Es bleibt (so Westermann) bei der Aussage, dass Gott Himmel und Erde erschaffen hat.
- V. 4: Das Licht ist gut in den Augen Gottes, es ist aber nicht als perfekt zu verstehen. Mit der Scheidung von Licht und Finsternis ist der Zeitrhythmus entstanden. Die Erschaffung der Zeit geht der Erschaffung des Raumes (V. 6–8) voraus.
- V. 5 meint eine andere Zeiteinheit als V. 18.
- V. 11 und 18: Die Erde wirkt bei der Erschaffung mit.
- V. 18 Sonne und Mond gelten nicht als göttlich. So eröffnet sich insgesamt eine sachliche Beziehung zur Welt.
- Kapitel 2 V. 1: Das Vollenden hinterlässt Fragen. Ist die Welt nun fertig? Konstatiert wird der Abschluss des Werkes, nicht das zu Ende Kommen der Schöpfung.
- Kapitel 2 V. 3: Der Segen des siebten Tages besteht darin, dass dieser Tag das Dasein befördert, bereichert und erfüllt.

Im Kontext eines Kurses »Gott« stellt sich die Frage, wie Gott beschrieben wird, wie die Welt und der Mensch gedeutet werden und was gutes Leben meint. Die Welt erscheint als ein bewohnbares, in sich gegliedertes, aber zugleich in sich vielfältig vernetztes Haus. Der Mensch ist darin ein personales, in Beziehung lebendes Wesen, dessen Identität letztlich in dem Gegenüber von Gott gründet und das in dieser Welt die Aufgabe hat, Gottes Fürsorglichkeit und Herrschaft zu repräsentieren. Gott erscheint als machtvolles personales Wesen, das befehlend und durchaus handelnd wirkt, auch andere in Anspruch nimmt, Macht teilt und die ganze Welt gedeihlich zusammenwirken sehen will. Gutes Leben zeigt sich in einem Gott entsprechenden Leben.
Der Glaube an Gott zeigt sich einmal in dem Vertrauen in die Lebensvoraussetzungen, die in den Augen Gottes gut sind. Er zeigt sich zum anderen in dem Gott ebenbildlichen Wirken des Menschen und der Welt und damit auch in dem Einhalten des Sabbats sowie der Teilnahme am Kult. Die heilige Zeit weist in der Priesterschrift voraus auf den heiligen Ort und den dortigen Kultus.

7.2 Michael Welker, Ich glaube an Gott den Schöpfer (SH S. 16)

Michael Welker expliziert in diesem Text seine Auslegung von Gen 1. Sie eignet sich zur Auseinandersetzung mit den eigenen Einsichten am biblischen Text.
Der Text lässt sich in sechs Abschnitte gliedern, in

- der Inhalt des Glaubens an Gott den Schöpfer,
- die Eigenart der biblischen Überlieferung,
- das Verständnis des Sechstagewerkes,
- Evolution als Teil der Schöpfung,
- Schöpfung als Hervorbringung von Natur, Kultur und Kult, sowie
- einer Zusammenfassung.

Leitend sind folgende Thesen:

- Gen 1 enthält viele tiefe Wahrheiten über die Entstehung und die Entwicklung der Welt in einer einfachen und bildhaften Sprache.
- Schöpfung bezeichnet den gesamten Prozess vom Anfang des Universums bis hin zur Erschaffung des Menschen und der Ermöglichung einer Beziehung der Menschen mit Gott. Der Prozess enthält kosmische (Sonne, Mond und Sterne), biologische, kulturelle (geben Zeichen, Zeiten, Tage, Herrschaftsauftrag) und religiöse Prozesse (Feier, Sabbat), die aufeinander bezogen sind.
- Gen 1 spricht von verschiedenen Zeitsystemen.
- Es gibt keinen Gegensatz zwischen Schöpfung und Evolution und keinen zwischen Glaube und Erkenntnis. Innerhalb der Schöpfungstage kommt es zur Evolution der Pflanzen und Tierarten sowie zur Erschaffung des Menschen.
- Der Mensch ist bestimmt zur königlichen Herrschaft in Gerechtigkeit und Barmherzigkeit.
- Der Glaube an Gott den Schöpfer besteht in einem Vertrauen in eine Form gebende, richtende und rettende personale Macht, die das eigene Dasein begründet und will, dass der Mensch in eine lebendige Beziehung tritt und die ihren Willen erkennen lässt.

Welker vertritt hier eine theistische Konzeption Gottes, die Schöpfung nicht bloß auf die Deutung der Welt oder gar des Menschen reduzieren will. Die biblische Rede von Schöpfung enthält durchaus relevantes kosmologisches, biologisches und kulturelles Wissen. Hier zeigt sich die Nähe zu Anselm von Canterbury (SH S. 11): »Das glaubende Vertrauensverhältnis strebt beständig nach wachsender vertiefter Erkenntnis.«

7.3 Bild: Mikalojus Ciurlionis, Opfer (SH S. 17)

Der litauische Komponist und Maler Mikalojus Ciurlionis (1875–1911) bevorzugte Landschaften als Motive. Er gilt in Litauen als künstlerisches Genie. Ciurlionis wird dem Symbolismus zugerechnet, der die Welt und deren Aspekte nur als Aspekte einer tieferen Wirklichkeit sehen kann.
Das Gemälde von 1909 nimmt das Ende der Sintflut auf (Gen 8,18–22). Die Sintflut ist zurückgegangen, die Arche hat wieder festen Boden unter den Planken. Noah hat mit den Seinen die Arche verlassen, einen Altar errichtet und bringt ein Brandopfer dar. Gott riecht den lieblichen Geruch und verspricht, die Menschen nicht mehr mit Unheil zu schlagen, er verheißt der Welt Beistand. »Solange die Erde besteht soll

nicht mehr aufhören Saat und Ernte, Frost und Hitze, Sommer und Winter, Tag und Nacht« (Gen 8,22). Gott setzt einen Bogen an die Wolken als Zeichen des Bundes »zwischen mir und allem Fleisch auf Erden« (Gen 9,17).
Das Bild soll im Kontext der Auseinandersetzung mit der biblischen Schöpfungsgeschichte in Gen 1 auf den Gesamtzusammenhang der Urgeschichte verweisen. Gen 1 ist deren Beginn, der Erzählbogen reicht bis Gen 11,26. Rekonstruiert man diesen Erzählzusammenhang in ihrem Ineinander von Schöpfung und Flut (A), Schuld und Strafe (Erzählung B) sowie die Geschlechtertafeln (D), so ergibt sich eine Grunddeutung der Wirklichkeit, die aus einem »eigentlich – faktisch – dennoch« besteht. Gerhard Liedke (Im Bauch des Fisches, S. 119) formuliert: »*Eigentlich* ist das Gefüge der Schöpfung gut, wie Gott sie gemeint hat – *faktisch* erfahren wir die vielen Brüche, Spannungen und Verfehlungen der Welt und in unserem Leben; sie bedrohen den Bestand der Schöpfung – *dennoch* steht Gott in Treue zu seiner Schöpfung, mit Segen und Bewahrung seiner Welt.«
Das Bild kann als Ausdruck dieser Verheißung und des Dankes dafür interpretiert werden. Die Platzierung der Arche und des Opferplatzes auf einem hohen Berg, der steil aus einem weiten Meer herausragt, macht aus dieser Verheißung jedoch ein ambivalentes Phänomen. Die Arche – so scheint es – kann leicht umstürzen, ein neuer Anfang wirkt beschwerlich, riskant bis fast unmöglich. Angstgefühle wollen sich einstellen. Der Bundesschluss erweist sich als fragwürdig.

7.4 Ergänzung zu SH S. 18: Psalm 104

Das Lob der Schöpfung (V. 24; V. 1.35) gehört zu den ursprünglichen Formen des biblischen Redens über die Schöpfung. Glaube an Gott zeigt sich in dankbarem, staunendem Lobpreis einer weise geordneten (V. 24) und zugleich lebensbegründenden Ordnung. Diese ist nicht bloß anfänglich gesetzt (V. 5–9), sondern wird durch stetes Wirken in einem dynamischen Zusammenhang gehalten. Das Wasser (V. 10–12.13–18) bietet lebensfreundliche Verhältnisse, die dem Leben förderlich sind. Die Einteilung der Zeiten lässt lebensfreundliche Rhythmen und Takte entstehen (V. 19–23). Selbst schreckliche Ungeheuer (V. 25–26) können diesen Zusammenhang nicht zerreißen. In diesen Zusammenhängen erfahren sich alle Geschöpfe als angewiesen und abhängig (V. 27–30, vgl. Schleiermacher SH S. 11). Die lebensfreundlichen Strukturen sind Anlass für ein Danklied und weisen über das Wahrnehmbare hinaus auf einen transzendenten, hausväterlichen (V. 27–28) Schöpfergott (V. 2), der Züge eines Gewittergottes trägt (V. 7). Sein Schöpfungshandeln zeigt sich in einer anfänglichen Schöpfung (*creatio originalis*, V. 5–9), in einer fortwährenden Schöpfung (*creatio continua*, V. 10–23) sowie in einer neu schaffenden Schöpfung (*creatio nova*, V. 35), in der die Gottlosen nicht mehr sein werden.
Schöpfung erweist sich hier als Leben ermöglichendes, dynamisches Gewebe, das sich trotz bedrohlicher Elemente lebensförderlicher Taten verdankt und seine endgültige Befreiung noch vor sich hat. In der Perspektive des Glaubens an Gott den Herrn wird dieses Gewebe transparent; es zeigt einen machtvollen, überlegenen und herrlichen Gott, der durch seinen Atem in der Welt gegenwärtig ist. Gott ist sowohl transzendent als auch immanent. Im Alten Testament erfährt der Mensch seine Angewiesenheit auf Gott durch die regelmäßige Lebenszufuhr, die er von ihm geschenkt bekommt. Gutes Leben beginnt mit der sensiblen Wahrnehmung der geschöpflichen Wirklichkeit und dem dankbaren Lob.

7.5 Hans Joachim Kraus,
Die gesamte Schöpfung ist zu Gott hin offen (SH S. 18)

Der Einleitungstext soll die Begriffe *creatio originalis*, *creatio continua* und *creatio nova* klären. Die dazu gehörenden Bibeltexte sind angegeben. Biblisches Reden von der Schöpfung wird nur über diesen Dreiklang verständlich.
Der Text von Kraus will diese Auseinandersetzung mit Ps 104 zusammenfassen. Er will zunächst einmal die biblische Vorstellung von Welt erläutern. Diese ist weder Natur (und damit kausal beobachtbarer und berechenbarer Prozess) noch Kosmos (als ein in sich ruhendes und bestimmten Gesetzen unterworfenes Ordnungsgefüge), sondern Welt wird als personales Widerfahrnis erfahren. Gott wird mit unterschiedlichen Metaphern beschrieben, die auf die Vorstellung vom himmlischen König verweisen. Die gesamte Schöpfung ist zu Jahwe hin offen. Sein Licht (*Kabod*) zeigt sich in lebensfreundlichen und lebensermöglichenden Taten.

7.6 Römer 8,18–22 (SH S. 18)

Röm 8,18–22 soll den Blick auf die *creatio nova* öffnen, die sich in Gen 8,22 sowie in Ps 104,35 schon andeutete. Zum biblischen Verständnis der Schöpfung gehört die Ansage, dass diese Welt nicht so bleiben wird und nicht so bleiben darf, wie sie ist.
Der kurze Text lässt sich folgendermaßen gliedern:
V. 18 – Behauptung und Erläuterung
V. 19 – Begründung
V. 20 – Blick auf die negative Gegenwart
V. 21 – Blick auf die positive Zukunft
V. 22 – zusätzliche Erläuterung (vgl. V. 19).

Seine Intention lässt sich doppelt bestimmen: als Trostwort angesichts von Lebensangst sowie als Plausibilisierung der urchristlichen Christusbotschaft.
Paulus verwendet hier jüdisches apokalyptisches Traditionsgut, das mit einer urchristlich christologischen Sicht der Welt (V. 17) verbunden wird. Nach einer Zeit des Leidens kommt vollkommenes ewiges Heil. Die Leiden erweisen sich als Vorzeichen der Herrlichkeit. Hier sieht Paulus eine Parallele zu Kreuz und Auferstehung Christi. Aus Leiden wird Herrlichkeit, aus Mitleiden Mitherrlichkeit.
In diesen Versen wird aber zugleich betont, dass die endzeitliche Wende nicht nur Christus und die Seinen betrifft, sondern die ganze Schöpfung, die eigentümlicherweise von den Kindern Gottes unterschieden wird (mit uns). Es geht primär um die außermenschliche Schöpfung. Die Auferstehung Jesu markiert eine kosmische Wende, sie ist der Schlüssel zur Wahrnehmung der Wirklichkeit. Die Schöpfung unterliegt seit dem Sündenfall (Gen 3,15) einem Fluch. Dieser zeigt sich in Vergänglichkeit und sklavenartiger Knechtschaft, was mehr ist als bloße Sterblichkeit. Sie zeigt sich, so ist anzunehmen, in der schicksalhaften Erfahrung, immer wieder den Sinn des Lebens zu verfehlen. All dies wird aufgehoben werden durch die Teilhabe an der Herrlichkeit Gottes, was

als Befreiung und Freiheit erfahren wird. Stöhnen und Angst werden als Geburtswehen gedeutet, in denen die Last des Lebens erfahren werden, in denen sich aber auch der eschatologische Umbruch und befreiter Neuanfang ankündigen. Die Kinder Gottes (V. 19) werden bei Ausbruch der Endereignisse mit dem Messias erscheinen. Sie sind ja Miterben Christi (V. 17). Die Frage stellt sich, welche Rolle die Kinder Gottes in der vergehenden Schöpfung und in den Wehen haben. Da sie den Lauf der Welt kennen, haben sie zumindest die Aufgabe zu trösten und auf eine neue Schöpfung zu verweisen. Dies sollte aber Solidarität und Leidminderung nicht ausschließen. Leidvermeidung wird es letztendlich nicht geben. Gott – so kann man schließen – erweist sich als der fluchende, aber auch der rettende Gott. Das Reden von der Schöpfung liefert eine grundlegende Deutung der Wirklichkeit. Das Christusgeschehen erweist sich als Schlüssel der Wirklichkeitskonstruktion. Glaube an Gott zeigt sich an einem getrösteten und hoffnungsvollen Blick über die Gegenwart hinaus.

7.7 Michael Krüger, Bedichtung (SH S. 18)

Michael Krüger ist seit 1995 geschäftsführender Gesellschafter des Hanser Verlages, Herausgeber verschiedener einflussreicher Literaturzeitschriften, Übersetzer und Mitglied in zahlreichen Begutachtungsgremien. Seit 1976 legt er eigene literarische Veröffentlichungen vor. Seit 1990 ist eine vorsichtige Aufnahme religiöser Themen wahrzunehmen. Religiöses Vokabular, biblische und theologische Themen begegnen in seinen Arbeiten.
Das Gedicht »Bedichtung« greift das Schöpfermotiv auf und wurde deshalb in dem vorliegenden Zusammenhang eingebracht. Das Gedicht lässt sich aber auch in die Auseinandersetzung mit Gott in der Literatur einfügen (SH S. 7.8). Es werden in zwei Teilen zwei Möglichkeiten entworfen (natürlich; nur manchmal). Man kann Gott als Gaukler, Possenreißer, Komiker und Clown sehen, der Menschen etwas vorgaukelt und damit unterhält. Das, was man wahrnimmt, erweist sich als verrücktes Spiel und Ausdruck ermüdender Geisteskräfte. Das Ganze ist nett anzusehen, ist aber nicht die Realität. Am Abend aber kann das sich versammelte Publikum einen anderen Gott sehen: der Gott, der zeigt, was er kann. Die Realität erweist sich als bestaunenswertes Wunder. »Der gestirnte Himmel über mir« (Kant) erweist sich als Hinweis auf den Schöpfer des Universums. Darin liegt ein »Foppen«, ein zum Narrenhalten. Gott möchte den Menschen necken und seine rationalen Wirklichkeitsannahmen infrage stellen.

Unterrichtsideen SH S. 16–18

(1) Lernstandserhebung: Assoziationen zum Stichwort »Schöpfung« sammeln. Anlage einer individuellen Mind Map und Erarbeitung einer gemeinsamen Darstellung. Was ist Schöpfung?
(2) Auseinandersetzung mit Gen 1,1–2,4a
  a) den Text mit sechs Sprechern sprachlich inszenieren (Erzähler, Gott, Beurteiler, Zeitwächter)
  b) Reflexion in arbeitsteiliger Gruppenarbeit
    – Wie klingt der Text?
    – Wie klingt Gott?
    – Welche Intentionen verfolgt er?
    – Auf welche Fragen antwortet er?
    – Was ist merkwürdig?
    – Was ist wahr?
  c) Auswertung
(3) Textarbeit: Michael Welker
  a) Vorgabe von acht Leitbegriffen, die in Einzelarbeit arbeitsteilig zu definieren sind: Glaube an Gott den Schöpfer, viele Wahrheiten, zwei verschiedene Zeitsysteme, Schöpfung und Evolution, creatio continua, Gott, Schöpfung, Mensch.
  b) Auswertung und Begriffsdefinitionen.
  c) Vergleich mit den eigenen Einsichten am Bibeltext. Sind alle Merkwürdigkeiten geklärt?
(4) Bildbetrachtung: Mikalojus Ciurlionis
  a) Bild beschreiben: Was sehe ich?
  b) Bild fühlen: Stellen Sie sich vor, Sie befinden sich oben im Schiff. Wie geht es Ihnen? Wie geht es Ihnen bei dem Feuer?
  c) Rekonstruktion der Gesamtstory anhand von biblischen Zeichnungen, die zunächst in die richtige Reihenfolge zu bringen sind (**M 7**). Was sagt das Ganze über die Welt, Gott und den Menschen? Gemeinsamkeiten und Unterschiede zur Welt reflektieren.
(5) Psalm 104
  a) Psalm laut vortragen wie ein Schauspieler und dabei auf Strophen achten (**M 8** – Text mit Gliederungsabschnitten).
  b) Zwischenüberschriften formulieren.
  c) Vergleich mit Gen 1. Was ist anders?
  d) Reflexion: Die Deutung der Welt zusammenfassen und die dreifache Schöpfung im Text finden.
  e) Vergleich der eigenen Deutung mit dem Text von Hans Joachim Kraus.
    – Begriffe unterscheiden: Kosmos, Natur, persönliches Widerfahrnis.
    – Metaphern für Gott im Bibeltext.
    – In dem Text Lichter einer anderen Welt entdecken.
(6) Röm 8,18–22
  a) Den Text mehrfach ›als Paulus‹ sprechen. Wie klingt das?
  b) Den Text ›grafisieren‹ in Einzelarbeit, dann Vergleich in Partnerarbeit.
  c) Einander die Grafiken zeigen und erläutern
  d) Die dreifache Schöpfung in Gedanken als Bild entwerfen. Vergleich mit Text und Zeichnung von Gerhard Liedke (**M 9**).
(7) Gedicht: Michael Krüger
  a) Klärung der Begriffe: Gaukler, Foppen und Staunen.
  b) Text nachdenklich vorlesen
  c) Text beurteilen: Ist der Text zeitgemäß oder altbacken?
  d) Eine Gesamtdeutung versuchen: Was ist in Psalm 104 anders?

8. Gott beruft und befreit

Claus Westermann unterscheidet in seiner »Theologie des Alten Testamentes in Grundzügen« Gottes segnendes und errettendes Handeln (ATD-Ergänzungsreihe, Grundrisse zum Alten Testament, Bd. 6, Göttingen 1978). Gott sorgt

durch seinen Segen auf der einen Seite für Lebensbedingungen und Lebensmöglichkeiten, auf der anderen Seite rettet er wunderhaft aus tödlicher Gefahr und befreit sein Volk, wie es vor allem in der Befreiung aus Ägypten erzählt wird. Auch die Berufungen zählen zu diesem geschichtlich rettenden Handeln Gottes (SH S. 19.20f.).
Im Glaubensbekenntnis (SH S. 9) wird das Handeln Gottes in der Geschichte Israels nicht erwähnt. Berufungen begegnen nicht nur bloß bei Abraham und Mose oder bei der Taufe Jesu, sondern auch bei den Propheten (vgl. SH S. 24 Amos, SH S. 25 Elia und bei Paulus SH S. 25).

8.1 Ergänzung zu SH S. 19: Genesis 12,1–4

Mit Abraham beginnt im Pentateuch Gottes geschichtliches Handeln mit dem Volke Israel. In seiner Berufung kündigt sich die Erwählung eines kleinen Volkes an, die dann im Exodus vollends sichtbar wird. Abraham gilt in dieser Geschichte als Repräsentant des Volkes Israel und als Repräsentant des Glaubens an Gott. An ihm und seiner Geschichte kann exemplarisch erfasst werden, was im biblischen Sinne Glauben meint.
Ein Schlüsseltext dazu ist Gen 12,1–4, der Introitus für die ganze Vätergeschichte. Nach hinten ist die Berufung Abrahams mit der Schöpfungsgeschichte durch das Geschlechterregister verbunden (Gen 11,27–32). Bedeutsam ist der Lebensort Haran, der wohl nicht unbedingt als Sesshaftigkeit interpretiert werden muss. Der Text besteht aus

- der gebietenden Herausrufung (V. 1),
- der dreifachen Segensverheißung (V. 2–3),
- der Ausführung (V. 4; vgl. auch Gen 46,1–5a).

Angesichts der nomadischen Lebensweise Abrahams ist die Weisung, die er von Gott erhält und die mit einer Verheißung verbunden ist, nicht überraschend. Sie entspricht der Lebensform und der Gottesbeziehung eines nomadischen Volkes. Über die Eigenart der Rede Gottes wird nicht Auskunft gegeben. Könnte es auch ein Traum sein?
Die Verheißung ist dreigliedrig (V. 2.3a.3b). Sie richtet sich zunächst nur an Abraham, dann aber auch an die, die mit Abraham zusammenkommen und schließlich an alle Geschlechter der Erde. Der Segen bewirkt Daseinssteigerung (Größe und Ruhm) und Daseinssicherung (Schutz). Das Heilsein hat verschiedene Dimensionen, die mit einem einfachen »ich will mit dir sein« nicht deutlich werden.
»Sich segnen« kann so verstanden werden, dass die Völker sich unter der Nennung des Namens von Abraham Segen wünschen.
Das Befolgen der Weisung erweist sich für Abraham als lebensnotwendig. Mit dem Vertrauen und Befolgen der Gebote schließt sich der Kreis. Glaube erweist sich als Antwort auf das Wort Gottes, als Vertrauen auf eine Verheißung, als Gehorsam, als »Antwort auf eine Transzendenzerfahrung« (Sundermeier SH S. 15). Gott erweist sich als mitgehender, aber auch herausfordernder Gott, der Menschen in Bewegung bringt. Das Leben erweist sich als Wanderung und Weg.

8.2 Abram glaubt Gott (SH S. 19)

Nico ter Linden liefert hier eine Nacherzählung von Gen 12,1–4, die eine Textwiedergabe mit Deutungen anreichert. Es werden Fragen formuliert, die sich bei der Textbetrachtung ergeben und im Gang der Erzählung beantwortet werden. Es werden Szenen eingefügt, aber auch informierende und deutende Kommentierungen. So ergibt sich ein eigenartiges Geflecht, das hilfsweise einmal so beschrieben werden kann:

- Bibeltext
- Informierende Kommentierung (Haran)
- Deutender Kommentar (Sterne)
- Deutender Kommentar (Leben als Linie)
- Deutender Kommentar (Weg des Glaubens)
- Bibeltext (Wiederholung)
- Deutender Kommentar
- Abschließende Szene

Entscheidend für die Auslegung ist die Sicht Harans als Stadt zyklichen Denkens, die Sicht Abrams als Repräsentant des Volkes Israels sowie die Annahme, dass Abram Sicherheiten aufgibt (vgl. Gen 12,1).
Glaube erweist sich als wagnishaftes Sich-Einlassen auf eine neue, aber unsichere Zukunft allein auf das Wort Gottes hin, wie es z.B. in jedem Gottesdienst hörbar wird. Glaube erweist sich zudem als eine feste Zuversicht auf das, was man nicht sieht, so Hebr 11,1. Nico ter Linden formuliert »Ich sehe was, was ihr nicht seht.« Gott und seine Engel haben an diesem Wagnis Anteil. Sie wissen nicht, ob Abraham geht. Leben erweist sich als Weg, auf dem die Wiederkehr des ewig Gleichen beendet ist.

8.3 Bild: Abraham (SH S. 19)

Das Bild aus der romanischen Buchmalerei ist ein Ausschnitt. Es ist der rechte Teil eines Bildes. Auf dem nicht abgedruckten linken Teil sitzt Abraham auf einem Bett, dazwischen öffnet sich eine Tür. Das Bild bringt den Dialog zwischen Gott und Abraham in Gen 15,1–6 zur Darstellung. Versteht man den Text als Teil des Kanons und damit als Teil einer fortlaufenden Erzählung, dann zeigt er, dass der Aufbruch und der Gehorsam Abrahams nicht ohne Bedenken, Fragen und Zweifel erfolgen. Abraham ist auf vergewissernde Begegnungen mit Gott angewiesen. Die Verheißung braucht Wiederholung und Anschauung.
Die Begegnung beginnt in einem geschlossenen Raum und führt ins nächtliche Freie. Gott rechnet mit Erschrecken (»Fürchte dich nicht«) und stellt sich als Schild und Lohn vor. Der Hinweis auf die Sterne macht den Segen anschaulich: so zahlreich sollen deine Nachkommen sein. Die anderen Verheißungselemente, die ja schon auf die Landnahme ausgerichtet sind, werden nicht wiederholt. Der Text schließt mit den Hinweisen auf den Glauben und dessen Anrechnung als »Gerechtigkeit«, und damit als Entsprechung zu dem eingreifenden und erwählenden Handeln Gottes sowie als Bewährung der Gemeinschaft mit Gott. Abraham steht fast in einer Orantehaltung da. Über ihm zeigen der Arm und die Finger Gottes auf den Sternenhimmel. Er hat sein Zuhause verlassen, die Tür steht noch offen. Die Fingerhaltung verdient ausprobiert zu werden, sie ist im geschlossenen Raum anders. Zeigt sie auch nach vorne?

8.4 Ergänzung zu SH S. 19: Hebräer 11,1–12.3

Was Glaube ist und meint, wird in einem der großen Kapitel des Neuen Testaments bedacht und vorgestellt. In Form einer frühen christlichen Geschichtsdarstellung wird die Wolke der Zeugen beschrieben, die in ihrem Leben den Glauben an den Gott Jesu Christi anschaulich gemacht haben. Der

Text hat jedoch auch Bedeutung im Blick auf andere Religionen und auch Weltanschauungen und wird deshalb unter H 34.3. noch einmal aufgegriffen.
Der Text selbst ist offenkundig als mündliche Rede konzipiert, für die man die Zeit sorgfältig kalkulieren muss (V. 32). Es legt sich deshalb nahe, den Text auch als Rede vorzutragen. Im Hintergrund steht ein Rechtsforum, vor dem der Glaube als feste Zuversicht auf das, was man hofft, und Nichtzweifeln an dem, was man nicht sieht (V. 1), behauptet und begründet wird. Die lange Rede mit den beispielhaften Personen soll das Recht der Behauptung bestätigen. Die stete Formulierung »durch den Glauben von ... (Abel, Henoch, Noah, Abraham) ... erkennen wir« kann übersetzt werden als »in Behauptung unserer These war Abel, Abraham. Mose gehorsam ...« Zielpunkt ist der Aufruf an die Gemeinde, im Aufblick zu Jesus Christus den Kampf des Glaubens aufzunehmen.
Der lange Text lässt sich folgendermaßen gliedern:

V. 1–3: die Eigenart und Relevanz des Glaubens
V. 4–38: der Katalog der Zeugen
4–7 Frühzeit: Abel, Henoch, Noah
8–16 Abraham und seine Nachkommen
17–22 Abraham bis Josef
23–31 Mose
32–38 summarische Hinweise bis zur Gegenwart
V. 39–12,3: Abschluss mit Bündelung und Anwendung auf die Hörenden.

Leitwort des ganzen Textes ist Glaube (*pistis*). Was eingangs thetisch und als erster Schritt der Argumentation formuliert wurde, wird im Folgenden konkretisiert. Deshalb kann an der »Wolke der Zeugen« (Hebr 12,1) herausgearbeitet werden, was eingangs eher noch allgemein als Hoffnung und Vertrauen bestimmt wurde.
Die Ausrichtung auf das Unsichtbare erinnert an Platos Ideenlehre, die ja die moderne Naturwissenschaft geprägt hat. Die Ideen wie zum Beispiel den Kreis können wir ja nicht sehen, sie können nur gedacht werden. Entsprechend kann man auch Naturgesetze nicht »sehen«.
Was das ist, was man nicht sieht, wird durch die Wolke der Zeugen erkennbar. Es ist die Zukunft, also das, was »zukommt« (V. 20). Konkreter: es ist die Hoffnung auf die himmlische Stadt (V. 10), auf das himmlische Vaterland (V. 16), die Stadt Gottes (ebd.). Glaube ist deshalb »eine feste Zuversicht auf das, was man hofft« (V. 1).
Ein damit verbundenes Merkmal des Glaubens ist das Vertrauen auf die Verheißung Gottes. Glaube ist also Vertrauen auf eine Verheißung (V. 11.13.14.21 anbetend) – wobei die verheißene Stadt (vgl. auch Offb 21) sich von den Verheißungen an Abraham, Mose oder den Reich Gottes-Bildern Jesu unterscheidet.
Dieses Vertrauen schließt den Glauben ein, dass »Gott ist und er denen, die ihn suchen, ihren Lohn gibt« (V. 6).
Das Vertrauen auf die Verheißung der himmlischen Stadt Gottes gibt dem Glauben den Charakter der Sehnsucht (V. 16) und der Furchtlosigkeit (V. 23). Es macht aus den Glaubenden »Gäste und Fremdlinge auf Erden« (V. 13). Sie leben immer in einer gewissen Distanz zu den gegebenen Verhältnissen. Sie rechnen mit grundlegenden Veränderungsprozessen und können die Gegebenheiten nicht als letztgültige, alternativlose Realität anerkennen.
Das Vertrauen auf die Verheißung lässt die Glaubenden freundlich sein (V. 31) und zugleich für Befreiung und Gerechtigkeit eintreten (V. 33.34). Es geht daneben aber auch um die Kraft, Spott und Gewalt zu ertragen (V. 6 und 20.35.36.7 30 vgl. auch Paulus 2. Kor 11).
Diesen Glauben hat Jesus (Hebr 12,2.3) vorbildhaft gelebt, und er wurde in der Auferstehung der verheißene Zukunft teilhaftig. So wurde er zum Anfänger und Vollender des Glaubens sowie zum Trost in schweren Zeiten.
Glaube erweist sich so als:

- Hoffnung auf eine Zukunft mit Gott,
- Vertrauen auf die Verheißungen Gottes,
- Sehnsucht nach einer anderen Welt,
- Engagement für Gerechtigkeit und Befreiung
- Fähigkeit, Schmach zu dulden,
- Orientierung an Jesus Christus.

Hebr 11,1–12,3 gewinnt noch einmal anders Bedeutung, wenn man den Text auch als Gespräch mit Menschen sieht, die vor und außerhalb der Offenbarung des biblischen Gottes leben. Dieser Aspekt wird unter dem Gesichtspunkt der Religionstheorien aufgenommen (vgl. SH S. S.78)

Unterrichtsideen SH S. 19

(1) Rundgespräch: Was kennzeichnet den Glauben? Was ist ein Segen? Wer ist Abraham?
(2) Einzelarbeit an Gen 12,1–4 (1. Abschnitt im Text), eigene Definition von Glauben überprüfen. Warum geht Abraham weg?
(3) Textarbeit: Nico ter Linden
  a) Fragen im Tafelanschrieb vorgeben
    - Warum geht Abraham weg?
    - Was ändert sich für ihn?
    - Was bekommt Abraham versprochen?
    - Was heißt Glauben?
  b) Text vorlesen.
  c) Fragen klären.
(4) Text-Bild-Vergleich: Romanische Buchmalerei, Gen 15,1–6
  a) Text wird langsam vorgelesen. Die Schülerinnen und Schüler betrachten das Bild.
  b) Was erzählt das Bild?
  c) Unterschiede herausarbeiten: Gen 15,1–6 zu Gen 12,1–4.
  d) Rundgespräch: Wieso ist Abraham ein Gerechter? Was ist jetzt Glaube?
  e) Vergleich der erworbenen Glaubensdefinition mit der Definition von Wilfried Härle: »Glaube bezeichnet nach christlichem Verständnis das grundlegende daseinsbestimmende Vertrauen oder Sich-Verlassen eines Menschen auf ein Gegenüber« (Wilfried Härle, Dogmatik 1995, 56).
(5) Vertiefung durch Auseinandersetzung mit Hebr 11,1–12,3
  a) Gemeinsam zu Hebr 1,1 Deutungen formulieren. Was ist Glaube? Was unterscheidet Glauben von Wissen?
  b) Gemeinsame Suche nach Beispielen für einen solchen Glauben. Jeder Schüler, jede Schülerin findet für sich ein Beispiel.
  c) Lehrperson stellt Struktur und Anliegen von Hebräer 11,1–12,3 vor.

d) Den Text sprachlich inszenieren.
e) Anhand des Textes in Partnerarbeit Merkmale des Glaubens bestimmen und in wenigen Sätzen festhalten.
f) Austausch der Ergebnisse. Eine Definition wird vorgestellt. Tafelanschrift; die Definition wird ergänzt.
g) Vergleich mit der Anfangsdefinition sowie Vergleich mit dem Glauben von Abraham.

8.4 Ergänzung zu SH S. 20: Exodus 3,1–14

Wenn Gott sich offenbart, dann verbirgt er sich zugleich. Gott selbst wird nicht direkt ansichtig. Was in Ex 3 erkennbar wird, zeigt sich auch bei Elia in 1. Kön 19,1–13 (SH S. 25), im Kampf Jakobs am Jabbok, Ex 32,22–39 oder in Jes 6,1–13. Vollends zeigt sich dies in der Inkarnation Gottes in Jesus Christus (SH S. 26–27).

Ex 3,1–14 ist für das biblische Verständnis Gottes und des Glaubens an Gott ein weiterer Schlüsseltext. Im Mittelpunkt steht die Offenbarung des Gottesnamens, der aber durch das geschichtliche Ereignis der Begegnung Gottes mit Mose interpretiert wird. Erkennbar wird aber auch, was es heißt, sich auf Gott einzulassen. Mose verlässt seine bisherige Lebensform und wird zum Propheten (er wird gesandt) und zum Führer (er soll herausführen). Seinen Selbstzweifeln (V. 11.13) wird eine Zusage Gottes (V. 14) entgegengesetzt. Hier zeigen sich Analogien zu Abraham in Gen 15,1–6. Literarkritische Operationen am Text (Unterscheidung nach J und E) dienen nicht zwingend dem Verständnis. Der Text ist dialogisch aufgebaut; in der Mitte steht die Rede Gottes an Mose (V. 5.6.7–10). Die Szene ist am Gottesberg lokalisiert.

Von dem Gott, der sich hier zeigt, ist zu sagen:

- Er ist ein befreiender Gott, der aus Not und Elend errettet und ein Leben in Fülle will (V. 8).
- Er ist ein Gott, der auf der Seite der Schwachen und der Armen (V. 18) steht.
- Er handelt in der Geschichte, geht aber auch auf einzelne Menschen zu und nimmt sie in Anspruch (V. 2.4.10) und begleitet sie (V. 12.14).
- Er ist derselbe Gott wie der Gott der Väter (V. 6).
- Er hat ein personhaftes Wesen.
- Er hat einen Namen, spricht und ruft beim Namen, lässt sich durch Geschrei bewegen.
- Er braucht Mittler (Engel, V. 2; Mose).
- Er wird diesseitig, bleibt aber dennoch jenseitig.
- Der Gottesname in V. 14 (*ehjeh ascher ehjeh* = ich werde sein, der ich sein werde) lässt verschiedene Übersetzungen zu:
  - Ich bin der, der ich bin.
  - Ich bin.
  - Ich bin da.
  - Ich werde für euch da sein.
  - Ich werde sein, der ich da sein werde.

Letztlich ist dies eigentlich gar kein Name, sondern ein Hinweis auf Gottes Gegenwart oder sogar eher eine Verheißung, die sich gegen Zweifel und Ängste wendet.

8.5 Wolfgang Huber, Ich werde da sein, als der ich da sein werde (SH S. 20f.)

Huber betont in seiner Auslegung sechs Aspekte von Ex 3,1–14.

(1) Gott ist ein überraschender, wandlungsfähiger Gott. Er lässt sich nicht endgültig definieren, Gott ist frei.
(2) Der Gottesname macht deutlich, dass Menschen über Gott nicht verfügen können, weder magisch noch kultisch. Wie Gott sich zeigt, wird sich erweisen. Gott ist immer auch anders.
(3) Gottes Selbstoffenbarung als der, »der ich da sein werde«, wendet sich kritisch gegen eine neuzeitliche Definition des Menschen, der sich als selbstmächtig und auf niemand angewiesen verstehen will (als »ich bin der, der ich bin«).
(4) Gottes Interesse gilt den Geknechteten zu allen Zeiten. Er will ihnen Freiheit bringen und nimmt dazu Menschen wie Mose in Anspruch.
(5) Der Weg der Freiheit beginnt, wenn im Namen Gottes Ungerechtigkeit einfach ignoriert wird und so dem Tyrannen die Macht über die Unterdrückten genommen wird.
(6) Gott hat auch mit Politik zu tun.

Der Text ist kontextuelle Theologie. Er bezieht die Situation der geknechteten Israeliten auf die Gastarbeiter und die Auseinandersetzung der 70er und 80er Jahre des 20. Jahrhunderts. Wer zählt heute zu den ›geknechteten Hebräern‹?

8.6 Bild: Marc Chagall, Mose vor dem brennenden Dornbusch (SH S. 21)

Das zwischen 1960 und 1966 gemalte Bild (im Marc Chagall National-Museum, Nizza, 195 x 312 cm) enthält drei Szenen, die von rechts nach links zu lesen sind. Rechts sieht man das ruhige Leben von Mose in Midian. Er liegt zwischen den Schafen schlafend auf der Weide. Mose kniet aber dann vor den brennenden Dornbusch, die Schuhe hat er ausgezogen. Der brennende Dornbusch ist in der Mitte. Über ihm ist in einem Kreis der Engel zu erkennen, der Gott repräsentiert. Der runde Kreis ist in Regenbogenfarben gehalten und kann als Bundeszeichen gelesen werden. Links wird auf den Auszug aus Ägypten angespielt. Unterhalb der Flutwelle wird gerade die ägyptische Armee überschwemmt. Der Mantel von Mose besteht aus dem Volk Israel, das ihm folgt und gerettet wird. Es bewegt sich ruhig. Der lichte Kopf von Mose mit den beiden Lichtstrahlen ist auf die Gesetzestafeln gerichtet. So künden sich die weiteren Entwicklungen an.

8.7 Jesu Predigt in Nazareth, Lk 4,16–21 (SH S. 21)

Mit dem neutestamentlichen Text soll erneut auf den inneren Zusammenhang von Altem und Neuem Testament hingewiesen werden.

Der wohl von Lukas komponierte Bibeltext reicht bis V. 30 und lässt sich folgendermaßen gliedern:

- V. 14–15 Rückkehr nach Galiläa
- V. 16–17 In der Synagoge
- V. 18–19 Lesung von Jes 61,1–2 nach der Septuaginta
- V. 20 Ende der Lesung
- V. 21 Predigt 1
- V. 22 Reaktion 1
- V. 23 Predigt 2
- V. 24 Predigt 3
- V. 25–27 Predigt 4 mit Elia und Elisa
- V. 28–29 Reaktion Zorn
- V. 30 Ausgang.

In dieser Predigt (»heute ist dieses Wort der Schrift erfüllt vor euren Ohren«) deutet sich Jesus selbst als mit Gottes

Geist begabter Prophet, der gekommen ist im Namen Gottes Freiheit durch Befreiung zu bringen. Darin zeigt sich die Nähe zu Mose, aber auch zu Elia und Elisa. Gleichzeitig definiert er sich als frommer Jude und Angehöriger des Volkes Israel aus Nazareth, der mit der Synagoge und der Tora aufgewachsen ist und lebt. Der synagogale Gottesdienst wird jedoch hier nur ausschnittsweise beschrieben. Jemand anderes hat die Tora gelesen. Das Sch´ma Jisrael sowie Gebet und Segen werden nicht berichtet. Doch die Selbstdefinition weist darüber hinaus: Jesus ist mit Gottes Macht und Recht erfüllt. Er ist der Gesalbte. Mit ihm kommt eine apokalyptische Wende (das Gnadenjahr des Herrn, V. 19; vgl. auch Röm 8). Er verkündet die frohe Botschaft. Die sichtbare Erfüllung der Schrift hat in der Taufe Jesu stattgefunden (Lk 3,21–22), wenn man so will, ist das der brennende Dornbusch bei Jesus. Hier wird er als Sohn Gottes offenbart, befähigt und in Anspruch genommen. Die Frage stellt sich, warum Jesus zunächst gefeiert und dann wütend aus der Stadt getrieben wird. Lukas, so scheint es, versteht es selber nicht.

Unterrichtsideen SH S. 20/21

(1) Gemeinsamens Erschließen des Chagall-Bildes: Was ist zu erkennen? In welche Teile lässt sich das Bild ›zerlegen‹? Was sagt der Engel? Was geschieht am brennenden Dornbusch? Wie ist der Kreis zu deuten?
(2) Dramatische Lektüre Ex 3,1–14 mit Erzähler Mose, Gott / Herr. Die Lesung sollte wiederholt werden.
(3) Die Lerngruppe identifiziert sich mit Mose. Die Lehrperson beginnt ein Interview: Was ist geschehen? Wie geht es dir jetzt? Was willst du nun tun? Warum?
(4) Arbeitsteilige Rekonstruktion des Bibeltextes:
   - Wie ist Gott? Was will Gott? Was will er nicht?
   - Was meint der Gottesname?
   - Welche Übersetzung ist angemessen (siehe oben)
   - Was heißt, Gott vertrauen?

   Anschließend Austausch und Festhalten der Ergebnisse an der Tafel.
(5) Textarbeit: Wolfgang Huber
   a) In Partnerarbeit sechs Thesen herausarbeiten und diese einander vorstellen.
   b) Rundgespräch: Was will Huber auf jeden Fall vermeiden?
(6) Lk 4,16–21 nachspielen.
(7) Reflexion: Was erfahren wir hier von Jesus? Worin zeigen sich Gemeinsamkeiten und Unterschiede zu Ex 3,1–14?

9. Gott nimmt in Anspruch

Der erschaffende Gott bestimmt den Menschen zum Gott entsprechenden Subjekt. Der befreiende und berufende Gott bestimmt den Menschen dazu, ihm im eigenen Leben gerecht zu werden und sich für Befreiungen in Anspruch nehmen zu lassen. Aus der Wahrnehmung der Wirklichkeit des Menschen folgert sein Handeln. Dies entspricht so auch dem Judentum (SH S. 72) und dem Islam (SH S. 73). Glaube und moralisches Handeln lassen sich nicht trennen. Die Frage ist aber, was dieses Handeln tatsächlich kennzeichnet. Jan Assmann beurteilt dieses Handeln als gewalttätig (SH S. 56). Alois Halbmayr (SH S. 56) widerspricht.
Die Frage ist, wie das Handeln gemäß dem Dekalog zu beurteilen ist. Wie sehen es die Schülerinnen und Schüler? Anzunehmen ist, dass viele Gebote Zustimmung finden, so etwa »Du sollst nicht töten« (Ex 20,13) oder »Du sollst nicht stehlen« (Ex 20,15). Insgesamt dürfte die zweite Tafel (Ex 20,12–17) plausibler wirken, was auch auf deren weltweite Akzeptanz verweist. Dies weckt aber die Frage nach dem Verhältnis der beiden Tafeln. Ist die Beziehung zu Gott die Bedingung der Möglichkeit einer moralischen Beziehung zu anderen? Einfließen kann die Auseinandersetzung mit Luthers Auslegung des ersten Gebotes (SH S. 10).

Ziel ist, dass die Schülerinnen und Schüler die Intentionen des Dekaloges erläutern und den Zusammenhang von Gottesglaube und moralischem Handeln erklären können.

9.1 Ergänzung zu SH S. 22: Exodus 20,1–17

Die »Zehnworte« sind im Alten Testament zweimal überliefert: Ex 20 und Dtn 5. Daneben gibt es im Alten Testament weitere Sammlungen von Rechtssätzen Lev 18,7ff.; 19,3–12.13–18; Ex 34,14ff.; 22,17.20f.27; 23,10–19; vgl. auch Dtn 27,15–16 und Psalm 50,7; 81,9ff.
Anspielungen auf den Dekalog finden sich in Hos 4,2 und Jer 7,9. Die Zehnworte sind auf zwei Tafeln (Ex 24,12; 31,18; 32,16; 34,28) geschrieben, die das Verhalten gegenüber Gott (1. Tafel) und Mitmenschen (2. Tafel) regeln wollen. Die Zehnzahl ergibt sich aus der Merkbarkeit: Man kann sie an den Fingern abzählen. Ihre Vermittlung erfolgte in der Großfamilie und im Gottesdienst. Kennzeichnend sind die kurzen apodiktischen Rechtssätze (Du sollst nicht ...), die auf ein hohes Alter verweisen. Kasuistische Rechtssätze (Wenn ..., dann ... vgl. z.B. Ex 23,25) wurden hier nicht aufgenommen.
Der Dekalog verdankt sich einer geschichtlichen Entwicklung. Er ist aus kleineren Gebotsreihen entstanden. Der Wechsel von der Ich-Form in die dritte Person bei Gott (vgl. V. 2.5 mit V. 7) und die Aufnahme der priesterlichen Schöpfungserzählung (in V. 11) legen ein Zusammenwachsen verschiedener Traditionsstücke nahe. Darauf weist auch der Sachverhalt, dass in einigen Geboten Folgebestimmungen für den Fall der Übertretung erwähnt werden, während sie in anderen fehlen. Schließlich sind negativ und positiv formulierte Gebote zu unterscheiden.
Schon der Vergleich von Ex 20,1–17 mit Dtn 5,1–22 erweist die Geschichtlichkeit des Dekalogs im Alten Testament (vgl. die Veränderungen am Sabbat-Gebot und der Stellung der Frau). Ihr Verständnis als »Grundwerte«, die »allgemein einleuchtend«, »unmittelbar einsichtig« und deshalb »geeignet« sind, im Zusammenleben der Gesellschaft die Grundbedingungen für eine Sicherung der Lebensbedürfnisse aller zu gewährleisten (vgl. die Gemeinsamen Erklärungen des Rates der EKD und der Deutschen Bischofskonferenz »Grundwerte und Gottes Gebot« 1975, 15), ist problematisch.
Gegen diese Sicht spricht auch das, was im Dekalog nicht angesprochen wird, im Alten Testament allerdings eine wichtige Rolle spielt. Es fehlt jeder Bezug auf die Bereiche der Ökonomie und des Staates. Nicht berührt werden Fragen von Steuern, Abgaben und Fronarbeit. Die Themen Krieg, Kriegsdienst und Außenpolitik kommen nicht vor. Auch das

Verhalten gegenüber Witwen und Waisen, Fremden und Armen, Tauben und Blinden, eben Schwächeren, wird nicht erwähnt. Weitere zentrale Themen der alttestamentlichen Ethik fehlen, so die für das alte Israel wichtigen Tabu-Regeln und der gesamte Bereich des Kultes.

Nach dem Zeugnis des Alten Testaments trifft die Offenbarung der Zehn Gebote das Volk Israel am Sinai während des Auszuges aus Ägypten. Voraus geht die Theophanie am Sinai (Ex 19). Nach Bekanntgabe weiterer Gebote (Bundesbuch Ex 20,22–23,23) folgt der feierliche Bundesschluss in Ex 24,1–11. Voraus geht aber auch die Sehnsucht nach den Fleischtöpfen Ägyptens (vgl. Ex 16,3; 17,3) und damit die Versuchung, die gewonnene Freiheit um der Sicherheit willen wieder aufzugeben und in die Knechtschaft zurückzukehren. In dem Verlangen nach den Göttern der Macht (Ex 32) wird die Gefährdung der Freiheit deutlich.

Ohne Frage handelt es sich bei diesem Abschnitt um eine literarische Komposition, die erst spät entstanden und zusammengefügt worden ist (vgl. zur Literarkritik Martin Noth, Das 2. Buch Mose, Exodus, ATD 5, Göttingen 1965, 121–161; zur traditionsgeschichtlichen Entwicklung Gerhard von Rad, Theologie des Alten Testaments I, München 1966, 200–203).

Dennoch wird man den literarischen Zusammenhang als theologische Interpretation des Dekalogs ansehen dürfen. Danach kann man sagen: Die Zehn Gebote gehören ganz eng zur Befreiungsgeschichte des Volkes Israel. Dies belegt schon die Selbstvorstellung Gottes (V. 2). Sie stehen im engeren Zusammenhang zu dem Bundesschluss zwischen Jahwe und seinem Volk (Ex 19,5; vgl. auch Amos 3,2; 2,10; Hos 13,4), in dem sich Jahwe das Volk Israel als sein Eigentum erwählt, sich selbst als treuer Beschützer und persönlicher Begleiter bestimmt und ein inniges Gemeinschaftsverhältnis stiftet.

Das Leben nach den Geboten ist demzufolge dankende Antwort auf den Vollzug des Bundes. Die durch Gottes Erwählung begründete Gemeinschaft mit dem Volk findet in dem Befolgen der Gebote ihren sichtbaren Ausdruck.

Das Leben nach den Geboten ist Ausdruck des Vertrauens in Gottes »Gerechtigkeit«, d.h. in seine Treue zu dem von ihm mit den Menschen eingegangenen Gemeinschaftsverhältnis. Die Gebote sind aber gleichzeitig Ausdruck des Willens, die durch Gottes Handeln gewonnene Freiheit zu bewahren. Insofern sind die Gebote »Wegweisung der Freiheit«. Sie wollen Spielregeln an die Hand geben, um Gemeinschaft und Freiheit zu bewahren und dem Rückfall in die Unfreiheit zu wehren. Sie wollen die Gerechtigkeit des Volkes erhalten (vgl. Hes 18,6–9). Dass dies nicht als belastend erfahren wurde, bestätigen Psalm 19,8ff. und 119. Gebote werden im Alten Testament niemals als Zwang verstanden, sondern als Geschenk, als Heilsgut, als Gnadenangebot des Lebens, als schützender Zaun um die menschliche Gemeinschaft.

An der Geschichte vom Goldenen Kalb wird deutlich, dass Freiheit und Bindung keinen Widerspruch darstellen. Es geht allemal um die rechte Bindung, die Freiheit in Gemeinschaft eröffnet und bewahrt. Die Übertretung des Bundes führte zu dem Zusammenbruch der Gemeinschaft der Befreiten (Hos 6,5; 8,2).

Nach Dtn 31,10f. stand der Dekalog im Mittelpunkt des Bunderneuerungsfestes, das alle sieben Jahre stattfand. In Jos 24 wird die Liturgie deutlich: 1. Paränetischer Vorspruch, 2. Verkündigung der Gebote, 3. Bundesschluss, 4. Segen und Fluch (vgl. auch Dtn 27,9ff.; 6,24–28,1). Hier wurde an den Bund als die Grundlage für das freie Zusammenleben des Volkes erinnert und dieser erneuert. Auch Ex 19 und 20 lassen zusammen mit Ex 23,20ff. und 24 den Ablauf eines Festes erkennen.

Eine sozialgeschichtliche Auslegung biblischer Texte sucht deren Aussagen und Bedeutung im Kontext ihrer Zeit und ihrer Gesellschaft zu rekonstruieren. Sie will biblische Texte in ihrem ursprünglichen sozialen Feld hören sowie deren konkretes Anliegen vernehmen und auf die Gegenwart beziehen. Bezieht man dieses Anliegen auf den Dekalog, so zeigt sich:

Der Dekalog in seiner vorliegenden Form setzt sesshafte Bauern voraus, die Häuser, Felder und Rinder besitzen sowie Landwirtschaft betreiben (vgl. V. 9.17). Für die Datierung des Dekaloges ist wichtig zu sehen, dass die Prophetie des 8. Jahrhunderts sich nicht explizit auf den Dekalog bezieht (vgl. dazu Hos 4,2, wo vermutlich eine ältere Gebotsreihe zum Ausdruck kommt). Manche Partien des Dtn lassen sich als Predigten des Dekalogs verstehen (vgl. Dtn 4,15–20; 6,12–15; 7,4.8–11; 8,7–20; 13,3.6.7.11.14). Auch die Sprache des 1. Gebotes ist deuteronomisch. Aufgrund dieser Beobachtungen ist eine Datierung in der späten vorexilischen Zeit zwischen dem Untergang des Nordreiches und der Reform Josias zu vermuten. Entsprechend sind die starken religiösen, politischen und sozialen Krisen des 9. und des 8. Jahrhunderts als Hintergrund vorauszusetzen.

Der Dekalog wendet sich an erwachsene Männer, die rechts- und kultfähig sind. Sie haben Eltern und Kinder (V. 12.10), begehrenswerte Frauen (V. 14.17), Sklaven (V. 10), eigenes Land (ebd.) und Vieh (V. 17). Sie können in einem Rechtsprozess als Zeugen auftreten (V. 16) und sind fähig, den Eid zu missbrauchen (V. 7). Sie stehen in Gefahr, andere Götter zu verehren (V. 4).

Der Land-, der Vieh- sowie der Sklavenbesitz kennzeichnen die Männer als freie Bauern, die im übrigen aber selber mit anpacken müssen (V. 9). Sie machen die tragende Schicht des Volkes Israel aus.

Gebote setzen eine Notwendigkeit voraus. So gesehen verweist der Dekalog auf soziale Spannungen, die auch bei den Propheten aufgegriffen werden. So wird das 1. Gebot gebrochen (vgl. dazu Hos 1–3). Untereinander herrschen Habsucht und Begehrlichkeit. Vor Gericht gibt es falsche Aussagen, und es besteht die Gefahr der Schuldsklaverei (vgl. dazu Am 8,6; Mi 2,1f.; Jes 5,8–12.18–24; 10,1–4).

Was bedeutet der Dekalog in diesem Zusammenhang? Konstitutiv für sein Verständnis ist der Prolog »Ich bin der Herr, dein Gott ...« (Ex 20,2). Alle Gebote wollen demnach die Freiheit schützen und vor dem Rückfall ins Sklavenhaus bewahren. Was bedeutet aber dann der Verweis auf den befreienden Exodus und auf das Sklavenhaus?

Freiheit ist in diesem Zusammenhang als Besitz des Landes, als der Genuss seines Reichtums und seiner Fruchtbarkeit sowie als Freiheit von Sklaverei und Fronarbeit zu verstehen. Das Sklavenhaus ist das genaue Gegenteil von diesen Gütern. Es zeigt sich, dass die Freiheit hier eine reale materielle und soziale Basis hat. Sie realisiert sich aber in einem Miteinander, das den anderen nicht als Grenze, sondern als Bedingung der Möglichkeit der eigenen Selbstverwirklichung erfährt. Der andere ist nicht Grenze der Freiheit, sondern ihre Bewährung. Gott ist der, der diese Freiheit eröffnet und begründet (vgl. Dtn 8,7–13). Er ist auch der, der auf ihre Bewahrung gegen freiheitsfeindliche Tendenzen besteht. Der Griff nach den Lebensgrundlagen und der Freiheit anderer ist ein Angriff gegen Gott und die geschenkte Freiheit. Sie zerstört die nur gemeinsam zu lebende Freiheit. Die einzelnen Gebote sind von hier aus zu verstehen.

So will das 1. Gebot darauf hinweisen, dass die Beziehungen zu anderen Göttern – die durchaus eingeräumt werden – zu der Zerstörung der Freiheit führt, denn die Quelle und der Grund der Freiheit werden verlassen (vgl. Ex 22,19; 23,13; 34,14; Hos 4,13; 9,10; 10,5; 13,2).

Das 3. Gebot wendet sich gegen alle Versuche, mit dem Namen Jahwes Missbrauch zu treiben (vgl. Hos 4,2). Mit dem Namen Jahwes soll kein Unrecht geschehen. Alles, was gegen die Bewahrung der Freiheit gerichtet ist, wird untersagt. Die Wahrnehmung des Sabbats, von dem wohl früher schon die Rede war (Ex 23,12; 34,21), ist die exemplarische Wahrnehmung und Praktizierung der von Jahwe geschenkten Freiheit – was durchaus Einbußen und Risiken zur Folge hatte. Das ganze Haus soll einbezogen werden. Das Land soll Jahwe überlassen bleiben.

9.2 Frank Crüsemann, Fünf Sätze zum Verständnis des Dekalogs (SH S. 22)

Crüsemann wendet sich gegen fünf typische Missverständnisse des Dekaloges:

- Wir sprechen von 10 Geboten.
- Wir verbinden die Gebote mit Strafen.
- Wir verbinden die Gebote mit traditionellen Lebensformen.
- Der Dekalog enthält alles, was Christen befolgen sollen.
- Wir schreiben dem Dekalog einen männlichen Herr-Gott zu.

Crüsemann will das Verständnis des Dekalogs zurechtrücken und geht dabei in besonderer Weise auf den Anfang ein (Ex 20,2a), auf den Missbrauch des Namens Gottes (Ex 20,7) und auf das Elterngebot (Ex 20,12), auf das Verbot, die Ehe zu brechen (Ex 20,14), die gesamte Tora, die Selbstbezeichnung Gottes als Herr (Ex 20,2) sowie das Bilderverbot (Ex 20,4).

Die Ausführungen von Crüsemann halten dazu an, den biblischen Text genauer zu lesen, seine ursprünglichen Intentionen als Bewahrung der Freiheit im Blick zu behalten und von anderen Geboten nicht zu isolieren. Der Dekalog ist ein Anfang – allerdings der Anfang für ein menschenwürdiges Leben in Freiheit.

Am Ende geht der Autor auf das so wichtige Bilderverbot ein. Gott ist mit nichts zu vergleichen, auch wenn es nicht zu vermeiden ist, sich eine Vorstellung zu machen. Aber dies darf nicht zu Festlegungen führen.

Dies gilt auch angesichts des Sachverhaltes, dass es in der Bibel eine Fülle verschiedener Bilder von Gott gibt, die Grundeinstellungen zur Wirklichkeit und zum Leben zum Ausdruck bringen und für sie motivieren wollen. So begegnen in den Psalmen das Bild des Königs (Ps 99,1; Ps 2; Ps 93,1), des Richters (Ps 82,1; 76,10; 75,9), des Hirten (Ps 23,1; Jer 31,10–14; Ps 80,2; Jes 40,11; Micha 7,14; Hes 34,11–15), des Vaters (Lk 15,11–32; Mt 6,9–13, Ps 103,13f.), des Kriegers (Ps 46) oder des Heiligen (Ps 99). Dazu kommen Bilder wie Burg (Ps 91,2; 18,3), Licht (Ps 27,1), Fels (Ps 18,3; Dtn 32,18), Sonne (Ps 84,12), Schild (Ps 18,3; 84,12), Turm (Ps 61,4), Quelle (Ps 36,1) und Schirm (Ps 32,7).

Neben deutlich männlichen Vorstellungen wird aber auch eine ganze Reihe weiblicher Bilder für Gott in der Bibel verwendet, so die Gebärende (Jes 42,14; Num 11,11–13), die Mutter (Ps 131,1f.; Jes 66,13) oder die Bärin (Hos 13,8).

Die Fülle und die Verschiedenartigkeit des bildhaften Redens von Gott zeigen, dass solche Bilder nur Erfahrungsaspekte von Gott treffen können. Gott lässt sich nicht auf ein Bild festlegen.

9.3 Einer Theologie (...) (SH S. 23)

Das Zitat von Christian Geyer (geb. 1960, Redakteur für die Frankfurter Allgemeine Zeitung) soll darauf hinweisen, dass das biblische Bilderverbot derzeit am ehesten in der modernen Kunst aufgehoben zu sein scheint. Diese streitet gegen Verfestigungen und eingefahrene Sehgewohnheiten. Sie versucht das nicht Darstellbare und Unsagbare auf negative Weise zum Ausdruck zu bringen, und praktiziert somit eine negativen Theologie. Diese lehnt jede Übertragung von Vorstellungen aus dem Menschenbereich auf Gott kategorisch ab. Gott ist absolute Transzendenz. Alle Aussagen über Gott sind letztlich unwahr. Man kann nur sagen, was Gott nicht ist.

9.4 Bild: Keith Haring, Die zehn Gebote (SH S. 23)

Der Bilderzyklus zu den Zehn Geboten schuf der amerikanische Graffitikünstler Keith Haring (1958–1990) 1985 für eine Ausstellung des Musee d'Art Contemporain in Bordeaux. Die Werke entstanden innerhalb von drei Tagen als Gegenbilder zum biblischen Text. Haring deutet seine Bilder nicht. Er ordnet sie auch nicht einzelnen Geboten zu. Diese Zuordnung müssen die Betrachter selber leisten. Die zehn Bilder arbeiten alle mit den vier Farben Grün, Blau, Gelb und Rot. Das abgedruckte Bild (www.haring.com) zeigt einen roten Arm, der einen grünen Geldschein zwei blauen bettelnden Händen wedelnd oder winkend zustreckt. Das Ganze wird durch einen braunen Fensterrahmen sichtbar. Der Geldschein enthält den Aufdruck 0$. Ist er wertlos? Unklar bleibt, ob das Geld Bedürftigen gereicht wird, diese veralbert oder einfach geködert werden. Welchem Gebot kann man dieses Bild zuordnen? Denkbar wäre das erste Gebot. Der Geldschein repräsentierte dann jenen Gott bzw. Abgott, an dem nach Luther »das Herz hängen« kann (SH S. 9) – sowohl des Gebenden als auch des Bettelnden. Wird das Geld in dieser Beziehung als wert- und sinnlos definiert? Wie kommt der biblische Gott hier vor?

9.6 Ergänzung zu SH S. 22/23: Jesaia 44,6–20

Das Spottlied des Zweiten Jesaja in Jes 44,9–20 vertieft in biblischer Perspektive noch einmal das Bilderverbot (Ex 20,7). Es wird eingeleitet durch einen Botenspruch mit Zügen der Gerichtsrede, in dem der Prophet Gottes Wort überbringt. Gott hat alles in der Hand und begleitet alles (V. 6b). Er ist der, der die Zukunft voraussagt, womit wohl die Ankündigung des Perserkönigs Kyrus gemeint sein sollte. Er hat sich dadurch als einziger Gott erwiesen. Wer sich an ihn wendet, braucht sich von dem, was kommt, nicht zu fürchten. Auf dem Hintergrund dieser Botschaft und dieser Erfahrung sowie dieser Verheißung erweist sich das Erschaffen von Gottesbildern als trügerisches, lächerliches und nutzloses Unterfangen. Letztlich versucht der Mensch hier sein Herz an etwas zu hängen, was er nicht gemacht hat (V. 11). Aufgezeigt wird dies an

dem Beispiel eines Metallbauers bzw. Schmiedes, der einen Klumpen formt (nicht Messer; V. 12) sowie am Beispiel eines Zimmermanns (V. 13–17), der aus Holz ein Götterbild formt, aber gleichzeitig einen Teil des Holzes für anderes verwendet. V. 18–20 ist ein reflexiver Nachtrag, der die Konsequenzen des Bilderschaffens bündelt.
Leitend ist das Anliegen in einem polytheistischen und bilderschaffenden Kontext, die Bindungen an den einen Gott Israels zu erhalten oder für sie erneut zu werben. Nicht bearbeitet wird dabei die Frage, ob »Götzendiener« tatsächlich eine Holzfigur anbeten oder nicht doch in ihr die irdische Repräsentanz der Gottheit sehen. Der Beter würde dann gleichsam durch das Bild hindurch mit der Gottheit sprechen. Könnte es sein, dass bei einer Kreuzmeditation etwas Ähnliches geschieht?
Der Text aus dem Deuterojesaja-Buch wirft aber vor allem die Frage auf, woran Menschen ihr Herz hängen können und welche Götter sie sich selbst ›basteln‹ und dann verehren. Es stellt sich aber auch die Frage, was das Leben errettet (V. 20) und was die Lebensangst (fürchten und erschrecken) nehmen kann. Traditionelle Antworten sind z.B. der technische Fortschritt, auf den z.B. Kranke ihre ganze Hoffnung setzen können. Zweifellos sind Arbeitsplatz, Einkommen und Geld für viele Güter, an denen ihr Herz hängt. Das heißt jedoch nicht, dass sie diese lieben, aber sie fürchten ihren Verlust. Der Glaube an Gott, der mitgeht und der dabei bleibt, auch wenn man es nicht merken sollte, wird diese Abhängigkeit nicht einfach überspringen können – obwohl es das gibt. Eher wird er die Abhängigkeiten ›einklammern‹ und ihren totalen Machtanspruch bestreiten wollen.

9.6 Aus der Bergpredigt Jesu (SH S. 23)
Der neutestamentliche Block repräsentiert drei Antithesen aus der Bergpredigt, nämlich zum Thema Ehebruch, Gewaltverzicht und Feindesliebe. Die erste kann als Kommentar zu dem Verbot des Ehebrechens gelesen werden. Die Struktur der Antithesen lässt Jesus als neuen Mose erscheinen, der die Gebote der Tora überbietet und korrigiert. Doch wie weit liegen Dekalog und Bergpredigt, Mose und Jesus auseinander? In der zweiten Antithese (Mt 5,27f.) geht es um den Schutz der fremden Ehe und auch den Schutz der in einer patriarchalischen Gesellschaft schwächeren Frau. Sexuelle Begierde kann sie in eine Situation bringen, beweisen zu müssen, dass es keinen Ehebruch gegeben hat. Erkennbar wird die Ankunft der Gottesherrschaft, in der benachteiligte Frauen Schutz erfahren. Jesu Predigt lässt sich den Intentionen des Dekalogs zuordnen: Es geht um ein Leben in wechselseitiger Achtung und menschenwürdiger Freiheit. Jesus will das Gesetz erfüllen (Mt 5,17).
Die fünfte Antithese (Mt 5,38–42 hier V. 39) lässt eine Gegenüberstellung von Altem und Neuem Testament erkennen. Gegenüber dem die Rache einschränkenden *ius talionis* wird eine provozierende Gewaltlosigkeit und ein Rechtsverzicht gefordert. Sie zielt auf eine Gemeinschaft, die durch Liebe qualifiziert ist. Entspricht das noch den Intentionen des Dekalogs?
Die sechste Antithese (Mt 5,43–48 hier V. 43–45) ist eine der zentralsten christlichen Texte. Die Antithese zielt auf die Entgrenzung der Nächstenliebe und begründet dies mit der Entsprechung zu dem himmlischen Vater. Die Ethik Jesu zielt also darauf, dem Reich Gottes im moralischen Handeln zeichenhaft Raum zu geben. Wie der Dekalog zielt die Bergpredigt auf Gott entsprechende Lebensformen, die schon mit den inneren Einstellungen beginnen und sich in einem Handeln zeigen, das sich von dem anderer unterscheidet.

Unterrichtsideen SH S. 22/23

(1) Bildbetrachtung: Keith Haring
  a) Über die Entstehung des Bildes informieren.
  b) Beschreiben: Was geschieht da?
  c) Das Bild einem der Zehn Gebote zuordnen.
(2) Den Dekalog rekonstruieren
  a) Die Zehn Gebote im Rundgespräch zusammentragen.
  b) Vergleich des Ergebnisses mit Ex 20,1–17.
  c) Erste Beurteilung der Zehn Gebote mit Fragebogen in Einzelarbeit.
    – Wo stimme ich vorbehaltlos zu?
    – Worauf könnte ich problemlos verzichten?
    – Wie aktuell sind die Zehn Gebote?
    Schülerinnen und Schüler geben zehn Punkte für große Zustimmung, einen für keine Zustimmung.
(3) Vertiefte Auseinandersetzung mit Ex 20,1–17 durch arbeitsteilige Erschließung und anschließende Auswertung folgender Arbeitsaufgaben:
  – die Adressaten des Dekalogs,
  – die Gliederung,
  – das Gottesbild,
  – die Intentionen,
  – das Fehlende,
  – Fragen, die sich stellen,
  – Verhältnis der beiden Tafeln – V. 2–11 und V. 12–17,
  – Vergleich mit Ex 22,20–26,
  – Entwurf eines Plakates »Der Wille des biblischen Gottes«.
(4) Vertiefung durch Auseinandersetzung mit Jes 44,6–20 Vergleich mit dem Dekalog. Was ist gleich? Was ist ähnlich? Was ist anders?
(5) Vergleich mit der Bergpredigt
  a) Text sprachlich inszenieren. Wie stellt sich Jesus hier vor?
  b) In Partnerarbeit Gemeinsamkeiten und Unterschiede zum Dekalog formulieren: Meint Jesus dasselbe wie der Dekalog?
(6) Textarbeit: Frank Crüsemann
  a) Abschnitte in Einzelarbeit lesen und Aussagen notieren. Was habe ich neu entdeckt? Welche Fragen sind noch nicht geklärt?
  b) Austausch der ›Aha-Erlebnisse‹.
  c) Zusammenfassender Kommentar zu den Stichworten Zehnwort, Heimsuchen, Ehebruchsverbot, Anfang, Name.
  d) Rundgespräch, dabei Konzentration auf das Bilderverbot: Wie ist es zu verstehen? Wie ist es zu beurteilen? Geht das überhaupt: »Du sollst dir kein Bildnis machen«?

9.6 Christian Nürnberger,
Die Propheten und der richtende Gott (SH S. 24)
In der Bibel begegnet auch ein Gott, der fordert, warnt und straft bzw. Strafen in Aussicht stellt. »Aus allen Geschlech-

tern auf Erden habe ich allein euch erkannt, darum will ich auch an euch heimsuchen all eure Sünde« (Amos 3,2). »Sie sollen nicht bleiben im Lande des Herrn« (Hos 9,3). »Siehe ich will ein solches Unheil über diese Stätte bringen ..., weil sie mich verlassen haben« (Jer 19,3.4). »Siehe der Herr, der Herr Zebaoth, wird von Jerusalem und Juda wegnehmen Stütze und Stab« (Jes 3,1).

Zu diesen Unheilspropheten gehören Jesaja, Jeremia, Hosea, aber auch Johannes der Täufer und in gewisser Weise auch Jesus (vgl. Lk 6,24–26). Einer der ersten ist Amos, auf den der Text von Christian Nürnberger eingeht. Sein prophetisches Wirken fällt in die Zeit der Könige Usia von Juda (787–736 v.Chr.) und Jerobeam II. von Israel (787–747 v.Chr.). Er stammte aus dem Südreich Juda und wirkte an verschiedenen Orten im Nordreich Israel, und zwar in einer Zeit des Wohlstandes. Seine Berufung (Amos 7,14–15) ist verbunden mit Auditionen und Visionen (Amos 7,1–9; 8,1–3; 9,1–10), die ihm selbst intuitive Gewissheit und Standhaftigkeit verleihen. Kennzeichnend für das Auftreten des Propheten ist der aus der Diplomatensprache entnommene »Botenspruch« mit der so genannten »Botenformel« »So spricht der Herr ...« (vgl. z.B. Amos 2,1–3). Dies legitimiert, dass der Prophet mit einer göttlichen Botschaft beauftragt ist. Das prophetische Wort kann dabei mahnen, warnen oder trösten sowie Heil oder Gottesgericht ansagen. Die prophetische Verkündigung will provozieren und mit Blick auf die angesagte Zukunft die Gegenwart verändern. Es geht meist um Umkehr. Was wahr ist, entscheidet sich letztlich daran, ob das angekündigte Ereignis eintritt (vgl. Dtn 18,21f. oder Jer 28,6).

Die Struktur prophetischer Rede macht deutlich, dass Propheten keine Wahrsager sind. Sie begründen das, was kommen wird, in der Gegenwart und bestimmen es als Folge eigenen Handelns. Gott geht es nicht um Rache, sondern um Rückkehr in die Gemeinschaft mit Gott und in ein Gott entsprechendes Leben. In der Gemeinschaftstreue zeigt sich die Gerechtigkeit. Durch soziales Handeln wird man Gott »gerecht«. Das Vertrauen zu Gott zeigt sich in dem Eintreten für Recht und Gerechtigkeit. Prophetische Kritik kann als leidenschaftliches Ringen Gottes um sein Volk und den Menschen verstanden werden. In der Entsprechung zu Gott liegen auch die Maßstäbe moralischen Handeln begründet. Dem Gott, der sein kleines Volk erwählt hat und aus der Knechtschaft befreit, entspricht ein Handeln, das sich den Armen zuwendet.

Das Amosbuch geht nicht ausschließlich auf den Propheten Amos zurück. Es ist das Ergebnis eines längeren Überlieferungsprozesses. Es vereinigt Prophetenworte aus verschiedenen Zeiten.

Christian Nürnberger gibt einen Einblick in das Auftreten des Propheten Amos. Nürnberger

- klärt dabei den Begriff des Propheten, ordnet Amos ein (mit Amos 7,14–15),
- beschreibt das Auftreten und die Botschaft von Amos (mit Amos 6,3–6; Amos 5,21–24),
- hebt hervor, was bis heute Bestand hat, nämlich die soziale Gesellschaftskritik sowie die freie Rede.

9.7 Ergänzung zu SH S. 24: Amos 6,1–8

Die Totenklage in Amos 6,1–6 bekommt in V. 7 und 8 eine Fortführung. Das Amoswort findet in der Konsequenz und in dem Gotteswort seine Begründung. Angeklagt wird die Sorglosigkeit eines Volkes (V. 1), das die Zeichen der Geschichte (V. 2) und die bedrohliche Lage Israels (V. 6b) nicht sieht und sich selber für ein überlegenes Volk hält. Die Assyrer unter Führung von Tiglat-Pileser und Sargon II. haben ihren Eroberungsfeldzug begonnen. Diese Sorglosigkeit zeigt sich in Parties (V. 4–6), aber auch in der Unterdrückung der Armen (V. 3b). Die Frage ist, wie Amos spricht. Spricht er ironisch, zornig oder erschüttert? Zielt die Gerichtsrede noch auf Umkehr? Ist Gott mit seinem Volk zu Ende oder will er eine Veränderung des Lebens?

9.8 Klaus Berger, Gottes Gericht (SH S. 24)

Vor allem das letzte Buch der Bibel entwirft Bilder eines letzten Gerichtes, in dem es auch um eine Hölle und damit um Verdammnis geht (Offb 20,11–15; vgl. auch Joh 3,1–12; Mt 25,31–46). Die Frage ist: Ist Gott nicht doch letztlich rachsüchtig und willkürlich?

Klaus Berger argumentiert:

- In der Bibel geht es letztlich immer um die Gemeinschaft von Gott und Mensch (vgl. Offb 21–22, das himmlisches Jerusalem, der neue Himmel und die neue Erde).
- Gerechtigkeit heißt nicht Leistungsgerechtigkeit, sondern einem anderen zu ermöglichen mit einem selbst zusammenzuleben.
- Egoismus und eigener Willen bestehen in dem Nein zum Zusammenleben mit Gott,
- dieses Nein führt in die Hölle.
- Die Rede von einem letzten Gericht dient dazu, dass es nicht zur Hölle kommt.

9.9 Aus der Feldrede Jesu, Lk 6,24–26 (SH S. 24)

Das Weh-Wort Jesu aus der lukanischen Feldrede zeigt ihn als Propheten, der neben dem Botenspruch auch solche Redeformen verwenden kann. Altes und Neues Testament stehen in einem inneren Zusammenhang. Weh-Worte haben ihren Sitz im Leben in der Totenklage. Mit Berger sind solche Worte als ernsthafte Warnung und leidenschaftliches Angebot von Gerechtigkeit zu verstehen. Die Ankündigung von Gericht erweist sich als dringliche Bitte zur Umkehr. Gott will nicht den Tod des Sünders, wohl aber den Tod der Sünde.

10. Gott offenbart sich

Nach Theo Sundermeier (SH S. 15) gründet Religion in einer Transzendenzerfahrung. Nach Rudolf Otto (SH S. 14f. vgl. **M 5**) gründet Religion in einer Erfahrung des Heiligen, die Gefühle des Tremendum und des Faszinosum auslöst. Auch der biblische Glaube an den erschaffenden, befreienden, beanspruchenden, erbarmenden und mitleidenden Gott wurzelt in ›Erschließungserfahrungen‹ (vgl. Schwöbel, SH S. 48), wie sie Abraham (SH S. 19), Mose (SH S. 20f.), Amos (SH S. 24), Jesus in seiner Taufe oder die Hirten auf dem Felde erlebt haben. Solche Erfahrungen haben aber auch Bono (SH S. 6), Pascal (SH S. 48) und sogar Sido (SH S. 5) erlebt. Diese Erschließungserfahrungen verändern das Leben und lassen die Wirklichkeit neu sehen. Sie bestehen in außergewöhnlichen Ereignissen, wie z.B. Visionen, Auditionen, Träumen, ganz gewiss aber auch in der Begegnung mit Menschen. Eine Frage muss auch sein, ob dazu auch die Erfahrung in und mit der Natur gehören können (vgl. SH S. 46.47 Einstein und Polkinghorne).

10.1 Gottesbegegnungen (SH S. 24)

Elias Name, »Gott ist Jahwe«, ist Programm. In seiner Geschichte spiegelt sich die Auseinandersetzung einer prophetischen Bewegung gegen einen staatlich verordneten Synkretismus und die diplomatische Vernetzung mit anderen Ländern im 9. Jahrhundert v.Chr. (Omri 881–870 v.Chr.; Ahab 870–851 v.Chr.). Isebel war eine phönizische Königstochter. Elia aus Tischbe ist ein Einzelprophet und ein öffentlich bekannter Regenmacher. Er kämpft für die Jahwe-Religion und gilt als Verderber Israels (1. Kön 18,17). Er weigert sich, seine magischen Fähigkeiten zugunsten des Staates einzusetzen. Wahrscheinlich hat man in konservativen Kreisen in der über dem Land lastenden Dürre die Strafe Jahwes für den Synkretismus gesehen. 1. Kön 18 erscheint als Machtprobe und als Gotteskampf. Jahwe erweist sich im Machtbereich Baals (Regen und Vegetation) als überlegen. Die Tötung der Baals-Priester entspricht dem Jahwe-Recht, wonach auf den Abfall von Gott die Todesstrafe steht (Ex 22,19). Die Frage stellt sich, ob zu der Jahwe-Allein-Position notwendig gewalttätige Intoleranz gehört.

Die Flucht Elias gestaltet sich als Weg zu Gott: Er kommt nach Beerscheba, geht in die Wüste, schläft unter einem Wacholderbusch, wandert 40 Tage und 40 Nächte zum Gottesberg, gelangt zu einer Höhle und steigt schließlich auf den Berggipfel. Dort begegnet er Gott und kehrt anschließend auf dessen Geheiß wieder zurück in den Prophetendienst.

Dieser Weg kann symbolisch als Weg zur Mitte gelesen werden. Er ist mit ganz unterschiedlichen Stimmungen verbunden. Das »Burnout-Syndrom« kann auf Isebel zurückgeführt werden, die bei den Göttern schwört, Elia zu töten (V. 2). Entscheidender dürfte jedoch sein, dass ganz Israel Elia nach dem Leben trachtet (V. 10.14) und er allein zurückgeblieben ist. Gegen die Depression helfen Brot und Wasser sowie die Zuwendung des Engels.

Der Weg erinnert an Mose. Wie dieser geht auch Elia zum Gottesberg. Wie Mose begegnet er Gott (Ex 33,18–23). Wie dieser kann er wahrnehmen, wie Gott vorübergeht. Wie dieser kann und darf er jedoch Gott nicht sehen (V. 13). Gott selbst begegnet überraschend. Er ist nicht im Sturm, nicht im Erdbeben, nicht im Feuer. Gott durchkreuzt die Erwartungen, vor allem die Erwartung auf gewaltätige Ereignisse. Gott begegnet in einem »stillen, sanften Sausen«, in einem leisen Wehen. Gott ist immer wieder anders. Gott kann also auch zärtlich sein. Die Worte Gottes klingen zunächst vorwurfsvoll (V. 9.13b). Wie Mose bekommt auch Elia einen Auftrag (V. 15.16). Gleichzeitig bekommt er den Blick, um die Geschichte zu verstehen. Was als tödliche Bedrohung Israels begegnet, ist letztlich das Gericht Gottes. Doch dieses Gericht ist nicht total (V. 17), ein Rest wird bleiben. Es gibt einen neuen Anfang.

10.2 Elia am Horeb (SH S. 25)

Nico ter Linden erzählt auf seine Weise die Bibel nach: zitierend, deutend, kommentierend, fragend. Zu den Gottesnamen Gott und Herr kommt in den Deutungssätzen der Gottesname »der Ewige«. Ter Linden schließt sich damit einem Bibelübersetzer wie Moses Mendelsohn an, der das Tetragramm mit »der Ewige« übersetzt. Gott ist der Ursprung der Zeit und selber ewig. Er überschreitet alle Vergänglichkeit und ist Garant einer dauernden, bleibenden Zeit. In der Verwendung dieses Gottesnamens spürt man die jüdische Sicht, wonach Gott zwar einen Eigennamen hat, dieser aber nicht auszusprechen ist. Wichtig ist dem Autor die Nähe zu Mose (Zitat aus Ex 33,22f.), das Zerbrechen der einzelnen Gottesbilder und das Vernehmen »eines zermalmenden Schweigens, die Stimme einer niederschmetternden unheilvollen Stille«. Was hat Elia gehört? Was hat Elia erlebt? Was erfahren wir von Gott? Das Ganze stellt eine »Pilgerreise hin zum Berg« dar, auf der Elia Gottes befreiende Antwort erfährt. Elia kann wieder neu anfangen. Was ändert sich für ihn darüber hinaus?

10.3 Ergänzung zu SH S. 25: Apostelgeschichte 9,1–9 (22,3–11; 26,9–18)

Die dreifach und auf je unterschiedliche Weise in der Apostelgeschichte erzählte Bekehrung des Saulus vor Damaskus vollzieht sich nach Apg 9,1–8 in drei Schritten:

- Verfolgung der Anhänger des neuen Weges (V. 1–3),
- Begegnung mit Jesus (V. 3–7),
- Der Weg nach Damaskus (V. 8–9).

Diese Bekehrung wurde in der Geschichte des Christentums als paradigmatisch für die Wende zum Glauben verstanden. Aus Saulus wird Paulus.

Die Gottesbegegnung bzw. Christusbegegnung wird als überwältigendes, lichtstarkes Ereignis geschildert, das manche an einen epileptischen Anfall erinnert. Dieser Weg raubt Paulus alle Kräfte. Er kann nichts mehr sehen und kaum gehen. Er muss erst wieder zu Kräften kommen. Der ausbleibende Appetit kann als Zeichen einer ernsthaften Lebenskrise verstanden werden. Paulus verändert seine Identität. Aus dem Verfolger wird ein Anhänger. Aus der Bedrohung der eigenen Identität (Warum verfolgt Paulus die Christen?) wird vertrauende Nachfolge. Der grundlegende Identitäts- und Lebenswechsel erweist sich im Kern als Rechtfertigungserfahrung, wie sie z.B. auch Petrus zuteil wird. Obwohl Gottes Sohn allen Grund hätte, Paulus abzulehnen, nimmt er ihn in Anspruch und setzt auf ihn. Paulus erfährt eine bedingungslose Anerkennung. Damit es jedoch vollends zu dem Wandel kommt, wird die christliche Gemeinde in Anspruch genommen (V. 6). Die Begegnung mit der Transzendenz bedarf immanenter Unterstützung. Paulus erzählt die dramatische Begebenheit in seinen Briefen nicht. Er spricht nur davon, dass ihm Christus erschienen ist (1. Kor 15,8; Gal 1,12; Gal 2,2) und er den Herrn gesehen hat (1. Kor 9,1). Er ist berufen (Röm 1,1; Gal 1,15; 1. Kor 1,1). Die Frage stellt sich jedoch, ob man die lukanische Erzählung als innere Geschichte lesen darf.

10.4 Bild: Michelangelo da Merisi da Caravaggio, Paulus vor Damaskus (SH S. 25)

Caravaggio bzw. Michelangelo da Merisi (1571–1610) stammt aus der italienischen Stadt Caravaggio. Er gilt als tragisches Genie. Caravaggio fand für seine Arbeiten in Rom viel Anerkennung, lebte jedoch als genusssüchtiger egomaner und pädophiler Schläger. 1606, fünf Jahre nach der Fertigstellung des Paulusbildes, muss er Rom fluchtartig verlassen, da er einen Mann im Streit um Spielschulden getötet hatte. Zu seinen berühmtesten Bildern gehören die Madonna di Loreto, der Tod der Maria, der kranke Bacchus oder der ungläubige Thomas. Seine Bilder zeichnen sich durch eine hohe Plastizität aus. Er bevorzugt kräftige Körper.

Die Bekehrung des Saulus (Cerasi-Kapelle, Santa Maria del Popolo in Rom) ist die zweite Bearbeitung dieses Themas durch Caravaggio. Das Bild wird dominiert durch das Pferd. Von der Umgebung ist nichts zu sehen. Der Betrachter wird unmittelbar an das Geschehen herangeführt. Saulus liegt mit dem Rücken auf dem Boden, die Arme sind zu dem Licht hin ausgestreckt. Das Licht fällt von rechts oben auf Saulus, der die Augen geschlossen hat (Heft drehen). Er sieht nichts mehr. Was mag er fühlen? Mantel und Degen liegen auf dem Boden. Das Pferd hebt vorsichtig den Fuß. Es will den vom hohen Ross Gestürzten nicht noch (nach)treten. Der Begleiter wirkt ratlos. Was hat er mitbekommen?

Unterrichtsideen SH S. 25

(1) Nachdenkliches Gespräch: Wie stelle ich mir eine Gottesbegegnung vor? Dabei erinnern an Sundermeier und Rudolf Otto (SH S. 15).
(2) Zitat vorgeben: 1. Kor 19,11f. oder die entsprechenden Zeilen bei Nico ter Linden. In Einzelarbeit eine Vorher-Nachher-Geschichte schreiben. Danach Austausch in Partnerarbeit, sodann im Plenum.
(3) Vergleich der eigenen Geschichten mit 1. Kön 19 oder dem Text von Nico ter Linden in Einzelarbeit.
(4) Die Gottesbegegnung von Elia zeichnen, z.B. als Weg.
(5) Gespräch
  - Was kennzeichnet eine Gottesbegegnung?
  - Wie ist Gott?
  - Was bewirkt eine Begegnung mit Gott?
(6) Gemeinsame Bildbetrachtung: Paulus vor Damaskus
  - Was sehe ich? (auch Heft drehen)
  - Was bewegt mich?
  - Was ist passiert?
  - Wie geht es weiter?
(7) Vergleich mit Apg 9,8 in Einzelarbeit, anschließend Plenum
  - Was ist hier abgebildet? Was ist hinzugesetzt?
  - Was hat Paulus nach Lukas erlebt?
  - Was kennzeichnet eine Begegnung mit Gott?

11. Gott ist mitten im Leben gegenwärtig

Konstitutiv für den christlichen Glauben ist die Offenbarung Gottes in Jesus Christus und damit die Einwohnung, die Inkarnation Gottes (vgl. Joh 1). Religionsphilosophisch lässt sich dies als Immanenz der Transzendenz beschreiben. Dies widerspricht einem strengen Monotheismus, wie er z.B. im Islam zu finden ist (SH S. 73). Ähnlichkeiten zeigen sich im Hinduismus (SH S. 74f.). Durch diese Einwohnung bekommt die Welt sakramentale Qualität (so Theißen). Alles kann zum Sinnbild Gottes und damit zum Hinweis auf die alles bestimmende Wirklichkeit werden. Die erfahrbare Wirklichkeit erweist sich als transparent für Gott. Was dies heißt, verdeutlichen die Gleichnisse Jesu. Diese Transparenz liegt jedoch nicht einfach vor Augen. Sie erschließen sich dem, der (wie die Hirten bei der Geburt Jesu) glaubend sich darauf einlassen und das Alltägliche und Gegebene im Horizont der Verheißung (so die Botschaft des Engels des Herrn) wahrnehmen kann.

11.1 Bild: Antonius van Dyck, Die Anbetung der Hirten (SH S. 27)

Antonius van Dyck (1599–1641) war flämischer Maler und Schüler von Peter Paul Rubens. 1632 übersiedelte er nach London, wo er als Hofmaler für Karl I. wirkte und von ihm auch in den Adelsstand erhoben wurde. Neben vielen Porträts schuf er etliche religiöse Bilder. Mit der Anbetung der Hirten greift er ein Motiv auf, das vielfach bearbeitet wurde. Es gehört in die Kategorie von Altarbildern, die die im Gottesdienst Versammelten auffordert, sich an der Anbetung zu beteiligen.

Die dargestellte Szene ist bestimmt von Licht und Schatten. Maria, das Kind und die beiden knienden Frauen befinden sich im Licht, das von rechts oben einzufallen scheint. Im Mittelpunkt des Bildes dominiert das Rot des Überkleides eines knienden Hirten. Die vier Hirten sind im Ankommen und fallen vor dem Kind nieder. Was bewegt sie? Was beten sie? Die Szene spielt in einem gemauerten Stall, dessen Gestalt nicht ganz zu erkennen ist. Das Bild ist aufgefüllt mit Symbolen, die auf das Kind deuten. Die Stäbe rechts von Maria bilden ein Kreuz und verweisen auf die Kreuzigung. Die Weizenhalme und der Krug weisen auf das Abendmahl. Die nackten Füße des sich nach vorne beugenden Hirten deuten auf Armut. Jesus wendet sich den Armen zu und praktiziert Gottes Leidenschaft für die Schwachen. Das Lamm auf den Schultern des herbeitretenden Hirten weist auf das Lamm Gottes, das der Welt Sünde trägt (Joh 1,29). Jesus bringt die Vergebung und die Barmherzigkeit Gottes in die Welt.

11.2. Ergänzung zu SH S. 26f.: Die Geburt Jesu (Lk 2,1–20)

Die Geburtsgeschichten von Lk 2 und Mt 2 erzählen theologisch von der Menschwerdung Gottes in Jesus Christus. Sie bieten eine kontextuelle narrative Theologie. Die Mitte des Textes von Lukas liegt in der kaiserlichen Proklamation des Engels des Herrn, der immer wieder erscheint, wenn Gott zu den Menschen kommt (V. 11). Der aus Gottesdiensten geläufige Huldigungsruf (V. 14) ist die Antwort darauf. Die Erzählung enthält vier Szenen:

- V. 1–3 Der weltgeschichtliche Rahmen
- V. 4–7 Die Geburt des Erlösers
- V. 8–14 Die Botschaft der Engel bei den Hirten
- V. 15–20 Die Begegnung der Hirten mit dem Kind.

Es handelt sich um eine Epiphanie-Geschichte, denn Alltägliches, wie die Geburt eines Kindes, erweist sich als Ort der Begegnung mit Gott. Die Verheißung, die auf dem Hause Davids liegt und mit dem Ort Bethlehem verbunden ist (1. Sam 16,4; Mi 5,1), kommt zur Erfüllung. Im Horizont der Verheißung und des Zuspruches erweist sich die Alltäglichkeit als Zeichen für die Wirklichkeit als Ganzes und die alles bestimmende Wirklichkeit bzw. das Woher unserer Abhängigkeit. Die Details erweisen sich als Zeichen, die über sich selbst hinausweisen: die Krippe (von einem Stall ist nicht die Rede), die Geburt durch eine einfache Frau sowie die Windeln weisen auf die Menschlichkeit und die Niedrigkeit Christi. Gott wird wahrhaft Mensch. Die Hirten weisen auf die Armen, denen als Erste das Evangelium gilt (vgl. Lk 4,16–21, SH S. 21). Der weltgeschichtliche Rahmen deutet das Ereignis als ein Geschehen, das die ganze Welt angeht. Die jüdischen Eltern weisen auf die Rolle des Volkes Israels in der Weltgeschichte. Die Gegenüberstellung zu Augustus definiert Jesus als den eigentlichen Herrn der Welt, durch welchen Frieden in die Welt kommen soll (V. 14). Der Lobpreis der Hirten (V. 20) enthält die Aufforderung an die Leser, die Botschaft weiterzutragen (z.B. durch Weihnachtskarten). An den Hirten zeigt sich, was die Begegnung mit Gott kennzeichnet, dessen Merkmal Herrlichkeit ist. Wenn Gott kommt, wird es licht (vgl. Paulus). Die Hirten erschrecken (V. 9) und fürchten sich. Sie werden in Bewegung gebracht und bewegen sich. Sie werden selber zu Boten. Gott erweist sich zugleich als überlegen und mächtig sowie schwach und klein. Gott verhüllt sich, indem er sich offenbart.

11.3 Ergänzung zu SH S. 26f.: Johannes-Prolog (Joh 1,1–14)
Der Evangelist Johannes beginnt sein »Buch« mit einem Gemeindehymnus, den er mit eigenen Bemerkungen kommentiert. Der »Sitz im Leben« dieses Christusliedes geht aus dem berühmten Pliniusbrief an Kaiser Trajan hervor: Die Christen, so schreibt der heidnische Statthalter von Bithymen an Trajan, hätten die Gewohnheit, an einem festen Tag (Sonntag) vor Sonnenaufgang zusammenzukommen und Christus als »Gott« im Wechselgesang zu preisen.

Die 1. Strophe (V. 1–5): Der Logos
»Im Anfang war der Logos« – damit ist kein zeitlicher, sondern ein qualitativer Anfang gemeint. Der Logos kommt aus der Ewigkeit, der Sphäre Gottes. Sodann wird der Logos vorgestellt als Schöpfungsmittler (1,3), darin kommt der Herrschaftsanspruch Christi zum Ausdruck. Drittens wird der Logos als »Licht« bezeichnet (1,4.5): Damit ist nichts Innerweltliches gemeint, sondern das Licht der neuen Schöpfung, Christus (Joh 8,12; 9,39); die Menschen haben es freilich abgelehnt (Joh 3,19).

Die 2. Strophe (V. 6–8): Der Zeuge
Mit dieser Einfügung will der Evangelist das falsche Verständnis abwehren, als ob die Aussagen des Hymnus Johannes dem Täufer statt Jesus gelten würden: »Er (Johannes) war nicht das Licht« (8).

Die 3. Strophe (V. 9–13): Der Logos in der Welt
In 1,9 wird das Schicksal des Logos in der Welt geschildert. Das griechische Wort »photizein« meint sowohl »erleuchten« als auch »beleuchten, ins Licht stellen«. Dass hier Letzteres gemeint ist, zeigt Joh 3,19–21. Der Logos brachte an den Tag, wie es um die Menschen bestellt war. Das war auch der Grund, weshalb die Welt den Logos »nicht erkannte«, nicht, weil er Mensch unter Menschen gewesen wäre, sondern – alttestamentlichem Sprachgebrauch folgend – weil die Welt ihn nicht anerkannte, also ihm den Gehorsam verweigerte (1,11). Freilich, einige haben ihn doch aufgenommen und wurden mit der Gabe der Gotteskindschaft beschenkt.

Zwischen 1,13 und 1,14 erfolgt ein Bruch. An die Stelle der berichtenden Offenbarungsrede in der 3. Person tritt das persönliche Bekenntnis der glaubenden Gemeinde: »Das Wort ward Fleisch und zeltete unter uns, und wir sahen seine Herrlichkeit« (1,14). Alles, was bisher über die Präexistenz Christi, seine Mitwirkung an der Schöpfung und sein Kommen in die Welt gesagt war, ist nichts anderes als Hinführung auf das Bekenntnis der Gemeinde zu dem, in dem sich Gottes Herrlichkeit offenbarte.

»Der Logos ward Fleisch« – »Fleisch« (»sarx«) ist ein Ausdruck, der lästerlich und anstößig klingt. Es kennzeichnet den Menschen in seiner ganzen Vergänglichkeit, Hilflosigkeit und Nichtigkeit (vgl. 3,6; 6,63). Die Paradoxie besteht darin, dass die »doxa« nicht neben der »sarx« oder durch sie hindurch zu sehen ist, sondern in ihr: »Die Offenbarung ist also in einer eigentümlichen Verhülltheit da« (R. Bultmann, Johannes-Kommentar, S. 39).
»Er zeltete in unserer Mitte.« »Zelten« ist ein Bild für die persönliche Gegenwart Gottes inmitten seines Volkes: »Gott wohnt im Heiligtum unter ihnen« (Ex 25,8; vgl. Offb 7,15; Mk 9,5). Der Ausdruck besagt also, dass Gott selbst im Fleisch und in der tiefsten Niedrigkeit gegenwärtig war. Wie aber kann man das von einem Menschen sagen, der am Kreuz endete?
Die Antwort ist das Bekenntnis: Wir sahen seine Herrlichkeit. »Sehen« meint hier, wie auch sonst bei Johannes (6,40; 12,44ff.), ein Sehen des Glaubens: Wir haben das »Fleisch« gesehen, d.h. die Schande und die Entehrung am Kreuz, aber in diesem Gekreuzigten haben wir Gott gesehen, den Erweis seiner Liebe.
»Eine Herrlichkeit voller Gnade und Wahrheit«. Im Ausdruck »Gnade und Wahrheit« ist zusammengefasst, was der Glaubende im »Bund« erfahren hat (vgl. Gen 32,10; Ex 34,6), nämlich Gottes dem Menschen treubleibende Barmherzigkeit. »Niemand hat Gott je gesehen. Der Einzige, der Gott ist, hat ihn uns verkündigt.« Christus allein, »Gott von Art«, hat ihn gesehen und ihn uns geoffenbart. Im Sohn ist der Unsichtbare sichtbar geworden.

11.4 Werner Reiser, Uns ist ein Kind gegeben (SH S. 26)
Werner Reiser, ehemals Pfarrer am Basler Münster, hat in seinen Legenden die Erzähltradition der Bibel aufgenommen und an die chassidische Tradition angeknüpft. Er hat seine Legenden ganz bewusst als »Legendenpredigten« formuliert. In ihnen wird allerdings nicht wild drauflos fabuliert, sondern sie sind formal und theologisch durchreflektierte Erzählungen. Dies soll an einigen Zitaten verdeutlicht werden.

a) Die Ratlosigkeit des Himmels
Die Zustandsbeschreibung der Erde durch die »Himmlischen« (»öder Zustand«) hat deutliche biblische Bezüge: Die Sünde umfasst und beherrscht schlechthin alle Menschen (Gen 6,5; 8,21). »Die ganze Welt liegt im Argen« (1. Joh 5,19).

b) Zwei »unmögliche« Wege Gottes zu den Menschen
Der Weg des strafenden Gottes: Strafaktionen mögen »früher« die Menschen nachdenklich gestimmt haben, aber sie haben nicht zur »Glaubwürdigkeit« des Himmels beigetragen. Der »Katastrophen Gott« schafft höchstens Misstrauen. Auch nach der großen Sinflut ist »kein einziger besser geworden«.
Der Weg des Macht Gottes: Es ist der Gott, der »über den Cherubim thront« (1. Sam 4,4), der als der »Gott Zebaoth« und als der »Heilige Israels« seine Heiligkeit durchsetzt (Jes 5,16) und vor dem kein Mensch bestehen kann (Jes 6,1ff.). Die »Himmlischen« verwerfen diesen Weg mit dem »religionskritischen« Argument, die Menschen hätten immer den Namen des »heiligen Gottes« missbraucht, um auf Kosten anderer ihre eigene Macht durchzusetzen.

c) Der Gott der festlichen Freude

Bei diesem Weg setzen die Himmlischen nicht »oben«, sondern »unten« an, indem sie versuchen, die Bedürfnisse der Menschen festzustellen. Sie betreiben »Marktforschung«. Das himmlische »Angebot« taugt nur etwas, wenn auch »Nachfrage« da ist. Gott muss sich nach den menschlichen Bedürfnissen richten und erkennen, was gerade »in« ist. Was aber ist, wenn es sich um entfremdete Bedürfnisse der von Gott entfremdeten Menschen handelt? Nun, so sehr Gott ein Gott der festlichen Freude ist (Lk 14,16ff.; Mt 14,13ff.; Dtn 12,7), so findet dieser Vorschlag nicht die einhellige Zustimmung der Himmlischen. »Ein Fest mit allen Geschöpfen, das wäre die Versöhnung«, gewiss, aber da die Menschen selber noch nicht versöhnt sind mit Gott, wäre es nur »Dekoration«, »Blumen an der Kette« (K. Marx), aber nicht Ausdruck der Aufhebung der Entfremdung.

d) Ein Kind – das ist Gottes Antwort auf die Entfremdung

Ein »Kind«, das ist freilich der Deutung ausgesetzt. »Ein Kind – wie göttlich«; das erinnert an griechische und ägyptische Mythologie, in der Götter mit Menschentöchtern »heilige Ehen« eingehen. »Ein Kind – wie gewöhnlich, einfach, unverständlich«, Kind ganz »normaler« Eltern, »von einer Frau geboren und unter das Gesetz getan« (Gal 4,4); ein Kind, »in Windeln gewickelt und in eine Krippe gelegt« (Lk 2,12), »geboren aus dem Geschlecht Davids nach dem Fleisch« (Röm 1,3).

Gabriel erläutert Gottes Plan:

- »Dieses Kind teilt sein Schicksal mit Gott und mit allen ungeliebten Kindern und Menschen.« So wie Gott unerwünscht ist in der Welt, so ist es auch dieses Kind. So wie Menschen das Schicksal des Ungeliebtseins erleiden müssen, so wird es auch mit diesem Kind geschehen. Es gehört ganz auf die Seite Gottes und zugleich ganz auf die Seite des Menschen. Deshalb steht schon seine Geburt ganz im Zeichen des Leidens.
- Gott hält an seiner Bestimmung des Menschen als Geschöpf und Ebenbild Gottes fest: Er hat den Menschen »wenig niedriger als Gott gemacht« (Ps 8). Gott hält an seinem Schöpferanspruch und seinem Bundeswillen fest, weil er ein liebender Gott ist und den Menschen nicht seiner »Art« überlassen will. Diese »Art« ist gekennzeichnet durch die Sünde.
- Gott bleibt der Erde treu, indem er nicht einen »höheren Menschen«, den »Übermenschen«, schafft, sondern Gott »genügt«es, wenn wir »rechte Menschen« werden. Indem Gott dieses Kind schafft, ist es zwar von des Menschen »Art«, aber nicht von des Menschen »Unart« (vgl. Hebr 4,15).
- Jesus zeigt, »wie menschenfreundlich Gott und wie gottesfreundlich der Mensch sein kann« (vgl. Tit 3,4).
- Jesus ist die »Gabe Gottes an die Welt aus Liebe«. In diesem Satz der Legende ist das ganze Evangelium zusammengefasst. Weil Gott seinem Wesen nach Liebe ist, »gibt er aus Liebe«. Mit der Liebe aber vertragen sich weder Käuflichkeit, Zwang noch Erpressung, sondern allein das »Angebot«, das die Menschen annehmen oder ablehnen können.

11.5 Gerd Theißen, Die Einwohnung Gottes (SH S. 27)

Das »Einwohnungsmotiv« gehört wie 13 andere Motive (Schöpfungsmotiv, Wundermotiv, Hoffnungsmotiv, Exodusmotiv, Agapemotiv u.a.) zu den so genannten »Grundmotiven biblischen Glaubens« (vgl. Gerd Theißen, Zur Bibel motivieren, Gütersloh 2003). Diese bezeichnen Überzeugungen, die in vielen Schriften der Bibel begegnen, wenn auch nicht in allen, und zusammengenommen den Geist der Bibel ausmachen. Sie sind alle mit Christus verbunden und weisen auf eine letztgültige Wirklichkeit. Sie repräsentieren zugleich elementare Lebensgefühle, wie sie analog auch im säkularen Bewusstsein vorkommen. Diese helfen, das Anliegen des christlichen Glaubens in einer modernen Sprache zum Ausdruck zu bringen. So entspricht das Einwohnungsmotiv dem modernen Drängen auf leibliche Konkretion alles Geistigen.

Als biblisches Motiv begegnet die Einwohnung Gottes in

- der Einwohnung seines Geistes in ausgewählten Menschen (Weish 7,27; Lk 4),
- der Einwohnung seines Namens im Tempel (1. Kön 8,29),
- der Inkarnation des Logos im Fleisch (Joh 1,14; Kol 2,9; Joh 2,18),
- der Einwohnung Gottes in einzelnen Menschen (1. Kor 6,19.15),
- der Einwohnung in der christlichen Gemeinde als Leib Christi (1. Kor 3,16; 1. Kor 12,12ff.; Röm 12,3ff.).

Weitere Weisen der Einwohnung sind die Abendmahlselemente (vgl. Joh 6,51ff.), aber auch die »Geringsten meiner Brüder« (Mt 25,40). Von hier aus kann und darf Lk 2,1–20 als narrative Entfaltung der Epiphanie Gottes in Jesus Christus gesehen werden. Christus ist das transparente Zeichen für die Gegenwart Gottes in der Welt. Von ihm her lassen sich weitere »Lichter vom Himmelreich« (Karl Barth) bzw. Gleichnisse vom Himmelreich entdecken und erschließen.

Unterrichtsideen SH S. 26/27

(1) Bildbetrachtung: Die Anbetung der Hirten
  - Was sehe ich? Bild detailliert beschreiben.
  - Symbolische Zeichen in dem Bild suchen und deuten.
  - Die dazugehörige Story rekonstruieren.

(2) Lk 2,1–20 mit verschiedenen Sprechern sprachlich inszenieren
  a) Text in Kleingruppenarbeit vorbereiten.
  b) Textinszenierungen vortragen.
  c) Dramatik mit Erregungskurve darstellen und Zentrum markieren. Erst in EA, dann im Plenum.
  d) Diskussion: Ist das alles wahr? Auf Wahrheitsbegriffe achten.
  e) Zwei-Minuten-Predigt in EA entwerfen und dann vorstellen, evtl. dazwischen Partnerarbeit.

(3) Mögliche Vertiefung: Vergleich Lk 2 mit Joh 1.

(4) Textarbeit: Werner Reiser
  a) Text als Predigt vortragen.
  b) Über Hörerlebnisse sprechen. Was blieb mir hängen? Was ist dem Prediger wichtig? Was ist seine Botschaft?
  c) Vergleich mit der eigenen Predigt.

d) Die Kernbotschaft am Text rekonstruieren. Dem Text entnehmen, warum Gott Mensch wird. Erst Einzelarbeit, anschl. Partnerarbeit, dann Plenum.

(5) Textarbeit: Gerd Theißen

a) Fünf Formen der Einwohnung Gottes in Einzelarbeit dem Text entnehmen und den Begriff ›sakramentale Qualität‹ definieren.

b) Gemeinsam das Bild noch einmal interpretieren (oder Text Lk 2).

11.6 Ergänzung zu SH S. 28: Markus 1,15, Das Reich Gottes ist herbeigekommen

Jesus stellt Gott in seinen Reden als Vater (Mt 6,9; 5,45.48) vor. In seinen Gleichnissen vergleicht er ihn mit einem barmherzigen Vater, mit einem Hirten, aber auch mit einer Hausfrau (Lk 15,3–32), einem Weinbergbesitzer (Mt 20,1–16), einem Gastgeber (Lk 14,16–23). Die Bilder sind der Erfahrungswelt der Zuhörer entnommen.

Als Mitte und Bezugspunkt des Redens von Gott ist allerdings die Botschaft vom Reich Gottes anzusehen. Diese Botschaft bildet das Evangelium der Armen und wird schon in der ersten Predigt in Nazareth entworfen (vgl. Lk 4,16–21 s. SH S. 21). Sie bildet nach den synoptischen Evangelien das an Johannes den Täufer erinnernde (Mt 3,1) programmatische Motto seines Auftretens. »Die Zeit ist erfüllt, und das Reich Gottes ist herbeigekommen. Tut Buße und glaubt an das Evangelium« (Mk 1,15). Konstitutiv ist zunächst einmal eine spezifische Konstruktion der Zeit, die von der spätjüdischen Apokalypse geprägt ist (Die Zeit ist erfüllt; vgl. Gal 4,4). Der alte Äon wird vergehen, der neue Äon kommt. Es kommt eine neue erfüllte Heilszeit. Dabei wird sich erweisen, dass Gott schon immer verborgen in der Welt regiert hat, dies aber dann vollends offenbar wird. Alle Sehnsüchte und Hoffnungen, erweisen sich als begründet und werden erfüllt. Nach der Zeit des Unheils kommt eine Zeit des Heils. Doch die Wende vom alten zum neuen Äon vollzieht sich nicht in einem abrupten Abbruch, sondern in einer zeitlichen Dehnung, in der sich die Erfahrung der alten und der neuen Zeit gleichsam mischen. Die Gegenwart ist geprägt von Ereignissen, die die Heilszeit schon jetzt erfahren lassen (Heilungen, Vergebungen; vgl. Mt 13,16f.; Mt 11,5f.). In diesen Ereignissen ist das Reich Gottes »herbeigekommen«. Die Gegenwart erweist sich als Prozess des Übergangs von der Vergangenheit in Zukunft. Sie ist beginnende Endzeit, die schon mit Johannes dem Täufer angebrochen ist (Mt 11,12f.). Sie ist bei Deuterojesaja vorgebildet (Jes 40,3) und erweist sich als Bearbeitung der Zionstheologie (vgl. Ps 93–99). Die vollendete Gottesherrschaft steht aber noch aus. Das Reich Gottes bzw. das Himmelreich besteht danach in der endgültigen Überwindung von Sünde, Tod, Übel, Teufel und Dämonen (vgl. Lk 11,20). Das Böse aller Art wird beseitigt. Verheißen wird »eine befreite Welt der Gerechtigkeit, des Friedens und der Freude in uneingeschränkter Gemeinschaft mit Gott« (Votum des Theologischen Ausschusses der EKU, Neukirchen, 1989, 51). Diese neue Welt enthält aber auch das Moment des Gerichts. Das Reich Gottes wird dort erfahren, wo diese bösen Mächte entmachtet werden (vgl. Lk 4,16–21; Mt 11,5f.). Es zeigt sich in Heilungswundern, wie Mk 2,1–12 der Heilung des Gichtbrüchigen oder der Heilung der blutflüssigen Frau (Mk 5,25–34). Gottesferne (vgl. Huber SH S. 28) ist als objektive und subjektive Ferne vom Heil zu deuten. Das Reich Gottes kann als das Urbild aller Hoffnung verstanden werden, das elementare Wünsche und Sehnsüchte aufnimmt und diesen Gestalt gibt. Es steht in einem Zusammenhang mit anderen vielfältigen Bildern von Erlösung, Erfüllung und Heil.

Die Erfahrung mit der Gottesherrschaft sowie die in Gleichnissen entworfenen Bilder sind eben auch Bilder von Gott. Die eher abstrakte Rede von Gott bzw. von der Gottesherrschaft entspricht der Tendenz des Spätjudentums, zurückhaltend von Gott zu sprechen und sich verbaler Aussagen zu enthalten. Gott begegnet dabei aber vor allem in Befreiungs- und Errettungsprozessen. Der Sachverhalt, dass in den Gleichnissen alltägliche Erfahrungen als Metaphern für Gott in Anspruch genommen werden, zeigt, dass diese Welt fähig ist, das Reich Gottes darzustellen (vgl. Theißen SH S. 27).

Die Gegenwart der Zukunft ist unmittelbar mit Jesus verknüpft. Die Erfüllung der Zeit besteht in seinem Kommen. Sein Handeln (Mk 2–3) und sein Reden (Mk 4) sind Evangelium. In ihm kommt die Gottesherrschaft zu den Menschen. Die frühchristliche Forderung nach Umkehr und Glauben (vgl. z.B. Apg 2,38) ist als Hinwendung und Vertrauen zu der Verkündigung Jesu zu deuten. Glaube zeigt sich als Vertrauen auf die Person und Geschichte Jesu Christi, in denen sich Gott selbst erschließt (Mk 5,34).

Mk 1,15 erweist sich als zentrale Aussage über den christlichen Gottesglauben. Der Vers enthält eine spezifische Sicht der Welt als ein gemischter Erfahrungszusammenhang, die Sicht des Menschen als Wesen voller Sehnsucht, die Vorstellung eines guten Lebens in Umkehr und Glaube sowie den Hinweis, woran das Herz hängen kann, nämlich an Jesus Christus. In ihm wird sichtbar, wie Gott ist.

11.7 Wolfgang Huber, Jesus bringt den Menschen Gott (SH S. 28)

Der Text von Wolfgang Huber soll den inneren Zusammenhang von Jesus und Gott aufzeigen. Der Text antwortet auf mehrere Fragen:

- Worin liegt der Kern des Lebens von Jesus von Nazareth?
- Was hat Jesus von Nazareth für unsere Welt bewirkt?
- Wer ist Jesus von Nazareth?
- Wie zeigt sich Gottes Nähe und was bewirkt sie?

Der Text beantwortet diese Frage schon im ersten Satz, zieht aber dann auslegend verschiedene Bibelstellen heran, Lk 4,16–21 (vgl. SH S. 21); Mk 2,1–12; Mk 5,25–34; Mk 2,13–17; Mk 9,14–29.

Die Nähe Gottes, die Jesus bringt, hat verschiedene Adressaten und verschiedene Wirkungen.

Adressaten	**Texte**	**Wirkungen der Nähe Gottes**
Arme	Lk 4	Befreiung aus den Verhängnissen des Lebens. Eröffnung eines Weges in die Zukunft
Kranke	Mt 2,5	Erstarrte werden in Bewegung versetzt
Unter Gottesferne Leidende und Hilfesuchende	Mk 2, Mk 9	Vertrauen zu Gott, dem alle Dinge möglich sind
Viele Menschen mit unbestimmter Sehnsucht nach Gott		Die Gewissheit, Gott kommt

Deutlich wird: Christliche Überlieferung fügt sich in eine Fülle religiöser Überlieferungen ein. Den Menschen bleibt die Freiheit der eigenen Glaubensentscheidung. Deutlich wird aber auch: Jesus ist in seinem Reden und Handeln Nähe Gottes. In ihm ist Gott selbst da.

11.8 Worauf hoffe ich? (SH S. 28f.)

Das Votum der Evangelischen Kirche der Union (EKU) geht wie Huber davon aus, dass alle Menschen Bilder einer besseren Welt entwerfen. Der Text setzt Bilder vom Reich Gottes aus den Gleichnissen Jesu in Bezug zu den Bildern der Hoffnung auf eine bessere Welt und erhebt einen zu diskutierenden Anspruch: Die Bilder vom Reich Gottes, wie sie Jesu in seinen Gleichnissen entwirft, lassen als Urbild aller Hoffnung erkennen, was unerfüllbar und erfüllbar ist. Sie machen aus Illusionen Hoffnung und wecken einen lebendigen Glauben. Die Frage ist, wie ein solcher Wahrheitsanspruch zu belegen ist.

Der Text fordert dazu heraus, Gleichnisse Jesu als Bilder der Hoffnung zu lesen (vgl. auch SH S. 30f.) und mit anderen Bildern, wie z.B. von Klimt (SH S. 29), zu vergleichen. Bilder der Hoffnung auf eine bessere Welt zeigen sich in den großen Utopien der Menschheitsgeschichte. So in Thomas Morus Roman »Utopia« (1516), in Platons »Atlantis«, in Thomas Campanellas »Sonnenstaat« (1623) oder in Daniel Defoes »Robinson« Crusoe (1719). Andere Utopien finden sich bei Andreae Johann Valentin, »Christianopolis« (1619) oder bei Francis Bacon, »Nova Atlantis« (1672). Religiöse Utopien begegnen auch in den Himmelsvorstellungen der Religionen. Weitere Utopien begegnen in der Science-Fiction-Literatur. Anti-Utopien sind z.B. Aldous Huxleys »Schöne Neue Welt« oder George Orwells »1984«. Utopien erweisen sich meist als Kritik an den gesellschaftlichen Zuständen der Zeit und als handlungsleitende Modelle für die Umgestaltung der Gesellschaft in Zukunft. Das Bild von einer besseren Welt wird durch Jesus zunächst einmal in seinen Heilungen sowie in den Zuwendungen zu Sündern und Zöllnern (Mt 11,19), Armen und Elenden (Lk 6,20f.), Kindern (Mt 10,13ff.) und Frauen (vgl. z.B. Lk 7,36ff.) bis hin zu den Heiden entworfen (vgl. Mt 8,5ff; Mk 7,24). Die Kranken werden geheilt, Blinde werden sehend, Lahme können gehen, Aussätzige werden rein. Ausgestoßene bekommen Zugang zum Gottesreich. Die Selbstsicheren aber werden ausgeschlossen. Die alte Welt vergeht, das Reich Gottes macht alles neu. In den Gleichnissen wird eine neue Welt entworfen, wie an vier Gleichnissen verdeutlicht werden kann:

(1) Lk 14,16–3 Gleichnis vom großen Gastmahl: Im Reich Gottes finden Arme, Verkrüppelte, Blinde und Lahme, die Zukurzgekommenen Platz, Anerkennung und Sättigung.

(2) Lk 15,3–7.8–10.11–32 Gleichnisse vom Verlorenen: Im Reich Gottes werden Verlorene nicht aufgegeben, ihr Fund wird gefeiert. Verirrte werden aufgenommen.

(3) Mt 20,1–16 Gleichnis von den Arbeitern im Weinberg: Im Reich Gottes bekommen alle das, was sie zum Leben brauchen, auch wenn sie es sich aufgrund dessen, was sie geleistet haben, nicht verdient haben.

(4) Mk 4,26–29 Das Gleichnis von der wachsenden Saat: Das Reich Gottes, die neue Schöpfung, der neue Himmel und die neue Erde entziehen sich einem handelnden Zugriff des Menschen. Das Reich Gottes lässt sich nicht herbeizwingen. Die Menschen können und sollen Samen säen, das Aufgehen der Saat aber liegt nicht in ihrer Hand. Gott ist es, der letztendlich das Wachstum bewirkt und das Reich Gottes herbeiführt.

In diesen Gleichnissen zeigt sich das Urbild aller Hoffnung, das andere Bilder noch einmal kritisch beurteilen lässt. Eine neue Welt stellt die Armen in die Mitte, ist gekennzeichnet von barmherziger Liebe und letztlich kein Produkt menschlichen Handelns. Das Reich Gottes steht zu den menschlichen Produkten einer heilen Welt in Distanz. Was es meint und wie ein Handeln danach aussehen kann, zeigen die Seligpreisungen in Mt 5,3–12.

11.9 Bild: Gustav Klimt, Hoffnung (SH S. 29)

Der österreichische Maler Gustav Klimt (1862–1918) ist ein Vertreter des Wiener Jugendstils (»Wiener Secession«). Sein berühmtes Gemälde »Der Kuss« entstand wie die »Hoffnung II« in den Jahren 1907/08. »Hoffnung II« hängt heute im Museum of Modern Art in New York.

Während in »Hoffnung I« die Frau aufreizend und nackt präsentiert wird – dargestellt wird Klimts Geliebte Mizzi Zimmermann – sowie Tod und Unsicherheit zur Darstellung kommen, ist dies bei »Hoffnung II« deutlich anders. Dargestellt wird eine nackte, schwangere, fast ängstlich wirkende Frau, die jedoch mit einem farbenfrohen Mantel umhüllt wird. Alles ist fließend. Auf dem Mantel finden sich Spiralen und eiförmige Figuren mit den Farben Rot, Gelb und Orange. Am unteren Rand des Bildes sind drei Menschen auszumachen, ebenfalls im Profil, ebenfalls mit geneigtem Kopf, die Hände ähnlich erhoben. Der Hintergrund ist vergoldet und gibt dem Bild eine sakrale Ausstrahlung. Der Mantel gibt dem werdenden Leben Geborgenheit und Schutz. In ihm finden sich Motive der Schutzmantelmadonna. Wie lässt sich der Lichtstreifen oberhalb der Frau mit ihren geschlossenen Augen und dem abgewandtem Kopf deuten? Die Hoffnung bezieht sich auf das werdende Leben, das Schutz und Geborgenheit sowie Liebe verdient. Wie wird aber hier Hoffnung gedeutet? Eher wohl als stilles, träumerisches Warten auf ein neues Leben, eine neue Geburt, die das Leben aller ergänzt, vertieft und erweitert. Diese Hoffnung bedarf des Schutzes und der Geborgenheit, viel Aufmerksamkeit, höchste, wenngleich nicht verkrampfte Konzentration. Offenkundig kann aber Hoffnung auch rebellisch, protestierend und damit auch demonstrierend sein, wie es die Occupy-Bewegung oder Greenpeace zur Darstellung bringen. Wie sähe dazu ein Bild aus? Das Bild kann an die selbst wachsende Saat im Gleichnis erinnern. Ob aber Hoffnung nicht doch auch das aktive Handeln kennen muss? Das Bild der Hoffnung von Klimt könnte sich gegen allzu aktiv-wollendes, veränderndes Handeln wenden. Die Hoffnung auf ein neues Leben braucht auch ein abwartendes, geduldiges Verharren. Gerade das aber kann einem schwer fallen. Die Frage bleibt: Was heißt für mich hoffen?

Unterrichtsideen SH S. 28/29

(1) Vier Fragen werden in arbeitsteiliger Partnerarbeit beantwortet, anschließend Austausch im Plenum.
   - Worin liegt der Kern des Lebens von Jesus von Nazareth?

– Was hat Jesus für unsere Welt bewirkt?
– Wer ist Jesus von Nazareth?
– Wie zeigt sich Gottes Nähe und was bewirkt sie?

(2) Interpretation Mk 1,15
   a) Text verschieden sprechen. Wie klingt er »richtig«?
   b) Den Text in heutiger Sprache in Einzelarbeit übersetzen. Austausch der Ergebnisse.
   c) Reflexion des programmatischen Rufes in Partnerarbeit durch
   – Deutung der Gegenwart
   – Inhalt des Reiches Gottes
   – Bedeutung von Jesus
   – Intendiertes Handeln der Menschen.

(3) Arbeitsteilige Textarbeit, anschließend Zusammentragen der Ergebnisse
   – Die vier Ausgangsfragen mit dem Text beantworten.
   – Wirkungen der Nähe Gottes auf verschiedene Gruppen herausarbeiten.
   – Kritische Fragen an den Text stellen.
   – Zu den Bibelzitaten die jeweiligen biblischen Erzählungen rekonstruieren.
   – Grafik zu dem Text gestalten.

(4) Bildinterpretation: Gustav Klimt, Hoffnung II
   Bild betrachten und als Sinnbild der Hoffnung deuten. Was ist für Klimt Hoffnung? Was ist für mich Hoffnung? Worauf hoffe ich?

(5) Vertiefung: Utopische Bilder
   a) Die Utopien von Thomas Morus, Plato, Daniel Defoe, Karl Marx, Thomas Campanella in Schülerreferaten vorstellen.
   b) Die Utopien beurteilen: Was verdient heute noch beachtet zu werden?

(6) Bilder der Hoffnung in Gleichnissen Jesu grafisch umsetzen (Lk 14,16–34; Lk 15,3–7.11–32; Mt 20,1–15; Mk 4,26–29) und einander vorstellen. Wie ist die erhoffte Gegenwart Gottes zu verstehen? Welche Vorstellungen kann ich teilen? Welche nicht? Was fehlt?

(7) Textarbeit: Worauf hoffe ich?
   a) Die Textargumentation in Partnerarbeit rekonstruieren. Was wird behauptet und wie wird das begründet?
   b) Die Behauptungen beurteilen.

12. Gott erbarmt sich

Die Bibel und darin gerade die Gleichnisse sind voller Bilder von Gott. Gott ist wie ein Vater, wie ein Weinbergbesitzer, wie ein Hirte, wie eine Hausfrau oder wie ein Gastgeber. Doch die personalen Bilder bringen noch gar nicht zum Ausdruck, wer Gott ist. Sein »Sein« zeigt sich viel eher in seinem »Wirken«. Die Gleichnisse vom Reich Gottes erzählen metaphorisch von einem Prozess. Gottes Nähe zeigt sich danach in einem Geschehen, das die Sicht der Wirklichkeit verändert, sowohl der Welt als auch des Einzelnen. Die theologische Pointe der Gleichnisse ist darin zu sehen, dass im Erzählen und Mitvollziehen des Gleichnisses dieses Geschehen sich kommunikativ vollzieht. »Im Gleichnis kommt das Reich Gottes als Gleichnis zur Sprache« (Eberhard Jüngel). Es gehört zu den Grundüberzeugungen des christlichen Glaubens, dass dieses Geschehen in der Person und Geschichte Jesu Christi seinen letztgültigen Ausdruck und maßgebliche Gestalt gefunden hat. In ihm wird offenbar, was die alles bestimmende Wirklichkeit ist. Hier wird aufgedeckt und zugänglich gemacht, wie die Welt und das Leben in Wahrheit sind. Dies macht Jesus zum »Ebenbild des unsichtbaren Gottes« (Kol 1,15) und begründet die Aussage von Joh 1,18 »Niemand hat Gott gesehen, der Eingeborene, der Gott ist und in des Vaters Schoß ist, der hat ihn uns verherrlicht« (vgl. auch das Bild SH S. 41).

12.1 Ergänzung zu SH S. 30:
Das Gleichnis vom verlorenen Sohn (Lk 15,11–32)

Das Gleichnis vom verlorenen Sohn bzw. vom barmherzigen Vater wird im Kontext des Lukasevangeliums als Teil eines Streitgespräches überliefert (Lk 15,2). Jesus deutet darin sein Handeln als Rettungsaktion für die Umkehr der Sünder (Lk 15,1), das durch Gott selbst autorisiert ist. Trotz der Differenz von Gott im Himmel und Vater (V. 18) kann der Vater als symbolische Repräsentation Gottes gesehen werden.
Das außergewöhnliche Ereignis ist gegliedert in:

(1) Geschichte des jüngeren Sohnes (V. 11b–24)
   – V. 11b–16 Exposition und Krise
   – V. 17–20a Erkenntnisszene
   – V. 20b–24 Lösung

(2) Erzählung vom älteren Sohn (V. 25–32a)
   – V. 25–28a Exposition und Krise
   – V. 28b–32a Lösung im Dialog mit offenem Schluss.

Darauf hinzuweisen ist, dass die Auszahlung des Jüngeren der rechtlichen Ordnung entspricht (Modell der Abschichtung). Der Vater bleibt im Besitz des ganzen Gutes (V. 29.31). Ehrenkleid, Ring und Schuhe sind Zeichen der Sohnschaft, der Vollmacht und der Freiheit. Das Schlachten des Machtkalbes hebt die Besonderheit des Ereignisses heraus. Die Parabel lebt von Kontrasten (Hunger – Festessen; Ausweglosigkeit – Fülle; Tod – Leben).
Die Eigenart der metaphorischen Erzählung zeigt sich in ihrer Bewegung. Sie setzt bei durchaus bekannten Ereignissen ein, die bei aller Dramatik bis zum Entschluss umzukehren und zu dem Entwurf einer Bekenntnisrede reichen (V. 19). Der jüngere Sohn will seine letzte Chance realisieren. Er ist einem Tun- und Ergehen-Zusammenhang verhaftet. Er hat durch sein Tun seine Chancen verspielt. Was er jedoch erlebt, überschreitet alle seine Erwartungen. Der Vater kommt ihm entgegen und vor allem – er kommt ihm auch zuvor: Bevor der Sohn etwas sagen kann, fällt der Vater ihm um den Hals und küsst ihn. Was mag ihn bewegen? Er wird vor dem Sündenbekenntnis angenommen und kommt noch nicht einmal dazu, den Vater zu bitten, ihn zu einem seiner Tagelöhner zu machen. Entgegen aller Erwartung kommt es zu einer Reinstitution als Sohn. Der Sohn bekommt wieder Zukunft eröffnet. Ohne Zukunft und ohne Annahme als geliebte Person durch ein Gegenüber ist der Sohn »tot«. Mit diesen ist er »lebendig«. In dieser Sicht ist das Bekenntnis zwar Einsicht in das eigene Verhängnis, doch noch keine Umkehr. Diese vollzieht sich in den Armen des Vaters und in der Erfahrung der Reinvestitur. Die Erzählung endet mit einem offenen Schluss. Der Hörer wird herausgefordert, Stellung zu beziehen – sowohl die Pharisäer und Schriftgelehrten als auch die heutigen Rezipienten. Sie werden aufgefordert und durch Entgegenkommen (V. 28) ermutigt, ihre eigene Sicht vom Tun- und Ergehen-Zusammenhang zu

überprüfen und zu revidieren. Der erbarmende Gott erweist sich als jener Gott, der nicht einfach nach Leistung beurteilt, sondern dem, der sich nicht mehr zu helfen weiß, neue Lebensmöglichkeiten eröffnet. Die Einnahme einer solchen Perspektive ändert sowohl den Blick auf andere, als auch auf sich selbst.

12.2 Bild: Rembrandt, Die Heimkehr des verlorenen Sohnes (SH S. 31)

Rembrandt Harmenszoon van Rijn malte dieses Bild in seiner letzten Lebensphase. Diese war durch Verschuldung und Zahlungsunfähigkeit gekennzeichnet. Er musste umziehen und führte ein abgeschiedenes Leben unter mennonitischen und jüdischen Freunden. Dennoch arbeitete er weiter und erhielt auch Aufträge. Das Bild ist eines seiner letzten Werke. Das Motiv selbst hat er jedoch mehrfach bearbeitet (so die Radierung von 1636). Ob er sich selbst im verlorenen Sohn gesehen hat? Oder sieht er sich als Vater, wie die Selbstbildnisse vermuten lassen könnten?

Das Bild lässt sich in eine linke und eine rechte Hälfte, in Oben und Unten aufteilen. Es erzählt von der Heimkehr des verlorenen Sohnes, fügt aber weitere Figuren ein. In der Mitte oben schaut ein junger Mann (oder eine junge Frau?) auf die Szene. Was mag er oder sie sehen und denken? Rechts steht ein Mann mit rotem Umhang sowie mit Bart und Stock. Er schaut nachdenklich. In ihm könnte man den älteren Bruder sehen, aber auch einen Pharisäer, die im Gleichnis zueinander rücken. Was mag ihm durch den Kopf gehen? Neben ihm sitzt ein Mann mit einem dunklen Hut, der den Fuß übergeschlagen hat und mit der Hand auf die Brust zu klopfen scheint. Ist es der Zöllner im Gleichnis von Pharisäer und Zöllner (Lk 18,9–14)? Auf der linken Seite sieht man einen bärtigen alten Mann mit seitlich gesenktem Kopf, rotem Umhang und geschlossenen Augen. Die Hände liegen auf den Schultern des Sohnes und wirken segnend. Sie unterscheiden sich deutlich. Ist es eine weibliche und eine männliche Hand? Repräsentieren sie unterschiedliche Motive? Was mag der Vater denken?

Vor ihm kniet eine abgerissene Gestalt. Die Schuhe sind zerrissen. Ein Schuh ist abgestreift. Während die anderen Personen Übermäntel tragen, ist sie nur mit einem Untergewand bekleidet. An der Seite trägt sie ein Kurzschwert. Der Kopf berührt den Leib des Vaters. Die Augen sind geschlossen. Wie sich dies wohl anfühlt? Das Gleichnis sieht in dieser Begegnung die Nähe Gottes. Die Szene spielt sich vor einem Tor ab. Es ist dunkel. Das Licht fällt auf die Stirn des Vaters und den Nacken des Sohnes. Hier ist das Zentrum. Licht fällt aber auch auf die rechte Gestalt. Woher kommt das Licht?

12.3 Wolfgang Huber, Der erbarmende Gott (SH S. 30)

Der Text von Huber legt das Gleichnis vom erbarmenden Gott nacherzählend aus. Im Zentrum steht das Bild Gottes, das sich den Verlorenen erbarmend zuwendet. Der Text lässt sich in vier Abschnitte gliedern:

- zum Bild von Gott,
- das Zentrum des Gleichnisses vom verlorenen Sohn,
- Blick auf den jüngeren Sohn,
- Blick auf den älteren Sohn.

Nach Huber steht im Kern der Erzählung eine Art Reframing. Die Rückkehr des jüngeren Sohnes wird umgedeutet. Sie wird nicht als Eingeständnis von Schuld, sondern als Fund des Verlorenen gedeutet. Als leitend für den Text können folgende fünf Fragen angesehen werden:

- Wer ist Jesus?
- Wer ist Gott?
- Was steht im Zentrum des Gleichnisses vom verlorenen Sohn?
- Wie sieht der Vater den jüngeren Sohn?
- Hat der ältere Sohn Recht?

Unterrichtsideen SH S. 30/31

(1) Bildbetrachtung: Rembrandt, Heimkehr des verlorenen Sohnes
  a) Was sehe ich?
  b) Was sagen, denken, fühlen die einzelnen Personen im Bild? Jeder sucht sich eine Person, identifiziert sich mit dieser und spricht in Ich-Form. Evtl. Kopie mit Sprechblasen.

(2) Text-Bild-Vergleich. Vergleich des Bildes mit Lk 15,11–32
  a) Das Gleichnis erzählen oder nachlesen
  b) Unterschiede von Gleichnis und Bild herausarbeiten
  c) Gespräch: Was soll der ältere Sohn tun? Warum?

(3) Textarbeit: Wolfgang Huber
  a) Lehrperson notiert die fünf Fragen an die Tafel (siehe oben)
  b) Schülerinnen und Schüler erarbeiten sich in Einzelarbeit und Partnerarbeit die Antworten des Textes.
  c) Lehrperson führt auf der Grundlage der Fragen ein Interview mit Huber, die durch die Lerngruppe dargestellt wird.
  d) Prüfgespräch: Ist Gott gerecht?

13. Zu Gott beten

Das Thema Gebet wird im Heft mehrmals aufgenommen (SH S. 5, Sido; SH S. 40f. Hilft Beten?). Beten ist menschliches Reden zu Gott und vollzieht sich als persönliches Gebet oder als liturgisches Gebet der Gemeinde. Grundformen sind Klage, Bitte, Fürbitte, Dank und Lob. Im Gebet bringen Beter das, was sie bewegt vor Gott, öffnen sich ihm und erhoffen sich von diesem Gaben für das, was sie im Leben brauchen, aber sich selbst nicht geben können. Im Gebet suchen Menschen die Nähe zu Gott und gewinnen dadurch eine neue Wahrnehmung ihres eigenen Lebens. »Wer betet, handelt mit Gott. Und er lässt Gott an sich handeln« (Karl-Heinrich Bieritz).

13.1 Ergänzung zu SH S. 32: Das Vaterunser

Das Vaterunser (auch Herrengebet), wie es uns in Mt 6,9b–13; Lk 11,2–4; Didache 8,2f. überliefert ist, ist in seinem Grundbestand jesuanisch und aramäisch (vgl. Mt 6,9b–13a). Es bewegt sich innerhalb jüdischer Sprachmöglichkeiten und ist vom Achtzehn-Bittengebet beeinflusst. Es ist kurz und schlicht und darin innerhalb des Judentums ungewöhnlich. Trotz seines liturgischen Gebrauchs ist es ein individuelles Gebet mit Du-Bitten (V. 9b–10) und Wir-Bitten (V. 11–13). Da nationale, heilsgeschichtliche und politische Dimensionen zurücktreten, entspricht es der Reich-Gottes-Botschaft Jesu.

Aufgrund seiner Positionierung in der Mitte der Bergpredigt, kann man daraus den Zusammenhang von Beten und Handeln herstellen (vgl. Ora et labora; Beten und Tun des Gerechten bei Bonhoeffer). Es nimmt deutlich auch aktives Handeln in den Blick.

Das Vaterunser ist ein funktionaler Text. Es ist geeignet als Mustergebet und damit als Hilfe zum Beten. In der Christentumsgeschichte wurde es ebenso als Zusammenfassung der christlichen Verkündigung angesehen wie als Anleitung zu einem gottseligen Leben. Seit Cyrill von Jerusalem (313–386) begegnet das Vaterunser in der Liturgie nach dem Fürbittegebet und vor dem Abendmahl. In der Taufe wird es den Taufbewerbern feierlich anvertraut und von diesen als erstes Gebet nach ihrer Taufe in der Gemeinde gesprochen. Das Vaterunser ist das Gebet der Kinder Gottes.

Das Gottesbild des Vaterunsers ist zunächst von der Anrede bestimmt; diese gehört in die Familiensprache und könnte mit »Papa« übersetzt werden. Hier spricht sich vertraute Nähe aus. Die 1. Bitte (dein Name werde geheiligt) ist auch ethisch zu lesen. Heiligung meint auch das eigene Handeln und Verhalten. Das Reich Gottes (2. Bitte) wird nicht ausgemalt, wie auch sonst in der Verkündigung Jesu. Auch die 3. Bitte beansprucht menschliches Handeln.

Die Bitte um das tägliche Brot (4. Bitte) kann unterschiedlich gedeutet werden. In der Auslegungsgeschichte begegnet ›Brot‹ auch als das Lebensnotwendige. In der katholischen Tradition wird diese Bitte mit der Eucharistie verbunden. Gerd Theißen bietet die derzeit am meisten vertretene Auslegung.

Die 5. Bitte lässt die eigene Vergebung als Bedingung von Gottes Vergebung erscheinen. Der Zusammenhang ist nicht eindeutig zu klären. In der 6. Bitte geht es um Bedrängnis und verschiedene Gestalten des Bösen wie Krankheit, böse Menschen, böser Trieb und anderes. Die Doxologie gehört nicht zum ursprünglichen Bestand.

Versteht man das Vaterunser als Bündelung der Verkündigung Jesu und der gesamten biblischen Botschaft, dann kann man den einzelnen Bitten biblische Texte zuordnen.

Anrede	Bittet, so wird euch gegeben (Mt 6,7–8; 7,7–11; Lk 15,11–32)
Name	Exodus 3,13–15, Ich bin der, der ich sein werde
Reich Gottes	Mk 1,15, Die Gleichnisse vom Senfkorn und der selbst wachsenden Saat
Wille	Jesus in Gethsemane, Mt 26,36–46
Brot-Bitte	Mannawunder, Ex 16,13–20, Speisung der Fünftausend Mk 6, Vom Sorgen Mt 6,31–34
Schuldvergebung	Gleichnis vom Schalksknecht, Mt 18,21–35
Versuchung	Die Versuchung Jesu in der Wüste, Mt 4,1–11, Mt 24,4–13 Falsche Propheten

13.2 Gerd Theißen, Wie sollen wir beten? (SH S. 32)

Der Heidelberger Neutestamentler Gerd Theißen liest das Vaterunser als Herausforderung, unsere eigene Lebenswirklichkeit ehrlich und aufmerksam in den Blick zu nehmen und von da aus ein verändertes Wirklichkeitsverständnis im Vertrauen auf den Gott Jesu Christi zu gewinnen. Thesenhaft kann die Sicht von Theißen etwa so dargestellt werden:

Realität	Gottesverständnis
Für viele ist Gott abwesend.	Gott ist überall präsent. Er will ins Leben eintreten.
Gott wird nicht überall erkannt.	Gott tritt in wenigen Situationen aus seiner Anonymität heraus.
Unsere Welt entspricht nicht Gott. Wir leben in einer problematischen Welt, die anders ist als diejenige, die Gott entspricht.	Die neue Welt beginnt schon verborgen im Hier und Jetzt. In Jesus, Gandhi, Franziskus und Albert Schweitzer ist das Reich Gottes wahrnehmbar.
Lebensgüter sind begrenzt. Es herrscht ein Verteilungskampf. Wir alle leben auf Kosten anderer.	Wir verdanken das Leben der Macht Gottes.
Wir werden alle schuldig, Spielregeln sind oft unfair.	Wir sind ständig zur Umkehr aufgerufen, damit durch unser Handeln und Denken Gottes Namen geheiligt wird.
Unbestreitbare Wahrheiten werden zur Versuchung.	Wir sind alle in einen Prozess hineingestellt, der auf eine Veränderung der Welt zielt.

In dieser Gegenüberstellung wird erkennbar, was nach dem Vaterunser heißt, an Gott zu glauben: Mit Gott rechnen, auf Gott hoffen, die verborgene Gegenwart des Reiches Gottes wahrnehmen, umkehren und den Namen Gottes heiligen. Daraus ließe sich ein Glaubensbekenntnis formulieren.

Unterrichtsideen SH S. 32

(1) Das Vaterunser rekonstruieren
  a) Das Gebet zusammentragen.
  b) Gefühle formulieren. Was bedeutet für mich das Vaterunser?
  c) Die einzelnen Bitten deuten. Was meint Jesus damit? Welche biblischen Texte fallen mir dazu ein?
  d) Die implizite Lebenshaltung durch Gebärden zum Ausdruck bringen.
  e) Offene Fragen definieren und bedenken.

(2) Evtl. Vergleich mit Sure 1 und Achtzehnbittengebet (**M 10**).

(3) Textarbeit: Gerd Theißen, Wie sollen wir beten?
  a) In Partnerarbeit Wirklichkeitserfahrungen aus dem Text herausarbeiten und Glaubensaussagen gegenüberstellen.
  b) Ein Glaubensbekenntnis von Gerd Theißen formulieren.
  c) Diskussion: Worin hat Theißen Recht?

14. Gott leidet mit

Wenn Jesus den Menschen Gott bringt (SH S. 28), dann gilt das auch für Kreuz, Tod und Auferstehung. »In seiner Person, seiner Verkündigung, seinem Wirken, seinem Tod und seiner Auferstehung hat Gott sich selbst offenbart.« (Härle, Dogmatik 90) Auf diesen Zusammenhang wird immer wieder aufmerksam gemacht (SH S. 41, Das heilige Antlitz; SH S. 49, Dali: Corpus Hypercubicus; SH S. 69 Lovis Corinth: Das große Martyrium; SH S. 69 Bonhoeffer: Christen und Heiden; SH S. 69 Moltmann: Der gekreuzigte Gott). Hier findet die Theodizeefrage eine bedenkenswerte Anwort (vgl. SH S. 64–71).

14.1 Ergänzung zu SH S. 33: Mk 15,20b–41

Mk 15,20–41 lässt sich in drei Teile gliedern:
- Kreuzweg und Kreuzigung (V. 20b–27)
- Verhöhnung (V. 29–32)
- Tod (V. 33–41).

Markus berichtet die Kreuzigung Jesu zunächst in knappen, eher emotionslosen Sätzen (V. 20–27). Der Hinrichtungsgrund bezeichnet Jesus als politischen Aufrührer, wirkt jedoch für die Leser als unfreiwillig wahr (vgl. V. 26, siehe auch V. 32). Die folgende Szene ist ganz durch Spott und Hohn bestimmt (V. 29–32 sowie V. 35 und 36). Die Sterbeszene ist mit dem zweimaligen lauten Rufen dramatisch ausgestaltet. Wie ist das Schreien zu verstehen? Könnte es auch ein Triumphruf sein? Die dreistündige Sonnenfinsternis ist empirisch nicht vorstellbar und trägt apokalyptische Züge (vgl. Amos 8,9); sie deutet an, dass das Gericht kommt. Die Stundenangaben deuten die Kreuzigung als ein von Gott verfügtes Geschehen. Das Zerreißen des Vorhanges bekräftigt Jesu Weissagung von der Zerstörung des Tempels (Mk 13,2). Doch hier wird auf symbolische Weise auch herausgestellt, dass im Kreuz der Zugang zu Gott eröffnet und die Trennung zum Allerheiligsten aufgehoben wird. Durch das Bekenntnis des heidnischen römischen Offiziers (V. 39) wird die Sicht Jesu als Sohn Gottes ins Recht gesetzt und vollends erschlossen: Erst im Kreuzestod kann begriffen werden, wer Jesus war und ist.
Markus deutet in seinem Kreuzigungsbericht Jesus als leidenden Gerechten, der wegen seines Eintretens für Gott verfolgt und geschlagen wird. Dies zeigt die große Nähe zu dem Klagelied des Einzelnen im Ps 22 (Mk 15,24 – Ps 22,19; Mk 15,31a – Ps 22,8; Mk 15,31b – Ps 22,9; Mk 15,34 – Ps 22,2) sowie zu Ps 69 (Mk 15,36 – Ps 69,22). Exegetisch wird auf die innere Entsprechung des markinischen Passionsberichtes zu Weish 2,12–20 hingewiesen. Das Bekenntnis des Hauptmanns (V. 39) erinnert an die Taufe Jesu (Mk 1,11) und nimmt die Bezeichnung des leidenden Gerechten als Sohn Gottes (Weish 2,18) auf. Der Klageruf »Mein Gott, mein Gott, warum hast du mich verlassen?« (V. 39) kann als »Schrei zu Gott« verstanden werden (Ulrich Luz). Er bringt die Gottverlassenheit Jesu zum Ausdruck, ohne jedoch den Bezug zu Gott aufzugeben. Gott wird als fern und verborgen erfahren, doch Jesus hält an Gott fest. Er gibt Gott nicht auf. Da Psalm 22 auch von Rettung erzählt (Ps 22,23ff.), kommt die Auferstehung für den Leser schon in den Blick.
Der von Hohn und Spott durchzogene Bericht hinterlässt durchaus die Frage, ob die Spötter nicht doch den Nerv treffen. Warum kann sich Jesus eigentlich nicht helfen? Warum kommt Elia nicht zu Hilfe? Warum rettet Gott ihn nicht? Wie konnte dieser Sohn Gottes von Gott so verlassen werden? Und was sagt das über Gott? Ist Gott damit einverstanden? Will er selber den Tod Jesu? Das könnte sadistisch klingen. Hält Gott sich zurück, damit Menschen ihre eigene Gemeinheit und Brutalität vor Augen gestellt bekommen? Das könnte allerdings zynisch sein. Will Gott sich selbst der Gewalt und der Sinnlosigkeit aussetzen und diese an sich spüren? Das könnte masochistisch sein. Will Gott solidarisch sein? Wartet Gott ab, weil er weiß, dass die Rettung doch noch kommt? Will Gott den Menschen die Folgen ihrer Unmenschlichkeit vor Augen stellen und sie so zur Umkehr bewegen? Will er, dass Jesus und damit auch er selbst Leid und Tod mit den Menschen teilen? Könnte es aber auch sein, dass Gott gar nicht so einfach eingreifen kann?
Der Kreuzestod Jesu könnte offenbaren, dass Gottes Macht nicht in Allmacht, sondern in Liebe besteht (vgl. SH S. 42, Die Liebe Gottes). Diese Liebe kann sich der Gewalt nicht mit überwindender Stärke erwehren, sondern nur mit den Mitteln der Liebe. Als Feindesliebe kann sie nur die andere Wange hinhalten und darauf hoffen, dass die Erfahrung der liebenden Zuwendung verändernd wirkt. So deutet nach Lukas Jesus auch sich selbst. »Herr vergib ihnen, denn sie wissen nicht, was sie tun.« Die Kreuzigung könnte zudem offenbaren, dass Gott kein apathischer Gott ist, der schmerz- und leidfrei leben kann und will. Gott, der die Liebe ist, ist ein mitleidender Gott, der Angst, Schuld, Verhängnis, Leid, Schmerz und Tod teilt und so zu seiner Sache macht und an ihrer Überwindung arbeitet.

14.2 Bild: Franzisco de Zurbaran, Der tote Christus am Kreuz (SH S. 33)

Franzisco de Zurbaran (1598–1664) ist ein spanischer Maler des Barock, der ähnlich wie Caravaggio (SH S. 25), aber auch Rembrandt (SH S. 31) mit starken Hell-Dunkel-Kontrasten arbeitet. Er war Hofmaler am Hofe Philipps II. Neben Stilleben und griechischen Motiven (Herkules) widmete er sich vor allem der religiösen Kunst und schuf Legendenzyklen sowie Andachts- und Altarbilder. Das Bild »Der tote Christus am Kreuz« stammt aus der Zeit um 1631/40. Mit seiner Konzentration auf die tote Christusgestalt mutet das Bild modern an. Christus hängt in Gabelkreuzhaltung an einem lateinischen Kreuz, dessen Stamm das Bild mittelt. Die Füße stehen auf einem Brett. Der Kopf ist gesenkt. Auf der linken Seite sieht man die Speerwunde (Joh 19,34), aus der nach Joh 19,34 Blut und Wasser fließt. Auf dem Schild über dem Haupt findet sich die Inschrift »Jesus Nazarenus Rex Iudeorum«. Der Hintergrund ist ganz dunkel. Das Licht fällt von links auf den toten Christus. Das Lendentuch tritt leuchtend hervor. Die Kreuzesdarstellung wirkt ästhetisch schön, wie ein Vergleich mit Lovis Corinth (SH S. 69) zeigen kann. Was bringt sie zum Ausdruck? Was bedeutet hier das Kreuz? Wie wirkt dieses Kreuz auf mich?
Die Kreuzigungsdarstellung Zurbarans eröffnet die Möglichkeit, das kulturelle und religiöse Symbol des Kreuzes in seiner Mehrsinnigkeit und Tiefgründigkeit zu reflektieren:
- Im Alltag begegnet es als Schutzzeichen (Halskette), als Markierung eines tödlichen Unfalles am Straßenrand sowie eines Bestattungsortes, aber auch als Logo für christliche Einrichtungen.
- Ikonographisch gibt es ganz unterschiedliche Kreuzesformen, so vor allem das lateinische und das griechische Kreuz.
- Anthropologisch gesehen weist das Kreuz auf die Gestalt des Menschen und auf seine Belastungen (»sein Kreuz tragen«). Es kann aber auch auf die Grausamkeit von Menschen und deren Lust daran hinweisen.
- Kosmisch gesehen vereinigt das Kreuz Himmel und Erde sowie rechts und links.

- Historisch begegnet das Kreuz als Hinrichtungsart, vor allem gegen Befreiungsbewegungen, als Kampfzeichen der Kreuzritter, als Siegeszeichen von Kaiser Konstantin, aber auch als Zeichen rettender Hilfe (Johanniterkreuz; Rotes Kreuz).
- Biblisch begegnet es als Zeichen für den Tod Jesu und als Konsequenz seines Engagements für die ankommende Gottesherrschaft mit der unbedingten Liebe Gottes sowie als Sinnbild seines unschuldigen Leidens und Sterbens.
- Theologisch bezeichnet es die Vergebung Gottes, die kultische Wiederherstellung der Beziehung von Gott und Mensch durch ein Sühneopfer (so im Hebräerbrief), das Sterben für uns (im Sinne »wegen der Menschen«, aber auch »zugunsten der Menschen«) sowie die Erlösung von versklavenden Mächten. Welche Momente zeigen sich in der Wahrnehmung des Bildes von Zurbaran?

14.3 Hiob 19,23–25 (SH S. 33)
Der Klageruf Jesu am Kreuz »Mein Gott, mein Gott, warum hast du mich verlassen?« erinnert an die Klagen von Hiob (Hiob 19,23–35). Hiob reagiert auf die Reden der drei Freunde, zunächst auf Bildad (vgl. Hiob 19,1–29, vgl. auch Hiob 16,19). Sein Zustand (Hiob 19,20) legt den Gedanken nahe, dass Hiob sterben wird, bevor er wieder ins Recht gesetzt ist. Für diesen Fall möchte er, dass seine Klage und Unschuldsbeteuerung in ihrem Kern mit einem Meisel in einen Fels geschlagen und die Schrift mit Blei ausgefüllt wird. Doch er weiß (»aber«), einen besseren Anwalt für seine Sache als eine solche Inschrift. Gott selbst wird bei dem Rechtsstreit als Zeuge und Anwalt auftreten (erheben = auftreten im Rechtsstreit) und die Unschuld durchfechten. Hiob rechnet nicht mit einer Auferstehung oder mit einer Gottesoffenbarung nach seinem Tod. »Staub« kann mit dem Erdreich oder der Erde insgesamt gleichgesetzt werden. Es ist nahe liegend, dass Hiob mit dem Auftreten des »Goël«, des Lösers, zu seinen Lebzeiten rechnet. Zur Frage kann werden, ob Hiob wie Jesus »auf Gott gegen Gott« rechnet oder wie – Genesis, Tell me why (SH S. 64) – Hoffnung gegen Hoffnung setzt. Hiob erfährt Gott nämlich als Feind (Hiob 19,22). Sind Hiob und Jesus einander ähnlich?

14.4 Wolfgang Huber, Gott leidet mit (SH S. 33)
Huber geht davon aus, dass Jesus der Gottessohn ist. In ihm kommt Gott selbst den Menschen nahe. In ihm identifiziert sich Gott mit dem Leid. Daraus ergibt sich die Frage, was die Klage Jesu am Kreuz (Mk 15,34; Ps 22,2) über Gott aussagt. Für Huber ergibt sich daraus die heilsame Korrektur eines unnahbaren, apathischen Gottes über den Wolken. Gott ist selbst bei den Leidenden. Das hat zur Konsequenz, dass es nicht sinnlos ist, sich im Leiden an Gott zu wenden.

Unterrichtsideen S. 33

(1) Symbol Kreuz erschließen
  a) Kreuzzeichen an Tafel zeichnen.
  b) Assoziationen in Partnerarbeit sammeln und anschließend austauschen.
  c) Ein gemeinsames Mindmap zu Kreuz anlegen.
(2) Bildbetrachtung: Franzisco de Zubaran, Der tote Christus am Kreuz
  a) Das Bild gemeinsam sorgsam beschrieben. Was sehe ich?
  b) Den Aufbau des Bildes herausarbeiten.
  c) Assoziationen herstellen.
  d) Die eigenen Gefühle bei der Betrachtung des Bildes beschreiben.
  e) Mit der Kreuzigung S. 69 vergleichen (Lovis Corinth, Das große Martyrium).
  f) Die biblische Story rekonstruieren.
  g) Szenisches Spiel mit Rede. Zurbaran stellt sein Bild König Philipp II. von Spanien vor und teilt ihm mit, was ihm an dem Bild wichtig ist.
(3) Textarbeit: Mk 15,20b–41
  a) Text wie ein Schauspieler sprechen. Dabei Emotionen hörbar machen. Alternative: Text mit verteilten Rollen sprechen.
  b) Bild im Text identifizieren.
  c) Vergleich mit Psalm 22 in Einzelarbeit, dann Partnerarbeit, dann Plenum.
    – Parallelen suchen.
    – Wie ist Mk 15,34 zu verstehen?
(4) Textarbeit: Wolfgang Huber, Gott leidet mit
  a) Hubers Antwort auf die Frage formulieren – erst in Einzelarbeit, dann Plenum.
  b) Die beiden Gottesbilder in einem Tafelanschrieb gegenüberstellen und die Folgen für den Umgang mit Leid bestimmen.
  c) Ergänzend: Vergleich mit Moltman SH S. 69.
  d) 90 Sekunden-Andacht zu dem Bild von Zurbaran (oder Corinth SH S. 69) entwerfen und vorstellen.

15. Gott will Leben

Der Tod am Kreuz ist eine wichtige Station des Weges Jesu, aber nicht das Ende. Nach dem Tod folgt die Auferstehung und die Ausgießung des Heiligen Geistes. Nach Karfreitag kommen Ostern, Himmelfahrt und Pfingsten. Erzählt und gezeigt wird: Gott will Leben. Die Zusammenordnung von Auferstehung und der Gabe des Heiligen Geistes soll schon formal darauf hinweisen, dass es im Kern jedes Mal um dasselbe geht: Um die Anteilgabe an Gottes Leben.

15.1 Ergänzung zu SH S. 34:
Auferstehung im Neuen Testament
(1) Von der Auferstehung Jesu Christi wird im Neuen Testament einerseits in Formeln (vgl. Röm 10,9; Gal 1,1; 1. Kor 15,4.5; 1. Thess 4,14), andererseits in Erzählungen berichtet. In der Formeltradition wird zwischen der Auferweckung mit dem Subjekt Gott und der Auferstehung mit dem Subjekt Jesus unterschieden. In der einen Linie geht es um eine Selbsterschließung Gottes, in der anderen um die Identität Christi. In der Erzähltradition kann man Lichterfahrungen (Apg 9, vgl. SH S. 15) und personale Begegnungen (Mk 15,42–16,8; Mt 27,57–28,20; Lk 23,50–24,35; Joh 19,38–21,35; Apg 1,1–11) unterscheiden. Diese lassen Einzel- und Gruppenerfahrungen (z.B. 1. Kor 15,5.6) erkennen. Man wird diesen Erfahrungen Historizität nicht einfach absprechen können.
(2) In der Erzähltradition begegnen die Kernelemente leeres Grab, erste Erscheinung und Gruppenerscheinungen (vgl.

Lk 24,1–12; Lk 24,13–35 Emmaus-Jünger; Lk 24,36–43 oder Joh 20,1–10; 11–18; 20,19–23). Hervorzuheben ist einmal, dass das leere Grab in keinem Fall den Auferstehungsglauben begründet, sondern erst von den Erscheinungen mit dem Auferstandenen her Glaubensbedeutung gewinnt. Hervorzuheben ist zum anderen, dass die Erscheinungen und Begegnungen immer auch mit Zweifel verbunden sind. Der moderne Zweifel an der Auferstehung ist deshalb nicht so neu. Hervorzuheben ist auch, dass offenbar Maria von Magdala die erste Auferstehungszeugin ist, auch wenn die Zeugenliste in 1. Kor 15,3–10 keine Frauen enthält. Dies steht in Konkurrenz zu Petrus, dessen Primat hier immer wieder behauptet wird (Lk 24,34; 1. Kor 15,5), aber von dem kein Erscheinungsbericht vorliegt.

(3) Hans-Joachim Eckstein (Die Wirklichkeit der Auferstehung Jesu, in: H.J. Eckstein / M. Welker (Hg.), Die Wirklichkeit der Auferstehung, Neukirchen 2002, S. 1–30.17) weist darauf hin, dass das »Sehen« des Auferstandenen zwar ein visuelles Moment enthält, aber stets als ein Sich-Offenbar-Machen Gottes zu verstehen ist. »Gott lässt sich sehen.« »Es erschien der Herr« (vgl. auch Gal 1,16). Versteht man die Begegnungen mit dem Auferstandenen als Offenbarung, so wird verständlich, dass diese mit einer Berufung und mit einer Inanspruchnahme verbunden ist (vgl. Gal 1,15; Mt 28,19; Joh 20,18.22.23; Apg 1,8; vgl. die Nähe zu Exodus 3,20f.). Die Begegnung mit dem Auferstandenen verändert das Selbst- und Weltverständnis, was Paulus in 1. Kor 15,14 verdeutlicht: »Ist aber Christus nicht auferstanden, so ist auch unsere Predigt vergeblich, so ist auch euer Glaube vergeblich.« Von hier aus klärt sich für Eckstein die Frage, ob es sich bei Erscheinungsberichten um subjektive oder objektive Erfahrungen handelt. Sie sind stets beides und können als »transsubjektive« Begegnungen verstanden werden.

(4) Zu der besonderen Eigenart der Erscheinungsberichte gehört, dass der Auferstandene zunächst nicht erkannt wird und die Erscheinung mit ungewöhnlichen Ereignissen verbunden ist. Maria von Magdala sieht in dem auferstandenen Jesus den Gärtner (Joh 20,14.15). Die Emmaus-Jünger erkennen Jesus nicht, er verschwindet später (Lk 24,31). Die Jünger meinen, sie sähen einen Geist (Lk 24,37). In der Jüngergruppe bis hin zu Thomas kommt Jesus durch die verschlossene Tür (Joh 20,19.26). Die Evangelisten betonen sehr deutlich, dass der österliche Jesus mit dem vorösterlichen nicht einfach identisch ist. Es besteht Diskontinuität und Kontinuität. Auferstehung meint nicht Wiederbelebung.

(5) Die Frage ist, wie dies zu verstehen ist. Michael Welker (ders., Die Wirklichkeit der Auferstehung, in: Eckstein/ Welker, a.a.O., S. 311–331) nimmt Pannenberg auf und betont, dass es sich »bei dem Leben des Auferstandenen um die Wirklichkeit einer neuen Schöpfung handelt« (316). Es handelt sich um eine »komplexe Wirklichkeit« (318), die spannungsreiche Wahrnehmungen auslöst (Furcht und Freude, Zustimmung und Zweifel, Erfahrung und Vision). In Jesus begegnet gegenwärtig der Reichtum und die Fülle des Lebens (319), die auch nicht einheitlich zu beschreiben ist (wie auch die Fülle eines Menschen nie einheitlich, sondern nur in Perspektiven zu beschreiben ist). So wie die Begegnung mit dem vorösterlichen Jesus je nach Kontext eine Vielfalt unterschiedlicher Erfahrungen und Wirkungen auslöst, so ist dies auch bei dem Auferstandenen. Doch in ihm wird jetzt die ganze Fülle der Wirklichkeit der neuen Schöpfung gegenwärtig. Die komplexe Wirklichkeit setzt unterschiedliche, befreiende Wirkungen frei – und lässt sich nicht einfach empirisch fassen. Sie zeigt sich vielmehr in Anrede, Friedensgruß, Brotbrechen, Erschließung der Schrift, der missionarischen Sendung und Beauftragung. Die in dem Auferstandenen begegnende Fülle des Lebens zeigt sich daran, dass man an einer Vielzahl von Kräften Anteil gewinnt. Es sind Kräfte der Liebe, der Heilung, der Vergebung, aber auch Kräfte der Auseinandersetzung (320).

(6) Für Jesus bedeutet die Auferstehung, dass sein Reden und Handeln, ja er selbst, ins Recht gesetzt wird. Seine Botschaft wird bestätigt. Gott kommt den Verlorenen nahe – das erfährt er auch selbst. Die Jünger werden befähigt, die Botschaft Jesu zu verkündigen. Gott erweist sich als der Schöpfergott, der Neues aus dem Nichts erschafft und so die Schöpfung vollendet. Er ist und bleibt der »den Verlorenen nahe Gott der Güte, der jetzt sein Heil endgültig aufrichten wird« (Jürgen Becker, Jesus von Nazareth, Berlin/New York 1996, S. 443). Er ist der erste der Auferstandenen (1. Kor 15,20). Mit ihm beginnt die apokalyptische Zeitenwende (1. Kor 15,28).

15.2 Ergänzung zu SH S. 34/33: Maria von Magdala und Thomas (Joh 20,1–31)

Maria ist die Erste am Grab, holt aber Petrus und Johannes, den Jesus lieb hatte, hinzu. Warum eigentlich? Für sie ist das offene Grab Zeichen für die Wegnahme des verstorbenen Jesus. Petrus und der andere Jünger gehen hinein. Von diesem letzten heißt es, »er sah und er glaubte« (Joh 20,8). Wird darin eine Autorität begründet? Was ihnen beiden fehlt, ist der Schriftbeweis. Ohne das Hören und die Erinnerung bleibt das Geschehene unverständlich – eine Botschaft an die Leser.

Maria weint – warum? Ist es die Trauer über Jesu Tod oder der Schmerz über sein Fehlen (so Joh 20,13)? Sie geht in das Grab, sieht die beiden Engel und bekommt Raum zur Klage (Joh 20,13). Wieder draußen begegnet sie Jesus, doch sie erkennt ihn nicht. Die erste Anrede löst das Erkenntnisproblem noch nicht, erst die Anrede mit dem Namen. Wie mag diese klingen? Überraschend ist der Befehl »Rühr mich nicht an!« (Joh 20,17). Was meint das? Die Argumentation Jesu legt nahe: Halte mich nicht fest. Trägt sie noch das Bild des irdischen Jesus im Herzen? Er muss auffahren und sie muss eine Festlegung aufgeben. Die Begegnung mit dem Auferstandenen führt zu einem Verkündigungsauftrag (Joh 20,17) und damit auch zu einer Beauftragung als Jüngerin. Dies verändert auch ihre Rolle im Jüngerkreis. Maria lässt sich in Anspruch nehmen. Sie verkündet eine Botschaft, die erhebliche Konsequenzen für sie selbst hat, für die Jünger, die Menschen insgesamt (vgl. 1. Kor 15,12–19.29–34) sowie die ganze Welt (1. Kor 15,50–58). Die neue Lebenshaltung kann mit Röm 8,31–39 beschrieben werden (vgl. LH 15.3).

In der Gruppenbegegnung (Joh 20,19–20) wird aus Furcht Freude. Jesus taucht überraschenderweise im verschlossenen Raum auf. Der Friedensgruß (Schalom) und das Zeigen der Hände sowie der Seitenwunde bringt Diskontinuität und Kontinuität zusammen. Die versammelten Jünger werden beauftragt, auch sie bekommen Anteil am Heiligen Geist und damit auch eine wirkende Macht (Joh 20,22.23). Thomas, der Zwilling (Joh 20,24–29), war nicht dabei und zweifelt. Er fordert einen empirischen Beweis (Joh 20,25) und spricht auch für die Leser. Zweifel und Glaube gehören zusammen. Acht Tage später kommt Jesus überraschend auch zu ihm (Joh 20,26, die Türen sind verschlossen). Die anderen sind dabei. Jesus spricht den Friedengruß und setzt dies der Angst entgegen (verschlossene Türen). Thomas darf, soll und kann die Hände in die Wundmale legen. Warum darf er Jesus berühren und Maria nicht? Es könnte Erbarmen sein. Er antwortet mit dem Bekenntnisruf »Mein Herr und mein Gott«. Jesus nimmt dies an, relativiert aber für die Leser: »Selig sind, die nicht sehen und doch glauben«. Die Erzählung als solche, die darin aufgehobenen Begründungen, wie z.B. Schriftbeweis und – so bei den Emmaus-Jüngern – die symbolischen Handlungen, sollen und können Glauben begründen.

15.3 Ergänzung zu SH S. 34/35: Römer 8,31–39

Der im EKD-Kerncurriculum für die Sekundarstufe II vorgesehene Basistext kann hier anschließen. An Paulus kann sichtbar werden, wie die Begegnung mit dem Auferstandenen menschliches Wirklichkeitsverständnis verändert. Konstitutiv sind das Leben »in Christus« und damit die Geschichte von Kreuz, Tod und Auferstehung Jesu Christi, die die Liebe Gottes offenbart hat. Wer glaubt, ist mit Christus gestorben und hat deshalb auch Anteil an den vielfältigen täglichen Leidenserfahrungen (vgl. V. 35 sowie 2. Kor 11,16–33). Wie Christus erfahren sich die Glaubenden als »Schlachtopfer« – haben aber zugleich dadurch an Anteil am Sühnetod Christi (V. 32). Gott hat trotz Sünde und Entfremdung seine Versöhnung und Liebe geschenkt und alles Trennende aus dem Weg geräumt. Es kommt darauf an, das Geschenk anzunehmen. Wer glaubt, hat aber auch Anteil an der Auferweckung (nicht Auferstehung) Christi und darf sich des letzten Urteils gewiss sein. Alle feindlichen Mächte, zu denen erstaunlicherweise auch Engel und kosmische Wesen gehören, sind entmachtet, sie können den Glauben nicht aus dem Wirkungsbereich der Liebe Gottes herauslösen.
Röm 8,31–39 ist als Zusammenfassung von Röm 5–8 konzipiert. In 31b wird die These fragend entfaltet. V. 32 formuliert in einer rhetorischen Frage die Voraussetzung für die folgenden Erläuterungen und Schlussfolgerungen (V. 33–34; V. 35–36; V. 37–39.). Das ganze wird strukturiert durch Fragen (V. 31a.33a.34a.35a.) und ist als dialogische Belehrung angelegt. Es herrschen formelhafte Züge, die auf einen liturgischen Gebrauch schließen lassen. Der Text schließt mit einem fast triumphalen Bekenntnis von Paulus (V. 38 ich; sonst wir), das auch emotional das neue Wirklichkeitsverständnis beschreibt. Was das persönlich heißen kann, kann an Margot Käßmanns »Abschiedsrede« abgelesen werden (vgl. SH S. 80).

15.4 Bild: Guercino, Der Auferstandene erscheint den Jüngern und Thomas (SH S. 34)

Giovanni Francesco Barbieri, genannt il Guercino (›der Schieler‹), lebte im Bologna des Barock. Er verdankt seinen Künstlernamen einem Unfall in der Kindheit, durch den er auf dem rechten Auge schielte. Seine Arbeiten haben Nähe zu Caravaggio, der die Szene ebenfalls malte. Das Bild ist eine Bearbeitung von Joh 20,24–29. In der Mitte steht die Berührung der Seitenwunde Jesu durch Thomas. Jesus trägt in der Hand die Fahne des Sieges über den Tod. Sein Kopf ist von einer Lichtaura umgeben. Wie ist sein Blick zu deuten? Thomas reißt sich geradezu zusammen (vgl. linke Hand). Wie sind sein Blick und seine Haltung zu verstehen? Von den Jüngern sind drei zu erkennen. Zwei hinter Thomas, eher neugierig betrachtend. Der Jünger hinter Jesus hebt abwehrend die rechte Hand. Was mag das bedeuten? Insgesamt handelt es sich um eine dramatische Szene. Wie werden die einzelnen Jünger reagieren?

15.5 Michael Welker, Auferstehung – Gott will die Geschöpfe am göttlichen Leben Anteil gewinnen lassen (SH S. 34)

Der Text knüpft an die Ausführungen von Welker über die Schöpfung an (SH S. 16f.). Kernthese ist, dass Auferstehung und Schöpfung miteinander verbunden sind, aber die Offenbarung Gottes in dem Auferstandenen geht über die Schöpfungserkenntnis hinaus und verdeutlicht diese.
Der Textinhalt lässt sich knapp wie folgt darstellen:

1.1 Gott ist die Gestalt und rettende Macht, die
1.2 das geschöpfliche Sein und Leben lenkt und ihm seinen Sinn, seine Richtung, seine Bestimmung gibt.
2.1 Alle Geschöpfe sollen am göttlichen Leben Anteil gewinnen.
2.2 Deshalb schafft Gott keine göttlichen Existenzen und geht das Risiko des Widerstandes gegen sich selbst ein.
2.3 Deshalb macht sich Gott verletzlich und geht hinein bis in den Tod.

Zur Frage wird, was göttliches Leben heißt und warum dazu Leid und Tod notwendig sind. Beim göttlichen Leben geht es um das Leben in Fülle (siehe oben C 15.1) in Leid und Tod. Es geht ganz auf den Widerstand ein und nimmt diesen in sich selbst auf. Der Glaube an den Auferstandenen erweitert das eigene Selbst- und Weltverständnis: Mit dem Tod ist nicht alles aus. Das geschöpfliche Leben ist dazu bestimmt, an dem göttlichen Leben Anteil zu gewinnen. Die Frage bleibt, wie sich dies plausibilisieren lässt.

Unterrichtsideen SH S. 34

(1) Bildbetrachtung Guercino
 a) Bild betrachten und auf Haltungen achten.
 b) Den Personen Stimmen geben. Was empfinden sie? Was denken sie?
 c) Zusammenhänge rekonstruieren: Wie kommt es dazu? Wie geht es weiter?

(2) Textarbeit Joh 20,1–29
 a) Rollen verteilen. Text in verschiedenen Perspektiven nacherzählen, so Petrus; Jünger, den Jesus lieb hatte; Maria von Magdala und Thomas.
 b) Fragen arbeitsteilig klären
  – Warum hat Maria Jesus nicht erkannt? (V. 14.15)
  – Warum soll sie ihn nicht anrühren? (V. 17)
  – Was macht die Jünger froh? (V. 20)
  – Was ändert sich durch die Begegnung mit dem Auferstandenen?
  – Was ist mit V. 29 gemeint?
 c) Gemeinsame Klärung dieser Fragen.

(3) Textarbeit Welker
   a) Explizieren, was nach Welker Glaube an Gott den Schöpfer und der Glaube an den Auferstandenen meint.
   b) Fragen und Zweifel bedenken (denn Glaube und Zweifel gehören ja zusammen).

15.6 Ergänzung zu SH S. 34/35:
Die Gegenwart Gottes als Heiliger Geist

Jürgen Moltmann bestimmt den Heiligen Geist als »Geist des Lebens« (Jürgen Moltmann, Geist des Lebens, München 1991). Gott, so darf man daraus folgern, wirkt im Raum geschöpflicher Wirklichkeit dort, wo das Leben bewahrt und weitergeführt wird, aber auch dort, wo neue Lebensmöglichkeiten eröffnet werden und zu neuem Leben befreit wird. Dieser Geist des Lebens ist spürbar und erlebbar. In ihm ist der transzendente Gott in der Immanenz erfahrbar – wobei Erfahrbarkeit immer auch Deutung einschließt.

Der Geist des Lebens ist spürbar in der Schöpfung als lebensschaffender und lebenserhaltender Geist (creatio continua). »Nimmst du weg ihren Odem, so vergehen sie – du sendest deinen Odem, so werden sie geschaffen« (Ps 104,29f., vgl. SH S. 18, vgl. auch Hiob 34,14f.). Ohne diese Lebenskraft würde die Welt vergehen.

Dieser Geist des Lebens ergreift und verändert auch einzelne Menschen (z.B. Gideon, Ri 6,33–35, dann aber auch Jesus, Lk 4,16–21, vgl. SH S. 21). Dieser Geist des Lebens nimmt in Anspruch, Menschen zum Leben zu befreien und sie von lebensfeindlichen Mächten zu erlösen. Der Geist des Lebens zeigt sich in einem Menschen als Glaube, Hoffnung und Liebe (1. Kor 13,13) und damit in einem grundlegenden Vertrauen in das Leben, als Hoffnung auf Leben sowie in einem Leben der Liebe, die letztlich Leben als Leben qualifiziert. Christliche Existenz ist daher als Leben im Geist anzusehen (vgl. auch die Früchte des Heiligen Geistes in Gal 5,22f.: Liebe, Freude, Friede, Geduld, Freundlichkeit, Sanftmut, Keuschheit). Charismen, wie die Gaben der Krankenheilung, der Zungenrede, der prophetischen Rede (1. Kor 14), aber auch der Leitung, der Lehre und der Ermahnung (Röm 12,7f.) sind insoweit Gaben des Geistes, als sie sich letztlich dem Aufbau von Gemeinde im Sinne eines lebendigen Miteinanders dienen (1. Kor 14,26: Lasst alles geschehen zur Erbauung). Offenkundig werden diese Gaben unterschiedlichen Menschen unterschiedlich zuteil (1. Kor 12,1–11; Röm 12,3–8). Dieser Geist führt aber auch zur Wahrheit (vgl. Joh 16,13) und damit zur Erkenntnis und Erleuchtung. Er schafft Gewissheit (vgl. Röm 14,5) und damit auch Unabhängigkeit von anderen, schließt aber auch die prüfende Geister ein (1. Thess 5,21).

Neben die geschöpflichen und individuellen Erfahrungen mit dem Geist des Lebens treten die sozialen. Der Geist des Lebens wird spür- und erfahrbar in einer spezifischen Form der Gemeinschaft.

Als Heiliger Geist ist dieser Geist Gottes Geist und damit ein freies Widerfahrnis (vgl. Joh 3,7f., Der Wind bläst, wo er will). Darum kann man nur bitten (vgl. die Epiklese beim Abendmahl). Als Geist des Lebens ist dieser Geist Gottes immer auch Geist vom Geiste Jesu. Die Erfahrungen mit diesem Geist entsprechen den Erfahrungen mit Jesus Christus (Röm 8,9). Wenn Christus nicht bloß das Haupt des Leibes, sondern der Herr der Welt ist, dann ist überall mit solchen Geisterfahrungen zu rechnen.

Das Apostolikum fasst diese Erfahrungen in seinem dritten Artikel als Wirkungen des Heiligen Geistes zusammen (vgl. SH S. 9). Das Leben im Geist verbindet mit Gott und miteinander (Kirche als Gemeinschaft der Heiligen), überwindet Lieblosigkeit und Lebensfeindlichkeit (Vergebung der Sünden), den Tod und gibt Leben in Fülle (Auferstehung der Toten und das ewige Leben).

15.7 Ergänzung zu SH S. 34/35:
Apostelgeschichte 2,1–13 (14–21)

Die Pfingsterzählung ist »von einer schwebenden Unbestimmtheit beherrscht« (Jürgen Roloff). Weder wird ganz klar, wie viele versammelt sind (120 nach Apg 1,15 oder nur der Zwölferkreis?), noch wird klar, wo dies stattfindet. Wie passen so viele in ein Haus? Das Wunder erscheint auf der einen Seite als Sprachenwunder (V. 4), auf der anderen Seite als Hörwunder (V. 6.11). V. 12 lässt an eine ekstatische Glossolalie denken, die jedoch keiner Auslegung bedarf (vgl. 1. Kor 14,27). Deshalb sehen manche Ausleger keine Glossolalie vorliegen. Immerhin verstehen die Hörer um was es geht (V. 11, Die großen Taten Gottes). Die Erzählung entspricht in der Apostelgeschichte der Taufe Jesu im Lukasevangelium.

Das Wunder geschieht am Wochenfest (Ex 34,22; Num 28,26). Es zeigt Elemente alttestamentlicher Theophanien mit Anklängen an die Offenbarung Gottes am Sinai (Ex 19). Dazu gehören die überwältigenden Naturphänomene, die erschreckten Reaktionen, die Bewegung vom Himmel herab sowie die Beteiligung von Feuer.

Der gewaltige Wind erinnert an 1. Kön 19,11 (SH S. 25) und symbolisiert die Unverfügbarkeit, die Äußerlichkeit und die alles durchdringende unwiderstehliche Macht der Selbstoffenbarung Gottes (vgl. Joh 3,8). Gott lässt sich nicht fassen und begreifen. Die Feuerzungen erinnern an den Sinai und an den Durchzug durch die Wüste (Ex 13,21), aber auch an den brennenden Dornbusch (Ex 3,2f., SH S. 20f.). Im Judentum wird auch Gottes heiliges Wort mit Feuer in Verbindung gebracht. Das Bild der Zungen kann auf die Zungenrede verweisen, betont aber auch die Individualität des Wirkens Gottes.

Die Völkerliste (V. 9–11) enthält 17 Namen, deren Länder eine Art Kurve beschreiben. Die damit zu verbindenden Sprachen sind aramäisch, mädisch, elamitisch, koptisch, griechisch, lateinisch.

Alle Genannten sind Juden (V. 5). Die Reaktionen sind Bestürzung und Verwunderung, aber auch Ratlosigkeit bis Spott. Sie verstehen den Sinn noch nicht recht (V. 2). Dennoch entsteht eine neue Gemeinschaft in der Vielfalt. Petrus deutet das Pfingstereignis als Erfüllung der Verheißung von Joel 3 (V. 14–21).

Das Widerfahrnis des Heiligen Geistes zeigt sich nach Apg 2 in einem erregenden Geschehen, das aus verängstigten und zurückgezogenen Menschen mutige, gesprächsfähige Menschen macht, die voller Begeisterung und Gewissheit von ihren Erfahrungen und von ihren Überzeugungen erzählen. Es zeigt sich auch daran, dass aus ganz unterschiedlichen Menschen eine lebendige Gemeinschaft wird, in der die Verschiedenheit geachtet und als Gewinn beurteilt wird.

15.8 Bild: Henri Matisse, Der Tanz I (SH S. 35)

Matisse (1869–1954) zählt zu den bedeutendsten Künstlern der klassischen Moderne. Er gilt als Wegbereiter des Fauvismus, einer Kunstrichtung, die sich vom Impressionismus abheben wollte und eine Vereinfachung der Maltechnik suchte. Bezeichnend sind starke Farbkontraste und der Sinn für emotionale Wirkung.

Das Konzept von »Der Tanz« geht auf antike Vasenmalerei zurück. Der Tanz findet auf der Spitze eines Hügels statt. Tänzer und Bild werden durch die Form des Reigentanzes zusammengehalten. Die Tanzenden wirken übermütig, begeistert, ausgelassen, ohne sich jedoch von einander zu lösen. Die beiden vorderen Personen suchen wieder in Kontakt zu kommen. Die fünf nackten Frauen zeigen keine individuellen Züge, alles ist auf die Bewegung abgestellt. Wie mögen sich die Tanzenden fühlen? Was macht der Tanz aus ihnen? Sind sie fünf oder sind sie miteinander eins?

15.9 Michael Welker, Der Heilige Geist (SH S. 35)

Michael Welker legt Apg 2,14–21 aus und will damit die Gemeinschaft der Heiligen deuten. Es geht ihm um das gemeinschaftsstiftende Handeln Gottes durch den Heiligen Geist. Dieser ist dasjenige Handeln Gottes, in dem Gott Menschen »für ein Leben in der Gegenwart Gottes aussieht und zu diesem Leben befähigt«. Der Geist ist also Anteilgabe am Leben Gottes. Ausgangspunkt ist die Deutung, die das Pfingstwunder in der Auslegung der Predigt von Petrus findet. Schlüssel ist Joel 3,1–5, ohne die darin enthaltenen apokalyptischen Motive. Die Gemeinschaft im Geist zeichnet sich durch eine Gemeinschaft aus, in der Verschiedenheiten aufgenommen werden. Dieses Modell wendet sich gegen eine Gesellschaftsordnung, in der die Alten das Sagen haben, aber auch eine Ordnung, in der die Jugendlichkeit vergötzt wird. Sie wendet sich gegen eine abstrakte Gleichheit, in der alle das Gleiche erfahren, denken und sagen. In diesen neuen komplexen Lebensverhältnissen haben alle etwas Verschiedenes zu sagen und werden ernstgenommen. Letztlich ist dies eine Gemeinschaft, in der Liebe herrscht. Dieses Modell wendet sich auch gegen bestehende gesellschaftliche Lebensverhältnisse. Frauen finden immer noch nicht genügend öffentliche Anerkennung (z.B. Löhne), zahllose Menschen müssen hungern und elendig sterben, wir haben immer noch Schwierigkeiten mit Menschen aus anderen Kulturen.

Unterrichtsideen SH S. 35

(1) Woran glaubt man eigentlich, wenn man an den Heiligen Geist glaubt?
  a) Gespräch
  b) Vergleich mit Apostolikum SH S. 9
  c) Lehrperson unterscheidet verschiedene Wirkformen des Geistwirkens und führt den Heiligen Geist als Geist des Lebens ein.

(2) Textarbeit Apg 2,1–13
  a) Text sprachlich inszenieren, auch mit den Begleitgeräuschen.
  b) Suche in Partnerarbeit nach Kernerfahrungen: Was könnte da passiert sein? Waren alle betrunken? Worin zeigt sich die Erfahrung des Heiligen Geistes?

(3) Bildbetrachtung Matisse
  a) Was sehe ich?
  b) Wie ist das Bild aufgebaut?
  c) Was empfinde ich?
  d) Was assoziiere ich?
  e) Die Form der Gemeinschaft deuten: Sind das fünf oder sind sie zusammengenommen nur eins?

(4) Textarbeit Welker
  a) Arbeitsteilige Bearbeitung von Aufgaben:
    – Merkmale der Gemeinschaft der Heiligen definieren.
    – Lebendiges Gemeinschaftsverhältnis klären.
    – Moderne Subjektivität bestimmen.
    – Eine Zeichnung der Verheißung Joels anfertigen.
    – Begründung des Schlusssatzes suchen.
    – Wirken des Heiligen Geistes erläutern.
  b) Austausch
  c) Vergleich der Joel-Verheißung mit Matisse »Der Tanz«.
  d) Schlussreflexion (siehe Schritt 1).

D: Wie ist Gott?

Die Begegnung mit den vielfältigen Erfahrungen mit dem biblischen Gott lassen fragen, ob es sich überhaupt immer um Erfahrungen mit einem und demselben Gott handelt. Diese Frage ist dann mit »Ja« zu beantworten, wenn sich in der Fülle der biblischen Texte so etwas wie ein einheitliches Gottesbild ausmachen lässt, das die verschiedenartigen Erfahrungen verbindet. Systematisch-theologisch geht es um die Frage nach dem Wesen und den Eigenschaften Gottes.
In der biblischen Theologie hat es schon immer Versuche gegeben, einen roten Faden in den Begegnungen mit Gott auszumachen. Die Texte in Themenblock C geben darauf schon einige Hinweise (s.o.). Klaus Berger (SH S. 24) deutet auf das Konzept des Bundes bzw. der Gerechtigkeit. Es besteht darin, dass Gott alles dafür tut, dass Menschen im Vertrauen mit ihm zusammenleben und diese Form des Zusammenlebens auch unter den Menschen praktiziert wird. Michael Welker (SH S. 35) sieht deshalb auch in einem lebendigen Gemeinschaftsverhältnis eine Form des Wirkens des Heiligen Geistes.
Dominante Eigenschaften Gottes sind Barmherzigkeit (Huber SH S. 30), aber auch Veränderlichkeit (Huber SH S. 20f.). Die Frage ist, ob diese verschiedenen Merkmale Gottes Hinweise auf Gottes Wesen geben.
Der Themenblock »D: Wie ist Gott?« geht zwei Wesensbestimmungen und zwei Eigenschaften Gottes nach. Zu den Wesensbestimmungen gehören Dreieinigkeit und Liebe. Sie gehören zusammen und interpretieren sich wechselseitig. Zu den Eigenschaften gehören Personalität und Allmacht, die existenzielle Bedeutung haben. An der Personalität entscheidet sich die Frage, ob man beten kann, an der Allmacht die Frage der Theodizee. Weitere Eigenschaften wären Allwissenheit, Ewigkeit, Allgegenwart sowie Gerechtigkeit, Heiligkeit.
In diesem Themenblock wird Fragen nachgegangen, die bei Schülerinnen und Schülern sowohl kognitives als auch existenzielles Interesse finden. Zum einen tun sie sich mit der Trinität schwer und interpretieren diese häufig im Sinne eines Tritheismus. Zum anderen lehnen viele für sich ein personales Gottesbild ab (vgl. Janine SH S. 4) und präferieren ein apersonales (höhere Kraft). Dabei zeigt sich jedoch, dass der Begriff der Person Klärung bedarf. Die Klärung dieses Begriffs hat zum einen erhebliche Konsequenzen für eine eigene Gebetspraxis und die Beurteilung des Gebetes, zum anderen aber auch für das Selbstverständnis als Person und die Wahrnehmung anderer als Personen.
Die Verknüpfung von Gott und Liebe ist geläufig, aber mit Verniedlichungs- und Verharmlosungstendenzen verbunden. Dies wird aber weder dem biblischen Gottesglauben noch dem Verständnis von Liebe gerecht, die für alle Menschen gerade in dieser Lebensphase eine große Bedeutung hat.
Viele Jugendliche verbinden Gott mit Allmacht. Dies zeigt sich auch in kritischen Abgrenzungen (ich bin keine Marionette). Schülerinnen und Schüler zeigen damit ihre Verbindung mit der großen Tradition des Theismus. Diese Allmacht ist mit eigenen Allmachtswünschen verbunden, die angesichts von Scheitern zur Enttäuschung sowie zur Absage an einen allmächtigen Gott führen. Die Auseinandersetzung mit der Allmacht als Eigenschaft Gottes muss auf biblische Grundlagen, aber auch auf eigene Sehnsüchte achten.

In diesem Themenblock geht es darum, dass *die Schülerinnen und Schüler die Fähigkeit erwerben, Wesensmerkmale und Eigenschaften des biblischen Gottes sachgemäß zu erläutern und zu beurteilen, aber auch eigene Urteile kritisch zu überprüfen.*

16. Die Dreieinigkeit Gottes

Die Rede vom dreieinigen Gott ist nicht direkt biblisch, obwohl es Anklänge dazu gibt (2. Kor 13,13; Mt 28,19). Die Rede vom dreieinigen Gott ergibt sich jedoch notwendig aus biblischen Einsichten und Fragen, wie zu zeigen ist. Die folgenden Überlegungen nehmen Anregungen von W. Härle auf (vgl. entwurf 4, 2009, 4f.).
Ausgangspunkt und Quellgrund der Rede vom dreieinigen Gott sind die Erfahrungen, die Menschen mit Jesus gemacht haben. In der Begegnung mit Jesus drängte sich Menschen die Einsicht auf: Dieser Mensch tut das, was wir von Gott erwartet haben. Er heilt Kranke, vergibt die Sünden und eröffnet einen neuen Anfang, er redet mit Vollmacht. In ihm ist Gott gegenwärtig. In ihm ist Gott in die Welt gekommen. Zu dieser Glaubenseinsicht trat aber dann die Frage: Wie sollen wir uns das vorstellen? Zwei Antworten wurden diskutiert. Beide fanden Begründungen in der Bibel.

(1) Ist er Gott in Menschengestalt? (Modalismus; Doketismus). Dann aber wäre er nur scheinbar ein Mensch gewesen. Dann wäre Jesus für uns kein Vorbild mehr. Sein Leiden wäre kein richtiger Trost.
(2) Ist er Mensch wie wir, der dann bei der Taufe von Gottes Geist begabt worden ist (Adoptianismus)? Dann aber wäre er zwar ein Vorbild (Arianismus), aber nicht richtig Gott. Dann brauchte man nicht an ihn zu glauben und der Glaube an ihn gäbe keine Freiheit und keine Hoffnung.

Die Richtung zeigte Joh 1,1–14. »Das Wort ward Fleisch«. Gott ist Mensch geworden. Gott ist wahrer Gott und wahrer Mensch.
Festgehalten wurde dies 451 im Konzil von Chalcedon.

Wir folgen also den heiligen Vätern und lehren alle einmütig, einen und denselben Sohn zu bekennen, unseren Herrn Jesus Christus. Derselbe ist vollkommen in der Gottheit und derselbe vollkommen in der Menschheit, derselbe wirklich Gott und wirklich Mensch aus einer vernünftigen Seele und einem Körper. Er ist dem Vater wesensgleich nach der Gottheit und derselbe uns wesensgleich nach der Menschheit, in jeder Hinsicht uns ähnlich, ausgenommen die Sünde. Vor

aller Zeit wurde er aus dem Vater der Gottheit nach gezeugt, in den letzten Tagen aber wurde derselbe um unsert- und unseres Heiles willen aus der Jungfrau und Gottesgebärerin Maria der Menschheit nach geboren.
[Wir bekennen] einen und denselben Christus, den Sohn, den Herrn, den Einziggeborenen, der in zwei Naturen, unvermischt, ungewandelt, ungetrennt, ungesondert geoffenbart ist. Keineswegs wird der Unterschied der Naturen durch die Einigung aufgehoben, vielmehr wird die Eigenart jeder Natur [gerade] bewahrt, und beide vereinigen sich zu einer Person und einer Hypostase.
[Wir bekennen] nicht einen in zwei Personen gespaltenen oder getrennten, sondern einen und denselben einziggeborenen Sohn, den göttlichen Logos (= Wort), den Herrn Jesus Christus, wie vorzeiten die Propheten über ihn und [dann] Jesus Christus selbst uns unterwiesen haben und wie es das Glaubensbekenntnis der Väter uns überliefert hat.

Ausgangspunkt und Quellgrund der Rede vom dreieinigen Gott ist also die Glaubenserfahrung, dass in Jesus Christus Gott sich selbst in der Welt begreifbar und anschaulich gemacht hat. »Wer mich sieht, der sieht den Vater« (Joh 14,9). Doch damit sind wir ja erst bei der Binität. Wie wurde daraus die Trinität?
Zu den Erfahrungen der jungen Christenheit gehörte, dass Menschen wie Petrus oder Paulus im Namen Jesu redeten, heilten und auch Sünden vergaben. Zu ihren Erfahrungen gehörte auch, dass Christen und Christinnen Abendmahl feierten und dabei das Gefühl hatten, das ist so wie bei Jesus. Zu den Erfahrungen gehörte, dass immer neue Menschen zum Glauben an Jesus Christus kamen, Vertrauen zu ihm fassten und sich freiwillig der Gemeinschaft der Christen anschlossen.
Die Christen dachten über sich selbst nach und sagten sich: Das haben wir nicht einfach aus eigenem Willen gemacht. Das haben wir uns nicht selber ausgedacht. Das hat uns eingeleuchtet. Das hat uns Gott eingegeben. Sie sagten: Das ist Gottes Heiliger Geist, der hier gewirkt hat. Unser Glaube verdankt sich dem Wirken Gottes und ist Gottes Gegenwart in uns und unter uns (vgl. Röm 8,26; Mt 16,17).
Als sie über diese Glaubenseinsichten nachdachten, kamen sie zu der Erkenntnis: Gott ist nicht einfach. Gott ist dreifach. Gott hat verschiedene Wirkungsweisen.

(1) Gott wirkt, indem er die Welt begründet, erhält, steuert und – hoffentlich einmal – erneuert und vollendet. Gott ist die ermöglichende Bedingung für das, was ist und geschieht.
(2) Gott wirkt, indem er in diese Welt eintritt, anschaulich wird und sich offenbart – zuerst und vor allem in Jesus Christus, aber auch in anderen Gestalten, die wie Christus sind.
(3) Gott wirkt, indem er Menschen inspiriert, erleuchtet, begabt und sie zu einer geschwisterlichen Gemeinschaft zusammenbringt.

Das ist so wie im Theater. Gott setzt wie ein Schauspieler drei verschiedene Masken auf, durch die hindurch er spricht. Er begegnet uns in drei Personen (personare = hindurchtönen).
Mit dieser Erkenntnis hatte die Christenheit den Schlüssel gefunden, um ein biblisches Problem zu lösen.
In der Bibel erschafft Gott die Welt und bleibt zugleich von dieser Welt deutlich unterschieden. Dann aber begegnet Gott in einem brennenden Dornbusch, in einem leisen Säuseln und in einer Wolken- und Feuersäule. Er begegnet Amos sowie Jesaja in Visionen und lässt diese politische Katastrophen prophezeien. Er begegnet Daniel in der Löwengrube als Engel sowie Abraham und Sara gleich als drei Engel. Er begegnet Maria von Magdala sowie Petrus als Jesus von Nazareth. Paulus begegnet dem Auferstandenen in einem hellen Licht, das ihn umwirft. Paulus sieht in der wahrhaften christlichen Gemeinde den Leib Christi. Der Evangelist Matthäus sieht in den Gefangenen, den Notleidenden Christus selbst.
Das Problem ist: Wie kann man zu den ganz verschiedenen Erfahrungen sagen, es gehe jedes Mal um den gleichen Gott?
Das kann man nur, wenn man annehmen und glauben kann, dass es verschiedene Wirkweisen Gottes gibt, die aber letztlich auf drei grundlegende Wirkweisen zurückgeführt werden können: Gott begründet Existenz, Gott offenbart sich, Gott inspiriert, erleuchtet und begabt. Gott ist Vater, Sohn und Heiliger Geist.
Die verschiedenen Wirkweisen zeigen sich einmal in den drei großen Etappen der Geschichte Gottes mit den Menschen, nämlich der Geschichte des Volkes Israel, der Geschichte Jesu Christi und der Geschichte der christlichen Kirche.
Diese verschiedenen Wirkweisen zeigen aber zugleich in allen einzelnen Erfahrungen Begegnungen mit Gott. Ein Beispiel: Gott geht es bei der Begegnung mit Mose am brennenden Dornbusch um die Begründung eines freien Lebens von Sklaven, er macht sich wahrnehmbar in einer wunderbaren Erscheinung und im Wort, er inspiriert Mose, dem Pharao die Freiheit seiner Kinder anzukündigen und dabei alle Angst um sich selbst hinter sich zu lassen.
Doch das Nachdenken wollte jetzt nicht mehr aufhören. Könnte es sein, dass das dreifache Wirken Gottes (ökonomische Trinität) mit dem Wesen Gottes (immanente Trinität) zu tun hat?
Und sie sagten sich: Das muss so sein und genau das finden wir auch so in der Bibel. Gott ist Liebe (1. Joh 1,16). Gott ist Beziehung. Gott ist Gemeinschaft. Denn in der Liebe gibt es jemanden, der liebt, jemanden, der geliebt wird und das, was die beiden miteinander verbindet, die Liebe. Liebe ist Lieben und Geliebtwerden sowie eine innige Gemeinschaft. Wenn es wahr ist, dass Gott die Liebe ist (und nicht Macht), dann ist Gott in sich selbst ein Beziehungsgeschehen. Dann ist aber Gott nicht Mann und nicht Frau, sondern eine Beziehungsgemeinschaft.
Von hier versteht man besser, was Jesus bewegt hat, als er Zachäus vom Baum holte und sich mit ihm an einen Tisch setzte. Jesus praktizierte Beziehungsgemeinschaft. Von hier versteht man besser, warum Jesus abends mit den Jüngern das Brot brach und den Wein teilte.
Von hier aus versteht man auch besser, worüber die Propheten sich so aufgeregt haben. Für sie hatte sich Gott für eine Beziehungsgemeinschaft mit dem Volk Israel entschieden. Er hatte sich für einen Bund entschieden und das kleine Volk in diesen aufgenommen.
In den Augen der Propheten ist es kompletter Wahnsinn, aus dieser Beziehungsgemeinschaft aussteigen zu wollen

und sich von Gott abzuwenden. Für sie ist es eine Gemeinheit und eine schreiende Ungerechtigkeit, wenn diese Beziehungsgemeinschaft nicht auch das Zusammenleben der Menschen bestimmt und Notleidende aufgefangen werden. Von daher versteht man besser, was Kirche als Leib Christi meint. Es ist eine Gemeinschaft, die mitten in der Welt Gottes Beziehungsgemeinschaft spiegelt.
Von hier aus versteht auch man besser, was Schöpfung meint. Es meint, dass alles Geschaffene sich einer Beziehungsgemeinschaft verdankt und von dieser geprägt ist. Alles ist darauf angelegt und findet darin seine Erfüllung. Das geht hinein bis in das Zusammenwirken der Schöpfung, wie sie Psalm 104 beschreibt.
Die Rede vom dreieinigen Gott wurde in der Auseinandersetzung mit der griechischen Philosophie und ihrem Gottesverständnis ausformuliert. Dort war zu hören: Gott ist eins. Gott ist ewig. Gott ist vollkommen. Gott ist jenseitig. Gott ist der unbewegte Beweger. Er kennt keine Bewegung und kein Leiden. Dieser Gott ist sich selbst genug. Nichts kann ihn aus der Ruhe bringen.
Dagegen konnten die Christinnen und Christen nur sagen: Nein, das ist nicht unser Gott. Das ist nicht Gott. Gott ist nicht total jenseitig. Er ist auch diesseitig. Er ist uns ganz nahe und macht sich begreifbar.
Gott kann auch leiden. Er ist nicht bewegungslos und nicht ohne Veränderung. Gott lässt es keine Ruhe, wenn Menschen versklavt werden. Zur Vollkommenheit Gottes gehören auch Leiden und Sterben. Wer das nicht kennt, dem fehlt etwas.
Im philosophischen Streit bekam die Rede vom dreieinigen Gott ihre begrifflichen Feinheiten, die heute wie ein Glasperlenspiel wirken können.
Als die Schwärmer um Thomas Müntzer sich auf göttliche Erfahrungen beriefen und dafür den Heiligen Geist in Anspruch nahmen, da machte Luther das »filoque« stark (4. Konzil von Konstantinopel 879/880, danach Trennung von der Ostkirche). Der Geist geht vom Vater und vom Sohn aus. Er hat keine eigene Bedeutung neben dem Sohn. Der Heilige Geist ist immer auch Jesu Geist. Wer sich deshalb auf den Geist beruft, muss sich fragen lassen, ob das Geist vom Geiste Jesu ist. Wenn nicht, dann ist das ein Ungeist.

Die Rede vom dreieinigen Gott erweist sich als Unterscheidungsmerkmal zu Judentum und Islam (vgl. SH S. 72, 73).
Für Juden ist Jesus weder Messias noch der Sohn Gottes. Damit entfallen der Ausgangspunkt der Rede vom dreieinigen Gott und damit die ganze Rede.
Für Muslime kann nichts Irdisches neben Gott treten. Gott ist einer. Er ist erhaben, souverän und transzendent. Gott überschreitet unser Vorstellungsvermögen. Immanenz und Transzendenz dürfen nicht miteinander vermischt werden.
Für Hindus ist das alles kein Problem, denn das Absolute kann sich in vielen Gestalten zeigen. Hindus können allerdings nicht verstehen, warum Gott ausgerechnet dreifaltig sein soll. Gott ist für sie vielfältig erfahrbar (vgl. SH S. 74f.).
Der Buddhismus in einer späteren Stufe der Entwicklung (Mahayana) kennt repräsentative Vergegenwärtigungen des Absoluten (Boddhisatvas). Doch Buddhisten können nicht mitvollziehen, dass ausgerechnet Jesus einen letzten Halt geben soll. Der ursprüngliche Buddhismus (Teravada) kennt keine Götter und kann deshalb mit der Trinität nichts anfangen. Die Frage ist, ob damit der interreligiöse Dialog an dieser Stelle enden muss (vgl. SH S. 76).
Es gibt Stimmen, die sagen, dass in den unterschiedlichen Weltreligionen »triadische« Momente enthalten sind. Islam: Allah – Koran – Mohammed; Judentum: Gott – Weisheit – Schekina; Buddhismus: Historischer Buddha – Buddha Wahrheit – gegenwärtige Ausstrahlungskraft; Hinduismus: Brahma – Vishnu – Shiva. Über diese lohnt sich zu reden.

16.1 Sabine Pemsel-Maier, Gott als Beziehung (SH S. 36)
Der Text der Karlsruher katholischen Theologin Sabine Pemsel-Maier (geb. 1962) gliedert sich in fünf Abschnitte:
- Theologiegeschichtliche Erinnerung
- Biografische Erinnerung
- Die zentrale Aussage
- Offenbarung und innergöttliches Leben (Dreifaltigkeit und Dreieinigkeit)
- Konsequenzen für die Sicht des Menschen, der Kirche und der Ökumene.

Konstitutiv für die Ausführung ist einmal der Bezug von Gottes Wesen als Liebe und damit zu 1. Joh 4,16 (vgl. SH S. 42). Diese kann nur als Beziehung gedacht werden. Konstitutiv ist sodann die Unterscheidung von *opera ad extra* und *opera ad intra*. Damit verbunden ist die Auffassung, dass Gott Vater, Gott Sohn und Gott Heiliger Geist jeweils in sich immer wieder Beziehung ist. In der Offenbarung teilt sich Gott selbst mit. Dies lässt sich grafisch darstellen.
Konstitutiv ist des Weiteren die Auffassung, dass der Glaube an »Gott in Beziehung« lebenspraktische Konsequenzen für das Alltagsleben hat. Der Glaube an den dreieinigen Gott verändert die Sicht des Menschen, der Welt und des guten Lebens. Ethische Konsequenzen für das Zusammenleben zeigen sich bei Welker (SH S. 35). Ein Prüfprozess sollte belegen können, dass die in der Auseinandersetzung mit der biblischen Tradition gewonnenen Einsichten zum biblischen Gott die »Geselligkeit« Gottes zeigen. Exemplarisch mag dies an Ex 3 oder Lk 2 geschehen.

16.2 Bild: Dreifaltigkeitsikone von Andrej Rubljew, 1411 (SH S. 37)
Der russische Mönch Andrej Rubljew (1360–1430) lebte ab 1405 im Erlöser-Andronnikow-Kloster in Moskau. Seine weltberühmte Dreifaltigkeitsikone dürfte um 1411 gemalt worden sein. Die Ikone zeigt die Szene aus Gen 18,1–15, in der drei Engel Abraham und Sara an der Terebinthe bei Mamre besuchen. Ausgelöst ist diese Darstellung durch den eigentümlichen Wechsel im Text von Gott dem Herrn und von drei Männern (vgl. V. 1, V. 10, V. 13 und V. 2). Die Darstellung konzentriert sich ganz auf die Drei, lässt aber im Hintergrund Haus und Baum erkennen. Der goldene Hintergrund deutet auf Gott, der selber im Licht wohnt.
Die drei Engel mit Flügeln und Nimbus sitzen mit ihren Wanderstäben auf Stühlen um einen altarförmigen Tisch, auf dem eine Schale mit einem Kalbskopf steht. Sie sind weder eindeutig männlich noch eindeutig weiblich. Ihre Gesichtszüge sind ähnlich und wirken deshalb irgendwie verwandt. Ihre Platzierung lässt die Betrachter unwillkürlich auf die verbindende Schale schauen. Sie werden also auf das Abendmahl als verbindendes Sakrament hingewiesen. Die Engel sind unterschiedlich gekleidet, tragen aber alle

ein himmlisch-blaues Kleidungsteil. Folgt man ihren Augen und Blicken, kann man ihre innere Bezogenheit entdecken. Diese fällt noch deutlicher aus, wenn man dieses Bild mit Darstellungen eines »Gnadenstuhles« vergleicht, die eindeutig hierarchisch strukturiert sind. Der mittlere Engel hält die rechte Hand segnend über die Schale. Eine Zuordnung zu Vater, Sohn und Heiliger Geist wird meist so vorgenommen, dass der Sohn in der Mitte, der Vater links und der Heilige Geist rechts zu sitzen kommt. Die Beziehung der Drei lässt sich durch zwei Kreise verdeutlichen: Einen um die Drei herum und einen innen in sie hinein gezeichnet. Insgesamt sucht Rubljew mit dieser Darstellung der Dreieinigkeit Gottes Ausdruck zu verleihen. Die Ikone weist demnach auf eine tiefere Wirklichkeit, die für Rubljew auch ermahnende Züge für seine Zeit gehabt haben dürfte. Die Kirche war alles andere als einheitlich.

16.3 Bilder der Trinität (SH S. 38)

Die Zusammenstellung geht aus von der Unterscheidung »Spuren der Trinität« (wie flüssiges, festes, gasförmiges Wasser) und »Bilder der Trinität«, die inhaltlich auf die Dreieinigkeit und Dreifaltigkeit Gottes hinweisen. Die Bilder sollen helfen, die Eigenart des trinitarischen Gottes noch einmal gedanklich zu durchdringen und dazu natürliche Erfahrungen aufzunehmen. Im besten Falle zeigen sie gewichtige Bedeutungsdimensionen der Trinität auf. Diese Bilder stammen aus der Tradition christlicher Theologie und sind mit bekannten Personen verbunden.

Verfasser	**Bild**	**Gott, Sohn und Heiliger Geist**
Basilius	Regenbogen	Verschiedenheit und Zusammenhang der trinitarischen Personen
Augustinus	Menschlicher Geist	Gott ist sich selbst bewusst, macht sich selbst zum Gegenstand, tritt zu sich selbst in Beziehung
Richard von St. Viktor	Vollkommene Liebe	der Liebende, der Geliebte, der Wunsch nach Liebe
Luther	Gespräch	Sprecher, Gesprochenes, Zuhörer
C.S. Lewis	Dreieck	drei Ecken eines Dreiecks

Menschen haben immer bildlich oder metaphorisch von Gott gesprochen. Dies ist nur dann problematisch, wenn das Bild mit dem Abgebildeten selbst verwechselt wird, wenn also etwas Bedingtes als das Unbedingte selbst angesehen und somit gegen das Bilderverbot verstoßen wird. Im Christentum gilt das Bilderverbot aber nur mit Einschränkung: Denn wenn sich Gott selbst zu erkennen gibt und Menschen immer bildlich denken, wird sich Gott auch so zu erkennen geben, dass Menschen Gott (bildlich) erkennen können. Das wahre Bild des unsichtbaren Gottes ist damit der sichtbare Mensch Jesus Christus. Die Möglichkeit, bildlich oder metaphorisch von Gott zu sprechen, ist daher in demselben Erschließungsgeschehen begründet, das auch Erkenntnisgrundlage des dreieinigen Gottes ist. Was läge angesichts dieses Sachverhalts näher, als auch über die Dreieinigkeit Gottes in Bildern zu sprechen?

Freilich entsteht hiermit auch eine deutliche Schwierigkeit: Zwar ist es ein grobes und gefährliches Missverständnis, anzunehmen, die Dreieinigkeit Gottes sei nicht denkbar. Denn denkbar ist sie aufgrund der Selbsterschließung Gottes sehr wohl. Allerdings gibt es bei den menschlichen Fähigkeiten – schon dort, wo es um banale weltliche Dinge geht – eine Asymmetrie zwischen Denkbarkeit und Vorstellbarkeit: Alles, was man sich vorstellen kann, ist auch denkbar. Aber nicht alles, was denkbar ist, ist auch vorstellbar: Die Quantentheorie ist sehr gut denkbar, aber nicht einfach vorstellbar. Die Zahl Pi ist sehr gut denkbar und es lässt sich mit ihr recht einfach rechnen; vorstellbar ist sie hingegen nicht. Ähnlich verhält es sich auch mit Gott. Die Dreieinigkeit ist sehr leicht denkbar, denn niemals wurde behauptet, dass 3 = 1 sei, sondern Gott ist in einer Hinsicht, der Hinsicht der Personen, drei, in einer anderen Hinsicht, der Hinsicht des Wesens, eins. Ferner ist keines ohne das andere denkbar: die Personen nicht ohne das Wesen und das Wesen nicht ohne die Personen. Wie aber steht es mit der Vorstellbarkeit? Hier ist die Sache komplizierter: Denn einerseits ist Gott das Perfekte und Unvergleichliche, so dass eine Vorstellbarkeit nicht ohne weiteres gegeben ist. Andererseits beruht aber die metaphorische Selbsterschließung Gottes gerade auf der Inanspruchnahme menschlicher Fähigkeiten und der Mensch wird als Bild Gottes bezeichnet, so dass eine Vorstellbarkeit doch gegeben sein müsste.

Daher haben Theologen unterschiedlicher Epochen immer wieder nach Bildern, Metaphern und Vergleichen aus der Erfahrungswelt für Gott gesucht. Dabei ist ein wesentlicher Sachverhalt zu beachten: An der Zahl Drei liegt eigentlich gar nichts: Bilder, in denen ein Sachverhalt zugleich als drei und eins bezeichnet wird, sind wenig hilfreich. Das Entscheidende der Trinitätslehre ist nämlich nicht die Dreizahl, sondern die Tatsache, dass Einheit konstitutiv auf Vielheit bezogen ist und umgekehrt, also die Tatsache, dass Relationalität und Beziehungshaftigkeit für das Sein selbst notwendig sind.

Die Trinitätslehre wurde im 4. Jh. wesentlich von den drei großen Kappadoziern – Gregor von Nyssa, Basilius von Cäsarea und Gregor von Nazianz – durchdacht. Daher liegt es nahe, auch hier nach Bildern zu suchen. Und in der Tat bieten die Kappadozier unterschiedliche Metaphern und Vergleiche für die Trinität an. Unter dem Abschnitt »Gott – ein Regenbogen« betonen die Kappadozier die Zusammengehörigkeit der Personen und die Einheit des Wesens mit dem Verweis auf das Spektrum des Regenbogens, das doch zusammen ein weißes Licht ergibt. Ganz eindeutig kann der Mensch unterschiedliche Farben erkennen, aber eine strikte Grenze ist nicht auszumachen. Einheit in Vielheit und Vielheit in Einheit ist das Thema der kappadozischen Bilder für Gott.

Anders geht im Westen Augustin vor. Augustin hatte Jahrzehnte mit der Trinitätslehre gerungen. Es ist umstritten, inwieweit er sie tatsächlich verstanden hat oder inwieweit er nicht versucht hat, genau das Gegenteil dessen, was die Trinitätslehre eigentlich aussagt, in das trinitarische Dogma hineinlesen zu wollen. Augustin und die ihm in der Gotteslehre folgende Tradition sind zu einem guten Teil verantwortlich für die Schwierigkeiten, mit denen sich die Denkbarkeit und Vorstellbarkeit Gottes im Westen bis heute konfrontiert sieht. Augustin betont nämlich nicht die Einheit in Vielheit und Vielheit in Einheit, sondern er ordnet die Einheit in neuplatonischer Weise der Vielheit über und versucht, die Vielheit nur als Aspekt der Einheit zu verstehen. Damit gerät Augustin in gefährliche Nähe zum Sabellianismus oder Modalismus, der behauptet hatte, die verschiedenen Personen seien nur verschiedene Rollen oder Masken eines Akteurs. Damit aber wird das biblische Gottesbild verdunkelt. Biblische Geschichten wie die Gethsemaneperikope oder das Vaterunser können dann nicht mehr als mit der Selbsterschließung Gottes in Verbindung stehend gedacht werden. Augustins spezifische, zum Monismus neigende Interpretation der Trinitätslehre spiegelt sich auch in seiner Lehre vom Bild der Trinität wieder: Augustin unterscheidet strikt zwischen unterschiedlichen Spuren der Trinität in der Welt – womit alles Mögliche gemeint sein kann – und dem einen Bild Gottes in der Welt. Dieses eine Bild Gottes ist der Mensch, genauer: der individuelle Geist des menschlichen Individuums. Mit diesem Ansatz schließt Augustin sowohl Körperlichkeit als auch Beziehungshaftigkeit von vorneherein aus. Der eine menschliche Geist ist nun, so Augustin, in mehrfacher Selbstbeziehung aufeinander bezogen: Der Geist ist sich selbst Gegenstand der Erinnerung, der Erkenntnis und des Sich-Selbst-Wollens, d.h. der Selbstliebe. Nicht die Liebe zwischen Menschen ist für Augustin Bild Gottes, sondern die Selbstliebe des individuellen Geistes!

Nicht in augustinischer Tradition steht im Westen Richard von St. Viktor (gestorben 1173), der versucht, einen Trinitätsaufweis zu liefern, der mit Vorstellbarkeit rechnet und nicht den Fehler Augustins wiederholt. Richard geht dabei von der Erkenntnis aus, dass das eine Wesen Gottes biblisch Liebe ist; d.h. dass Gott nicht nur wie Menschen liebt, sondern selbst in seinem Sein Liebe ist. Liebe im christlichen Sinne ist aber immer Liebe zum anderen, nicht zum Selbst: Sie ist daher als *caritas* selbst relational und setzt damit einen Liebenden und einen Geliebten, die real unterschieden sind, aber durch ihre Liebe eine Einheit bilden, voraus. Richard bleibt aber bei diesem Bild der selbstlosen Liebe nicht bei der Zweiheit stehen, sondern er dringt zur Dreiheit vor: Die wahre perfekte und daher göttliche Liebe ist ja gerade darin perfekt und unvergleichlich, dass sie nichts für sich zurückbehält, sondern alles hergibt, alles vergemeinschaftet. Solange man aber nur zwei einander Liebende, A und B, denkt, ist nicht alles vergemeinschaftet: Denn A erfährt ja in der wechselseitigen Liebe die Freude, von B geliebt zu werden, und B erfährt die Freude, von A geliebt zu werden. Freude ist aber nichts Identisches, sondern immer personal gebunden: die Freude von A geliebt zu werden ist etwas völlig anderes, als die Freude, von B geliebt zu werden. Da die Freude, von A geliebt zu werden, aber nur von B empfunden wird, und die Freude, von B geliebt zu werden, nur von A empfunden wird, wünscht in der vollkommenen Liebe A, dass es eine weitere Person C geben möge, die ebenfalls die Freude, von B geliebt zu werden, empfängt. Ebenso wünscht B, dass es eine weitere Person C geben möge, die die Freude, von A geliebt zu werden, genauso empfängt wie B selbst. Diese dritte Person C nennt Richard »condilectus«, den »Mitliebend-Mitgeliebten«. Dabei kann es sich nicht um die Welt handeln, da diese sonst Bestandteil der höchsten und perfekten Liebe wäre, also zum Wesen Gottes selbst gehören würde. Richards kurze Ausführungen zur selbstlosen Liebe, die Gott selbst ist, übersteigen das Bildliche und betonen mehr das Abstrakt-Denkerische. Primär liegt hier, wenn kein Trinitätsbeweis, so doch ein Trinitätsaufweis mittels des Liebesbegriffs vor. Dabei geht Richard gerade davon aus, dass sich diese perfekte Liebe nicht auf die welthaften Sachverhalte, z.B. menschlich Liebende, übertragen lässt. Dennoch wird man bildliche und metaphorische Assoziationen kaum vermeiden können, wo es doch um den Liebesbegriff geht. Man kann also fragen, ob es eine solche notwendig dreieinige oder triadische Struktur auch bei menschlicher Liebe gibt. Nicht infrage kommt dafür, wie sofort zu sehen ist, menschliche Dreiecksbeziehungen, da diese gerade nicht von selbstloser Liebe, sondern von Eifersüchten gesteuert sind. Infrage kommt aber eine tiefere triadische Struktur jeglicher menschlicher Liebe, die zwar phänomenal erschließbar ist, aber eben nicht an der Oberfläche liegt, sondern eben denkerisch aufgewiesen werden muss: Man stelle sich zwei menschliche Liebespartner Anna und Bertram vor. Anna möchte nun in ihrem Handeln das verwirklichen, was das Gute für Bertram ist. Gibt es in dieser Liebesbeziehung zwischen Anna und Bertram nun nichts Drittes, kein gemeinsames Projekt, keine gemeinsamen Interessen, keine gemeinsame Arbeit, keine gemeinsamen Hobby, keine gemeinsamen Kinder, Verwandte oder Freunde, dann sind sie zur Untätigkeit verdammt. Untätigkeit und Nichtstun aber ist gerade keine Liebe. Also hat auch jede geschaffene Liebe diese triadische Struktur von Liebendem, Geliebtem und Mitliebend-Mitgeliebtem. Der Unterschied zu Gottes perfekter Liebe besteht allerdings darin, dass der oder das Mitliebend-Mitgeliebte nicht einfach eine Person ist, sondern eine Menge darstellt, die von einer Reihe ganz unterschiedlicher Sachverhalte instantiiert sein kann.

Die Bedeutung der Trinitätslehre für die Theologie Martin Luthers wurde lange unterschätzt. Dies ist auch kein Wunder, denn die Trinitätslehre war nicht zwischen Altgläubigen und den Reformatoren strittig. Und dennoch hat Luthers Trinitätslehre eine ganz eigene und wichtige Gestalt, die nicht in das augustinisch-westliche Paradigma passt. Und das hier unter »Gott – ein Tischgespräch« vorgestellte Bild ist weit mehr als eine beliebige Metapher, die auch anders sein könnte. Für Luthers Theologie insgesamt ist nämlich entscheidend, dass Jesus Christus das Wort Gottes selbst ist. Damit ist nicht gemeint, dass Jesus Christus wie ein Wort Gottes ist oder mit Worten vergleichbar wäre. Vielmehr dreht Luther den Sachverhalt um: Die wahre Bedeutung von »Wort« bzw. »Wort Gottes« ist exakt Jesus Christus. Für Luther ist dies keine uneigentliche Rede und keine abgeleitete Rede. Vielmehr erhalten andere welthafte Dinge, d.h. Vokabeln, Phoneme, schriftliche Worte etc. ihre Bezeichnung als »Wörter« als von dieser Grundbedeutung abgeleitet. »Wort« ist bei Luther aber immer die lebendige *viva vox evangelii*, d.h. das mündliche Gespräch und die Konversation, die Glauben hervorruft und den Menschen rechtfertigt und heiligt. Das aber ist nur möglich, wenn Gott selbst nicht wie ein Gespräch ist, sondern selbst Gespräch ist! Und zwar auch dann, wenn es die Welt gar nicht gäbe! Indem Luther nun Sprecher, Gesprochenes und Zuhörer in Gottes Sein selbst verankert, bildet Luther den Gedanken, dass Gott selbst kommunikatives Sein ist. Auch hier sind Einheit und Vielheit aufeinander so wechselseitig bezogen,

dass keines ohne das andere denkbar ist. Allerdings ist auch die Art und Weise, in der Luther das Bild gebraucht, nicht ganz unproblematisch: Indem allein der Vater als Sprecher, allein der Sohn als Wort und allein der Heilige Geist als Zuhörer bezeichnet wird, erhält diese Vorstellung eine deutlich subordinationistische Tendenz. Man wird demgegenüber die wichtige Korrektur anbringen müssen, dass Sprecher, Gesprochenes und Zuhörer wechselseitig von den trinitarischen Personen aussagbar sein müssen.
C.S. Lewis im 20. Jh. gebraucht nun für die unreduzierte Zusammengehörigkeit von Einheit und Vielheit in Gott tatsächlich eine simple Metapher oder einen simplen Vergleich, der nicht wie bei Luther oder Richard den Anspruch besitzt, mehr als nur ein Vergleich zu sein. Lewis vergleicht die menschliche Vorstellungskraft mit einer zweidimensionalen Vorstellung, die auf Gott nicht angewandt werden kann, weil Gott selbst metaphorisch gesprochen dreidimensional ist. Jeder Würfel ist eine Einheit, aber jeder Würfel ist auch sechs Quadrate. Ohne diese Quadrate ist der Würfel nicht denkbar. Freilich versagt auch dieses Bild als Vergleich mit Gott: Denn der Mensch kann sich zweidimensional sehr wohl Quadrate alleine, auch ohne die Vorstellung eines dreidimensionalen Würfels denken. Dies ist bei den göttlichen Personen anders: Sie sind ohne die Einheit des Wesens nicht denkbar.

16.4 W.M. Paul Young, Gespräch mit Gott (SH S. 38)

Die »trinitarische Renaissance« ist mittlerweile nicht nur ein weltweites Phänomen der akademischen Theologie; sie hat auch die Welt der Literatur erobert, und dies in einem nicht vorherzusehenden Erfolg: Der Kanadier William Paul Young (geb. 1955) schrieb für seine Kinder und Freunde die Novelle »The Shack« und ließ 15 kopierte Exemplare an Freunde verteilen. Einige dieser Freunde ermutigten ihn zur Veröffentlichung, und nachdem eine Reihe von Verlagen die Publikation abgelehnt hatte, gründeten sie einen eigenen Verlag, um die Geschichte veröffentlichen zu können. 2008 schließlich erreichte das Buch die Bestsellerliste und wurde in den USA das meistverkaufte belletristische Buch. Zum Zeitpunkt der Bearbeitung des Schülerbandes gab es noch keine deutsche Übersetzung; daher ist der vorliegende Auszug von den Herausgebern übersetzt. Mittlerweile ist das Buch auch in Deutsch (»Die Hütte«) erhältlich sowie als Hörbuch. Inhaltlich steht darin eigentlich die Theodizeeproblematik im Mittelpunkt.
Das Gespräch ist diesem Roman entnommen. Sein Inhalt lässt sich wie folgt zusammenfassen:
Vor Jahren ist Mackenzies jüngste Tochter verschwunden. Ihre letzten Spuren hat man in einer Hütte im Wald gefunden, nicht weit von jenem Campingort, an dem Mack mit seinen drei Kindern ein verlängertes Wochenende verbrachte. Das Verschwinden des jüngsten Kindes stürzt den Vater in eine abgrundtiefe Verzweiflung, die nicht mehr enden will. Vier Jahre später erhält Mack eine rätselhafte Einladung in diese Hütte. Ihr Absender ist Gott. Mack lässt sich auf die Einladung ein. Er trifft in dieser Hütte eine große dicke Frau, die sich Elousia nennt, aber sich auch als Papa anreden lässt. Er trifft dort den Hebräer Jeschua, der es liebt mit den Händen zu arbeiten, sowie die Asiatin Sarayu, die nie deutlich wahrzunehmen ist. Wie sie erklären, ist jeder und jede Gott, dennoch sind sie eins. Was sie verbindet, ist hingebungsvolle Liebe. Zwischen den dreien und Mack kommt es zu vielen Begegnungen und Gesprächen, in denen Mack es lernt, den Tod der eigenen Tochter anzunehmen und sogar dem Mörder zu vergeben. In einem dieser Gespräche geht es um Frage, wer Jesus ist.
Das Buch will allzu fest gefügte Bilder über Gott und sein verborgenes Walten, über Religion und religiöse Institutionen lockern und ein neues, lebendigeres Verhältnis der Leser zum dreifaltigen christlichen Gott stiften. Hier soll die Vorstellung eines weißen, männlichen, alles überherrschenden Vatergottes aufgebrochen werden. Zur Einsicht wird, dass die Erscheinungsweisen der göttlichen Personen (»Papa« als Mama, »Jeschua« als Handwerker, der Geist als Asiatin) sich an dem festmachen, was der Betroffene (hier Mack) »braucht«, um ein neues Leben anfangen und mit der – schlimmen – Vergangenheit versöhnt zu werden.
In dem Gespräch mit Papa, der dicken, herzlichen und mütterlichen Afroamerikanerin (sie backt Kuchen) wird ein Dreigott-Glaube abgewiesen, aber auch die Vorstellung von einem Gott mit drei Eigenschaften. Gott ist ein Gott in drei Personen und jede Person ist jeweils die eine Gottheit. Gott ist in sich selbst – und nach außen – Liebe und Beziehung. Er ist damit auch Grund und Quelle von Liebe und Beziehung, denn alles kommt von Gott. Liebe und Beziehung sind die Grundprinzipien geschöpflicher Wirklichkeit. Aufgenommen wird das Bild von Richard von St. Viktor: Gott als der Liebende braucht ein Gegenüber, um lieben zu können, aber auch um Liebe zu verstehen. Der Liebende versteht die Liebe erst am Geliebten.
Interessanterweise hört man in Rezensionen häufig, hier werde ein ganz außerordentliches und ungewöhnliches Gottesbild geboten. Dies erstaunt, denn nichts, was hier zu lesen ist, ist vor dem Hintergrund christlicher Theologie wirklich außergewöhnlich; vielmehr handelt es sich bei allen Erklärungen um die klassische Trinitätslehre, wie sie mittels des Liebesbegriffs im Wesen Gottes erklärt werden kann.
Man mag es als ungewöhnlich empfinden, dass der Vater nicht männlich ist; aber letztlich ist dies nicht ungewöhnlich: Vater, Sohn und Heiliger Geist sind als Namen ja Abkürzungen für die narrativen Identitätsbeschreibungen der Geschichte Gottes mit Israel, der Geschichte Gottes in Jesus Christus und der Geschichte Gottes in der Kirche und infolge dieser selbstidentifizierenden Trinität dann auch die Namen für Gott in sich selbst. Aber als Namen haben sie gerade keine prädikative Funktion: Wenn die Person des Vaters im Christentum als »Vater« bezeichnet wird und im Vaterunser so auch angeredet wird, dann geht es nicht darum, dass Gott der Vater wie ein menschlicher Vater wäre; es geht gerade nicht darum, dass menschliche Eltern-Kind- oder Vater-Kind-Beziehungen dem Menschen etwas über Gott sagen könnten, sondern wie bei allen Namen gibt es keinen prädikativen Inhalt. Namen verdanken sich vielmehr sogenannten Taufsituationen, in denen sie zum ersten Mal benutzt wurden, um eine Referenz auf den Bezeichneten herzustellen. Und dies ist im Christentum die Anrede Jesu an den Gott Israels als seinen Vater.
Im Rahmen der feministischen Theologie ist der Vatername Gottes immer wieder kritisiert worden. Um den Vaternamen Gottes zu vermeiden, wird mitunter vorgeschlagen, den Gottesnamen »Vater, Sohn und Heiliger Geist« durch »Schöpfer, Versöhner und Erlöser« oder durch »Quelle des

Lebens, Ursprung der Versöhnung und Gewährer der Vollendung« zu ersetzten. Dieses Verfahren ist – ganz anders als das vollständig orthodoxe Verfahren Youngs – hoch problematisch: Denn Schöpfer, Versöhner und Vollender sind keine Namen, sondern Prädikate, die tatsächlich inhaltlich das Verhältnis Gottes zur Welt beschreiben. Sie gehören ausschließlich zur ökonomischen Trinität, nicht zur immanenten Trinität und auch nicht zur Selbstidentifikation und -erschließung Gottes für den Menschen: Klassisch gesprochen handelt es sich um Appropriationen. Das meint, man tut nur so, als sei der Vater der Schöpfer, der Sohn der Erlöser und der Heilige Geist der Vollender. Tatsächlich ist aber auch der Sohn der Schöpfer und Vollender, der Vater der Erlöser und Vollender und der Heilige Geist der Schöpfer und Erlöser. Die Prädikate »Schöpfer, Versöhner und Vollender« wie auch moderne Paraphrasen kommen also jeder der göttlichen Personen ganz zu. Sie könnten auch nur einer göttlichen Person zukommen, wenn es nur eine göttliche Person gäbe; dann aber würde »Schöpfung, Erlösung und Vollendung« inhaltlich etwas anderes bedeuten, als es jetzt faktisch bedeutet. Der Ausdruck »Schöpfer, Versöhner und Vollender« ist also nicht direkt falsch, aber er ist nicht dagegen gefeit, Modalismus und Arianismus ausschließen zu können und so das christliche Gottesverständnis zu verunklaren. Der Grund besteht darin, dass Prädikate eben nicht die Funktion haben, einen Bezug herzustellen, wie dies bei Namen geschieht. Obwohl dieses Missverständnis bei entsprechenden Versuchen nicht intendiert ist, ist die Gefahr dieses Missverständnisses doch zu groß, als dass ein entsprechender Gebrauch sinnvoll wäre. Wie man dem Anliegen der Geschlechtergerechtigkeit Genüge tun kann, ohne das christliche Gottesbild zu verunklaren, zeigt in hingegen in eindrücklicher Weise Young in dem vorliegenden Abschnitt.

16.5 Bild: Elisabeth Nüchtern, »M«, 2010 (SH S. 39)

Die Ärztin und Künstlerin Elisabeth Nüchtern (geb. 1949) arbeitet mit einfachen geometrischen Formen, um Eindruck, Erlebnisse, Stimmungen, Gedanken und Gefühle zum Ausdruck zu bringen. Die Arbeit »M« zeigt drei Quadrate auf schwarzem Grund, die akkurat aufeinander bezogen sind. Was in der Fläche als stabile Anordnung erscheint, erweist sich als Würfel gesehen als instabile wie wohl sich stützende Anordnung.

Auch wenn der Bezug zur Trinitätsthematik keinen Ausgangspunkt der künstlerischen Darstellung bildet, so kann dieser Bezug jedoch hergestellt werden. Die drei Quadrate als göttliche Personen gedeutet sind deutlich voneinander zu unterscheiden und bilden dennoch einen sinnvollen, wenngleich dynamischen Zusammenhang. Das Bild eignet sich zum einen für das Äußern eigener Assoziationen und damit auch für eigene Gefühle, Erlebnisse, Gedanken und Vorstellungen. Es eignet sich aber auch, um die eigenen Einsichten zur Trinität räumlich grafisch zu deuten. Ist dies ein Bild des dreieinigen und dreifaltigen Gottes? Wie sähe mein Bild aus?

Die Künstlerin kommentiert ihr Bild so:

»Als geometrisch-abstrakte Komposition ist das Bild offen für die Assoziationen der Schüler und Lehrer zum Thema ›Der dreieinige Gott‹. Das Bild lebt vom Kontrast des »Schwarz« und »Gold«. Schwarz als Nicht-Farbe, als Dunkel der Welt, bildet den stärksten Kontrast zu Gold, der göttlichen Farbe, die Glanz verbreitet und die für Licht, Helligkeit, Strahlen und Ausstrahlung steht. Wird das Bild um 90 Grad ins Querformat gedreht, könnte der Eindruck einer goldenen Krone entstehen. Der schwarze Raum unter dem mittleren Quadrat formt dann ein »M« – wie der Anfangsbuchstabe des Erzengels Michael. Die goldenen Quadrate stehen unverbunden auf dem schwarzen Grund. Nichts Gegenständliches vermittelt. Aus sparsamsten Mitteln entsteht eine sakrale Aura.

Als Bild für Gott wurden drei geometrische Grundfiguren gewählt: Quadrate. Quadrate stehen für Vollkommenheit. Ihre vier Seiten sind von identischer Länge, ihre vier Winkel sind rechte Winkel. Quadrate ruhen in sich. Ein Symbol wie ein Quadrat anstelle einer figürlichen Darstellung Gottes nimmt die Verborgenheit Gottes ernst, sein Anders-Sein. In einer geometrischen Figur bleibt Gott auf Abstand, ohne menschliche Züge, heilig.

Als Bild für Gott ist nicht *ein* Quadrat gewählt, sondern die Dreieinigkeit des christlichen Gottes – Gott Vater, Sohn und Heiliger Geist – ist durch *drei* Quadrate zum Ausdruck gebracht, die sich berühren. Gleichzeitig ist die Dimension der Zeit und damit eine menschliche Dimension eingebracht: Das mittlere Quadrat ist um 45 Grad gekippt. Eine Raute entsteht. Der Betrachter hat das Gefühl, dass das mittlere Quadrat sich bewegt hat aus der Position, die das obere und das untere Quadrat einnehmen. Bewegung geschieht in der Zeit. Die Bewegung des mittleren Quadrats kann an die Menschwerdung Christi erinnern, des Gottessohns. Ohne Veränderung des Quadrats in seinen Abmessungen, nur durch die Drehung wirkt das mittlere Quadrat – als Raute – völlig anders. Unwillkürlich verbinden wir den Eckpunkt, auf dem die Raute steht, und ihre Spitze, die nach oben zeigt. Eine Vertikale entsteht. Sie verbindet oben und unten, Himmel und Erde. In ihren Abmessungen entspricht die Raute den beiden anderen Quadraten – die drei Personen sind »eines Wesens«, Christus ist Gottes Sohn. Nur die Bewegung macht aus dem mittleren Quadrat gleichzeitig etwas anderes: Christus als Menschensohn.

Das Bild ist ein konstruktivistisches, kein realistisches Bild. Konkrete Kunst macht ihre Aussagen mit minimalistischen Mitteln. Farbe und Form wirken allein, ohne gegenständliche Unterstützung – nur gestützt auf das, was der Betrachter aus dem Gesehenen macht. Die Menschwerdung Gottes – Christus als wahrer Gott und wahrer Mensch – dargestellt in drei Quadraten, davon eines auf der Spitze stehend: Weniger geht nicht.«

Unterrichtsideen SH S. 36–39

Der Unterricht kann sich bei knapper Zeit auf SH S. 36f. konzentrieren.

(1) Bildbetrachtung: Dreifaltigkeitsikone von Rubljew.
  a) Bild beschreiben.
  b) Gen 18 vorlesen. Wie kam Rubljew auf Dreifaltigkeit?
  c) Die Szene nachstellen und nachspüren. In welchem Zusammenhang stehen die Drei?

(2) Theologisieren: Ist Gott dreifaltig oder dreieinig? Ist Gott einer oder drei?

(3) Textarbeit: Pemsel-Maier
   a) Arbeitsteiliges Vorgehen in Partnerarbeit durch folgende Klärungen:
      - Gottes Sein als Beziehungskommune
      - Dreifaltigkeit Gottes und Gottes inneres Wesen
      - Konsequenzen der trinitarischen Sicht von Gott
      - Liebe und Gott
      - Offene Fragen
   b) Austausch der Erarbeitungen
   c) Anwenden der Sicht Gottes als Gott in der Beziehung auf Ex 3 und Lk 2.
      - Texte wiederholen
      - Aufzeigen, worin sich das Beziehungsgeflecht zeigt.

(4) Textarbeit: Young
   a) Den Roman »Die Hütte« vorstellen, evtl. Schüler/innen-Referat
   b) Text dramatisch lesen
   c) Vergleich mit Pemsel-Maier
   d) Diskussion: Wie kann man überhaupt Liebe verstehen?

(5) Textarbeit: Bilder der Trinität
   a) Lehrperson erläutert den Unterschied von Spuren und Bildern der Trinität
   b) Schülerinnen und Schüler suchen sich in Einzelarbeit ein Bild, das ihnen einleuchtet, und stellen dieses anderen vor
   c) Bildbetrachtung: Nüchtern, »M«. Passt das zur Dreieinigkeit Gottes?

17. Die Personalität Gottes

Die biblisch-christliche Tradition ist bestimmt durch ein personales Gottesverständnis. Gott spricht mit Abraham und Mose, Jesus wendet sich im Gebet an seinen Vater. Gott handelt in der Geschichte Israels, er spricht durch Propheten (»so spricht Gott, der HERR«). Gott ist barmherzig und verändert sich, was z.B. Jona beklagt (Jona 4,2). Dennoch zeigen sich innerhalb der biblisch-christlichen Tradition auch apersonale Züge. So beschreiben die Gleichnisse von der Gottesherrschaft Erfahrungsprozesse, die zwar mit personalen Gottesbildern verbunden sind, aber auch ohne diese gesehen werden können. Auch der Geist des Lebens, wie der Heilige Geist gedeutet werden kann, trägt nicht zwingend personalen Charakter. Schließlich ist auch die Liebe in einem apersonalen Sinne deutbar (»Ich bete an die Macht der Liebe«).
Die Personalität Gottes wird von Janine (SH S. 4) abgelehnt, allerdings nicht vollständig. Sido setzt diese Personalität ganz unbefangen voraus und betet zu Gott (SH S. 5). Das Vaterunser (vgl. Theißen, SH S. 32) rechnet ebenso mit einem personalen Gottesverständnis, während bei Enzensberger personale Bezüge aufscheinen, aber ein personales Gegenüber nicht angesprochen wird (SH S. 61). Auch Bonhoeffer (SH S. 69) bezieht sich auf einen personalen Gott. Ein personales Gottesverständnis wird im Judentum und Islam (SH S. 72f.) selbstverständlich vorausgesetzt, aber im Buddhismus (SH S. 76) explizit abgelehnt.
Die Frage der Personalität stellt sich am bedrängendsten beim Thema Gebet und damit bei der persönlichen Kommunikation mit Gott. Dabei geht es nicht bloß um die Frage, wie Gott im Gebet angesprochen wird, sondern vor allem auch um die Frage, was von dem Gebet erwartet werden kann. Antwortet Gott? Hilft Gott? Darin unterscheiden sich Bittgebete von Lob- und Dankgebeten.
Die Rede von und zu Gott als zu einem personalen Du setzt die Klärung der Begriffe Person und Personalität voraus (vgl. Wilfried Härle, Dogmatik, Berlin/New York 1995, 248–253). Zur Person wird ein Mensch durch bestimmte Eigenschaften. Er kann wollen, über sich selbst nachdenken, frei, bewusst und verantwortlich handeln, Ziele prüfen, Wünsche relativieren, korrigieren usw. Zur Personalität – also zu dem, was eine Person zu einer Person macht – gehört, dass der Mensch sich zu sich selbst verhalten kann.
Aber wie kommt der Mensch dazu, sich zu sich selbst zu verhalten und zu sich selbst gleichsam »Du« zu sagen? Dies hat offenkundig mit der Begegnung mit anderen Menschen zu tun und damit mit Ich-Du-Beziehungen, in denen der Mensch als Du (und nicht als Es oder Sache) angesprochen wird sowie sich als Ich äußern kann. Zur Personalität gehört deshalb auch das Leben in Beziehungen.
Diese Begegnung mit anderen gründet aber offenbar in einer Beziehungsfähigkeit und Beziehungsstruktur, die den Menschen als Bedingung der Möglichkeit vorgegeben ist. Er ist so »geschaffen«, dass er personale Beziehungen aufnehmen und als Person agieren kann. In diesem Sinne gehört zur Personalität des Menschen auch dessen Verfasstheit. Eine Person wird zur Person durch den Gebrauch einer Vorgabe. Die Frage ist, wie es zu dieser Verfasstheit kommt und wie sie zu verstehen ist.
Nun ist die Frage, ob der Personbegriff auf Gott übertragen werden kann – wie dies kirchlich-theistisches Reden selbstverständlich tut. Damit ist zunächst einmal gemeint, dass Gott als die alles bestimmende Wirklichkeit keine Sache, kein Gegenstand ist. Man kann diese Wirklichkeit nicht begreifen, finden oder zeigen. Damit ist auch gemeint, dass Gott Freiheit eignet und die Erfahrung mit ihm personale Züge trägt (Anerkennung, Orientierung, Ermutigung usw.). Innerhalb der Trinität wird die Selbstrelationalität Gottes betont. Sicherlich muss der schöpferische, befreiende, erbarmende und orientierende Gott auch in Bezug auf andere gedacht werden. Diese Beziehung auf andere macht jedoch Gott nicht zur Person (wie beim Menschen), sondern Gott muss als Ausgangspunkt und schöpferischer Grund der Personalität anderer verstanden werden. Die Anwendung personaler Kategorien auf Gott meint deshalb nicht zwingend, dass Gott Person ist, wohl aber, dass er als der Grund alles Personhaften anzusehen ist. Tillich, von dem diese Hinweise stammen (Systematische Theologie I, 283), betont aber dazu: »Er ist nicht eine Person, aber er ist auch nicht weniger als eine Person.« Weil diese Personalität den Menschen ausmacht, legt sich für den Menschen die Annahme nahe, dass Gott, der Grund der Personalität, selber auch personenhaft ist (Tillich, ebd.). Die Reflexion über den Personenbegriff des Menschen führt zu der Einsicht, dass die Personalität des Menschen zumindest theologisch nicht ohne Gott als Grund der Personalität gedacht werden kann. Personales Reden von Gott weist somit metaphorisch auf Gott als Grund des Personenhaften hin.

17.1 Axel Reimann, Hilft beten? (SH S. 40)

Es wird davon ausgegangen, dass die Frage »Hilft das Gebet?« die meisten Lernenden bewegt. Der Text von Axel

Reimann wendet sich gegen die kindliche Annahme, Gott sei eine Wunscherfüllungsmaschine. Er weist darauf hin, dass auch die Bittgebete in der Bibel (vgl. »Gebet Christi in Gethsemane«, SH S. 80) enttäuscht werden, ohne dadurch jedoch den Glauben im Sinne eines vorbehaltlosen Vertrauens aufzugeben. Er macht Mut, ohne Scheu mit konkreten Anliegen zu beten, so wie dies z.B. Bartimäus tut. Die Frage ist, was das Gebet noch alles tut. Das Gebet bewirkt sicherlich auch eine Dezentralisierung. Es nimmt die ganze Verantwortung für das eigene Leben und die Welt, in der wir leben, von dem Individuum weg und bezieht eine andere Instanz ein. Zumindest der Verdacht bekommt Raum, dass der Einzelne weder alles zu verantworten noch mit allem allein zurechtkommen muss. Darüber hinaus gibt das Gebet dem Inneren Ausdruck. Emotionen bekommen Gestalt und werden besser verstanden. Indem sie in die Beziehung zu Gott hineingestellt werden, erfahren sie Deutung in einem umfassenden Wirklichkeitsverständnis.

17.2 Vincent Brümmer, Gottes Personalität und das Bittgebet (SH S. 40f.)
Der Religionsphilosoph Vincent Brümmer sucht in seinen Ausführungen die Personalität Gottes sowie personale Beziehungen zu klären. Ein personales Gottesverständnis rechnet damit, dass Gott auf Bitten reagiert, ohne jedoch seinem Wesen als liebender und treuer Gott untreu zu werden. So kann Jesus auch vertrauend sich dem Willen Gottes überlassen (Mk 14,36, vgl. »Gebet Christi in Gethsemane«, SH S. 80). Ein personales Gottesverständnis rechnet mit einem freien Handeln Gottes. Personen erkennen sich gegenseitig als freie Subjekte an und praktizieren symmetrische Beziehungen. Bitten, wie sie in den Bittgebeten geäußert werden, sind deshalb keine Unterwerfungshandlungen. Sie rechnen mit der Freiheit des Gegenüber und lassen sich darauf ein. Auch wenn die menschliche Personalität sich von der göttlichen unterscheidet (Unveränderlichkeit, Allwissenheit), so eröffnet dieser Text doch auch einen Blick auf Menschen als Personen. Sie sind in ihrem Handeln frei, können auf zufällige Ereignisse und auf personale Bitten reagieren. Sie verdienen symmetrische Beziehungen, ihnen darf als Person weder befohlen noch Zwang ausgeübt werden. Angemessen sind Verständigungen in Form von Übereinkünften.

17.3 Matthias Kröger, Du – wer immer du seist (SH S. 41)
Matthias Kröger teilt einen pantheistischen Gottesbegriff (vgl. Goethe SH S. 13) und kann deshalb mit einem personalen Gottesverständnis zunächst einmal nichts anfangen. Gott ist ungegenständlich und überpersönlich. Er ist das Geheimnis der Wirklichkeit. Gott ist nur der Name dieser Wirklichkeit. Dieses Geheimnis ist weder gegenständlich noch eingreifend-handelnd. Es gilt mit diesem eins zu werden, wie dies in der mystischen Tradition gesucht wird (vgl. SH S. 50f.). Wirklichkeit erschließt sich als Zusammenspiel von Gutem und Bösem, Kräften und Mächten, die aber alle in einem unergründlichen Zusammenhang mit dem ungegenständlichen Geheimnis stehen. Dieses Geheimnis wird immer wieder als *fascinosum et tremendum* erfahren. In der Erfahrung mit dem Geheimnis der Wirklichkeit gibt es aber Erfahrungen, die den Menschen in seinem Personzentrum ansprechen, in ihm die Eindrücke eines Du auslösen und zu der Anrede eines Du führen, allerdings in dem Wissen, dass das Geheimnis letztendlich doch nur nicht-theistisch zu verstehen ist. Ein solches Bild ist mit Tillich als Projektion anzusehen, die letztlich unvermeidlich ist. Sie repräsentiert eine Erfahrung, die von Menschen nicht anders zu formulieren ist. Sie muss jedoch immer wieder korrigiert werden. Dieses Bild hat sein Recht und steht zu einem apersonalen Verstehen in einem komplementären Verhältnis. Wie ein solcher Glaube sich aussprechen kann, verdeutlicht Kröger an Luthers Morgensegen und am Vaterunser (**M 11**).

17.4 Bild: Georges Rouault, Das heilige Antlitz, 1946 (SH S. 41)
Der französische Maler und Grafiker nimmt mit diesem Bild die Tradition des ungeschaffenen Antlitzes Christi auf. Es ist eines von vier seiner Darstellungen dieses Themas. Es orientiert sich am Schweißtuch der Veronika, nimmt also die westliche katholische Tradition auf, während das Heilige Mandylion die östlich orthodoxe repräsentiert. Grundgedanke ist jedes Mal derselbe: Die Einheit von Gott und Mensch lässt sich nicht durch menschliche Kunst darstellen, sondern nur in einem Abdruck Christi selbst, wie er sich auf einem Schweißtuch befindet. Das Schweißtuch der Veronika gilt als Abdruck des leidenden Christus auf dem Weg nach Golgatha. Veronika gilt als die blutflüssige Frau, die durch Berührung des Gewandes Christi geheilt worden ist.
Christus erscheint hier als junger Mann, der mit offenen Augen den Betrachter heiter und gelassen anschaut. Wenn Jesus Gott den Menschen nahe bringt, dann stellt sich die Frage, was die Personalität Jesu für das Verständnis Gottes bedeutet. Hat er durch sich selbst ein personales Gottesbild oder ein ungegenständliches und überpersönliches Gottesbild gezeigt? Ist Jesus das Ebenbild des lieben Gottes?

Unterrichtsideen SH S. 40–41

(1) Gespräch über das Beten:
- Hilft beten?
- Was ist überhaupt ein »Gebet«?
- Was sagt das Gebet über Gott aus?

(2) Textarbeit: Reimann, Hilft beten?
a) Text in Einzelarbeit lesen. Thesen markieren.
b) Gemeinsam den Text beurteilen: Was überzeugt mich? Was überzeugt mich nicht?

(3) Textarbeit: Brümmer
a) Am Text herausarbeiten, was personales Handeln und personale Beziehung meint. Austausch der Einzelarbeit in Partnerarbeit.
b) Klassengespräch: Wie ist Gott? Was heißt demnach Beten? Kann ich Gott so sehen? Wann herrschen unter uns personale Beziehungen?
c) Diskussion: Was macht eine Person zu einer Person?

(4) Streitgespräch: Reimann – Kröger
a) Die Lerngruppe wird in Axel Reimann (A) und Matthias Kröger (B) geteilt. Erarbeitung der jeweiligen Position in Einzelarbeit.
b) Bildung von A-/B-Paaren, Austausch der Meinungen.
c) Klassengespräch: Hat Kröger Recht?
d) Vertiefung: Die Position von Kröger festhalten. Was würde Janine (SH S. 4) dazu sagen? Könnte sie zustimmen?

(5) Bild: Rouault, Das heilige Antlitz
   a) Lehrperson erläutert die Tradition des ungeschaffenen Antlitzes Christi.
   b) Bild betrachten. Wie wirkt Jesus auf mich?
   c) Diskussion: Wenn Jesus Gott zeigt, wie ist dann Gott? Widerspricht dies dem Bilderverbot? (SH S. 23)

Unterrichtsideen SH S. 40–41

Alternatives Vorgehen: Konzentration auf den Text von Matthias Kröger

(1) Einführung der Lehrperson: Für viele Zeitgenossen ist der Glaube ist die Vorstellung von Gott als Person nicht mehr recht nachvollziehbar. Von einem »persönlichen Gott« wollen und können sie nicht sprechen. Sie sprechen lieber von einer Kraft, einer Energie oder einer höheren Kraft. Warum mag das so sein? Suche nach Antworten im Gespräch.

(2) Der evangelische Theologe Matthias Kröger gibt in seinen Büchern dem Glauben an einen personalen Gott den Abschied ohne jedoch ganz auf ihn verzichten zu können. Die folgenden Aufgaben wollen helfen, seine Sicht des Glaubens in drei individuellen Schritten zu erarbeiten und zu bewerten.
   1. Wählen Sie bitte aus jeder Kategorie eine Aufgabe aus, so kann jede bzw. jeder von Ihnen einen eigenen Lernweg beschreiten.
   2. Danach sollten Sie Ihre Sicht mit einer anderen Person teilen
   3. Im Anschluss daran können Sie im Klassengespräch klären, ob man auf die Rede von Gott als Person heutzutage verzichten sollte (Think-Pair-Share).

Eigenart der Aufgaben	Inhaltliche Aufgaben
I Reproduzieren	1. Formulieren Sie, was der Verfasser erlebt hat bzw. erlebt haben könnte. 2. Fassen Sie die Kernaussagen des Textes zusammen. 3. Definieren Sie die Begriffe Göttliches, Projektion und Personalität.
II Reorganisieren	4. Erläutern Sie die Gottesanrede »Du – wer immer du seist.« 5. Erläutern Sie die Aussage »Das Geheimnis ist bzw. wirkt personal.« 6. Entwerfen Sie fünf Bekenntnissätze, die den Erfahrungen und den Einsichten des Verfassers entsprechen (könnten).
III Eigene systematische Reflexion, Problemlösung und eigenes Urteil	7. Beurteilen Sie, ob die Sicht des Glaubens heutigen Zeitgenossen besser entsprechen kann. 8. Entwerfen Sie eine Antwort auf die Frage: Soll man dem Glauben an Gott als Person Abschied geben? 9. Ordnen Sie die Sichtweise des Verfassers in Ihr religiöses Wissen ein. Welche Zusammenhänge lassen sich entdecken?

(3) Klassengespräch: Wie könnte Kröger beten? Einbezug von **M 11**. Könnte ich so beten?

18. Die Liebe Gottes

Die Liebe gehört zu den Wesensmerkmalen des biblischen Gottes. Sie begegnet schon in der Trinität (SH S. 36–39) und nimmt Motive der Menschenfreundlichkeit Gottes (SH S. 26f.), des Erbarmens (SH S. 30f.), aber auch der Gerechtigkeit (SH S. 24) und der Gemeinschaft (SH S. 35) auf. Liebe und gemeinschaftsstiftendes Handeln sind geradezu synonym.

18.1 Wilfried Härle, Gott ist Liebe (SH S. 42)
Der in drei Schritte zu gliedernde Ausschnitt aus der Dogmatik von Härle
– setzt die Liebe mit dem Wesen Gottes in eins,
– klärt den Zusammenhang von Liebe und Freiheit,
– grenzt sich kritisch gegen die Rede vom »lieben Gott« ab.
Härle öffnet mit seinen Ausführungen den Weg, von der Liebe Gottes her menschliche Liebe in den Blick zu nehmen und eine angemessene Vorstellung von Liebe zu entwickeln.

18.2 Gott ist ein Backofen voller Liebe (SH S. 42)
Das als veranschaulichendes Bild gedachte Zitat von Luther stammt aus der siebten Invokavit-Predigt vom 15. März 1522. Luther befindet sich als Junker Jörg auf der Wartburg und bekommt den Bildersturm in Wittenberg mit. Die reformatorische Bewegung droht im Chaos zu versinken. Im März 1522 eilt Luther entgegen allen Warnungen nach Wittenberg und sorgt mit seinen berühmt gewordenen acht Invokavit-Predigten (jeden Tag eine nach dem Sonntag Invokavit) für eine neue Ordnung. Er beklagt das Fehlen der Liebe und mahnt zur Liebe in Entsprechung zu Gott. Das Bild vom weltumfassenden Backofen deutet die Liebe als wärmenden Raum, an dem man sich allerdings auch verbrennen kann, so man nicht vorsichtig damit umgeht. Menschen werden darin umfassend durchdrungen und zu dem gemacht, was sie eigentlich sein sollten: Ein wohlschmeckendes Lebensmittel für andere. Ohne die Liebe sind die Menschen »nicht ganz gebacken«.

Unterrichtsideen SH S. 42

(1) In Einzelarbeit definieren, was Liebe ist und was Liebe kann. Anschließend in Partnerarbeit gemeinsam klären, was Menschen mit dem »lieben Gott« meinen. Passt das zusammen?

(2) Hinführung zu »Gott ist Liebe«
   a) Tafelanschrieb »Gott ist Liebe (1. Joh 4,16)«
   b) Biblische Hinweise sammeln, die diese Aussagen bekräftigen, aber auch festhalten, was dagegen spricht.
   c) Diskussion: Ist die Aussage biblisch gesprochen wahr?

(3) Textarbeit: Härle
   a) Die drei Abschnitte auf die Schülerinnen und Schüler verteilen und die Positionen formulieren lassen.
   b) Austausch der Ergebnisse.
   c) Gegenüberstellung von »der liebe Gott« und »Gott ist Liebe« in einem Tafelanschrieb.
   d) Diskussion: Was ist »wahre Liebe«?

(4) Kurzansprache zu dem Lutherzitat
   a) Lehrperson erläutert den Zusammenhang.
   b) Schülerinnen und Schüler entwerfen eine Kurzansprache.
   c) Kurzansprache vorstellen.

19. Die Allmacht Gottes

Die Rede von Gottes Allmacht kann tröstlich wirken, führt aber auch zu einem deterministischen Wirklichkeitsverständnis, in dem für den Menschen als Person kein Raum bleibt. Dagegen wehren sich Jugendliche. Unter Allmacht versteht man Alles können und gerät in denkerische Probleme. Kann ein allmächtiges Wesen die eigene Macht einschränken oder gar aufheben? Offenbar kann man Allmacht nur irgendwie begrenzt denken.

In der Bibel kommt Gottes Allmacht oder der Allmächtige so gut wie nicht vor. Das Alte Testament kennt kein Äquivalent für »Allmacht«. Die Septuaginta hat zumeist »El Schaddai« (Gen 17,1; 28,3; 35,11) oder »Schaddai« (Gen 49,25) mit »Pantokrator« übersetzt und dürfte damit dem biblischen »El Schaddai« kaum gerecht werden. Auch wenn seine Bedeutung unklar ist (vielleicht von »schadad« = »verheeren, verwüsten«), so ist »El Schaddai« wohl der Eigenname des Patriarchengottes und meint jedenfalls in der Theologie von P (»Unter dem Namen Jahwe habe ich mich ihnen – den Patriarchen – nicht geoffenbart«, Ex 6,3) eine »vorläufige Stufe der Gottesoffenbarung für die Erzväter« (von Rad, ATD, 1. Mose, 167). Im Neuen Testament kommt »allmächtig« nur einmal bei Paulus (2. Kor 6,18) in einem Zitat unter Anlehnung an den Sprachgebrauch der Septuaginta vor, sonst nur in der Offenbarung.

Die Bibel spekuliert nicht abstrakt über Gottes Allmacht, sondern bezeugt ganz konkret Gottes wirkliche Macht. Gottes »Eigenschaften« sind an seinem Handeln abzulesen. Nicht, was Gott tun kann, sondern was er tut (Ps 115,3), ist biblisches Thema.

Nach dem Glaubensbekenntnis (SH S. 9) gehört die Allmacht zu den Eigenschaften Gottes. Doch diese Allmacht steht nicht einfach für sich, sondern sie steht in Verbindung mit dem Vater (dem allmächtigen Vater). Allmacht erweist sich so als nähere Bestimmung der Liebe. Die Liebe ist allmächtig.

Wer also den Begriff der Allmacht abstrakt denkt, verbindet damit sowohl die Vorstellung unbegrenzten Vermögens als auch unbegrenzten Wollens. Gott wäre nur dann in diesem Sinne »allmächtig« zu nennen, wenn er »Gott-an-sich« wäre, aber das ist er im biblischen Sinne ebensowenig, wie er »Macht-an-sich« ist.

Die Rede von der Allmacht Gottes hat nur dann einen (theologischen) Sinn, wenn sie Gottes Allmacht meint. Von Gott reden kann aber nur, wer von der Selbsterschließung Gottes in Christus redet. Nur von hier, der Mitte der Schrift, führt ein Weg zum Verständnis der Allmacht Gottes. In Christus offenbart sich Gott als »Gott-in-Beziehung«, »Gott-in-Zuwendung«, als der liebende Gott: »Gott ist Liebe«. Gottes Allmacht ist also nicht Ausdruck absoluter Jenseitigkeit oder die schreckliche Gottesferne eines Deus absconditus, sondern Ausdruck des liebenden, wirklich mitleidenden Gottes, wie er sich in Christus als »Deus pro nobis« geoffenbart hat. Ist Gottes Wesen aber primär allmächtige Liebe und nicht lieblose Allmacht, dann hat er mit dem »Allmächtigen«, dem »Generals-Gott«, den ja die Theodizeefrage impliziert, nichts zu tun; dann ändert sich auch insofern die Theodizeefrage, als Gott selber die Schmerzen seiner Kreatur mitleidet und er in Christus den Tod am Kreuz stirbt, aber gerade so – als die »ohnmächtige« Liebe – durchbricht er die Macht von Schuld und Leid und eröffnet ein Leben, in dem Menschen eine neue, von der Liebe Gottes geprägte Sicht von Macht bekommen: Im Glauben an Gottes Allmacht, die gleichsam »definiert« ist durch die Liebe des Vaters (»Ich glaube an Gott, den Vater(!), den Allmächtigen ...«), kann der Mensch sich seine Schwächen und Ängste eingestehen. Er muss nicht mehr – wie Nietzsches »Übermensch« – dem »nachmittelalterlichen Traum des Ich, sich göttliche Omnipotenz anzueignen« (H. E. Richter, Der Gotteskomplex, 54), anhängen, sondern er kann Macht, die »durch-kreuzt« ist von der Liebe Gottes, als »Dienst« verstehen: »Einer trage des anderen Last« (Gal 6,2). Nun muss er aber auch nicht mehr seine Wünsche von »All-Macht« – als Verlängerung und Überhöhung der höchsten denkbaren Macht – auf »Gott« projizieren, um dann, enttäuscht, den »Generals-Gott«, bei dem die Fäden offenbar doch nicht zusammenlaufen, selber zu beerben (»Homo homini deus est«, L. Feuerbach, vgl. SH S. 54) oder sich überhaupt, und zwar aufgrund des Widerspruchs von Allmacht, Güte und Gerechtigkeit, vom Glauben abzuwenden.

Die Rede von der allmächtigen Liebe Gottes ist – nicht zuletzt – zusprechende, verheißende, eschatologische Rede. Sie sagt nicht, was ist, sondern was sein wird, wenn sich Gottes Liebe ganz verwirklichen wird: »Und Gott wird abwischen alle Tränen von ihren Augen« (Offb 21,4).

19.1 Bild: Man Ray, Unzerstörbares Objekt (oder zu zerstörendes Objekt), 1964 (SH S. 43)

Man Ray (1890–1976), eigentlich Emmanuel Rudnitzky, war ein US-amerikanischer Fotograf, Filmregisseur, Maler und Objektkünstler mit jüdisch-russischer Herkunft. Er zählt zu den bedeutendsten Künstlern des Dadaismus und des Surrealismus. Er ist beeinflusst von Ideen von Marcel Duchamp. Man Ray arbeitet in New York und Paris. Sein Objekt besteht aus einem Metronom mit ausgeschnittenem Foto eines Auges auf dem Pendel. Es ist eine Kopie einer Arbeit aus dem Jahre 1923. Durch die Platzierung dieses Objektes in den Kontext Gott, ja sogar Allmacht Gottes, gewinnen die einzelnen Züge des Kunstwerkes den Charakter von irritierenden Hinweisen. Das im 17. Jahrhundert erfundene Metronom steht für ein gleichmäßiges Tempo – vorgegeben durch eine aufziehbare Maschine. Das aufgesetzte Auge bewegt sich damit ebenso gleichmäßig hin und her und führt dazu, dass der Betrachter seinen Blick darauf richtet. Werden hier Eigenschaften Gottes und Erfahrungen mit dem Kirchenglauben an Gott symbolisiert? Bekommt durch Gott das Leben einen gleichmäßigen Takt, wird durch ihn eine beobachtende Instanz aufgebaut, die das Hören und Sehen und vielleicht auch das Sich-Bewegen bestimmt? Je nach Tempo kann dies beruhigend, ja sogar hypnotisierend wirken. Doch ist das der Gott, von dem die Bibel erzählt? Könnte es sein, dass ein solcher Gott einerseits unzerstörbar wirkt, andererseits aber zerstört werden muss, wie es der Titel des Kunstwerkes meint?

19.2 Werner H. Ritter, Die Allmacht Gottes (SH S. 43)

Die Aussage »Die Tür ist offen« kann als Beschreibung gehört werden, aber auch als Aufforderung, die Türe zu schließen, als Vorwurf, sie nicht geschlossen zu haben oder als Ermunterung zu gehen. Der propositionale Gehalt einer Aussage sagt noch nichts über seinen performativen

Charakter als Sprechhandlung. Entscheidend sind dabei der Kontext und die Rollen, die dabei eingenommen werden. Dies Beispiel kann aufzeigen, um was es Ritter geht. Er will auf der Grundlage des biblischen Gebrauchs die Aussage »Gott ist allmächtig« als Hoffnungs- und Vertrauensaussage, ja sogar als Anklage verstehen (vgl. auch Ps 22, SH S. 33). Es geht also nicht um Feststellungen, auch nicht um die »allgemeine Wesens- oder Eigenschaftsaussage« Gott sei allmächtig, sondern um die Hoffnung, dass sich Gott angesichts von Absurditäten doch als übermächtig erweisen möge (vgl. auch Röm 8,38f. LH 15.3). Er möge derjenige sein, der Bestand hat und Bestand gibt. »Gott ist allmächtig« erweist sich als Protest im Namen Gottes und die Weigerung, Gott mit dem zu identifizieren, was geschieht. Der Ruf »Gott ist allmächtig« verringert Angst. Er gibt der Hoffnung, den Protesten, Weigerungen und den Sehnsüchten der Menschen Ausdruck und bestimmt Religion als Ort der Sehnsucht (vgl. SH S. 14f. Religionsbegriffe).

Der Text lässt sich in fünf Abschnitte gliedern:

1. Gottes Allmacht als biblische Grundüberzeugung
2. Bedeutungen der Aussage »Gott ist allmächtig«
3. Besondere Bedeutung der Klage
4. Zusammenfassung
5. Wirkungen

Unterrichtsideen SH S. 43

(1) Bildbetrachtung: Man Ray
  a) Was sehe ich? Was empfinde ich? Was fällt mir dazu ein?
  b) Das Objekt auf Gott beziehen. Zeigen sich hier Eigenschaften Gottes?
  c) Die Unterscheidung von Wesen und Eigenschaften wiederholen.

(2) Hermeneutische Vorüberlegungen
  a) Rundgespräch »Die Tür ist offen«. Propositionaler Gehalt und performative Handlungen unterscheiden (s.o.).
  b) Anwenden auf »Gott ist allmächtig«. Verschiedene Betonungen inszenieren: behauptend, feststellend, hoffend, klagend usw.

(3) Textarbeit: Ritter, Die Allmacht Gottes
  a) In Partnerarbeit die Aussage »Gott ist allmächtig« als Hilferuf deuten, und als Hoffnungssatz sowie als Anklage verstehen.
  b) Auswerten.
  c) Die Religionsdefinition im Schlusssatz nachvollziehen. Evtl. andere Religionsbegriffe wiederholen und vergleichen (SH S. 14).

E: Wie kann man Gott erkennen?

In der Geschichte des christlichen Glaubens gibt es zwei große Wege, Gott zu erkennen. Der eine ist der Weg vernünftiger Erkenntnis, der sich rationaler Argumentationen bedient. Der andere ist der Weg der biografischen Erfahrung. Während die rationale Argumentation auf allgemeine Gültigkeit und auf rationale Zustimmung abzielt, geht es der biografischen Erfahrung zunächst einmal um persönliche Gewissheit und zum anderen um ein persönliches Zeugnis. Die Frage ist, ob die beiden Wege zu dem gleichen Ziel gelangen. Während bei Pascal (SH S. 48) die beiden Wege in Gegensatz treten, ergänzen sie sich bei Anselm von Canterbury (SH S. 11). Anselm geht von der biografischen Erfahrung aus und sucht in rationaler Erkenntnis Bestätigung. Beide Wege dürfen nicht in Widerspruch geraten, wenn sie mit Wahrheit zu tun haben. In der christlichen Tradition wurde jedoch aus apologetischen Gründen immer wieder auch ein umgekehrtes Vorgehen gewählt. Man wollte die Existenz Gottes als denknotwendig demonstrieren, um auf dem Boden einer solchen natürlichen Theologie die biografischen Erfahrungen mit Gott plausibilisieren zu können. Von Pascal her wird man dieses Vorgehen problematisieren müssen. Der Gott der Philosophen und der biblische Gott haben für ihn nichts miteinander zu tun.

Themenblock E geht von den klassischen Gottesbeweisen (SH S. 44) aus, zu denen auch der ontologische Gottesbeweis (SH S. 11) zu zählen ist, und fügt eine mögliche Variante hinzu (Swinburne, SH S. 45). Kant (SH S. 45) gibt der Kritik der Gottesbeweise Raum und öffnet den Blick für den moralischen Gottesbeweis, der die Existenz Gottes zwar nicht beweist, aber zwingend machen will. Die folgenden Positionen von Einstein und Polkinghorne stehen in der Tradition der Gottesbeweise und der natürlichen Theologie, indem sie von rationalen Einsichten ausgehen und die Existenz Gottes beweisen bzw. plausibilisieren wollen. Pascal stellt in diesem Kapitel eine Umschlagstelle dar. Rationale Gotteserkenntnis wird zu Gunsten biografischer Erfahrung verworfen. Dies findet ihre intensivste Gestalt in der Mystik (SH S. 50), die an biblische Erfahrung (SH S. 25) anknüpfen kann. Der Reflexionstext von Schwöbel (SH S. 48) erlaubt es, die biografischen Erfahrungen Gottes zu durchdenken.

Davon auszugehen ist, dass Schülerinnen und Schüler von den kognitiven Ansprüchen der Texte gefordert sind, aber auch die intellektuellen Entdeckungen schätzen. Sie haben möglicherweise deshalb eine geheime Anziehungskraft für sie. Gerade die Gottesbeweise dürften zunächst Zustimmung finden. Angesichts ihres Bedürfnisses nach Rationalität hilft die Begegnung mit Beweisführungen, eigene Glaubensvorstellungen zu stützen oder noch einmal in Frage zu stellen. Zur Einsicht könnte kommen, dass Rationalität und Glaube an Gott keinen Gegensatz darstellen müssen.

Angezielt wird der Erwerb der *Fähigkeit, Wege der Gotteserkenntnis darstellen und beurteilen sowie Konsequenzen für menschliches Erkenntnisvermögen formulieren zu können.*

20. Gott mit Mitteln der Vernunft erkennen

20.1 Die fünf Wege, Gott zu beweisen (Thomas von Aquin) (SH S. 44)

Wege, Gott zu beweisen, sind schon zweimal begegnet, einmal im ontologischen Gottesbeweis bei Anselm von Canterbury (SH S. 11) und in der Argumentation Schleiermachers (ebd.). Dieser reformuliert den zweiten kosmologischen Gottesbeweis. Der physikotheologische Gottesbeweis begegnet wieder bei Polkinghorne und Einstein (SH S. 46f.). Zu ergänzen wäre der ethnologische Gottesbeweis »e consensu gentium« – alle Völker glauben an Gott.

Thomas von Aquin hat im hohen Mittelalter die Gottesbeweise systematisiert. Grundgelegt werden sie von Platon und Aristoteles, im Christentum beheimatet von Augustinus. Sie sollen die Existenz Gottes mit den Mitteln der erkennenden Vernunft in einer logischen Gedankenkette beweisen. Es geht ihnen nicht um Glaubensgewissheit und um Glaubensvorstellungen. Sie wollen allein die Denknotwendigkeit beweisen. Dabei wollen sie von Erfahrbarem ausgehen und mithilfe metaphysischer Prinzipien zur transzendenten Wirklichkeit schreiten. Die drei kosmologischen Gottesbeweise gehen aus vom Phänomen der Bewegung, der Verursachung, der Veränderung. Der vierte geht von dem Sachverhalt aus, dass es in der äußeren Erfahrungswelt unbeseelte und beseelte Dinge gibt. Der teleologische Gottesbeweis geht von der Ordnung, Zweckmäßigkeit und Zielstrebigkeit des Naturgeschehens aus. Zu den metaphysischen Brücken zählen vor allem Kausalität und Finalität.

Vor allem Kant hat diese Gottesbeweise entkräftet – und einen neuen, den moralischen Gottesbeweis formuliert. Nach seiner Darstellung beweisen Beweise das, was sie voraussetzen, so die Kausalität und Finalität. Diese sind jedoch Kategorien der erkennenden Vernunft, die jeweils zu einem unendlichen Regress führen und den Raum der gedanklichen Wirklichkeit nicht verlassen: Aus der Annahme, dass es einen ersten Beweger geben muss, folgert noch keine Existenz.

Mit Hans Küng (Existiert Gott?, München / Zürich 1978, 583–606) ergeben sich weitere Anfragen:

- Ist das Kausalitätsprinzip nicht zwischenzeitlich umstritten? Die Chaostheorie sieht die Ursachen-Wirkungs-Zusammenhänge anders als die klassische Physik.
- Was ist das für ein Gott, der hier vor Augen gestellt wird? Verglichen mit dem Gott der Bibel ist dieser Gott recht abstrakt (*actus purus, causa prima*, notwendiges Sein, höchste Stufe des Seins, das Letztwirkliche, Letztgültige und Letztwirkende). Gerade solche Bezeichnungen werden aber heute in säkularisierten Kontexten wieder verwendet!
- Kann man solchen Beweisen sein Leben und Sterben anvertrauen? Kann man also daraufhin glauben?
- Wird da nicht die Welt harmonischer dargestellt, als sie wirklich ist? Am teleologischen Gottesbeweis hat sich die

Religionskritik im Namen des geschundenen Menschen entzündet.
- Für Küng ist es nicht überraschend, dass die Gottesbeweise nicht allgemein angenommen werden. Sie beweisen nichts. Sich aber ihrer einfach zu entledigen, scheint ihm verfrüht zu sein. Die Gottesbeweise halten existenzielle Fragen wach und regen zum Nachdenken an. Wenn die Gottesbeweise unwahr sind, dann muss man mit dem Nihilismus annehmen, dass die Wirklichkeit grund-, halt-, sinn- und ziellos ist. Doch ist das vernünftig? Die Gottesbeweise führen also an letzte metaphysische Fragen des Lebens. Darin ist ihre nach wie vor wichtige Bedeutung zu sehen.

20.2 Richard Swinburne, Ein neuer Gottesbeweis (SH S. 45)
Der Text sucht in zehn Punkten den Gottesbeweis von Swinburne systematisch zusammenzufassen und darzustellen. Ausgehend von dieser Zusammenfassung kann man sagen: Swinburne arbeitet in 1. mit einer Setzung, die er nicht weiter begründet. 3. ist eine empirische Annahme, die die Argumentation trägt. Sie kann überprüft werden, aber harmonisiert tatsächlich alles miteinander? Hier zeigen sich Nähen zum teleologischen Gottesbeweis. 5. ist eine gedankliche Annahme. Sie formuliert jedoch einen Konsens in der Philosophie.
Der Ertrag dieser Beweisführung kann darin gesehen werden, dass vernünftiges Nachdenken vor Gott nicht Halt machen muss. Atheismus ist nicht denknotwendig. Rational Denkende können auch an Gott glauben, ohne ihr Denken aufzugeben.

20.3 Es ist moralisch gewiss, dass Gott sei (Immanuel Kant) (SH S. 45)
Zwar kann die theoretische Vernunft die Denknotwendigkeit Gottes nicht beweisen, bei der praktischen Vernunft ist dies jedoch anders. Nach Kant ist die praktische Vernunft und damit moralisches Handeln an normative Maximen gebunden, die es sich selber gibt (z.B. im kategorischen Imperativ). Diese Maximen folgen aus dem inneren Sittengesetz, das die Freiheit des Menschen fordert. Um der Moralität willen müssen deshalb drei Annahmen postuliert werden, die zwar nicht bewiesen werden können, aber notwendig sind, um überhaupt moralisch handeln zu können:
(1) Der Mensch ist frei, er entscheidet selbst.
(2) Die Menschenseele ist unsterblich, das »du sollst« hört niemals auf.
(3) Gott existiert, er belohnt einst moralisches Handeln mit Glück und begründet so Moralität angesichts von Scheitern und dem Sachverhalt, dass unmoralische Menschen sichtlich gut leben können.

20.4 Bild: Emil Schumacher, Scala I, 1987 (SH S. 45)
Der deutsche Maler Emil Schumacher (1912–1999) gilt als Mitbegründer der abstrakten Kunst in Deutschland. Er wurde vor allem durch Ausstellungen nach dem Zweiten Weltkrieg bekannt. Das Gemälde auf Holz (170 x 125 cm) wird als ungegenständlich bezeichnet. Die Bilder entstehen aus der Bewegung des Malers heraus. Die Elemente entwickeln sich im Malen, was den Bildern Dynamik und Dramatik verleiht. Der Titel »Scala«, das heißt Stufe, lässt an die Darstellung einer Leiter denken. Sie wird in gelber Farbe gleichsam noch einmal gespiegelt. Die Farben sind Schwarz, Gelb, Grau-Weiß mit blauen und grünen Tupfen. Die Striche bilden ein Dreieck, die Leiter ist davon die rechte Seite. Neben Farben und Formen sind keine weiteren Hinweise zu entdecken.
Das Motiv der Leiter lässt an die Himmelsleiter bei Jakob denken (Gen 28,10–19). Auf seiner Flucht vor Esau gelangt Jakob zu der Stadt Lus, die später Beth-El heißen wird. Er nimmt sich einen Stein als eine Art Kissen und sieht im Traum Engel Stufen hinab- und hinaufsteigen. Die Treppe rührt an den Himmel. Von oben hört Jakob Gott, der ihm, dem Betrüger, Begleitung und Schutz verspricht. Jakob wird gesegnet. Ihm ist im Traum Gott begegnet und hat sein Selbst- und Weltverständnis geändert. Seine Angst ist gemindert. Er bleibt Gesegneter Gottes. Zum Dank und zur Erinnerung errichtet er an dem Ort ein Steinmal und gießt Öl darauf. Der Ort ist nun geweiht.
Die Leiter wirkt zerbrochen. Ein Hinaufsteigen wirkt gefährlich. Die Leiter scheint oben angenagelt oder mit Draht festgebunden zu sein. Hat sie ihren Dienst schon getan? Die schwarzen Balken wirken wie eine Aufhängung und ein Fundament. Was verbindet der Künstler mit Scala I? Während unten die Leiter unbrauchbar scheint, zeigt sich oben links und an der Leiter oben ein helles freundliches Blau. Kann dies als Zeichen der Hoffnung gelesen werden? Das Bild steht hier als Hinweis auf eine ganz andere Art der Gotteserkenntnis, nämlich durch ein persönliches Widerfahrnis (vgl. auch SH S. 25). Es weist voraus auf Pascal (SH S. 48).

Unterrichtsideen SH S. 44/45

(1) Gespräch über die Leitfrage: Wie kann man Gott erkennen?
(2) Auseinandersetzung mit den sieben Gottesbeweisen ohne Swinburne.
  a) Schülerinnen und Schüler erarbeiten einen Beweis in Einzelarbeit oder Partnerarbeit anhand der Gesichtspunkte
    - Argumentation,
    - Gottesbild,
    - Wirklichkeitsverständnis,
    - Anfragen,
    - Grafische Darstellung.
  b) Austausch der Ergebnisse im Tandem anhand der Grafiken und Bewertung des Ertrages. Was bringen die Gottesbeweise? Welche Argumentation ist überzeugend?
  c) Gespräch im Plenum.
(3) Bildbetrachtung: Schuhmacher
  a) Wie wirkt das Bild auf mich?
  b) Zu dem Bild eine biblische Erzählung assoziieren.
  c) Lehrperson erzählt Gen 28,10–19.
  d) Vergleich mit den Gottesbeweisen. Was ist hier anders? Dabei andere biblische Begegnungen wiederholen (SH S. 25). Wie wird hier Gott erkannt?

20.5 Albert Einstein, Die kosmische Religiosität (SH S. 46)
Einstein entwickelt zu Beginn seiner Überlegungen eine Entstehungsgeschichte der Religion. Sie repräsentiert eine typische Betrachtung des 19. Jahrhunderts und enthält eine Selbstdefinition von Einstein.

Seine Argumentation kann in einem Überblick folgendermaßen dargestellt werden:

Vertreter	Religionstyp	Quelle	Glaube	Gottesbild
Primitive	Furchtreligion	Furcht vor Hunger, wilden Tieren, Krankheit, Tod	Furcht	Anthropomorphes Gottesbild
Christentum und Islam	Soziale und moralische Religion	Soziale Gefühle	Sehnsucht nach Führung, Liebe, Schutz	Anthropomorph, Gott der Vorsehung; Wesen, das in das Weltgeschehen eingreift, belohnt und bestraft
Religiöse Genies wie Kepler und Newton	Kosmische Religiosität, keine Kirche, kein Gott, keine Dogmen	Erlebnis der Natur und der Welt des Gedankens, Träger: Kunst und Wissenschaft	Gefühlte Nichtigkeit menschlicher Wünsche und Ziele, gefühlte Erhabenheit von Natur und Welt	Vernunft des Weltenbaus; in der Welt geoffenbarte Vernunft

Im Zuge dieser Darstellung beschreibt Einstein die Merkmale dieser Höchststufe, der kosmischen Religiosität, mit fünf Merkmalen:

- Es geht um den Glauben an die Vernunft des Weltenbaus.
- Der Mensch hat eine gefühlte Nichtigkeit eigener Wünsche und Ziele. Er hat aber zugleich die Sehnsucht nach dem Begreifen der geoffenbarten Vernunft in der Welt.
- Die von der Kausalität durchdrungene Natur und die Welt des Gedankens sind erhaben und zeigen eine wunderbare Ordnung.
- Der Mensch ist aufgefordert zur Hingabe und Anstrengung an wissenschaftlichen Gedankenschöpfungen.
- Die Kommunikation dieser kosmischen Religiosität geschieht in Kunst und Wissenschaft.

Diese Religiosität hat Nähe zu Schleiermacher in der Betonung der Gefühle (SH S. 11) sowie zu Rudolf Otto (SH S. 15, oben links) und kann in die Reflexion der Religionsbegriffe mit einbezogen werden (SH S. 14f.). Bezeichnend ist die Trennung der Ethik von der Religiosität. Das ethische Verhalten der Menschen gründet auf Mitgefühl, Erziehung und sozialer Bindung. Eine Orientierung an Kant ist zu erkennen (innere Gesetzmäßigkeiten). Hervorzuheben ist, dass diese Form der Religiosität sich der Wissenschaft verdankt und für sie intensiv votiert. Einstein zeigt zudem Nähen zu den physikotheologischen Gottesbeweisen.

20.6 John Polkinghorne, Das Universum enthält Hinweise auf eine ihm zugrunde liegende Weisheit (SH S. 47)

Polkinghorne stellt sich in die Tradition des physikotheologischen Gottesbeweises (SH S. 44), kann und will jedoch nicht von einem Beweis, sondern nur von bestätigenden Hinweisen sprechen. Er geht also wie Anselm von Canterbury von dem Glauben an den personalen, theistischen Gott aus (SH S. 11) und erkennt – anders als Dawkins (SH S. 57) – in den physikalischen sowie biologischen Einsichten Hinweise, die gut zum Gottesglauben passen. Deutlich wird, dass der anglikanische Priester anders von Gott spricht, als der Physiker Einstein. Gott trägt für ihn personale Züge (Schlusssatz!). Die Absichten Gottes zeigen sich in den Naturgesetzen, die Gott selbst in Kraft gesetzt hat. Der Mensch wird analog zu Gen 1 als besonderes Ereignis der kosmischen Evolution angesehen. In ihm ist das Universum seiner selbst bewusst geworden. Der Mensch hat eine Sonderstellung.

Der Text stellt einige Herausforderungen an die Schülerinnen und Schüler, die durch vorgängige Begriffserklärungen bewältigt werden können.

Anthropisches Prinzip	Die Kräfte der Natur sind so fein aufeinander abgestimmt, dass sie jene Verhältnisse hervorbrachten, die für irdisches Leben, insbesondere menschliches Leben, notwendig sind.
Komplexe und holistische Systeme	Die Ganzheit eines Systems wird zur treibenden Kraft oder zur schöpferischen Ursache der Weiterentwicklung nicht bloß einzelne Ursachen.
Autopoietische Eigenschaften	Autopoietische Systeme haben selbsterschaffende Eigenschaften. Sie haben die Fähigkeit zur Selbstreflexion und sind in der Lage, sich das aus ihrer Umwelt zu nehmen, was zu ihnen passt und ihren Prozess aufrechterhält. (Nachrichtensendungen greifen nur auf, was sie auch selber erhält.)

20.7 Bild: Barnett Newman, Onement III, 1949 (SH S. 47)

Barnett Newman, eigentlich Barnett Baruch Newman (1905–1970), ist der Sohn russisch-jüdischer Eltern, wuchs aber in New York auf. Er fand erst allmählich zur Malerei und gewann nach 1958 eine wichtige Rolle im abstrakten meditativen Expressionismus. Einer seiner Freunde war Mark Rothko. Newman schuf große Gemälde, die nur aus einem Arrangement von Farben bestehen. Es gibt auf ihnen keine Figuren und keine Formen. Mit seinen Arbeiten prägte er das Color-Field-Painting.

Onement III (Öl auf Leinwand 182,5 x 84,9 cm) ist ein dunkelrotes Bild mit einem orangenen Streifen in der Mitte (im Original deutlicher zu erkennen). Dieser Streifen in der Mitte bildet den Ausgangspunkt aller späteren Arbeiten von Newman. Der Titel »Onement« suggeriert Ganzheit, Harmonie, Einheit, verweist aber auch auf »Atonement« (Sühne) und damit auf den Jom Kippur. Das Wort Onement kann auch als »Entstehungsmoment« gedeutet werden. Sicherlich löst das Bild ganz verschiedene Assoziationen aus. Eine könnte darin bestehen, dass bei der Entstehung der Welt ein Lichtstrahl durchbricht, der dem Ganzen eine Mitte gibt und diese so strukturiert. Bezogen auf Polkinghorne könnte es die Entdeckung der Absicht des Schöpfers sein, der hinter der Entstehungsgeschichte des Universums steht.

(1) Bildbetrachtung: Newman »Onement III«
   a) Was sehe ich? Wie ist das Bild aufgebaut? Was empfinde ich? Was assoziiere ich? Wie deute ich das Bild?
   b) Nachdenken: Könnte das Bild etwas mit der Deutung der Wirklichkeit zu tun haben?

(2) Arbeitsteiliges Vorgehen
   a) Die Positionen von Einstein und Polkinghorne unter den Schülerinnen und Schülern aufteilen.
      Aufgaben für Einstein:
      – Entwicklungsgeschichte der Religionen herausarbeiten mit den oben genannten Kategorien.
      – Fünf Merkmale einer kosmischen Religiosität bestimmen.
      – Verhältnis zu den Gottesbeweisen herstellen.
      Aufgaben für Polkinghorne:
      – Zwei sich überschneidende Kreise zeichnen. In den rechten Kreis die theistischen Annahmen eintragen, in den linken die naturwissenschaftlichen Einsichten, im Überschneidungsbereich den Zusammenhang verdeutlichen (mit Hinweisen bestätigen etc.).
      – Beziehung zu den Gottesbeweisen bestimmen.
   b) Einander die Positionen vorstellen: Einstein und Polkinghorne werden durch die Lehrperson interviewt mit Fragen wie
      – Glauben Sie an Gott?
      – Sind Sie Christ?
      – Worin sehen Sie Ihre Lebensaufgabe?
      – Welche naturwissenschaftlichen Einsichten sind für Sie religiös bedeutsam?
      – Wie denken Sie über die Gottesbeweise?
   c) Sich selbst den Positionen zuordnen.

21. Gott aus der Erfahrung erkennen

Die Gotteserkenntnis in der Bibel kennt auch die Erkenntnis Gottes aus der Natur (Ps 104, Ps 8, Ps 19). Doch vorherrschend ist die Erkenntnis aufgrund von kontingenten personalen Erfahrungen (Abraham, Mose, Elia, Jakob, Amos, Jesus, Paulus etc.), die bewegen, verändern und in Anspruch nehmen. Christentums- und Menschheitsgeschichte sind voll von solchen Erfahrungen, in denen sich der Heilige Geist bemerkbar macht. Man muss deshalb auch mit Gottesbegegnungen in anderen Religionen rechnen. Während die einen Erfahrungen überraschende Widerfahrnisse sind, wählt die auch in anderen Religionen bekannte Mystik eine andere Form: Gotteserkenntnis verdankt sich jahrelangen Übungen und bleibt trotzdem kontingent.

21.1 Ergänzung: Blaise Pascal, Memorial (M 12)

Am 23. November 1654 im Alter von 31 Jahren in der Zeit von 21.30 Uhr bis 0.30 Uhr begegnet Gott Pascal. Es ist der Tag des Heiligen Klemens und der Vorabend des Tags des Heiligen Chrysogonus. Sie sind gleichsam die Zeugen dieses Ereignisses. Es hat ihn für den Rest seines Lebens geprägt, sogar der genaue Zeitpunkt bleibt in Erinnerung. Man spürt die Nähe zur Begegnung von Mose am brennenden Dornbusch, denn Gott ist wie Feuer (vgl. auch Ex 20, Apg 2). Pascal wird von dem Gott Abrahams, dem Gott Isaaks, dem Gott Jakobs, dem Gott von Ruth, dem Gott Jesu Christi ergriffen. Er kann nur stammelnd sprechen. Es durchströmt ihn ungemeine Freude (*Faszinosum*), aber auch die Erkenntnis von Entfremdung und Distanz (*Tremendum*). Es handelt sich um eine Offenbarung, in der Gott sich selbst erschließt und Menschen verwandelt und in Anspruch genommen werden. »Nur auf den Wegen, die das Evangelium lehrt, kann man ihn bewahren«, schreibt Pascal. Der Gott der Gelehrten und Philosophen ist nicht der Weg zu Gott. Pascal hält seine Erfahrung anschließend in dem sogenannten »Memorial« fest (**M 12**).
Mit dieser merkwürdigen Aufzeichnung hat es folgende Bewandtnis: Nach Pascals Tod fand ein Hausdiener zwei in den Kleidern des Verstorbenen eingenähte, von Pascal eigenhändig beschriebene Blätter. Das eine stellt den unmittelbar nach jener Erfahrung auf ein Stück Papier niedergeschriebenen Bericht dar, das andere eine später auf ein Pergamentblatt aufgezeichnete und leicht überarbeitete und ergänzte Reinschrift davon. Während das Originalmanuskript bis heute erhalten geblieben ist, existiert von der Reinschrift nur eine Kopie.
Unter dem Symbolzeichen eines Kreuzes im Strahlenkranz folgt zuerst eine exakte Datierung des Erlebnisses, bei der auch die Uhrzeit »seit ungefähr abends zehneinhalb bis ungefähr eine halbe Stunde nach Mitternacht« genau angegeben ist. Damit wird von vornherein das Missverständnis abgewehrt, dass es sich hierbei um eine unhistorische, raum- und zeitlose Imagination handle. Die Problematik jener Aufzeichnungen liegt auf einer ganz anderen Ebene, nämlich darin, dass die normale begriffliche Sprache nur sehr unzureichend, gleichsam abgebrochen und stammelnd, das wiederzugeben vermag, was die religiöse Erfahrung in konzentrierter Fülle ganzheitlich erleben lässt. Dass es sich in diesem Sinne um eine reale Erfahrung in Raum und Zeit handelt, die aber eigentlich nur in der religiösen »Sprache des Herzens« ausgesagt und aufgenommen werden kann, das wird durch den zweiten Teil der Zeitangaben, nämlich mit der auffälligen Häufung von »heiligen Datierungen« in Gestalt der quasi als Zeugen benannten Märtyrer vom 23./24. November zum Ausdruck gebracht.
Den nun folgenden bruchstückhaften Sätzen ist in Großbuchstaben, wie eine Überschrift, nur das eine Wort FEUER vorangestellt. Man weiß, dass im jansenistischen Kloster von Port Royal dieses Wort eine gebräuchliche Bezeichnung für den liebenden Aufschwung der Seele zu Gott hin darstellte. Wichtiger als eine solche historisch-philologische Erklärung erscheint jedoch eine (durch die unmittelbar folgende Formel vom »Gott Abrahams, Gott Isaaks, Gott Jakobs« von Pascal selber nahegelegte!) symbolische Deutung als Ausdruck einer Begegnung mit dem lebendigen Gott der Bibel (vgl. Ex 3), der nach einem Wort des Hebräerbriefes »ein verzehrendes Feuer« ist.

21.2 Blaise Pascal, Der Gott der Philosophen und der Vater Jesu Christi (SH S. 48)

Der Text stellt die Auseinandersetzung von Pascal mit den theologischen Strömungen seiner Zeit dar. Verständlich wird seine Position auf dem Hintergrund seiner persönlichen Gotteserfahrung. Der Text lässt sich in sechs Abschnitte gliedern:

- Anliegen,
- Beurteilung der Gottesbeweise,
- Was der Gott der Christen nicht ist,
- Der Gott der Christen,
- Diejenigen, die Gott außerhalb Christi suchen,
- Jesus Christus und die Welt.

Die an die biblische Formel vom Gott der Väter angeschlossene Abgrenzung »nicht der Philosophen und Gelehrten« bezeichnet jene intuitiv-erleuchtende »Erkenntnis des Herzens« (»esprit de finesse«), die Pascal in deutlichem Hinausgehen über seinen Zeitgenossen Descartes dessen rational-mathematischer Methode des Erkennens (»esprit de géométrie«) diametral entgegengesetzt hat: »Das Herz hat seine Gründe, die die Vernunft nicht kennt ...« oder noch deutlicher: »Das Herz hat seine Ordnung; der Geist hat die seine, die besteht in Grundsätzen und Beweisen. Das Herz hat eine andere. Man beweist nicht, dass man uns lieben solle, durch geordnete Darlegung der Ursachen der Liebe, das würde lächerlich sein. Jesus Christus, Paulus folgen der Ordnung der Gottesliebe, nicht der des Geistes; sie wollen nicht unterrichten, sondern entzünden ...«
So sehr Pascal sich einerseits mit Descartes in dem philosophischen Bemühen um eine Gewissheit der Erkenntnis verbunden weiß, so wenig ist er jedoch andererseits bereit, diese Gewissheit wie Descartes auf das denkende Ich zu gründen! Für Pascal steht vielmehr gerade jenes (scheinbar so sichere) Fundament der Existenz des zweifelnden und denkenden Subjekts in Frage. Seine Anthropologie baut darauf auf, gerade die ungesicherte Existenz des Menschen zwischen seiner »Größe« (der Fähigkeit des Denkens) und seinem »Elend« (der Unfähigkeit, die Wahrheit mit Gewissheit zu erkennen), zwischen dem Unendlichen und dem Nichts, zwischen Tier und Engel, in geradezu modern-existenzialistisch anmutender Weise zu erfassen.
Ihre Ursache hat jene »böse Dialektik« von Größe und Elend des Menschen für Pascal eben in seiner Egozentrizität, also in dem Sich-selbst-zur-Mitte-Setzen-Wollen, biblisch gesprochen: in der Sünde! Während Descartes von seinen aristotelisch-thomistischen Voraussetzungen her aus der Ineinssetzung von Selbstbewusstsein und Gottesbewusstsein eine uneingeschränkte Erkenntnisfähigkeit der Vernunft deduziert, macht Pascal, von der augustinischen Gnadenlehre herkommend, unmissverständlich klar, dass der Mensch wahre Gotteserkenntnis und damit zugleich sein wahres Menschsein nur finden kann, wenn er sich von der Gnade Gottes ergreifen und leiten lässt: »Erkenne also, Hochmütiger, was für ein Widerspruch du dir selbst bist. Demütige dich, unmächtige Vernunft, schweige still, törichte Natur, begreife: der Mensch übersteigt unendlich den Menschen und vernehme von deinem Herrn deine wirkliche Lage, von der du nichts weißt. Höre auf Gott.«
Nicht etwa in einer philosophischen Synthese sind deshalb für Pascal die gegensätzlichen Standpunkte seiner Zeit, wie Dogmatismus und Skeptizismus, Idealismus und Naturalismus, Rationalismus und Irrationalismus aufzuheben, sondern allein »in Jesus Christus sind alle Widersprüche zur Übereinstimmung gebracht«. Weil aber Descartes in seiner Philosophie dieses Fundament der auf Jesus Christus bezogenen Theologie weder benötigt noch berücksichtigt, sondern nur nach »geometrischer Methode« von einem abstrakt-metaphysischen Gottesbegriff »der Philosophen und Gelehrten« ausgeht, deshalb muss sich Pascal von der Gotteserfahrung des Memorial her zwangsläufig von Descartes distanzieren:
»Das kann ich Descartes nicht verzeihen. Er hätte am liebsten in seiner ganzen Philosophie Gott nicht berührt; er aber kam doch nicht umhin, ihn der Welt, um sie in Bewegung zu setzen, einen Nasenstüber geben zu lassen; danach hat er nichts mehr mit Gott zu tun.«
Nachdem Pascal schon 1646 im Kreise seiner Familie in einer Art erster Bekehrung die Bekanntschaft mit dem ethisch-religiösen Erneuerungsgeist des Jansenismus gemacht hatte, schloss er sich aufgrund des Bekehrungserlebnisses von 1654 dem jansenistischen Zentrum Port Royal auch förmlich an. Als rhetorisch und philosophisch gewandter Wortführer greift er sogleich in den theologischen Abwehrkampf gegen die Kasuistik der Jesuiten mit seinen 1656/57 erscheinenden »Lettres à un provincial« ein, kann aber später die Unterwerfung der geistlichen Führer von Port Royal unter das kirchliche Verdammungsurteil gegen die Theologie des Jansenismus schließlich doch nicht verhindern.
Etwa in dieser Zeit begann er damit, Notizen, Gedanken und Fragmente zu einer geplanten, großangelegten Apologie des christlichen Glaubens zu sammeln, konnte dieses Werk jedoch wegen fortdauernd sich verschlimmernder Krankheit nicht mehr ausführen. Seine Gedanken werden erst 1670 posthum und in verkürzter Form unter dem Titel »Pensées sur la religion« veröffentlicht.

Dem im SH S. 48 abgedruckten Abschnitt, der sich kritisch-apologetisch mit den Gegnern des christlichen Glaubens auseinandersetzt, geht voraus eine Darlegung der beiden – in den Grundzügen bereits aus der Auseinandersetzung mit Descartes bekannten – dialektischen Grundsätze der theologischen Anthropologie Pascals:

1. Der Mensch kann Gott erkennen – das ist seine Größe.
2. Der Mensch ist in seiner Natur (durch die Sünde) korrumpiert – das ist sein Elend.

An diesem Geheimnis des christlichen Glaubens vorbei gehen sowohl diejenigen (deistischen) Philosophen (wie Descartes), die in ihrem »Dünkel« nur »Gott gekannt haben und nicht ihr Elend«, als auch die Atheisten, die in ihrer »Verzweiflung« nur »ihr Elend ohne den Erlöser kennen«. Es macht dagegen die Mitte des christlichen Glaubens aus, dass man »Jesus Christus nicht kennen (kann), ohne sowohl Gott als auch sein Elend zu kennen«.
Aus diesem Grunde will Pascal nun eben nicht – wie die scholastischen Theologen und die ihnen folgenden Philosophen – die Existenz Gottes oder die Dreieinigkeit oder die Unsterblichkeit der Seele »durch natürliche (Vernunft-) Schlüsse zu beweisen« versuchen. Denn erstens sind die »metaphysischen Gottesbeweise ... so abseits vom Denken der Menschen und so verwickelt, dass sie wenig überzeugen, und sollten sie wirklich einigen nützen, so werden sie nur so lange nützlich sein, als man den Beweis vor Augen hat; eine Stunde danach fürchten sie, sich getäuscht zu haben«. Zweitens aber können »verhärtete Atheisten« durch natürliche Vernunftschlüsse ohnehin nicht von der Existenz Gottes überzeugt werden, weil solche Überzeugung nicht eine Sache der Vernunft, sondern des Herzens ist! Der dritte

und entscheidende Grund liegt für Pascal aber darin, dass nach seiner Erfahrung jede vernünftige Gotteserkenntnis »ohne Jesus Christus nutzlos und unfruchtbar ist«. »Nutzlos und unfruchtbar« deshalb, weil ohne den Glauben an Jesus Christus der philosophische Dünkel in seinem (Schein-)Wissen über das Wesen Gottes meinen muss, Gott erkennen zu können, ohne sich der eigenen Gott-losigkeit, also der Sünde, bewusst zu sein, und der gnadenhaften Erlösung aus diesem »Elend« also gar nicht zu bedürfen.

Pascal erläutert dies daran, dass die philosophisch-abstrakte Einsicht nach Art der mathematischen Erkenntnisse und die glaubende Gewissheit in der Frage des persönlichen Seelenheils doch wohl nur sehr wenig miteinander zu tun haben können. Der Gott »als Urheber der geometrischen Wahrheiten und der Ordnung der Elemente« ist nicht der »Gott Abrahams, Isaaks und Jakobs«.

Der biblische Gott des christlichen Glaubens ist nicht der Gott der Metaphysik, auch nicht nur ein Gott des jüdischen Vergeltungsprinzips: Treue zu Gott bewirkt den Segen Gottes, sondern ein Gott der Liebe und des Trostes, der die Glaubenden »ihr Elend und seine unendliche Barmherzigkeit« lebendig und existenziell erfahren lässt.

In geradezu prophetischer Sicht beschreibt Pascal sodann die (von der Theologie- und Geistesgeschichte bestätigten!) Folgen einer Gotteserkenntnis »außerhalb Jesu Christi«: Gott in der oder als Natur erkennen zu wollen, führt zum Pantheismus oder (wie bei Holbach und Feuerbach) zum Atheismus. Ihn nur noch als »ersten Urheber« zu erkennen, führt zu einem – Gott und Welt immer weiter auseinanderrückenden – Deismus, der der atheistischen Religionskritik den Weg bereitet oder jedenfalls ein leichtes Spiel macht. Weil aber der Gott der Bibel nicht als »Natur«, sondern in Jesus Christus sich den Menschen ein für allemal offenbart hat, deshalb bleibt er zwar als Schöpfer und Herr in der Welterfahrung gegenwärtig, aber er geht doch nicht in ihr auf: Gott ist dem Glauben in der Welt erfahrbar in der Weise der »Gegenwart eines Gottes, der sich verbirgt«! In Jesus Christus aber ist der Mensch in die mitleidend-erlösende Gnade Gottes hineingenommen: »ein erniedrigter Gott, bis zum Tod am Kreuz; ein Messias, der über den Tod siegt durch seinen Tod«. In diesem Glauben ist er als ein von der offiziellen römischen Kirche wegen seiner Beziehungen zu Port Royal verurteilter, aber geistlich ungebrochener Nachfolger Christi am 19. August 1662 gestorben. Unter seinen nachgelassenen Papieren fanden sich auch die folgenden Sätze:

»Niemals haben die Heiligen geschwiegen. Nachdem Rom gesprochen hat und alle meinen, dass es die Wahrheit verurteilt habe, muss man um so lauter rufen, dass man sie zu Unrecht verurteilt hat. Die Inquisition und die Gesellschaft Jesu [der Jesuitenorden], die beiden Geißeln der Wahrheit. Mögen meine Briefe von Rom verdammt sein: was ich in ihnen verdamme, ist im Himmel verdammt. Ad tuum, Domine Jesu, tribunal appello. Man muss Gott mehr gehorchen als den Menschen.«

21.3 Christoph Schwöbel, Erfahrung und Offenbarung (SH S. 48)

Die abstrakt anmutende Differenzierung von Offenbarung in Schwöbels Ausführungen lädt ein zur Anwendung auf eine Offenbarungsgeschichte, wie z.B. Lk 24,13–35. Jesus Christus (a) erschließt nach der Kreuzigung auf dem Weg nach Emmaus (b) den Sinn seines Todes (c) den beiden Jüngern (d) mit dem Resultat, dass sie an die Auferstehung glauben, an den Ort des Schreckens zurückkehren und nicht mehr niedergeschlagen, sondern voller Zuversicht anderen das Evangelium verkünden.

Bezieht man dies auf Pascal, dann kann man sagen, Gott (a) erschließt am 23. November 1654 (b) sich selbst als der Gott der Väter und als der Gott Jesu Christi, den die Welt nicht kennt (c), für Blaise Pascal (d) mit dem Resultat, dass dieser voller Freude, Vertrauen, Liebe und Gewissheit sich Jesus Christus hingibt und sich von allen anderen Wegen der Gotteserkenntnis lossagt.

Um zu zeigen, dass dies kein Sonderweg der Erfahrung darstellt, vergleicht Schwöbel diese Offenbarung mit einer Erfahrung, gezeigt z.B. an der WM 1954. Wir Deutschen (d) erfahren den Gewinn der Fußball-Weltmeisterschaft (x) als »Wunder von Bern« (y), indem dieser Sieg (x) in die Nachkriegsgeschichte (i) eingeordnet wird, die dann eine neue Dimension bekommt: Die Deutschen erlangen wieder Anerkennung und eine gewisse Aufrichtung ihres Selbstbewusstseins. All dies ist ein Wunder.

Entscheidend für die folgenden Überlegungen Schwöbels ist nun, dass es in der Erfahrung Jesu als Christus und damit in der Selbsterschließung Gottes in Jesus Christus nicht um irgendeine Erfahrung geht, sondern um den gesamten Interpretationsrahmen für alle möglichen Erfahrungen. Es geht bei ihr um die alles bestimmende Wirklichkeit, die hier offenbar wird, und damit um ein grundlegendes Selbst- und Weltverständnis. Für die Emmaus-Jünger hat sich der ganze Lebenshorizont verändert. Jedes Brotbrechen wird nun zum Erinnerungs- und zum Hoffnungszeichen. Für Pascal verändert sich seine ganze Lebenshaltung. Er kann menschliche Grenzen der Gewissheit von Gottes Liebe annehmen und getrost leben und, wie sich zeigt, auch getrost sterben. In diesem Rahmen, so der christliche Anspruch, werden Erfahrungen anders erfahren. Sie gewinnen lebenstragende Bedeutung und entlassen aus sich heraus Wahrheit. Pascal sieht die Philosophie anders. Er sieht, was sie kann und was sie nicht kann. Ihre Grenzen liegen darin, dass sie keine Lebensgewissheit geben und die Ambivalenz des Menschseins nicht annehmen kann.

Unterrichtsideen SH S. 48

(1) Schüler- oder Schülerinnen-Referat zu Blaise Pascal
(2) Das Memorial (**M 12**) erschließen
   a) Text mit Bedacht lesen, auch einmal laut vorlesen.
   b) Gemeinsam bedenken, was hier geschieht. Welche Wirkungen dürfte dies auf Pascal gehabt haben? Evtl. Vergleich mit Elia und Paulus (SH S. 25).
   c) Arbeitsteilige Reflexion des Textes
      – Was ist gleich und was anders als bei Einstein?
      – Was ist bei den Gottesbeweisen anders?
      – Was würde Polkinghorne dazu sagen?
(3) Textarbeit: Pascal, Der Gott der Philosophen und der Vater Jesu Christi
   a) In Einzelarbeit fünf Hauptaussagen des Textes herausarbeiten und in Partnerarbeit vergleichen.
   b) Tafelbild mit zwei großen Kreisen. In dem einen steht »Der Gott der Philosophen«, in dem anderen »Der

Vater Jesu Christi«. Die Schülerinnen und Schüler verdeutlichen zeichnerisch den Inhalt der Kreise und das Verhältnis der beiden zueinander.

c) Die implizite Kritik der Gottesbeweise durch Pascal festhalten (kein Heil; keine Erleuchtung; Verfall zu Atheismus oder Deismus).
d) Die Aussagen des Textes mit dem Memorial (**M 12**) verbinden.

(4) Textarbeit: Schwöbel

a) Die Lehrperson gibt die Textstruktur vor: 1. Offenbarung, 2. Erfahrung, 3. Besondere Erfahrung Jesu als Christus.
b) Den Offenbarungsbegriff auf Pascal anwenden.
c) Den Erfahrungsbegriff konkretisieren, z.B. an dem »Wunder von Bern« oder in einer anderen Erfahrung.
d) In Partnerarbeit den dritten Textteil auf Pascal anwenden.
e) Für den Schlusssatz Deutungen suchen.

21.4 Ergänzung: Zum Verständnis der Mystik

Texte aus der Mystik bereiten Schwierigkeiten. Es besteht die Gefahr, sie als unverständlich und fremd abzulehnen. Deshalb seien einige einführende Gedanken vorangestellt.

Im Kern der Mystik geht es um die Begegnung mit Gott bzw. die Erfahrung Gottes, so wie sie Mose am brennenden Dornbusch, Elia am Horeb, Paulus vor Damaskus oder Jakob im Traum am Fuße der Leiter zuteil wurde.

In dieser Erfahrung geht es um das, was dabei in einem Menschen geschieht. Es geht um den Erfahrungskern. Paulus spricht von einer Entrückung ins Paradies (2. Kor 12,4). Für Luther öffneten sich mit dem Turmerlebnis die Pforten des Paradieses.

Für dieses Erlebnis gibt es verschiedene Bezeichnungen, so z.B. Erleuchtung, Einswerden, Vereinigung, Versenkung, Eindringung, Ekstase, Herausgerissenwerden. Sie entsprechen offenkundig unterschiedlichen Erlebnissen. Klar ist jedoch, dass alle diese Erfahrungen Menschen grundlegend verändern. Sie leben nun aus Gott, doch sie leben damit nicht zurückgezogen, sondern der Welt zugewandt. Immer wird die Frage aufgeworfen, ob es sich bei dieser Kernerfahrung um eine Vereinigung mit einem apersonalen »Sein« oder um die Begegnung mit einer personalen »Gottheit« geht. Möglicherweise ist es beides und lässt sich gar nicht recht unterscheiden (Josef Sudbrack).

Die mystische Erfahrung kann als die Begegnung mit der alles bestimmenden Wirklichkeit verstanden werden. In ihr begegnen Menschen dem Geheimnis des Seins. Je nach Verständnis dieser Wirklichkeit ändern sich auch die Begegnung und ihre Wirkung sowie der Weg, wie es zu dieser Begegnung kommen kann. Geht es bei Gott um die Vernunft oder den Willen, der alles bestimmt, so geht es in mystischer Erfahrung um die Erkenntnis Gottes (Erleuchtung) oder die Vereinigung des eigenen Willens mit dem Willen Gottes. Ist die alles bestimmende Wirklichkeit jedoch die Liebe, dann geht es in der mystischen Erfahrung um eine Art Verschmelzung. Ist diese Liebe in Jesus Christus offenbar geworden, dann geht es um die Vereinigung mit diesem bis hin zum Kreuz. Da es in den Begegnungen um die Vereinigung mit Gott geht, stellt sich immer wieder die Aufgabe, von sich selbst frei und für Gott ganz offen und empfangend zu werden. Alle Eigenaktivitäten gilt es einzustellen und sich ganz auf Empfang auszurichten. Das Eigentümliche dieser Herausforderung besteht allerdings darin, etwas zu tun, ohne tätig zu werden. Es gilt also »arm« zu werden (Meister Eckehart). Wege zu dieser Begegnung sind Gebet, Meditation, geistliche Übungen. Die Erfahrung selbst hat trotz aller Beschreibungen, die man finden kann, allerdings auch den Charakter, unaussprechlich zu sein.

Mystische Erfahrungen gibt es in allen Religionen (vgl. den Sufismus oder Zen-Buddhismus). Sie deutet sich aber auch in Einsteins kosmischer Religiosität (SH S. 46) an. Die Frage stellt sich, ob es sich bei den unterschiedlichen mystischen Erfahrungen letztlich um dieselbe Erfahrung handelt. Es geht hier überall um die Erlösung oder Erleuchtung als Ziel, der Weg zeigt Stationen wie Reinigung, Erleuchtung und Einigung (*purificatio, illuminatio, unio*). Dagegen spricht aber, dass es sich bei den einen um eine Verschmelzung mit einem unpersonalen Sein, bei den anderen mit einer personalen Gottheit zu handeln scheint. Hans Küng (Hans Küng / Heinrich von Stietencron, Hinduismus, Gütersloh 1987, 71f.) schlägt vor, von einer »Gemeinsamkeit in Gegensätzen« zu sprechen. Es gibt einheitliche und verschieden strukturierte Züge. Ausschlaggebend ist für ihn die Einsicht, dass es eine »reine« Form mystischer Erfahrung an sich nicht geben kann. Eine Erfahrung ist stets ein interpretiertes Erlebnis. Schon die Zuwendung ist durch Deutung geleitet, auch das Empfinden gibt es nicht ohne Deutung. Thomas von Aquin formuliert deshalb »quid quid recipitur ad modum recipientis recipitur«.

21.5 Bild: Salvador Dalí, Corpus Hypercubus, 1954 (SH S. 49)

Salvador Dalí war, wie alle Surrealisten, ein Anhänger Freuds, den er 1939 noch traf. Er wollte in seinen Bildern seinen Träumen und den Dramen des Unbewussten sichtbare Gestalt verleihen. Dalí verwendet in seinen Bildern immer auch religiöse Symbole, wiewohl er sich selbst als nicht religiös bezeichnet. In seinen Arbeiten finden sich Werke, die er selber der Mystik zurechnet. Eine wichtige Rolle spielt dabei immer wieder Gala, seine Ehefrau, die dem Gekreuzigten hier gegenübersteht.

1953 nimmt sich Dalí vor, ein Kruzifixus zu malen, das »transzendent-metaphysisch« sein und sich von dem »materialistischen und antimystischen« Grünewald unterscheiden sollte. Der Gekreuzigte hat keine Dornenkrone, keine Wundmale. Er vertritt hier das Schönheitsideal des »schönen Christus« aus der Renaissance. Vor dem übergroßen Gekreuzigten steht die betrachtende Gala. Licht fällt von links oben auf den Christus. Beherrschend ist in dem dunklen Raum das schwebende Kreuz, das aus acht goldenen Würfeln gebildet ist. Das Gold kann als kondensiertes Licht angesehen werden. Das Kruzifix stellt den vierdimensionalen Hypercubus in dreidimensionaler Weise dar. Vorstellbar ist das so: So wie ein dreidimensionaler Würfel zweidimensional aufgeklappt als Kreuz mit sechs Quadraten darstellbar ist, so ist der vierdimensionale »Hypercubus« (auch Tesserakt genannt) dreidimensional als ein Kreuz aus acht Würfeln darzustellen. Das Kreuz – so die Intention von Dalí – verweist damit auf eine verborgene vierdimensionale Wirklichkeit, die jenseits des Physikalischen liegt. Den Gedanken kann man so weiterentwickeln, dass der Gekreuzigte an dem achtkubischen Kreuz die dahinter liegende Wirklichkeit in der Dreidimensionalität sichtbar macht. Dali benutzt dazu die Sprache der Mathematik. Gala steht an der Bucht von Ligat und versenkt sich betrachtend in das Geheimnis des Gekreuzigten. Die Kreuzigung von Dalí eröffnet so die Auseinandersetzung mit der Mystik.

21.6 Was ist Mystik? (SH S. 50)
Der einführende Text von Markus Mühling erläutert Mystik anhand der Begriffe Erfahrung, Erkenntnis, Gott, Methodik, Ziele (oder letzte Stufe). Biblische Grundlage der Mystik ist das Hohelied. Die Liebeslieder werden immer wieder als Modell für die Vereinigung der Seele mit Gott gelesen.

21.7 Mechthild von Magdeburg, Das fließende Licht der Gottheit (SH S. 50)
Mechthild von Magdeburg wird 1207/10 in der Gegend um Magdeburg geboren und stammt aus adeligem Haus. Höfische Sprache ist ihr vertraut. 1230 verlässt sie Heimat und Familie, um als Begine in strenger Askese und Armut zu leben. Ihr Vorbild ist Elisabeth von Thüringen. 40 Jahre lebte Mechthild in Magdeburg. Die Texte zum fließenden Licht entstanden weitgehend zwischen 1250 und 1265. Sie stirbt 1281/82 offenbar in geistiger Verwirrung.
Der Dialog zwischen der Seele und Christus ist auch höfische Liebeslyrik. Er lässt erkennen, worum es Mechthild geht: die bleibende Vereinigung mit Christus, der die Liebe ist, durch die sie selber rein, schön und heilig wird. Erkennbar wird, dass Glaube Liebe ist und Liebe auch eine sinnlich-leibliche Dimension hat. Die mystische Erfahrung wird als Liebesakt beschrieben, dem ein heftiges Begehren vorausgeht (»Ja, Herr, liebe mich«). Dieser Liebesakt hat Reinheit, Schönheit und Heiligkeit zur Folge. Er ist kein einmaliges Geschehen, sondern setzt sich immer wieder fort.

21.8 Meister Eckehart, Nichts wissen noch erkennen (SH S. 50)
Meister Eckehart (1260–1328) stammt aus der Nähe von Erfurt oder Gotha. Um 1275 tritt er in das Dominikanerkloster von Erfurt ein. Seine Lebensstationen sind Paris, Köln, Erfurt, Böhmen, Straßburg. Als Erzbischof Heinrich II. ein Verfahren wegen Vertretung ketzerischer Lehren einleitet, muss er sich verteidigen. Nach seinem Tod 1328 verurteilt der Papst 15 von 28 Abschnitten aus seinem Werk als der Ketzerei verdächtig. Die Gründe für eine solche Kritik dürften in seiner Neigung zu einem Pantheismus liegen, in der Annahme, Gott sei ein »Etwas« in einem Menschen sowie in dem Vorwurf, seine Mystik ziele auf ein unmoralisches, der Welt abgewandtes Leben, das sich zudem nicht an kirchliche Gebote halte.
Eckehart grenzt sich in dem Text von zwei Wegen zu Gott ab, nämlich dem Lieben und dem Erkennen, wenn man so will von Diakonie und Theologie. Gegen den Gedanken, der Mensch müsse zusätzlich etwas erreichen oder erfassen, setzt er die These, dass »Etwas« in der Seele sei, aus dem Erkenntnis und Liebe fließen. Dieses »Etwas« ist das Wirken Gottes in einem jeden Menschen, doch der Mensch verfügt selbst nicht über dieses Wissen von Gott. Um Seligkeit zu gewinnen, kommt es darauf an, sich von allem Wollen und Streben, aber auch Wissen abzukehren (Abgeschiedenheit) und in diesem Sinne »arm« zu werden. Dieser Armut entspricht letztlich Gott selbst, denn Gott ist ledig aller Dinge. Er ist das Sein aller Dinge. Die mystische Erfahrung besteht demnach nicht darin, dass der Mensch sich mit Gott vereinigt, sondern dass Gott in einen Raum einfließt, der für ihn geleert wurde. Als Frage stellt sich, welche lebenspraktischen Folgen eine solche Erfahrung hat, die Eckehart offenbar gar nicht selbst erlebt und die die Kirche seinerzeit infrage gestellt hat.

21.9 Dag Hammarskjöld, Eins mit Gott (SH S. 50f.)
Dag Hammarskjöld (1905–1961) war schwedischer Politiker und von 1953 bis zu seinem tödlichen Flugzeugabsturz im Kongo Generalsekretär der Vereinten Nationen in krisenhaften Zeiten (Suezkrise, Laoskrise, Krieg im Kongo). 1961 wird ihm postum der Friedensnobelpreis verliehen, gerade auch wegen seiner Waffenstillstandsverhandlungen im Kongo. 1963 erscheint sein Tagebuch »Wegmarken« und macht offenbar, dass der aktive Mensch Hammarskjöld ein moderner christlicher Mystiker war. Viele fanden dies befremdend.
Auch Hammarskjölds Verständnis Gottes zeigt pantheistische Züge: Gott ist in dem Menschen und in allem, was ihn umgibt und ihm begegnet. Mystik ist der Weg zur Begegnung mit Gott und seinem eigenen Inneren. Dieser Weg besteht im persönlichen Gebet. Die Begegnung mit Gott verbindet mit »der Kraft jenseits des Bewusstseins, die den Menschen erschuf«. Diese Begegnung macht frei von den Dingen, macht Verantwortung bewusst und eröffnet ein sinnvolles Leben. Die mystische Erfahrung (»Erlebnis«) zeigt sich in einer »befreienden Reinheit« und in einer Schärfe der Offenbarung. Deutlich wird hier, dass Mystik und politisches Engagement unmittelbar zusammengehören.

21.10 Bild: Hildegard von Bingen, Die wahre Dreiheit in der wahren Einheit, 1151 (SH S. 51)
Hildegard von Bingen (1098–1179) gehört zu den Mystikerinnen des hohen Mittelalters. Sie befand sich fast immer im Wachzustand visionärer Schau. Ekstase blieb ihr jedoch fremd. Sie schaute »den Schatten des lebendigen Lichts«, in dem sie manchmal das »lebendige Licht« erkannte. In dieser mystischen Lichterfahrung ging ihr Ich unter und sie wurde von dem lebendigen Gott gehalten. 40jährig empfing sie den Befehl zur Niederschrift. 1141 begann ihr geistlicher Begleiter, der Mönch Volkmar, mit der Aufzeichnung der »Scivias«.
Bei dem symbolkräftigen Bild handelt es sich um die Wiedergabe einer Vision, die Hildegard um 1147 im Kloster Disboden bei Bingen niederschreiben ließ. Ein Jahr später gründet Hildegard das Benediktinerinnenkloster Ruppertsberg bei Bingen, dessen Äbtissin sie war. 1165 gründet sie das Kloster Eibing.
Mit anderen Visionen und weiteren Miniaturen findet sich dieses Visionsbild im Kodex »Scivias«, der im Zweiten Weltkrieg leider verloren ging. »Scivias« dürfte von »Sci vias domini« – erkenne Gottes Wege – abzuleiten sein.
M 13 gibt wieder, was Hildegard von Bingen über die zugrunde liegende Vision sagt.

Die Symbolik dieses Bildes erschließt sich nicht auf den ersten Blick. Man sollte es deshalb in Ruhe und mit viel Zeit ansehen. Eine vollständige Interpretation verbietet sich hier, sie ist auch gar nicht möglich. Deshalb sollen einige Hinweise genügen:

- Gott wird als Licht verstanden, das sich in verschiedenen Farben zeigt. Die Linien bedeuten fließende Bewegung. Das Licht ist lebendig warm.
- Gott Vater und der Heilige Geist sind unfassbar und ungegenständlich. Erst im Sohn werden sie anschaulich und fassbar. Sie finden in ihm ihr Zentrum, wie dieser von ihnen umfasst wird.
- Gott selbst ist die Fülle ohne Ursprung. Sie umfasst alles. Wie das Licht ist er unfassbar, herrlich und heilig (vgl. Jes 6). Der Mensch kann ihn nicht schauen. Gleichwohl ist Gott nötig, um zu sehen und zu erkennen.
- Der Geist kommt aus dem Vater. Er ist Licht, Liebe (rot), Wärme und Lebenskraft. Er umfasst die Menschen, er trägt und hält sie.
- Der Sohn tritt aus dem Licht heraus und macht dem Erkennenden das göttliche Licht verständlich. Er ist der Mensch schlechthin, denn er ist ganz von dem göttlichen Licht durchflutet. An ihm wird deutlich, wie Gott und Mensch zusammengehören.

Das ineinander fließende Licht sowie die ineinander gefassten Kreise beschreiben die Dreiheit in der Einheit sowie die Einheit in der Dreiheit. Der eine Gott wird in verschiedenen Weisen erfahren, doch diese Seinsweisen fallen nicht auseinander, sondern fügen sich zu einem vollkommenen »ganzen« Kreis.

Unterrichtsideen SH S. 49–51

(1) Bildbetrachtung: Hildegard von Bingen
  a) Das Bild beschreiben. Was könnte die Figur sagen?
  b) Das Bild als Vision deuten. Was sieht Hildegard?
  c) Die Vision dazu vorlesen (**M 13**), Licht, Lohe und Gestalt zuordnen.
  d) Die theologischen Aussagen zu Gott, Heiliger Geist und Jesus Christus sowie der Trinität herausarbeiten und evtl. mit SH S. 36–39 vergleichen.
  e) Überlegen, was eine solche Vision für einen Menschen bedeuten kann. Vergleich mit Pascal.
  f) Was spricht gegen diesen Gottesglauben?

(2) Textarbeit: Mühling
  a) Gespräch: Was ist Mystik?
  b) In Einzelarbeit mithilfe des Textes die Begriffe Erfahrung, Erkenntnis, Gott, Methodik, Ziele klären. In Partnerarbeit austauschen.
  c) Diskussion: Worin besteht eine »mystische Erfahrung«? Hatte Hildegard von Bingen eine solche?

(3) Arbeitsteilige Textarbeit an Mechthild, Eckehart und Hammarskjöld. Die Gruppen bekommen folgende Fragen:
  - Was will Mechthild?
  - Was meint Meister Eckehart mit »arm im Geist«?
  - Was geschieht nach Hammarskjöld in dem und durch das Gebet?

(4) Bildbetrachtung: Dalí
  a) Sich wie Gala hinstellen. Was sieht sie?
  b) Schüler/innen-Referat zu »Hypercubus«.
  c) Noch einmal: Was sieht Gala?

(5) Zusammenfassende Klärung: Was ist Mystik?

F: Was spricht gegen den Gottesglauben?

Den Glauben an Gott begleitet schon immer auch seine Bestreitung. Es können verschiedene Formen der Religionskritik und damit der Bestreitung Gottes unterschieden werden:
- im Namen des (erwachsenen) Menschen und im Namen menschlicher Lebensverhältnisse (Feuerbach SH S. 54, Freud SH S. 55, Marx **M 14**),
- im Namen friedlichen Lebens (Assmann SH S. 56),
- im Namen wissenschaftlicher Erkenntnis (Dawkins SH S. 57f.),
- im Namen leidgeprüfter Menschen (s.u. zur Theodizeefrage SH S. 64–71),
- im Namen der Sinnlosigkeit allen Lebens und Daseins (so Nietzsche **M 15**),
- im Namen Gottes (Barth SH S. 63).

Davon zu unterscheiden ist eine Form der Bestreitung Gottes, die gar nicht als Bestreitung erkennbar ist. Es handelt sich eher um eine religiöse Indifferenz (SH S. 60–62 sowie SH S. 4) und damit eine Lebensform, für die der Glaube an Gott oder der Bezug zu einer transzendenten Macht einfach keine Rolle spielt. Religion und Glaube besitzen keine Lebensrelevanz.
Begrifflich lassen sich unterschiedliche Formen von Atheismen unterscheiden: der methodische, der theoretische und der praktische Atheismus (**M 16**).
Den Bestreitungen des Gottesglaubens werden theologische Positionen beigefügt, die die dialogische Auseinandersetzung befördern und dabei auch auf die normativen Implikationen religionskritischer Positionen hinweisen wollen. Dabei wird davon ausgegangen, dass niemand ohne grundlegende Vorstellungen von dem Selbst, der Welt, einem guten Leben und dem, woran man sein Herze hängt, leben kann und auch nicht wahrnehmen, deuten, urteilen und handeln kann. Bestreitungen des Gottesglaubens wurzeln ihrerseits in grundlegenden Gewissheiten, die wiederum infrage gestellt werden können. Dabei können sich aber auch übereinstimmende Motive mit dem christlichen Glauben zeigen. Eine differenzierende, kritische Auseinandersetzung mit der Religionskritik wird deshalb zwei Schwerpunkte haben können:
- Zum einen die Sicht des christlichen Glaubens und der Religion insgesamt: Treffen die kritischen Aussagen überhaupt ihr Gegenüber?
- Zum anderen die jeweilige Sicht der Welt, des Lebens, des Menschen, des guten Lebens sowie dessen, woran das Herze hängt. Kann man damit leben? Wohin führt dies? Entspricht dies eigenen Lebenserfahrungen?

Der Themenblock zur Bestreitung Gottes ist bewusst nach der Klärung biblisch-theologischer Zusammenhänge gesetzt. Zwei Gründe waren dafür ausschlaggebend: Zum einen versteht man die neuzeitliche Religionskritik, um die es ja in der Regel geht, besser, wenn man weiß, worauf sie sich beziehen will. Zum anderen droht Theologie zur bloßen Apologetik zu geraten, wenn man sie nicht in ihrer eigenen Gestalt, sondern nur als Entgegnung einbringt.
Angenommen wird, dass etliche Schülerinnen und Schüler eines Kurses den Projektionsvorwurf teilen und für eine Bestreitung Gottes im Namen der Naturwissenschaft eintreten. Dies gilt auch dann, wenn sie sich mehrheitlich als religiös verstehen. Während es für die einen darum geht, ihre eigene Position zu überprüfen, geht es für die anderen darum, Argumentationsfähigkeit zu entwickeln.

Ziel dieses Themenblocks ist, dass *die Schülerinnen und Schüler Formen der Religionskritik darstellen, sich argumentativ mit ihnen auseinandersetzen und Argumente benennen können, die Christen dagegen anführen. Schließlich sollen sie in der Lage kommen, ein eigenständiges Urteil abgeben zu können.*

22. »Ich habe keinen Gott«

Das Gedicht von Heinz Kahlau (SH S. 52) ist als Eröffnung gedacht und soll eine atheistische Position als persönlich verantwortete Lebenshaltung vorstellen, die um Verluste Gottes weiß und damit bewusst zu leben sucht – ohne zynisch zu werden. Im Unterschied zu anderen Positionen ist hier keine christlich-theologische Entgegnung daneben gestellt.

22.1 Heinz Kahlau, Kein Gott (SH S. 52)

Der 2012 verstorbene Heinz Kahlau (1931–2012) leitete von 1970–1980 den PEN-Club in der DDR. Er schuf Gedichte, Prosa und Lieder. Nachdem ihm wegen kritischer Äußerungen im Zusammenhang mit dem Ungarn-Aufstand Haft angedroht wurde, wurde er 1956–1964 informeller Mitarbeiter der Stasi. Diese Mitarbeit beendete er jedoch von seiner Seite und legte dieselbe 1990 offen.
Kahlau zeigt im Gedicht auf, wie er den Glauben an Gott sieht und woran er selber glaubt. Dabei wird deutlich, dass man nicht nicht glauben kann.
Die Eigenart eines Glaubens an Gott sieht Kahlau in einem väterlichen Trost, in unumstößlichen Wahrheiten, in dem Glauben an eine weise Fügung, in einer Beauftragung und der Annahme eines jüngsten Tages, an dem Menschen zur Rechenschaft gerufen und unter Umständen auch bestraft werden. Die Frage stellt sich, ob diese Sicht des Glaubens das Selbstverständnis christlichen Glaubens trifft. Trifft dies das Apostolikum? Trifft dies das Vaterunser? Trifft dies den Glauben Jesu Christi? Auch wenn man darin zutreffende Beschreibungen sieht, wird man darauf hinweisen müssen, dass diese Gewissheiten bei Jesus selbst gebrochener erscheinen. Der Beistand Gottes sowie seine Allmacht kann oft nur gegen die Erfahrung geglaubt werden.
Kahlau entwirft in seinem Gedicht auch seinen Lebensglauben und damit seine eigenen Vorstellungen vom Leben: Die Welt ist ständig in Bewegung und in Veränderung. Sie ist

sowohl gut als auch böse. Es gibt Starke und Schwache. Der Mensch ist im Grunde allein. Er ist für sein Leben selbst verantwortlich. Menschen sind zu fürchten und zu lieben. Sie sind Untiere, suchen aber unaufhörlich nach dem Sinn des Lebens. Sie suchen nach Heimat und nach ihrem Wert. Dennoch bleiben Liebe und Lust Ausnahmen des Lebens. Die Menschen irren sich immer wieder und nach dem Tode ist alles für sie aus. Was bleibt, ist eine flüchtige Erinnerung bei anderen. Glück gibt es hier nur auf Zeit. Der Mensch ist missbrauchbar und er hängt von anderen ab.

Unterrichtsideen SH S. 52

(1) Assoziationen zu »Ich habe keinen Gott«. Wie lebt ein solcher Mensch?
(2) Text rezitieren, evtl. mehrmals.
(3) Einschätzungen austauschen
  – Habe ich das anhand der Überschrift erwartet?
  – Wie sympathisch ist mir dieser Mensch?
  – Wie hat er wohl gelebt? Wie ist er wohl gestorben?
(4) Schüler/innen-Referat: Biografie von Heinz Kahlau.
(5) Textarbeit zum Gedicht von Kahlau
  a) Die Begriffe »Mensch / Menschen, Welt, gutes Leben, woran das Herze hängt, Gottesglaube« verteilen und in Einzelarbeit klären.
  b) Austausch.
  c) Zwei Personen nebeneinander als Standbild stellen: Jesus und Kahlau. Den Abstand und die Haltung zueinander bestimmen.
(6) Wie ist Kahlau vermutlich zu seiner Sicht des Lebens gekommen?

23. »Gott ist ein Illusion«

Innerhalb des theoretischen Atheismus besonders wirksam gewordene Positionen der Religionskritik sind die von Ludwig Feuerbach, Karl Marx und Sigmund Freud. Zugleich stehen diese drei Ausprägungen des neuzeitlichen Atheismus hinsichtlich ihrer gemeinsamen Zielsetzung, nämlich einer Befreiung zu größerer Mündigkeit, auch historisch-genetisch in einem engen Zusammenhang: Sowohl Marx als auch Freud bauen mit ihrer Religionskritik ausdrücklich oder inhaltlich auf den grundlegenden Vorarbeiten Feuerbachs auf und ergänzen diese nur noch aus ihrem speziellen soziologischen oder tiefenpsychologischen Blickwinkel.
Ludwig Feuerbach hat in seiner geistigen Entwicklung – als Gegenpol zur spekulativen Geist-Philosophie seines Lehrers Hegel – schon recht bald die naturphilosophische Tradition in sein Denken aufgenommen und religionskritisch verarbeitet. In seinen Erlanger philosophiegeschichtlichen Vorlesungen und Schriften hat er hervorgehoben, dass die Physik und die Psychologie die eigentlichen Wahrheiten der Metaphysik seien: Die Natur und nicht der sogenannte »Weltgeist« Hegels sei das höchste und letzte Ordnungsprinzip des Seins; die Natur des Menschen, wie sie in seiner »Sinnlichkeit« (heute: Leiblichkeit) und in der Produktivität seines »Gemüts« (heute: Psyche) zum Ausdruck komme, und nicht das vom natürlichen Wesen des Menschen abgezogene, abstrakte Denken sei das Philosophie, Geschichte und Religion in Wahrheit bestimmende anthropologische Prinzip!
Die »Brücke« von diesen philosophiehistorischen zu seinen religionskritischen Werken hat Feuerbach mit der 1838 erschienenen Monografie über den (als Hugenotten verfolgten und darüber zum Skeptiker gewordenen) philosophischen Schriftsteller Pierre Bayle (1647–1706), einen Wegbereiter der französischen Enzyklopädisten, geschlagen. Hier hat er bereits, durch Bayle angeregt, den Katholizismus als die verobjektivierte Antithese von Geist und Fleisch, den Protestantismus dagegen als die Antithese von Glaube und Vernunft analysiert sowie die autonome ethische Vernunft einer heteronomen, kirchlich-religiösen Moral entgegengesetzt.
Friedrich Engels (1820–1895) hat in seiner (erst 1888 veröffentlichten) Arbeit »Ludwig Feuerbach und der Ausgang der klassischen deutschen Philosophie« rückblickend beschrieben, welch entscheidende Rolle die Religionskritik Feuerbachs für die Philosophie von Karl Marx (1818–1883) gespielt hat: »Die Masse der entschiedensten Junghegelianer wurde durch die praktischen Notwendigkeiten ihres Kampfs gegen die positive Religion auf den englisch-französischen Materialismus zurückgedrängt. Und hier kamen sie in Konflikt mit ihrem Schulsystem: Während der Materialismus die Natur als das einzig Wirkliche auffasst, stellt diese im Hegelschen System nur die »Entäußerung« der absoluten Idee vor, gleichsam eine Degradation der Idee ... Und in diesem Widerspruch trieb man sich herum, so gut und so schlecht es gehen wollte. Da kam Feuerbachs ›Wesen des Christentums‹. Mit einem Schlag zerstäubte es den Widerspruch, indem es den Materialismus ohne Umschweife wieder auf den Thron erhob. Die Natur existiert unabhängig von aller Philosophie; sie ist die Grundlage, auf der wir Menschen, selbst Naturprodukte, erwachsen sind; außer der Natur und den Menschen existiert nichts, und die höhern Wesen, die unsere religiöse Phantasie erschuf, sind nur die phantastische Rückspiegelung unsres eignen Wesens. Der Bann war gebrochen; das ›System‹ war gesprengt und beiseite geworfen, der Widerspruch war, als nur in der Einbildung vorhanden, aufgelöst. Man muss die befreiende Wirkung dieses Bruchs selbst erlebt haben, um sich eine Vorstellung davon zu machen. Die Begeisterung war allgemein: Wir waren alle momentan Feuerbachianer. Wie enthusiastisch Marx die neue Auffassung begrüßte und wie sehr er trotz aller kritischen Vorbehalte von ihr beeinflusst wurde, kann man in der ›Heiligen Familie‹ lesen.« (Marx-Engels Studienausgabe Bd. I, Fischer Bücherei 764, Frankfurt 1966, S. 190)
Mehr noch als das »Wesen des Christentums« hatten Marx Feuerbachs programmatische Schriften von 1842/43 beeindruckt, also die »Vorläufige(n) Thesen zur Reformation der Philosophie« und die »Grundsätze einer Philosophie der Zukunft« mit ihrer Methode der »reformatorischen Kritik« an der Hegelschen Philosophie: »Die Identität von Subjekt und Objekt ... ist Wahrheit und Wirklichkeit nur in der sinnlichen Anschauung des Menschen vom Menschen«.
Dass Marx' Feuerbachrezeption keinesfalls unkritisch war, zeigt auch seine Bemerkung in einem Brief vom 18.3.1843 an den Redakteur der »Haueschen« und später der »Deutschen Jahrbücher«, Arnold Ruge: »Feuerbachs Aphorismen sind mir nur an dem Punkte nicht recht, dass er zu sehr auf die Natur und zu wenig auf die Politik hinweist. Das ist aber

das einzige Bündnis, wodurch die jetzige Philosophie eine Wahrheit werden kann« (Marx-Engels-Werke, Bd. 27, Berlin 1963, S. 417).
Im Herbst 1843 kommt es anlässlich der von Marx und Ruge in Paris geplanten »Deutsch-Französischen Jahrbücher« sogar zu einem kurzen Briefwechsel zwischen Marx und Feuerbach.
Am 3. Oktober schreibt Marx (von Bad Kreuznach aus), er habe aus der Vorrede zur zweiten Auflage des »Wesen des Christentums« geschlossen, dass Feuerbach sich wohl gerade mit der neuen, als reaktionär zu betrachtenden, Schellingschen »Offenbarungsphilosophie« auseinandersetze, und er bittet ihn um einen entsprechenden Beitrag für die neue Zeitschrift. – Nach zwei nicht realisierten Entwürfen antwortet Feuerbach schließlich am 25. Oktober aus Bruckberg mit einer aus familiären und psychologischen Motiven begründeten Absage.
Bedeutung und Grenzen der Feuerbachschen Religionskritik hat Marx dann ausführlich in der Ende 1843 / Anfang 1844 verfassten »Einleitung zur Kritik der Hegelschen Rechtsphilosophie« dargelegt.
Noch einmal hat sich Marx dann von Paris aus am 11. August 1844 brieflich an Feuerbach gewandt. In seinen bekannten »Thesen über Feuerbach« hat Marx im Frühjahr 1845 die Gründe für sein Hinausgehen über Feuerbach schließlich grundsätzlich zusammengestellt (vgl. vor allem die Thesen 4, 6 und 11!).
War Feuerbach also ein »hoffnungslos« unpolitischer Denker? Man mag dies aufgrund einer handschriftlichen Notiz Feuerbachs von 1842/43 zur »Notwendigkeit einer Veränderung« selbst entscheiden: »Die Menschen werfen sich gegenwärtig in die Politik, weil sie ihre Religion negieren, weil sie das Christentum als eine den Menschen um die politische Energie bringende Religion erkennen. Oder, die Teilnahme an der Politik, die sich aller Menschen fast bemächtigt, ist der Beweis, dass die Religion aufgehört hat, dass sie negiert, oder, wie man auch sagen kann, dass sie sich realisiert hat; denn so sehr sich die christliche Religion entfernt hat von der Politik, so ist doch die christliche Religion auch als die ideale antizipierte religiöse Vorstellung eines politisch sich realisierenden Gemeinwesens anzusehen. Das Christentum zersprengte die Fesseln der Nationalitäten, die Politik der alten Welt; es machte alle Menschen vor Gott gleich ohne Unterschied des Standes, der Nation; es erklärte den Menschen als Menschen des Rechts der himmlischen Seligkeit fähig. Jeder ist Bürger des Himmels jeder der potentia nach ohne Ausnahme, sofern er nur glaubt an den Gegenstand des Christentums. So ist also das Christentum die Vorstellung eines Gemeinwesens, wo jeder gleichen Anteil, gleiche Rechte hat, wo keine Ausnahme vor dem Gesetz des allgemeinen Wesens, kein Vorzug der Geburt gilt; aber die Wahrheit, die Realität der Religion ist die Politik. Das Rätsel der christlichen Religion ist daher aufgelöst, ihr Geheimnis enthüllt, ihre Zweckbestimmung erfüllt, ihr Ende erreicht, indem die religiöse Idee und Begeisterung zu Idee und Begeisterung für die Politik geworden ist.« (Kleine Schriften, a.a.O., S. 233f.)
In der »wohl schärfsten Polemik gegen jede Form der Religion, die seit Feuerbach erschienen war«, dem 1927 veröffentlichten Aufsatz »Die Zukunft einer Illusion«, bekennt Sigmund Freud (1856–1939) u.a.: »Ich habe bloß – dies ist das einzig Neue an meiner Darstellung – der Kritik meiner großen Vorgänger etwas psychologische Begründung hinzugefügt« (Die Zukunft einer Illusion, in: S. Freud, Massenpsychologie und Ich-Analyse, Fischer Bücherei 851, Frankfurt a.M. 1967, S. 115f.).
Für Sachkenner ist es naheliegend, dass Freud bei seinen »großen Vorgängern« »vor allem an Feuerbach, Marx und Nietzsche« gedacht habe.
Auch der Feuerbach-Biograf und Herausgeber seiner Briefe und Jugendschriften, H.M. Sass, hat mit Recht darauf hingewiesen, dass Feuerbach in seinem Spätwerk, der »Theogonie« von 1857, zwar inhaltlich keine neuen religionsphilosophischen Thesen, dafür aber »fast 50 Jahre vor Freuds Studien zu ›Totem und Tabu‹ eine hohe Sensibilität für später psychoanalytisch und tiefenpsychologisch gedeutete religionspsychologische Phänomene« gezeigt und die Theorie der Religions-Entfremdung »ausgesprochen tiefenpsychologisch untermauert« habe (Ludwig Feuerbach in Selbstzeugnissen und Bilddokumenten, S. 117).

23.1 Bild: René Magritte, Der Schlüssel der Felder (SH S. 53)

Der belgische Maler René Magritte (1898–1967) zählt zu den Surrealisten in der Bildenden Kunst. Er konzentriert sich auf vertraute Gegenstände, verfremdet sie jedoch, um dadurch bei dem Betrachter eingefahrene Denkgewohnheiten in Frage zu stellen. Er will durch seine realitätsgetreuen Bilder die Realität selber in Zweifel ziehen. Magritte sieht in seinen Bildern Zeichen der Freiheit, sie dienen der Befreiung. Sie wollen keine Empfindungen zum Ausdruck bringen, sie wollen vielmehr die Vorstellungen und Ideen des Betrachters ansprechen und in ihm etwas Nichtvertrautes aufscheinen lassen.
Das Bild »Schlüssel der Felder« zeigt ein Fenster, durch das hindurch auf Wiesen und Bäume zu sehen ist. Das Glas des Fensters ist gesprungen. Die einen Bruchstücke fallen gerade in das Zimmer, andere stehen fast geordnet auf dem Boden. Auf den Bruchstücken sieht man die Wiesen und die Bäume. Offensichtlich war das Glas bemalt mit dem, was draußen zu sehen ist. Doch ist das, was man draußen sieht, jetzt die Realität? Es könnte ja hinter der gesprungenen Scheibe sich noch einmal eine bemalte Scheibe befinden. Der Blick nach draußen in die Realität erweist sich so als Illusion, als Vorstellung. Tatsächlich trifft das ja auch zu, denn das Fenster ist ein Bild des Malers. Man schaut in keine Realität. Im Bild begegnet der Betrachter einer Vorstellung, die sich der Maler von der Realität gemacht hat. Die Frage stellt sich, ob nicht alle unsere Vorstellungen von dem, was ist, wieder Bilder von einem selbst sind. Der betrachtende und denkende Mensch ist in allem, was er denkt und beschreibt, ein Künstler, der sich sein Bild von etwas macht. Was bedeutet dies für den Gottesglauben – und für unsere Kenntnisse überhaupt?

23.2 Ludwig Feuerbach, Gott als Projektion des menschlichen Wesens (SH S. 54)

Grundgedanke von Feuerbach ist, dass der sich selbst bewusst werdende Mensch sich selbst zum Gegenstand macht und so sich auf sich selber bezieht. Dieses Selbst ist aber nicht in dem individuellen Wesen, sondern in seinem Gattungswesen als Mensch zu sehen. In der Religion geht es damit um die Selbsterkenntnis und das Selbstbewusstsein des Menschen von sich selbst als Gattungswesen. Zur Eigentümlichkeit der Religion gehört, dass der Mensch in seinem eigenen Wesen nicht als eigenes, sondern als ein ihm gegenüberstehendes Fremdes betrachtet wird. Da kann der Mensch sich selbst nicht mit seinem wahren Menschsein versöhnen, er kann es nicht verehren und nicht lieben und zum Leitbild seines Lebens machen. Der Mensch bleibt von sich selbst entfremdet. Durch die Einsichten in diesen Zusammenhang gewinnt der Mensch sein Bewusstsein von sich selbst. Er wird zu einem selbstbewussten Wesen, das um seine Vollkommenheit, Ewigkeit, Macht, Heiligkeit weiß. Diesen Erkenntnisprozess kann man durchführen, indem man z.B. ein Psalmgebet wie Ps 23 oder das Vaterunser transformiert und dabei alle Gottesnamen durch »Mensch« ersetzt. Dann ist der Mensch mein Hirte. Der Mensch weidet mich auf einer grünen Aue. Im Vaterunser muss es dann heißen: Mensch, geheiligt werde dein Name, Mensch, dein Reich komme. Sichtbar wird, was Feuerbach will. Er will Menschen, die sich selbst und gegenseitig achten, lieben und ehren. In der Logik Feuerbachs geht es um die Aufrichtung des Reiches Gottes als das Reich des Menschen. Doch kommt dieses durch die Veränderung des Bewusstseins? Marx konnte sich dies nur als Veränderung der realen gesellschaftlichen Verhältnisse vorstellen. Wie also wird die Welt menschlicher?

Die Illusion der Religion besteht nach Feuerbach darin, dass der Mensch sein eigenes Gattungswesen als ihm gegenüberstehendes eigenmächtiges Wesen sieht, das ihm überlegen ist und dem gegenüber er sich selber als schwach, sündhaft und endlich erfährt. Dem Menschen wird so seine eigene Göttlichkeit und Größe vorenthalten. Die Projektion des Menschen besteht in dem Entwurf eines fiktiven Wesens an den Himmel. Feuerbach geht von einem theistischen Menschenbild aus (Allmacht, Vollkommenheit, Ewigkeit), dem ein nichtiger Mensch gegenübersteht. Doch ist das auch der biblische Befund? Weder wird Gott dort einfach als allmächtig verehrt, noch ist der Mensch bloß »der schlechtweg Negative«. Zuzustimmen ist Feuerbach, dass es in der Rede von Gott immer auch um den Menschen, seine Welt und dessen Leben geht. Die anthropologische Rede von Gott ist jedoch noch kein Beleg, dass Gott »nichts anderes als« Projektion des menschlichen Wesens ist. Offenbar kann der Mensch gar nicht anders denken und sprechen, als auf menschliche Weise und mit Vorstellungen seiner Lebenserfahrung.

Feuerbach sieht das menschliche Wesen als göttlich an. Er überträgt die Prädikate des theistischen Gottes auf das Gattungswesen. Doch wird dabei das menschliche Wesen nicht überhöht und idealisiert?

In dem Text »Das Wesen des Christentums« von 1841 entwickelt Feuerbach

- sein Verständnis von Religion als Verhältnis zu sich selbst und als Entzweiung von sich selbst,
- von dem göttlichen Wesen als Wesen des Menschen, abgesondert von den Schranken des individuellen Lebens,
- von dem Wendepunkt der Geschichte durch ein Bekenntnis und Eingeständnis und
- von Religionskritik als Unterscheidung des Wahren vom Falschen sowie
- die praktischen Grundsätze des Lebens (homo homini deus).

23.3 Jürgen Moltmann, Die Vergottung des Menschen (SH S. 54f.)

Jürgen Moltmann interpretiert den »antitheistischen Atheismus« von Feuerbach als »Anthropotheismus«, der die dunklen Seiten des Bösen im Menschen übersieht. Gegen diese Vergottung des Menschen setzt er die trinitarische Kreuzestheologie (vgl. auch SH S. 69), die ein nicht-theistisches Gottesbild vor Augen stellt. Gott ist nicht bloß jenseitig, sondern auch diesseitig. Der große Gott ist auch der leidende Gott. Von Feuerbach her gesehen zeigt sich im biblischen Gott nicht einfach Größe und Souveränität, sondern immer auch Mitleid und Ohnmacht. Hier findet der Mensch eine andere Identität von sich selbst.

23.4 Sigmund Freud, Der Mensch kann nicht ewig Kind bleiben (SH S. 55)

Der Text formuliert zwei Fragen und antwortet auf diese. Die beiden Fragen sind im ersten Abschnitt zu finden und lauten:

- Woher haben religiöse Lehren und Vorstellungen ihre innere Kraft?
- Welchem Umstand verdanken sie ihre von vernünftiger Erkenntnis unabhängige Wirksamkeit?

Von Anfang an wird ein Gegensatz von Religion und vernünftiger Erkenntnis unterstellt.

Im zweiten Abschnitt wird als Antwort gegeben: Religiöse Vorstellungen sind Illusionen, d.h. Erfüllungen der ältesten, stärksten und dringendsten Wünsche der Menschheit. Sie ergeben sich durch die Übertragung kindlicher Erfahrungen auf die Welt und das Leben als Ganzes. Dies wird an sechs Beispielen aufgezeigt: Gott als mächtiger Vater, Vorsehung, sittliche Weltordnung, Leben nach dem Tod, Schöpfung, Leib und Seele. Anschließend wird die Eigenart religiöser Lehren im 3. Abschnitt wiederholend zusammengefasst.

In den Abschnitten 4 und 5 erläutert Freud seine Erkenntnistheorie und seinen Lebensglauben:

- Nur der wissenschaftliche Geist vermag Wahrheit zu erkennen.
- Das Leben ist im Grunde feindlich, kalt und unbehaglich. Der Mensch ist geringfügig und hilflos. Gutes Leben besteht darin, das Leben erträglich zu machen und eine weniger erdrückende Kultur herbeizuführen.

Das Herz von Freud hängt an dem wissenschaftlichen Geist, aber auch an der Heilung von krankhaften Ideen. Er will, dass Menschen sich ganz auf das irdische Leben konzentrieren.

Hat Freud Recht? Zur Religionskritik gehört auch die Kritik der Religionskritik – oder zumindest Anfragen an sie:

- Sind alle Wünsche und Bedürfnisse wirklich Illusionen? Dass Wünsche nicht oder noch nicht erfüllt sind, sagt noch nichts über ihre Bedeutung aus. Sie können Motoren von Veränderung sein, wie biblisch der Exodus zeigt. Die Reich-Gottes-Botschaft Jesu hat Menschen motiviert, die Dinge nicht einfach so zu sehen und sein zu lassen, wie sie sind. Religiöse Vorstellungen und Verheißungen begründen Hoffnung (vgl. SH S. 43 Allmacht). Die Existenz einer sittlichen Weltordnung ist für Kant geradezu die Bedingung der Möglichkeit moralischen Handelns (SH S. 45).

- Kann der wissenschaftliche Geist alle Fragen des Lebens beantworten? Er lebt von Voraussetzungen und Annahmen, die er selbst nicht beweisen kann. Dies hat sich in der Kritik der Gottesbeweise gezeigt. Schon die Frage, ob er alle Fragen beantworten kann, lässt sich wissenschaftlich nicht beantworten. Freud vertritt ein positivistisches Wirklichkeitsverständnis. Wahr ist nur das, was empirisch erfasst werden kann. Er ist gewissermaßen wissenschaftsgläubig.
- Wie kommt Freud zu der Annahme, dass religiöse Vorstellungen von einer vernünftigen Anerkennung unabhängig sind? Anselm (SH S. 11) und Polkinghorne (SH S. 47) sehen das anders. Einstein kann Wissenschaft und Religiosität verbinden (SH S. 46).
- Ist der Mensch tatsächlich so hilflos wie Freud meint? Feuerbach sieht das anders. Die Bibel sieht den Menschen als Gestalter der Welt, ohne jedoch Schwächen, Grenzen und Verfehlung zu übersehen.
- Ist die Welt tatsächlich so feindlich wie Freud sie sieht? Die Reich-Gottes-Botschaft rechnet mit einer gemischten Wirklichkeit (SH S. 28f.). Gibt es nicht doch Erfahrungen zärtlicher Fürsorge?
- Verhindern religiöse Vorstellungen tatsächlich die Konzentration auf das irdische Leben? Religiöse Lehren können geradezu die Grundlage bilden, um das irdische Leben aktiv zu gestalten, man denke an den Dekalog.
- Freuds Engagement für die Heilung Kranker oder für die Gestaltung einer erträglichen Kultur verdient Anerkennung und Zustimmung. Braucht man dafür aber nicht solche Utopien, wie die vom Himmelreich, wo auch die Letzten noch das bekommen, was sie zum Leben brauchen? (Vgl. Mt 20,1–15).

23.5 Ergänzung: Die Religionskritik von Karl Marx (M 12)

Der in **M 14** angebotene Text gibt mit einer längeren Auslassung und ohne den Schlussabschnitt die für das Religionsverständnis des jungen Marx wichtigen Ausführungen der »Einleitung zur Kritik der Hegelschen Rechtsphilosophie« von 1844 wieder.

Marx' Argumente gegen die Religion sind:

- Der »Himmel« der Religion ist nur eine der Phantasie entsprungene Scheinwirklichkeit.
- Die Religion spiegelt das falsche Bewusstsein des nicht wirklich bei sich selbst seienden Menschen wider.
- Indem Religion über gesellschaftliche Entfremdung hinwegtröstet, liefert sie (für die herrschenden Klassen) die moralische Sanktion einer verkehrten Welt.
- Die Religion ist zugleich Ausdruck der Entfremdung und (wenn auch nur passiv) »seufzender« Protest gegen das wirkliche Elend.
- Die Religion betäubt den leidenden Menschen, so dass er die Schmerzen seines Elends lieber erträgt, als ihre Ursachen revolutionär zu beseitigen.
- Die Religion stellt mit ihrer Glücksverheißung für das Jenseits den falschen Heiligenschein für ein reales, irdisches Jammertal bereit.
- Nicht eine (imaginäre) Gottesvorstellung, sondern nur der Mensch selber kann »höchstes Wesen« für den Menschen sein.

Marx hat, kritisch auf Feuerbach aufbauend, eine objektiv nachweisbare soziologische Funktion der Religion in der gesellschaftlichen Situation des 19. Jahrhunderts größtenteils zutreffend analysiert. Aus Gründen einer wirksamen Kritik an den politischen Verhältnissen im vormärzlichen Deutschland hebt er jedoch einseitig die Opiatfunktion einer politisch missbrauchten Religion hervor und erwähnt nur noch andeutungsweise die Protestfunktion des christlichen Glaubens gegen ungerechte und unmenschliche Verhältnisse. Wenn auch weniger ins Auge fallend, lässt sich diese aber doch in der Christentumsgeschichte sehr wohl als wirksam erweisen. Dass schließlich ausgerechnet die »Aufhebung der Religion« die entscheidende Voraussetzung für die radikale Beseitigung sozialen Elends sei, muss angesichts der Geschichte des marxistisch begründeten Sozialismus bezweifelt werden.

Unterrichtsideen SH S. 53–55

(1) Bildbetrachtung: Magritte
  a) Bild beschreiben. Was ist hier merkwürdig?
  b) Eigene Gedanken zur Botschaft des Bildes formulieren.
  c) Magritte möchte Vertrautes infrage stellen. Wogegen könnte sich das Bild wenden? Wenn Bilder Vorstellungen sind, was sagt dann das Bild über unsere Vorstellungen – auch über die von Gott?

(2) Textarbeit: Feuerbach
  a) Den ersten und letzten Satz lesen, evtl. die Aussagen an der Tafel festhalten. Eine Gesamtbotschaft konstruieren und austauschen.
  b) Arbeitsteilige Textanalyse in Einzelarbeit zu den Begriffen »Religion« und »Wendepunkt der Weltgeschichte«. Anschließend Tandems bilden und sich die Ergebnisse gegenseitig vorstellen.
  c) Die eigene Konstruktion der Gesamtbotschaft anhand der Erarbeitung überprüfen.

(3) Feuerbach auf Psalm 23 und / oder das Vaterunser anwenden.
  a) Schülerinnen und Schüler erhalten die Texte und schreiben sie im Sinne von Feuerbach um.
  b) Anschließend vorstellen der Ergebnisse.
  c) Die Motive von Feuerbach herausarbeiten.

(4) Mögliche Vertiefung: Vergleich Feuerbach mit Marx (**M 14**)
  a) Lehrerreferat über den Zusammenhang von Feuerbach und Marx (siehe oben). Evtl. Einbezug von Marx' Thesen über Feuerbach von 1845.
  b) Textarbeit in Partnerarbeit: Argumente von Marx gegen die Religion.
  c) Auswertungsgespräch: Was meint der Begriff »Religion ist Opium des Volks«? Was ist Opium? Worin liegt der Unterschied zu Lenins Definition »Religion ist Opium für das Volk«? Worin liegt der Unterschied zwischen Marx' und Feuerbachs Ideen?
  d) Diskussion: Hat Marx Recht? Passt seine Kritik der Religion auch auf die Bibel?

(5) Feuerbach in der Kritik
  a) Diskussion: Hat Feuerbach Recht?
  b) Einführung folgender Kategorien durch die Lehrperson:

- Bild des christlichen Glaubens
  - eigene Grundüberzeugung
  - Intentionen

c) Arbeitsteilige Partnerarbeit, die jeweils eine Kategorie untersucht; anschließend Austausch der Einsichten.

d) Vergleich der gefundenen Anfragen mit Moltmann.
  - Die entscheidenden Kritikpunkte Moltmanns herausarbeiten.
  - Die Punkte überprüfen: Hat Moltmann Recht?

(6) Textarbeit: Freud

a) Eigene Antworten auf die beiden Ausgangsfragen formulieren (Tafelanschrieb); zuerst einzeln notieren, dann gemeinsame Diskussion darüber.

b) Die Antworten Freuds in Einzelarbeit herausarbeiten (Abschnitte zwei und drei).

c) Gespräch:
  - Was sind religiöse Lehren?
  - Wie entstehen sie?
  - Wie wird man von ihnen frei?

d) Anschließend eine zusammenfassende Grafik anlegen.

e) Im Gespräch die Folgen der Aufklärung bestimmen. Wohin führt das?

f) Vergleich mit dem vierten und fünften Abschnitt. War das zu erwarten?

(7) Freud in der Kritik:

a) Arbeitsteilige Partnerarbeit:
  - Das Bild des christlichen Glaubens beschreiben.
  - Das Wissenschaftsverständnis bestimmen.
  - Das Menschen- und Weltbild von Freud bestimmen.
  - Das Bild guten Lebens herausarbeiten.
  - Die Motive von Freud erheben.

b) Ergebnisse vorstellen und gemeinsam beurteilen.

c) Das implizite Modell von Wissenschaft und Religion zeichnerisch darstellen und mit Polkinghorne (SH S. 47) vergleichen.

24. »Der Glaube an den einen Gott macht gewalttätig«

Durch die Ereignisse des 11. Septembers 2001 bekam Religion wieder eine stärkere öffentliche Aufmerksamkeit. Gleichzeitig drängte sich aber bei vielen der Eindruck auf, nicht nur bestimmte Varianten des Islam, sondern Religion insgesamt sei ihrem Wesen nach gewalttätig. So lässt sich erklären, dass die Thesen von Jan Assmann so viel Aufmerksamkeit fanden.

24.1 Jan Assmann, Das Gewaltpotential des Monotheismus (SH S. 56)

Der Ägyptologe und Religionswissenschaftler Jan Assmann (geb. 1938) lehrte in Heidelberg. Er sieht in einem exklusiven Monotheismus die Grundlage für das Recht, Gewalt gegen Menschen auszuüben, die in den Augen der Gläubigen anderen Göttern anhängen. Sein Text lässt vier Schritte erkennen:

- Mose ist die Symbolfigur für die menschheitsgeschichtliche Wende zu einem exklusiven Monotheismus.
- Das Bilderverbot wendet die theologische Unterscheidung zwischen Wahrheit und Unwahrheit ins Politische.
- Der Monotheismus wurde in Form von Massakern durchgesetzt.
- Es waren niemals die Juden, sondern ausschließlich die Christen und die Muslime, die diese Gewalt in die Tat umgesetzt haben.

Die Gewalttätigkeit des alttestamentlichen Monotheismus wird mit drei Beispieltexten belegt: Ex 32,25–35; 1. Kön 18,40; 2. Kön 23,4–20. Die hier dargestellten Auseinandersetzungen gehören in eine Zeit, in der sich traditionelle Kreise der israelitischen Bevölkerung gegen das politisch begründete Nebeneinander von Baal und Jahwe wehrten und dagegen die Parole »Jahwe oder Baal« ausgaben. Dies wird man nicht einfach ignorieren oder als anders motiviert entschuldigen können. »Bevor wir die Texte vergewaltigen, sollten wir den möglichen gefährlichen Konsequenzen unserer biblischen Tradition offen ins Auge sehen und ihre Gründe schonungslos benennen.« (Rainer Albertz, Religionsgeschichte Israels in alttestamentlicher Zeit 1, ATD-Ergänzungsreihe 8/1, Göttingen 1992, S. 244, Anm. 74) Eine monotheistische Religion, wie das Christentum, muss sich mit latent gewalttätigen Tendenzen auseinandersetzen. Assmann entwirft folgende Sicht und legt gewisse Schlüsse nahe:

1) Aus der sprachlichen Unterscheidung von wahr und falsch folgt fast zwangsläufig die Unterscheidung von Freund und Feind und schließlich die Gewalt gegen Menschen. Semantik bereitet Praxis vor.
2) Diese Logik ist aber nicht unbedingt zwingend, wie sich an der Selbstausgrenzung des Judentums zeigt.
3) Polytheismus ist friedlicher als Monotheismus.

Daraus ließe sich folgern: Der exklusive Monotheismus ist zugunsten polytheistischer oder synkretistischer Religionsformen aufzugeben. Dadurch entfällt die Unterscheidung von wahr und falsch sowie von Freund und Feind. Assmanns Religionskritik erweist sich als Kritik eines exklusiven Monotheismus. Die polytheistische Religion Ägyptens ist von dieser Kritik nicht betroffen.

In dieser Sicht liegen Fragen begründet, die es zu stellen gilt:

- Wie sind die gewalttätigen Texte in der Bibel zu verstehen?
- Folgt aus dem Sachverhalt gewalttätiger Texte notwendig die Annahme, dass der Monotheismus insgesamt oder gar an sich gewalttätig bzw. gewaltbereit ist?
- Wie ist es zu erklären, dass das Judentum bei den gleichen Ausgangstexten nicht gewalttätig geworden ist?
- Sind Formen christlicher Gewalt, wie bei den oft zitierten Kreuzzügen oder bei Hexenprozessen, aus dem Monotheismus zu erklären? In beiden Fällen gibt es auch andere Sichtweisen (**M 17** Das Christentum als Sündenbock, **M 18** Hexenverfolgungen).
- Ist die Friedfertigkeit des christlichen Glaubens echt?
- Wie kann sich der christliche Monotheismus von seinen gewalttätigen Seiten lösen?

24.2 Alois Halbmayr, Freiheit oder Sklaverei (SH S. 56)

Alois Halbmayr (geb. 1961) lehrt als Professor für katholische Theologie Dogmatik an der Universität Salzburg. Er wendet sich unmittelbar gegen den religionskritischen Ansatz von Assmann. Seine Gegenargumente sind:

(1) Es geht in dem Monotheismus von Mose nicht um wahr oder falsch, sondern um Freiheit oder Sklaverei.
(2) Die Gewalttexte in der Bibel stammen aus ganz verschiedenen Zusammenhängen und müssen differenziert beurteilt werden.
(3) Der Monotheismus hat unterschiedliche Wege genommen (gewaltfreiere und gewalttätigere).
(4) Ausschlaggebend für die Anwendung des Freund-Feind-Denkens ist das Bündnis von Religion und politischer Macht. Anders sieht es aus, wenn die Befreiung von Unterdrückung für die Zukunft erhofft wird (Messianismus).
(5) Die Unterscheidung von Freund und Feind verliert ihre abgrenzende Macht, wenn die Traditionen gestärkt werden, die Gewaltverzicht fordern (z.B. Bergpredigt) oder auf Distanz zur politischen Macht gehen (vgl. z.B. Mk 12,13–17).

24.3 Ergänzung: 1. Könige 18 – Elia und die Baalspropheten

Im Kern der Erzählung von 1. Kön 18 geht es um die Opferprobe (V. 21–40), die mit der Tötung der Baalspropheten endet. Man wird in dem mehrfach überarbeiteten Text eine Lehrerzählung sehen können, die dem Glauben an Jahwe als dem einzigen Gott Ausdruck verleiht. Es geht also um die Auseinandersetzung mit dem Fremdgötterglauben, ein Thema, das dem Deuteronomium wichtig war und sich z.B. auch bei Hosea (bspw. Hos 13,4) findet.

Die Erzählung lässt sich in vier Abschnitte gliedern:

– V. 21–24: Gespräch Elias mit dem Volk
– V. 25–29: Opferritus der Baalspriester
– V. 30–37: Opferritus von Elia
– V. 38–40: Gottesurteil und die Folgen

Das Volk (V. 21) ist offenkundig unentschieden. Vorausgesetzt wird eine Zeit, in der wohl beide Verehrungen nebeneinander bestanden. V. 24 unterstellt, dass das Volk auf Seiten Baals steht. V. 26 deutet darauf hin, dass das Volk das Opfer vollzieht. Elia macht daraus erst das Problem. Die Szene ist monotheistisch angelegt. Dass beide Opfer Erfüllung finden, wird nicht angenommen. Insgesamt fehlen in der Szene Ahab und Isebel.

V. 25–29 beschreibt den kanaanäischen Opferritus mit Hüpfen um das Opfer – wodurch die Beziehung von Opfer und Opfernden verstärkt werden soll –, mit Selbstverwundungen durch Schwerter und Lanzen, mit Anrufung bis hin zur Ekstase. Der Ritus geht über mehrere Stunden und endet in V. 29 mit Schweigen.

V. 30–37 beschreibt den Opferritus Elias. Er muss erst einen Altar bauen (V. 30). Die Altäre sind ja nach 1. Kön 19,14 zerstört. Ohne Altar ist kein gültiges Opfer möglich. Dieser Altar verschwindet am Ende wieder (V. 38). Zu dem Ritus gehört vor allem das Gebet (V. 36–37), aber auch die korrekte Zeit (V. 36: »Und als es Zeit war für das Speisopfer«). Der Wassergraben kann als Ausgrenzung eines heiligen Bezirkes verstanden werden (vgl. Ex 27,18). Elia praktiziert die priesterliche Opferordnung.

Die Opferprobe endet mit dem verzehrenden Feuer (V. 38), dem dann in V. 41–46 der erhoffte Regen folgt, die Hinwendung des Volkes zu Gott in einem Bekenntnis (V. 39) sowie der Tötung der Baalspriester durch die Hand Elias (vgl. dazu auch Jehu in 2. Kön 18,10–29). Dies entspricht einmal der Ausrottung der Propheten durch Isebel (V. 4; vgl. auch 1. Kön 19), vor allem aber Geboten des Bundesbuches (Ex 22,19): »Wer den Göttern opfert und nicht dem Herrn allein, der soll dem Bann verfallen« (vgl. auch Dtn 13,16–19).

Rainer Albertz stellt die Frage, welche Motive es in der Jahwe-Religion gegeben haben muss, um in einem polytheistischen Kontext auf die alleinige Verehrung Jahwes zu drängen (Albertz, Religionsgeschichte Israels in alttestamentlicher Zeit 1, Göttingen 1992, S. 98). Er sieht die Antwort in der personalen Bindung einer nomadischen Gruppe an einen Gott, der über Leben und Freiheit wacht. Damit verbunden ist eine einfache Sozialstruktur. Diese differenzierte sich jedoch und führte zu sich bekämpfenden Klassen, was sich auch in einer polytheistischen Religionsstruktur niederschlägt. Der Kampf für den Jahwe-Glauben erweist sich deshalb als Kritik einer Klassengesellschaft (Albertz S. 100). Dennoch muss von fanatischen Zügen und von Grausamkeiten gesprochen werden (Albertz S. 244). Die politische Folge der Jahwe-Alleinreligion bestand im Übrigen in einer außenpolitischen Isolation.

Unterrichtsideen SH S. 56

(1) Diskussion der Leitfrage »Macht der Glaube an den einen Gott gewalttätig?«
(2) 1. Kön 18 erarbeiten:
   a) Text erzählen oder vorlesen.
   b) Gespräch: Wie ist V. 40 zu beurteilen? Als Ausrutscher, gerechte Reaktion oder Konsequenz der Forderung, nur einem Gott nachzufolgen?
   c) Noch einmal Diskussion der Leitfrage.
(3) Gespräch Assmann / Halbmayr
   a) Lehrperson stellt die Personen vor und umreißt ihre Position (Monotheismus ist an sich gewalttätig; Monotheismus ist nur unter bestimmten Bedingungen gewalttätig.)
   b) Schülerinnen und Schüler entscheiden sich für eine der beiden Positionen und erarbeiten sich diese in Kleingruppenarbeit.
   c) Assmann und Halbmayr werden von zwei Schüler/innen dargestellt. Sie diskutieren miteinander, die anderen Schülerinnen und Schüler können sich durch Doppeln einbringen.
   d) Abschließende Reflexion: Ist das Christentum gewalttätig?
(4) Mögliche Vertiefung: Wie steht es mit der Gewalttätigkeit des Christentums? Schülerpräsentation zu den Hexenverfolgungen mithilfe von **M 18** oder »Oberstufe Religion«, Heft 3 (Kirche), S. 44–49.
   Alternative: Gemeinsame Auseinandersetzung mit einem Interview mit Arnold Angenendt (**M 17**).

25. »Der Glaube an Gott ist absurd«

Veröffentlichungen im SPIEGEL und im STERN sowie religionskritische Kinderbücher (Michael Schmidt-Salomon, Susi Neunmalklug erklärt die Evolution 2007; Ders., Wo bitte geht's zu Gott?, fragte das kleine Ferkel, 2009) deuten

auf eine Wiederkehr des Atheismus. Wie sich an Richard Dawkins zeigt, handelt es sich vor allem um Publikationen aus dem angelsächsischen Bereich, die hierzulande aufgegriffen werden. Neben Richard Dawkins, Der Gotteswahn, 2007, sind es D.C. Dennet, Breaking the Spell; Ch. Hitchens, God is not Great; Sam Harris, The End of Faith, die Aufmerksamkeit finden. In Deutschland sind es daneben Norbert Hoerster, Die Frage nach Gott, 2005, sowie Herbert Schnädelbach, in Frankreich sind es G. Bataille und in Italien M. Onfray, die sich religionskritisch äußern. Gegen diese Veröffentlichungen werden zwischenzeitlich von verschiedener Seite kritische Einwände erhoben, so z.B. Manfred Lütz, Gott. Eine kleine Geschichte vom Größten, 2007; Antje Vollmer, Gott im Kommen? Gegen die Unruhestifter im Namen Gottes, 2007; Richard Schröder, Abschaffung der Religion? Wissenschaftlicher Fanatismus und die Folgen, 2009; Magnus Striet (Hg.), Wiederkehr des Atheismus. Fluch oder Segen für die Theologie?, 2008.
Die Art der religionskritischen Argumentation wird auch in der Philosophie zum Teil als schwach bis banal beurteilt.

Bedenkt man, dass nur ein kleiner Prozentsatz von Jugendlichen religionskritischen Positionen zuneigt, stellt sich die Frage, wie ernst man eine solche Religionskritik nehmen muss. Wenn sie hier ernst genommen wird, dann deswegen, weil

- Religionskritik zu einem öffentlichen Ereignis geworden ist,
- die Frage nach dem Verhältnis von Vernunft und Glaube und damit auch Wissenschaft und Glaube ins Zentrum gerückt wird,
- die Schul- und Gemeindetheologie noch keine angemessene Strategie entwickelt hat, mit einer solchen Kritik umzugehen. Es besteht der Eindruck, dass Schülerinnen und Schüler mit der Argumentation von Dawkins u.a. nicht kritisch umgehen können.

25.1 Richard Dawkins, Der Gottes-Wahn (SH S. 57)
Der erste Text ist eine von STERN-Autoren erstellte, vereinfachte Zusammenfassung der Grundthesen von Dawkins, wie sie von ihm selbst in seinem Buch »Der Gotteswahn« auf S. 222f. formuliert sind. Dawkins wendet sich dabei gegen die in Kreisen amerikanischer Christen vertretene Theorie des »Intelligent Design« (siehe Punkt 6). Damit wird zugleich eine Zielrichtung von Dawkins deutlich. Es geht ihm um die Auseinandersetzung mit fundamentalistischen Positionen in den USA. Er sieht in Intelligent Design eine Neuaufnahme des kosmologischen Gottesbeweises (vgl. SH S. 44f.; 47) und kritisiert dabei den infiniten Regress (Punkt 3). Seiner Ansicht nach ist die Annahme eines intelligenten Gestalters eine Illusion (Der Gotteswahn S. 223). Gegen eine solche Schlussfolgerung setzt er die darwinistische Evolution (Punkt 4). Für die Entstehung des Universums liegt jedoch bislang keine solche Theorie vor (Punkt 5). Dawkins verfolgt dabei die Position eines Naturalismus: Alles geschieht aufgrund der Natur und kann aus der Natur und mit natürlichen Wertprinzipien erklärt werden (auch seine Religionskritik?). Aus all dem folgt für Dawkins: Gott existiert mit ziemlicher Wahrscheinlichkeit nicht.
Auch wenn die Konzeption des Intelligent Design nur den Anspruch erheben will, für den Fall, dass von wissenschaftlicher Seite keine befriedigende Ursachenklärung vorliegt, die Annahme einer intelligenten Gestaltung gelten zu lassen, wird man dennoch zwischen Glaube und Naturwissenschaft unterscheiden müssen. Der kosmologische Gottesbeweis ist seit Kant nicht mehr gangbar. Ein Beweis Gottes ist nicht möglich. Polkinghorne (SH S. 47) kann deshalb nur von Passungen oder Hinweisen sprechen. Der Glaube verdankt sich lebensgeschichtlichen Erfahrungen (vgl. Pascal SH S. 48 und die biblischen Beispiele SH S. 25) und besteht in subjektiven, emotional gestimmten Deutungen (wie man auch z.B. bei Einstein SH S. 46 sehen kann). Auch für Dawkins stellt sich die Aufgabe, die Evolution persönlich zu deuten: Wie ist das Leben? Ist es vertrauenswürdig, sinnlos oder ambivalent? Woran hängt sein Herz? Was ist für ihn die alles bestimmende Wirklichkeit? Dawkins, aber auch die christliche Verkündigung, wäre zu befragen, ob Gott überhaupt »existieren« kann. Kann die alles bestimmende Wirklichkeit so existieren, dass man sie in der Wirklichkeit einfach finden kann?

25.2 Aus einem Interview mit Richard Dawkins (SH S. 57)
In dem Interview beschäftigt sich Dawkins mit

- seiner Lebenshaltung als Agnostiker,
- mit Gott,
- mit Religion,
- mit den großen Fragen der Menschheit.

Schon mit dem letzten Satz des vorausgehenden Textes offenbart sich Dawkins als Agnostiker. »Gott existiert mit ziemlicher Sicherheit nicht.«
In dem Interview definiert Dawkins zum einen Gott als feststellbares übernatürliches Wesen. Er rückt Gott in die möglichen Gegenstände der Erkenntnis ein. Versteht man jedoch Gott als die alles bestimmende Wirklichkeit (SH Pannenberg S. 10), die zwar personal gedacht werden kann, aber auch unpersonal (SH S. 40f.), so stellt sich die Frage, ob diese alles bestimmende Wirklichkeit als Teil der Wirklichkeit feststellbar sein und damit bewiesen werden kann. Damit erhebt sich auch die Frage, was für Dawkins die alles bestimmende Wirklichkeit ist. Und wie kann sie bewiesen werden? Wenn sich alles einem dynamischen Prozess verdankt, dann stellt sich die Frage, was von diesem zu halten ist. Was heißt das für das persönliche Leben? Was empfindet Dawkins bei dem Blick zu den Sternen (am Ende des Textes)? Ist es das gleiche wie bei Einstein (SH S. 46)? Woher hat er aber das Gefühl der Anbetung?
Dawkins schreibt der Religiosität einen gewissen biologischen Vorteil zu. Sie steigert die Überlebenschance durch eine geringere Stressanfälligkeit. Die Frage ist aber dann, ob dieser Selektionsvorteil jetzt beendet sein soll. Unklar bleibt, ob der Respekt vor Autorität ein Vorteil ist oder nicht. Kann dieser Respekt im Gehirn einprogrammiert sein? Ist dies ein Produkt der Evolution? Religion wird schließlich als ein ästhetisches Phänomen anerkannt. Daraus lässt sich sicherlich nicht ableiten, dass Gott existiert. Es stellt sich aber die Frage, ob dieses ästhetische Phänomen ein biologischer Vorteil sein kann. Wenn es das nicht ist, wie ist es dann zu erklären? Geht es wirklich nur um Überlebensvorteile, z.B. durch den Gewinn von Geld? In der Kunst geben Menschen dem Ausdruck, was sie empfinden und wahrnehmen. Kann Kunst lügen?

25.3 Bild: »Gott gegen Darwin« (SH S. 58)

Das Titelbild aus dem Jahr 2005 markiert die öffentliche Wiederkehr des Atheismus nach Jahren öffentlichen Schweigens. Das Bild nimmt die klassischen Motive der Sündenfallgeschichte auf, wonach Eva Adam einen Apfel reicht. Hinter den beiden erkennt man den Baum mit seinen verlockenden Früchten. Um diesen windet sich die Schlange der Verführung. Ihr Kopf bildet Charles Darwin, der unter dem linken Arm ein Buch hält, vermutlich jenes, das von der Entstehung der Arten handelt, oder jenes von der Entstehung des Menschen. Darwin schaut dem Leser und Betrachter in die Augen. Wenn er der Kopf der Schlange ist, dann wird nahe gelegt, dass er und seine Bücher die Menschen von Gott abbringen wollen und die Beschäftigung mit seinen Erkenntnissen ein Sündenfall darstellt und damit die Abkehr vom Gottesglauben. Die Frage ist, ob das zwingend ist.

25.4 Ulrich Eibach, Die Denkmöglichkeit des Wirkens Gottes – zur Auseinandersetzung mit R. Dawkins (SH S. 59)

Ulrich Eibach sucht mit Mitteln der erkennenden Vernunft die Grenzen und vor allem die Vor-Urteile von Richard Dawkins aufzuzeigen. Exemplarisch werden erkenntnistheoretische Fragen durchgespielt. Kurz gefasst kann man seine Argumente wie folgt wiedergeben:

1) Dass die materielle Welt alles sei, kann man naturwissenschaftlich nicht beweisen.
2) In der Kosmologie werden geistige Fragen nach der Herkunft der Naturkonstanten, der Geltung von Naturgesetzen und der Entwicklung des Menschen sowie die Beschreibbarkeit der Welt in mathematischen und physikalischen Formeln erörtert und dahinter stehende geistige Prinzipien bedacht.
3) Die langsame Entwicklung komplexer Strukturen aus einfachen kann nicht ausreichend erklären, woher das Neue und Höhere kommt.
4) Gott ist kein Kausalfaktor, den man empirisch beschreiben kann. Der Grund des Daseins ist naturwissenschaftlich nicht zugänglich.
5) Glaubensvorstellungen sind darauf angewiesen, dass das wissenschaftliche Weltverständnis für das Handeln Gottes offen ist (wie bei Polkinghorne erkennbar wird, SH S. 47).

Unterrichtsideen SH S. 57–59

(1) Bildbetrachtung: Adam und Eva mit Darwin
   a) Bild beschreiben.
   b) Zusammenhänge herstellen.
   c) Die Botschaft des Bildes formulieren.
   d) Gespräch: Wie passen Evolution und christlicher Glaube zusammen? Suche nach plastischen Bildern, die das Verhältnis zum Ausdruck bringen (z.B. ein Herz und eine Seele; Krieg, Gleichgültigkeit; getrennte Ehepaare).

(2) Textarbeit: Dawkins, Der Gottes-Wahn
   a) Die Überschrift deuten.
   b) Textanalyse nach drei Kategorien in Einzelarbeit:
      – Ausgangsfrage (Wie konnte der unwahrscheinliche Eindruck gezielter Gestaltung entstehen?)
      – abgelehnte Position (Intelligent Design)
      – Position Dawkins (Darwinistische Evolution)
   c) Vergleich der Ergebnisse in Dreiergruppen.
   d) Auswertungsdiskussion: Hat Dawkins Recht?
   e) Prüfen der Reflexion: Was würde Polkinghorne (SH S. 47) dazu sagen? Was kann theologisch dazu gesagt werden?
   f) Vertiefung: Auseinandersetzung mit Intelligent Design (**M 19**).

(3) Textarbeit: Interview mit Dawkins
   a) Im Klassengespräch Vergleich des letzten Satzes von »Gottes-Wahn« mit den beiden letzten Sätzen des Interviews. Wie passt das zusammen? Entwurf einer Theorie.
   b) Arbeitsteilige Bearbeitung folgender Aufgaben:
      – Klärung der Begriffe »Agnostiker« und »Religion«.
      – Verhältnis von Dawkins und Einstein (SH S. 46).
      – Herausarbeiten und Prüfen der zentralen Antworten auf die Fragen: Haben wir Grund zu glauben, dass es Gott gibt? Warum überlebt Religion so hartnäckig? Wie sind religiöse Kunstwerke zu sehen?
      – Beantworten der Frage: Kann man Gott beweisen?
   c) Austausch der Einsichten.

(4) Textarbeit: Eibach
   a) Arbeitsteilige Bearbeitung der folgenden Aufgaben:
      – Begriffsklärung: Naturalismus, Naturalismus als Metaphysik, Anthropisches Prinzip, Emergenz, Offene Systeme, Grund und Ursache.
      – Die Sicht von Dawkins herausarbeiten.
      – Drei Hauptargumente gegen Dawkins formulieren.
      – Überzeugungen von Eibach bestimmen.
   b) Vorstellen der Ergebnisse. Was überzeugt? Was nicht?
   c) Schlussrunde: Wie ist das Verhältnis von Naturwissenschaft und Theologie zu bestimmen?

26. »Gott ist irrelevant«

Während explizit religionskritische Positionen unter Jugendlichen wie auch in der Zeitgenossenschaft insgesamt eher selten sind, gilt dies nicht für die Gesamtheit jener, die religionslos sind. Die Mehrheit der Religionslosen kämpft nicht gegen Religion, sie haben mit Religion einfach nichts zu tun. Religion und damit Bezüge zur Transzendenz spielen in ihrem Leben keine Rolle. Empirische Studien weisen darauf hin, dass religiös Indifferente weitgehend in den östlichen Bundesländern zu finden sind. Es stellt sich jedoch der Eindruck ein, dass diese religiöse Indifferenz vor allem im Alltagsleben vieler Zeitgenossen wahrzunehmen ist, im Umgang mit Kontingenzerfahrungen bricht die Frage nach Gott durchaus auf.

Die vierte Mitgliedschaftserhebung der EKD aus dem Jahr 2003 (Kirchenamt der EKD [Hg.], Weltsichten, Kirchenbindung, Lebensstile, 4. EKD-Erhebung über kirchliche Mitgliedschaft, Hannover 2003) macht darauf aufmerksam, dass Religions- und Konfessionslose nicht einfach als defizitär beschrieben werden dürfen. Sie teilen vielmehr andere Weltsichten, die es zu untersuchen und zu verstehen gilt. Wie sehen sie das Leben? Wie sehen sie die Welt? An welchen Werten orientieren sie sich? Wie sehen sie ihre eigenen Möglichkeiten, Grenzen, aber auch Aufgaben im Leben?

26.1 Religiöse Indifferenz (SH S. 60)
Die hier zusammengestellten Zitate verdanken sich einer Internetaktion des Erzbistums Köln in den Jahren 2002–2007. Wer immer es wollte, hatte Gelegenheit auf einer Homepage einzutragen, warum er nicht an Gott glaube. Es kamen 1750 Einträge zusammen. Sie wurden in einem zweisemestrigen Forschungsseminar der Universität Leipzig unter Leitung von Sebastian Murken ausgewertet. Es zeigen sich drei Begründungskomplexe, die zu einem Leben ohne Gott führen:
- Zweifel und Enttäuschung,
- Ablehnung,
- die Entscheidung für eine Alternative.

Atheismus, Agnostizismus und religiöse Indifferenz gehören in die Kategorie »Ablehnung«. Der vorliegende Text untersucht das Phänomen der religiösen Indifferenz. Dieses besteht in einer Gleichgültigkeit gegenüber religiösen Fragen, die im Wesen vier Gründe hat:
- Gott ist für das eigene Leben irrelevant.
- Die Frage nach Gott ist aufgrund fehlender Erfahrungen mit Gott nicht sinnvoll entscheidbar.
- Es besteht das Gefühl, Gott nicht zu brauchen.
- Eine religiöse Sozialisation hat nicht stattgefunden.

Fragt man danach, welche Weltsichten und Wertorientierung mit religiöser Indifferenz verbunden sind, so zeigen sich in den abgedruckten Äußerungen folgende Aspekte:
- eine starke Gegenwartsorientierung,
- der Wunsch, das Leben zu genießen,
- ein materialistisches Weltbild (wirklich ist nur das, was man sehen kann),
- Vertrauen in die eigenen Kräfte und das Gefühl, das eigene Leben leiten zu können,
- Annahme eines schicksalhaften, wenngleich geglückten Laufs der Dinge,
- hohe Wertschätzung von Familie und Freunden,
- Bejahung des eigenen Lebens (mein Leben hat auch ohne Gott Sinn),
- Vertrauen in die gesellschaftliche Ordnung (der Staat regelt das [Zusammen-]Leben zur Genüge).

Vor Augen tritt ein relativ sorgloses Leben ohne schwierige Erfahrungen und Kontingenzen, möglicherweise auch ohne vertiefende Selbstreflexion – aber das ist wohl schwierig zu beurteilen.
Programmatisch zusammengefasst lässt sich religiöse Indifferenz folgendermaßen beschreiben: »Ich kenne Gott nicht, ich brauche Gott nicht, ich habe meine Familie und meine Freunde, mir geht es gut.« Religiöse Indifferenz dürfte wohl nur durch religiöse Erfahrungen und eine differenzierte Reflexion eigenen Lebens für religiöse Fragen zu öffnen sein.

26.2 Bild: Fernand Léger, La partie de Campagne, 1952/53 (SH S. 61)
Fernand Léger (1881–1955) wirkte in Paris. Er gehörte zu den Kubisten und wurde u.a. von Pablo Picasso und Georges Braque beeinflusst. Nach dem Ersten Weltkrieg begann seine mechanische Periode. Während des Zweiten Weltkrieges hielt sich Léger in den USA auf. Hier schuf er monumentale Bilder. 1946 kehrte er nach Frankreich zurück und malte Anfang der 1950er Jahre mehrere Bilder zum Thema Landpartie. Dieses Thema war in der französischen Malerei häufig bearbeitet worden. Léger stellt sich mit seinen auf Manet bezogenen Darstellungen in diese Tradition. Im Hintergrund stehen die soziale Errungenschaft des bezahlten Urlaubs (in Frankreich 1936 eingeführt) und die Vermeidung der schmerzhaften Erinnerungen an Krieg und Entbehrungen.
Dargestellt wird eine Szene mit fünf Personen, von denen vor allem die drei auf der rechten Seite (samt Hund) genussvoll nichts tun und sich ausruhen. Die Hände zeigen, dass die drei irgendwie miteinander verbunden sind. Aber wie? Sind sie eine Familie?
Ihr Gesichtsausdruck ist gelassen ruhig. Die Gesichtszüge sind wenig individuell. Kleidung und Frisuren entsprechen den 50er Jahren. Was die Personen im hinteren Bild tun, bleibt unklar. Die blaue Fläche wirkt wie ein See. Alle Personen scheinen einen Wochenendausflug zu unternehmen und die Auszeit genießen zu wollen. Der Mantel ist abgelegt. Alles wirkt entspannt. Wolken und Bäume sind stilisiert einfach dargestellt. Berge, Wiesen, Bäume sind als gleichmäßige Farbflächen mit schwarzen Konturen gestaltet. Kubistische Züge zeigen sich in den aufgesetzten Brüsten. Im Kontext religiöser Indifferenz stellt das Bild die Frage nach der Lebenshaltung der Wochenendausflügler. Woran mögen sie denken? Was beschäftigt sie? Was ist ihnen wichtig, vielleicht sogar heilig? Wie denken sie über Gott und die Welt?

26.3 Hans Magnus Enzensberger, Empfänger unbekannt (SH S. 61)
Das Gedicht von Enzensberger gehört in die Reihe der über das Heft verteilten Texte (SH S. 8, 9, 18) zeitgenössischer Dichter. Es mutet zunächst wie ein Paketzettel an, erweist sich aber dann als ein Dankgebet (vgl. auch Sido SH S. 5), dessen Adressat unbekannt ist. Das ganze Gedicht besteht aus vier Sätzen, die immer länger werden. Gedankt wird für kosmische Lebensvoraussetzungen (Wolken, Luft, Jahreszeiten), für biologische Lebensvoraussetzungen (Gehirn, Organe, Begierde, Bedauern, Anfang und Ende), dann aber auch für alltägliche Gegenstände (Wanderstiefel, Klavier, Feuerzeug, Koffein, Wein, Wühlmäuse). Der Dank schreitet von den Wolken zu dem eigenen Leben. Durch die scheinbar wahllose, unüberlegte Aneinanderreihung von Dingen wirkt er banal und verliert damit das Moment der Dankbarkeit. Die Einschübe »und natürlich«, »und, damit ich es nicht vergesse«, »meinetwegen ... auch« verstärken diesen Eindruck. Zu verspüren ist eine gleichgültige Lebenshaltung, die zwischen wichtig und unwichtig nicht zu unterscheiden weiß. Die Ernsthaftigkeit, mit der beispielsweise Schleiermacher auf das Leben schaut (SH S. 11), wird hier nicht recht erkennbar. Im Kontext religiöser Indifferenz lässt dieses Gedicht eine Lebenshaltung aufscheinen, die beiläufig auch Dankbarkeit kennt, darin aber keine zu verstehende, lebensbedeutsame Angelegenheit sieht. Überlegungen zum Woher unseres Daseins werden nicht angestellt (vgl. SH S. 11). Die Frage ist, ob ein Weiterdenken des Lebens verändernd wirken würde.

26.4 Ergänzung: Die Religionskritik von Friedrich Nietzsche
Es stellt sich die Frage, ob sich in der religiösen Indifferenz der Tod Gottes zeigt, wie ihn Nietzsche in seiner Parabel

vom »tollen Menschen« (Aphorismus 125 in »Die fröhliche Wissenschaft«) vorausgesehen und vorausgesagt hat. Dann erwiese sich die Gleichgültigkeit gegenüber Gott als Ausdruck und Konsequenz einer kultur- und menschheitsgeschichtlichen Entwicklung, deren Tragweite noch gar nicht recht erkannt ist (vgl. dazu auch Hans Küng, Existiert Gott?, München / Zürich 1978, S. 381–470).

Wie die Gleichnisse Jesu, so will auch die Parabel vom tollen Menschen (**M 15**) einen Bewusstseinswandel erzielen, ohne dabei jedoch analytisch-spekulativ zu verfahren. Schon in der Form setzt sich Nietzsche damit von der herkömmlichen Philosophie und Religionskritik ab. Ihm geht es um ein existenzielles Philosophieren in Antithese zur christlichen Verkündigung. Der »tolle« Mensch erinnert an den Tor in Anselms ontologischem Gottesbeweis. Er ist »verrückt« und deshalb nicht wie die Norm. Der tolle Mensch sucht Gott und schreit nach ihm. Ist darin ein Vermissen Gottes zu sehen? Die Lampe macht den tollen Menschen zum Aufklärer, der seine Zeitgenossen von einem falschen Bewusstsein befreien will.

Wie in den Gleichnissen Jesu kommen auch in dieser Parabel die Adressaten vor. Es sind Menschen, die nicht an Gott glauben und über die Botschaft vom Tod Gottes spotten. Es sind oberflächliche Atheisten, die den Tod Gottes noch gar nicht begriffen haben. Nietzsche zielt damit auf Religionskritiker wie z.B. David Friedrich Strauß.

Deutlich wird: Nietzsches Religionskritik richtet sich auch auf die bisherigen Formen der Bestreitung Gottes. Der Tod Gottes selbst ist eine geschichtliche Tat des Menschen: »Wir haben ihn getötet – ihr und ich.« Hier geht es also nicht darum, Gott zu töten und den Gottesglauben zu widerlegen. Es geht allein um die Konsequenzen daraus, dass Gott ermordet worden ist. Im strengen Sinne geht es hier nicht um Religionskritik.

Was es bedeutet, dass Gott tot ist, zeigen die drei Bilder der Parabel: das ausgetrunkene Meer, der weggewischte Horizont und die losgekettete Erde. Zusammen genommen beschreiben sie die Welt als trostlose Leere, als aussichtslosen Lebensraum und als ein bodenloses Nichts (vgl. Küng, S. 412–415).

Das Meer ist ein Bild für die Unendlichkeit, die den Menschen umgibt und begrenzt (Der vorausgehende Aphorismus 124 heißt: »Im Horizont des Unendlichen«. In Zarathustra II, »Auf den glückseligen Inseln«, wird das Meer mit Gott gleichgesetzt: »Einst sagte man Gott, wenn man auf ferne Meere blickte; nun aber lehre ich Euch sagen: Übermensch.«). Wird das »unendliche Sein ausgetrunken«, so entfällt die Begrenzung des Menschen durch ein feststehendes Jenseits, und er kann über sich selbst hinausschreiten. Die Unendlichkeit wird zu einem freien Raum, den es zu erobern gilt. In einem anderen Aphorismus klingt dies so: »Endlich dürfen unsere Schiffe wieder auslaufen, auf jede Gefahr hin auslaufen, jedes Wagnis des Erkennenden ist wieder erlaubt, das Meer, unser Meer liegt wieder offen da, vielleicht gab es noch niemals ein so offenes Meer.« (»Was es mit unserer Heiterkeit auf sich hat«, Aphorismus 343, in: Die fröhliche Wissenschaft).

Der Horizont begrenzt den Bereich unserer Erkenntnis. Er trennt zwischen dem Fernen, Geheimnisvollen, Dunklen, Unerkennbaren und dem, was zu erkennen ist. Er bestimmt den Rahmen, der menschlicher Erkenntnis zugänglich ist und in dem wir die Dinge erkennen, wie sie sind. Wird der Horizont weggewischt, dann wird die Wahrheit grenzen- und schrankenlos. Die Erkenntnis gewinnt Raum, verliert aber an Klarheit. Die Sonne ist in Platos Höhlengleichnis (vgl. Politeia, 7. Buch) ein Bild für die Idee des Guten (s.u.). Die von der Sonne losgekettete Erde verweist deshalb auf den Verlust des Guten in der Erkenntnis und in der Moral. Gleichzeitig ist aber damit das Ende des traditionellen Weltbildes und damit des »Kosmos« angesprochen. Wird die Erde von der Sonne losgekettet, so meint dies das Ende einer verlässlichen Weltordnung und den Beginn eines heillosen Chaos.

Das Bild von der losgeketteten Erde gibt einen Hinweis auf die Tötung Gottes. Sie begann mit dem Verlust der Mitte im kopernikanischen Weltbild und in der Entdeckung einer Vielzahl von Sonnen sowie der Unendlichkeit der Welt. Schon Giordano Bruno gab der Blick an den Himmel keine Begründung mehr für den Glauben an eine festgefügte, ewige Weltordnung. Gott wurde für ihn wohnungslos. Der Kosmos, als Gottes sichtbares Gleichnis, das noch den Griechen und dem Mittelalter als vernünftige Begründung des Gottesglaubens diente, zerbrach.

Als Darwin die Natur rein kausal-gesetzlich, ohne jeden Zweck und ohne jedes Ziel beschrieb, da zerbrach auch die Vorstellung einer teleologischen Ordnung. Da nun das Wirken der Natur wie auch die Bewegung der Gestirne (Newton) vollkommen »natürlich« zu erklären war, wurde Gott »arbeitslos«.

Doch dies war noch nicht alles: Da das vernünftige Denken in der Welt keine Ordnung und keine Zielgerichtetheit mehr entdecken konnte, entfiel auch die Notwendigkeit, Gott als Begründer der Ordnung und Setzer von letzten Zielen zu denken. Gott wurde nicht nur wohnungs- und arbeitslos, sondern auch »unnötig«. Man brauchte ihn nicht mehr zur Welterklärung, seine Denknotwendigkeit entfiel, er war getötet.

Ein Übriges tat Kant, indem er in der Kritik der Gottesbeweise (SH S. 45) die logische Gewissheit Gottes bestritt. Er legte dar, dass das menschliche Denken nur zu Vorstellungen der Dinge gelangt, nicht aber zu den Dingen »an sich«. Der Mensch kann nur sagen, wie sich etwas für ihn darstellt, nicht aber, wie es »an sich« ist. Letztlich bedeutet dies, dass der Mensch den Raum seines Denkens nicht verlassen und infolgedessen auch nicht sagen kann, ob und wie etwas außerhalb seines Denkens ist. Bedenkt man, dass selbst die Kategorien des Denkens (wie Kausalität, Finalität, Zeit und Raum) ontologisch nicht gewiss sein können, so wird deutlich, dass der mithilfe dieser Kategorien begriffene erste Beweger sowie souveräne Weltenordner und -lenker problematisch werden musste und bald unter den Verdacht einer menschlichen Fiktion geriet. Der »Gottesmord« meint deshalb das Ende der abendländischen Metaphysik, die die Denk-Notwendigkeit Gottes belegen wollte.

Der tolle Mensch hat aber erkannt, dass dies nicht nur Konsequenzen für die Kirche hat, sondern alle Menschen angeht. Denn das, was allem seinen Grund und sein Ziel gab, alles zu einer Einheit fügte und jedem Element in dieser Einheit seinen Sinn verlieh, ja, was schließlich menschlicher Erkenntnis die Gewissheit der Wahrheit gab, das ist nun fragwürdig geworden. Die Frage nach dem Warum und Wozu findet nun keine befriedigende Antwort mehr. Alles wird unsicher und ungewiss. Was Menschen denken und sagen, entbehrt letzter Gewissheit. Keiner kann mehr behaupten, dass eine Erkenntnis wirklich wahr ist.

Von hier aus wird verständlich, dass der Tod Gottes und das daraus folgende wilde Chaos nicht zum Lachen sind. Sie bedürfen der bewussten Anerkennung, der Auseinandersetzung und der Bewältigung. »Wie trösten wir uns, Mörder aller Mörder?« Die Lösung ist jedoch nicht fern: »Müssen wir nicht selber zu Göttern werden … und in eine höhere Geschichte« eintreten? Hier kündigt sich die Lehre vom Übermenschen an, der den bisherigen Menschen überwindet, dem wilden Chaos ins Auge blickt und sich selbst Grund, Halt und Ziel ist. Der Mensch ist von nun an auf sich alleine gestellt. Er muss selber seine Werte setzen und alleine seine Welt gestalten. Er kann sich nicht mehr auf vorgegebene Werte berufen. Fortan ist Geschichte nur noch »seine« Geschichte.

Der tolle Mensch findet, wie Nietzsche selbst, keine Anerkennung. Er kommt zu früh, doch das »ungeheure Ereignis« wird noch zur Erfahrung kommen. Wie der Prophet Jeremia seinen Krug (Jer 19), so zerschmettert der tolle Mensch seine Lampe.

Die Parabel schließt mit einem ironischen Blick auf die Kirchen: Nach dem Tod Gottes sind sie nur noch »Grabmäler Gottes«, ihre Gottesdienste sind nichts anderes als Totenfeiern.

Mit der Figur des Dionysos, des griechischen Gottes des Weines, des Rausches und der Fruchtbarkeit, hat Nietzsche jene Figur wiederbelebt, die die Lehre vom Übermenschen anschaulich verdichtet. Nietzsches Dionysos bejaht den Tod Gottes und seine Konsequenzen für das Leben. Dieses folgt nicht mehr einer vorgegebenen Ordnung. Es ist vielmehr bestimmt durch den »Willen zur Macht«, d.h. durch einen triebhaften, begehrenden Willen zur Überwindung bestehender Schranken und einer »machenden« Eroberung neuer Welten (vgl. Zarathustra II, II: Von der Selbstüberwindung).

Das Leben hat weder Plan noch Ziel. Um diese Einsicht zu radikalisieren und jedem Optimismus die Grundlage zu nehmen, proklamiert Nietzsche die ewige Wiederkehr des Gleichen.

Dionysos ist ein Mensch, der seine Bedingungen radikal bejaht und allen Formen des Lebens eine Absage erteilt, die dies nicht tun. Wer die pralle Triebhaftigkeit und die Widersprüchlichkeit des Lebens sowie die Ungewissheit und die Einsamkeit menschlicher Existenz nicht wahrhaben will, ist lebensfeindlich, schwächlich und dekadent. Er bleibt der Erde nicht treu und entwertet das Leben im Diesseits.

Dekadent in diesem Sinne ist vor allem das Christentum. Es stellt ein Schwächegefühl und eine Erkrankung des Willens dar. Gott, Jenseits, unsterbliche Seele und vor allem Nächstenliebe sind Versuche der Menschen, sich der Härte des Lebens zu entziehen. Indem sie dem Bedürfnis nach Halt nachgeben, bekräftigen sie die Willensschwäche und konservieren diese (vgl. auch Aphorismus 347, in: Die fröhliche Wissenschaft).

Die Bilder »Meer« und »Horizont« sowie weitere Ausführungen von Nietzsche (insbesondere Zarathustra II, Auf den glückseligen Inseln) geben Anlass zu der Vermutung, dass es sich bei der Parabel vom tollen Menschen um eine Kritik des ontologischen Gottesbeweises (vgl. SH S. 11) handelt. Mit drei Einwänden sucht Nietzsche Anselm zu widerlegen und Kants Kritik konsequent zu Ende zu führen:

- Der Gottesgedanke Anselms widerspricht dem menschlichen Denken. Diesem erscheint Gott als ein durch das Denken geschaffener Begriff, der aber als ungeschaffen gedacht werden soll. Das ist ein Widerspruch zum Denken und eine Entwertung des menschlichen Schaffens im Denken. Gott muss als menschlicher Gedanke festgehalten werden.
- Nach Anselm ist Gott der höchste Gedanke des Menschen. Doch er ist zugleich mehr als das. Da er nicht nur »im Denken«, sondern auch »in der Wirklichkeit« ist, ist er größer als der größte Gedanke des Menschen. Im Begriff Gottes gelangt das menschliche Denken an seinen höchsten Punkt und an seine äußerste Grenze. Im Denken Gottes entdeckt der Mensch seine Endlichkeit und seine Begrenztheit (Horizont!). Das Unendliche aber (das Meer) bleibt ihm verborgen. Es ist ihm nur als die Grenze des eigenen Denkens gegenwärtig. Indem jedoch Anselm das begrenzende Unendliche als den existierenden Gott bestimmt, wird der Mensch auf seine Endlichkeit fixiert und die Grenze wird starr gesetzt. Sie kann nun nicht mehr überwunden werden. Gott setzt damit der menschlichen Eigenbewegung ein Ende und es kommt zu einer Entwertung menschlichen Strebens und Schaffens. Wird aber die Grenze des Denkens als eine von Menschen gesetzte gesehen, so wird das »Meer« wieder offen und der »Horizont« wird wieder frei.
- Im Denken Gottes stößt Anselm an eine letzte Frage; die Frage nämlich, ob das, was das Höchste »im Denken« auch »in Wirklichkeit« sei. Die Schlussfolgerung, dass der »höchste Gedanke« auch »in re« sei, ist aber nach Nietzsche nichts anderes, als der Versuch des Menschen, letzte Fragen durch letzte Antworten abzuschließen und so der Ungewissheit menschlicher Existenz zu entgehen. Gott erscheint ihm so als der Ausdruck des irrationalen Wunsches nach einer befriedigenden Antwort und nach absoluter Gewissheit. Gott ist eine Projektion des Menschen.

Die Konsequenzen dieser Einsichten und Einwände sind radikal. Alle Begriffe an ihrer Spitze die Gottesbegriffe erweisen sich nun als Produkte des menschlichen Willens. Sie entspringen seinem »Willen zur Macht« und wollen etwas schaffen. Es sind allemal menschliche Setzungen. Sie haben keinen Anhalt an der Wirklichkeit und spiegeln diese auch nicht. Die Kritik des ontologischen Gottesbeweises betrifft alle diejenigen, die noch die »Schatten des toten Gottes« verehren und sich scheinbar wahre Ersatzautoritäten gegeben haben: das Gewissen, die Vernunft, den Fortschritt usw. Auch Feuerbachs Anthropotheismus wird damit getroffen. Worauf es nun ankommt, ist die Einsicht, dass das Verlangen nach absoluten Maßstäben aussichtslos ist und nur eine Flucht aus der Ungewissheit darstellt. Es gilt, die Sinnlosigkeit des Daseins ohne Jammern und Klagen zu bejahen.

Nietzsche bietet verschiedene Ansatzpunkte zur Auseinandersetzung: sein Verständnis der Nächstenliebe, sein Bild Gottes als himmlischen Despoten, die Behauptung der Leib- und Sinnenfeindlichkeit des christlichen Glaubens, die Annahme einer Flucht vor der Realität und einer Entwertung

des Diesseits durch das Christentum. Wird hier die biblische Botschaft getroffen?
Anlass zur Auseinandersetzung geben auch die metaphysischen Gegenbilder, mit denen Nietzsche arbeitet. Dazu gehören sein Verständnis vom Leben, der Wille zur Macht, die Wiederkehr des ewig Gleichen und seine Idealbilder vom Übermenschen und von Dionysos. Entsprechen diese Bilder unserer Erfahrung? Helfen sie uns, anders und besser zu leben?
Im Blick auf die Parabel vom tollen Menschen ist die darin entworfene Sicht der Wirklichkeit (ausgetrunkenes Meer, weggewischter Horizont, von der Sonne losgekettete Erde) und das dafür entwickelte alternative Lebensmodell (»selbst zu Göttern zu werden«) zu bedenken. Entspricht diese Sicht unserer Wirklichkeitserfahrung? Gibt es tatsächlich keinen Grund zur Hoffnung? Stellen die angesprochenen Erfahrungen tatsächlich einen Widerspruch zum Gottesglauben dar?
Ganz gewiss hat Nietzsche mit seiner Kritik den Glauben an die Welt als die beste aller Welten und an eine vernünftig einsichtige und gütige Weltordnung erschüttert, die die Gesetze der Moral begründet. Aber ist dies der Glaube der Bibel?
Das Kreuz Jesu, aber auch Hiob weisen darauf hin, dass auch nach biblischer Sicht die Welt nicht einfach sinnvoll ist. Auch hier liegen Sinn und Ziel des Lebens nicht vor Augen. Der Glaube an eine zweckvoll geordnete Welt, die der menschlichen Erkenntnis offensteht, hat an der Bibel keinen Anhalt. Auch die Bibel kennt Widersprüche, Ambivalenzen und Ausweglosigkeiten sowie die tiefe Fragwürdigkeit des Daseins. Auch sie gesteht ein: Es gibt sinnlose Erfahrungen. Doch sie hält dem entgegen: Es gibt auch sinnvolle Erfahrungen, und diese haben die Zukunft auf ihrer Seite! Diese Hoffnung gründet jedoch nicht in einer vernünftig einsichtigen Teleologie und einem erkennbaren Plan in der Welt, sondern in der Verheißung Gottes. Biblische Aussagen wollen deshalb auch nicht beschreiben, wie die Welt ist, sondern Hoffnung wecken, dass sie anders wird. Dabei nehmen sie Erfahrungen gelungenen Lebens in der ambivalenten Wirklichkeit in Anspruch. Von daher wäre Nietzsche zu fragen, warum er glaubt, dass alles so bleibt. Könnte es nicht sein, dass der Glaube an die Ewigkeit des Sinnlosen Erfahrungen geglückten Lebens verhindert? Handelt es sich hier um eine self-fulfilling prophecy?
Entscheidend in der Auseinandersetzung zwischen dem Christentum und Nietzsche ist der Gegensatz von Dionysos und dem Gekreuzigten. Beide werden mit den Widersprüchen des Daseins konfrontiert. Der »tragische Mensch« akzeptiert »noch das herbste Leiden« als Teil seines Lebens. Der »christliche Mensch« erklärt nach Nietzsche das Leiden als sinnvoll und verleugnet damit das Leben. Doch entspricht das der Bibel?
Es ist wahr: Jesus beugt sich der Sinnlosigkeit und lässt sich darauf ein. Doch für ihn ist nicht sinnvoll, was ihm widerfährt. Er weigert sich, es als sinnvoll zu verstehen. Er setzt noch in der Ausweglosigkeit auf Gott und bleibt der Hoffnung treu, dass das Böse, die Sinnlosigkeit und die Verzweiflung nicht das letzte Wort haben. Er hält den Glauben an die Liebe aufrecht, als ihm Hass entgegenschlägt. Ist das das Zeichen einer krankhaften Schwäche? Teilt nicht auch Nietzsche bis zuletzt diese Hoffnung? Von hier ist auch eine Rückfrage an Nietzsche notwendig: Bleibt Dionysos schließlich nicht doch einem männlich geformten Allmachtsglauben verhaftet? Steht hinter seinem Bild des Übermenschen schließlich doch nichts anderes als der prometheische Übermensch, der alles nach seinem Willen formen möchte, dabei allein sich selbst verantwortlich bleiben will und Sinnlosigkeit, fehlende Liebe, ja selbst den Untergang heroisch trägt? Wohin führt das? In die Katastrophe, die ja vorweg schon als notwendig erachtet wurde? (Vgl. Dionysos und der Gekreuzigte. Aus dem Nachlass der 80er Jahre, hg. v. K. Schlechta III, S. 772 f.)
Letztlich geht es in der Auseinandersetzung mit Nietzsche um die Frage, ob die Erfahrung von Sinnlosigkeit, das Fehlen einer erkennbaren Weltordnung und die Unmöglichkeit, alles einheitlich zu erklären und in allem einen Sinn zu entdecken, den Glauben an Gott widerlegt. Es geht um die Frage, ob der Zusammenbruch der abendländischen Metaphysik auch das Ende des Gottesglaubens meint.

26.5 Fulbert Steffensky, Keine Zeit, Gott zu verschweigen (SH S. 62)

Der Text von Steffensky erscheint geeignet, um das Gespräch mit religiöser Indifferenz aufzunehmen. Er erzählt zwei Geschichten, die von der Bedrohung des Lebens und den großen Wünschen an dieses Leben erzählen: Das atheistische Paar steht vor der Bedrohung, dass ihr gemeinsames Leben zerbricht. Die alte Frau sieht in dem Kriegsschiff die Bedrohung des Lebens durch Krieg. Beide sehen sich mit Zerstörung konfrontiert, beide erfahren die eigene Ohnmacht, beide stehen am Ende eines beschaulichen Lebens, wie es z.B. Léger (SH S. 61) zum Ausdruck bringt.
Beide beginnen zu beten (vgl. SH S. 32; 40), das Paar ohne Adressaten »zu wem auch immer«, wie Enzensberger (SH S. 61). Das Gebet ist Ausdruck der großen Wünsche an das Leben – dass es ganz werde, dass es heil werde. Das Gebet ist Ausdruck einer Hoffnung, die die eigenen Kräfte überschreitet. Das Gebet ist Ausdruck der Hoffnung, dass es auch dann noch Veränderung gibt, wenn der Mensch selber am Ende ist. Gott ist »der Garant« des Lebens.
Gott ist der Grund für den Glauben, »dass das Leben uns etwas schuldet und dass wir etwas dem Leben schulden.«
Steffensky rückt die Erfahrung des Leids und der Ohnmacht sowie die großen Wünsche der Menschen an das Leben in den Blick. Darüber wäre mit Menschen zu reden, die gegenüber den religiösen Fragen gleichgültig geworden sind. Wie kann man mit Leid und Ohnmacht leben? Was erhoffen wir uns von dem Leben – und worin begründet sich diese Hoffnung?

Unterrichtsideen SH S. 60–62

(1) Bildbetrachtung: Léger
   a) Bild beschreiben, dabei die Eigenart der Darstellung berücksichtigen.
   b) Assoziieren: Wo befinden sich diese Menschen? Woher kommen sie? Was bewegt sie? Was empfinden sie? Wem fühle ich mich nahe?
   c) Interview mit den Personen des Bildes führen: Was ist Ihnen wichtig? Was ist Ihnen heilig? Wie geht es Ihnen? Wie denken Sie persönlich über Gott, die Religion und die Kirche?

Alternativ: Gedicht von Enzensberger

a) Zunächst nur die Überschrift und die erste Zeile präsentieren. Wie geht es weiter?
b) Dann Satz zwei auf einer Folie aufdecken. Die Schülerinnen und Schüler schreiben eine Fortsetzung.
c) Präsentation der Schülertexte.
d) Vergleich mit dem ganzen Gedicht.
e) Die Lebens- und Glaubenshaltung im Gedicht beschreiben.

(2) Textarbeit: Religiöse Indifferenz

a) Die Lehrperson erläutert das Projekt.
b) Vorlesen des letzten Textes (weiblich, 21 Jahre).
c) Einzelarbeit, anschließend Austausch in Partnerarbeit zu den Fragen:
- Was ist das für ein Mensch?
- Wie lebt diese Person?
- Woran glaubt diese Person?
- Wie ist diese Person zu ihrer Haltung gekommen?

d) Gespräch: Wie oft gibt es solche Menschen in unserer Gesellschaft?
e) Vergleich der Hintergründe mit dem Anfangsteil des Textes. Welche Ursachen der religiösen Indifferenz dürften für diese Person zutreffen?

(3) Vergleich mit Kahlau: Was unterscheidet Kahlau von dieser jungen Frau?
Alternativ: Unterschied zu Dawkins.

(4) Mögliche Vertiefung: Vergleich religiöser Indifferenz mit Nietzsches Religionskritik in der Parabel vom tollen Menschen (**M 15**).

27. »Religion ist Unglaube«

Die Bibel enthält eine ausdrückliche Religionskritik. Propheten wie Amos (Am 5,21–23), Jeremia (Jer 2,11; 3,13) oder Jesaja (Jes 1,10–17) wenden sich gegen einen falschen Gottesdienst und einen falschen Glauben. Die Reformbewegung des Mittelalters (Katharer, Franziskaner) bis hin zu den Reformatoren haben die Glaubensweise und die Religionspraxis des herrschenden Christentums kritisiert und auf Veränderung gedrängt. Es handelt sich also um eine Kritik des Glaubens an Gott im Namen Gottes. Diese Traditionslinie findet sich wieder bei Dietrich Bonhoeffer und bei Karl Barth.

27.1 Karl Barth, Religionskritik im Namen Gottes (SH S. 63)

Der Text formuliert in dem ersten Satz eine Grundthese »Religion ist Unglaube; Religion ist eine Angelegenheit des gottlosen Menschen.« Um diese Behauptung zu begründen, geht er zunächst auf die Offenbarung ein, klärt dann den Begriff der Religion und stellt Religion und Glaube gegenüber. Danach stellt er Mystik und Atheismus als Gestaltenwollen eines Gottesbildes und damit als Religion dar. Schließlich entwirft er ein Verständnis wahrer Religion.
Der Text provoziert zu Rückfragen.

- Wird hier Mystik angemessen beurteilt? (vgl. SH S. 50f.) Will der Mystiker wirklich alles innerlich, geistig, lebendig verstehen? Entspricht das Dag Hammarskjöld?
- Wird Atheismus treffend als Verabsolutierung ethischer Mächte beschrieben (vgl. SH S. 52–57)?
- Besteht zwischen dem ersten und dem letzten Satz ein Widerspruch?
- Bekommt man mit dieser Sicht das Phänomen der religiösen Indifferenz in den Blick?
- Welche Rolle bleibt dem Menschen angesichts der Offenbarung?
- Wie sieht ein Leben aus, das ganz von der Offenbarung lebt? Könnte sich ein solches in dem Gedicht »Christen und Heiden« (SH S. 69) oder bei Margot Käßmann (SH S. 80) zeigen?

Barth entwirft einen Glauben, der sich konsequent aus dem Hören auf das Wort Gottes gewinnt, wie es in der Bibel überliefert ist. Der Glaube und damit das Vertrauen in Gott (SH S. 19) ist nichts, was der Mensch von sich aus herstellen kann. Glaube ist ganz und gar Geschenk. Diese eher formale Beschreibung entspricht der inhaltlichen. Was der Mensch zugesprochen bekommt, ist die Rechtfertigung des Sünders, also die bedingungslose Anerkennung ohne jeden Verdienst. »Gnade« kann man nur empfangen, nicht sich selbst geben.
Religion dagegen erweist sich als eigensinniger Entwurf des Menschen. Karl Barth nähert sich dabei Feuerbach (SH S. 54) an. Gott erweist sich als Konstruktion des Menschen, die dadurch sein eigenes Selbst- und Weltverständnis bestimmt und seine eigenen religiösen Bedürfnisse befriedigt. Es bleibt aber letztlich alles sein eigenes Konstrukt und auf seine eigenen Bedürfnisse bezogen. Der Mensch bleibt dabei ganz bei sich selbst, er erfährt nichts Neues.
Der überraschende Begriff der wahren Religion erklärt sich aus dem Sachverhalt, dass auch der glaubende Mensch aufgrund des Glaubens aktiv werden muss und von sich aus über sich selbst und der Welt sprechen muss. Wahre Religion wäre dann menschliches Reden von dem sich offenbarenden Gott, ohne jedoch den Bezug zur Offenbarung aufzugeben.

27.2 Bild: Judy Chicago, The dinner party (SH S. 63)

Judy Chicago (geb. 1939), geboren als Judy Cohen, ist eine amerikanische Künstlerin, Schriftstellerin und Erzieherin. International bekannt wurde sie mit der Arbeit »The dinner party«, die heute im Brooklyn Museum in New York zu sehen ist. Es handelt sich um eine Hommage an die Geschichte von Frauen. Die Installation besteht aus einem dreieckigen Tisch mit 39 symbolischen Tellern, mit Kelch und Besteck, die bestimmte Ehrengäste aus Geschichte und Mythologie repräsentieren, z.B. Virginia Woolf, Georgia O'Keeffe und Eleonore von Aquitanien. Die Kacheln auf dem Boden enthalten weitere 999 Namen. Jeder Teller ist als anatomische Variation der weiblichen Vulva und ihrer poetischen Umschreibung als Blume (vgl. Wikipedia) gestaltet. Soll hier die große Bedeutung der Frauen für die Geschichte der Menschheit herausgestellt werden?
Im Kontext des Textes von Karl Barth kann das Dreieck als Hinweis auf die Dreieinigkeit als christliche Wesensbestimmung des biblischen Gottes gesehen werden (vgl. SH S. 36f.). Der aus Einzelplätzen bestehende Tisch erinnert an das Abendmahl Jesu, bei dem ganz verschiedene Menschen eingeladen sind. In diesem Abendmahl wird an das letzte Mahl Jesu und an die Bedeutung der Hingabe für das Leben erinnert, zur Gemeinschaft aufgefordert und der künftige Schalom antizipiert, in dem alle satt werden und mit Würde behandelt werden. Löst man sich für einen Moment aus der

feministischen Perspektive, so stellt sich die Frage, welche Menschen, die den Glauben an den biblischen Gott repräsentieren, hier Platz nehmen könnten.

Unterrichtsideen SH S. 63

(1) Bildbetrachtung: Judy Chicago, The dinner party
   a) Die Schülerinnen und Schüler vermuten, um was es sich handelt.
   b) Die Lehrperson informiert über die Installation, anschließend Gespräch. Welche Frauen haben hier Platz?
   c) Wenn-dann-Gedanken: Wenn hier nur wirkliche Gottesgläubige Platz nehmen sollten, wer würde dann Platz nehmen? Worin zeigt sich aber, dass ein Mensch wirklich an Gott glaubt?

(2) Textarbeit: Barth
   a) Gemeinsame Reflexion des ersten Satzes. Wie könnte man diesen Satz begründen?
   b) Arbeitsteilige Klärung der Begriffe »Religion, Offenbarung, Mystik, Atheismus« (noch nicht »wahre Religion«) in Einzelarbeit.
   c) Austausch der Ergebnisse. Klärung aufbrechender Fragen. Dabei auch Rückgriff auf behandelte Themen (Wiederholung).
   d) Gemeinsame Auseinandersetzung mit dem letzten Abschnitt.

(3) Rückblick auf die verhandelten Formen der Religionskritik
   a) Die Lehrperson gibt einen systematisierenden Überblick über die verschiedenen Formen der Religionskritik (s.o.).
   b) Die Schülerinnen und Schüler notieren in Einzelarbeit ihre Eindrücke und Gedanken.
   c) Zusammenstellung starker Argumente der Religionskritik, die noch einmal des Nachdenkens bedürfen.

G: Warum gibt es Leid?

Die Theodizeefrage gilt nach wie vor als Einbruchstelle des Gottesglaubens (Karl Ernst Nipkow). Für viele ist die Erfahrung unverschuldeten Leids gerade von Kindern Grund, an einem allmächtigen und gütigen Gott, wie ihn der Theismus vor Augen stellt, zu zweifeln oder sogar auf Abstand zu gehen.
Neuere Studien zeigen hier einen Wandel auf. Für die einen stellt sich die Frage so gar nicht, weil sie selber kein Leid erfahren haben, sich nicht betroffen fühlen oder über keine Gottesbegegnung verfügen. Für andere hat Gott mit dem Leid nichts zu tun, weil er gar nicht so mächtig ist, andere daran schuld sind, oder Leid und Tod einfach zum Leben dazu gehören. Wieder andere geben dem Leid Sinn und sehen darin eine Strafe Gottes oder Anlass, über Gott nachzudenken. Wenige nur sehen im Leid einen Grund, dem Glauben an Gott abzusagen.
Trotz dieses Befundes fordert Leid heraus, und dies möglicherweise unter Bedingungen der Neuzeit deutlicher als in früheren Zeiten. Bernhard Dressler (Über die Sinnlosigkeit des Leids, Loccumer Pelikan 1, 1996, 11–18) sieht einen Zusammenhang mit der Aneignung der göttlichen Allmacht durch den modernen Menschen. Weil der moderne Mensch meint, Leid vermeiden und mit wissenschaftlich-technischen oder sonstigen Mitteln beseitigen zu können, wird Leid verdrängt oder als Widerspruch zu dem eigenen Lebenskonzept erlebt. Leid begegnet als Beeinträchtigung eigener Lebenserwartungen. Die Theodizeefrage konfrontiert danach Menschen nicht nur mit einer Verborgenheit des allmächtigen Gottes, sondern auch mit ihrem eigenen Lebensentwurf. Die Auseinandersetzung mit den Erfahrungen des Leids fordert also nicht nur heraus, das eigene Gottesbild zu überprüfen, sondern auch das eigene Selbstverständnis als Mensch. Nicht nur das Konzept eines allmächtigen und gütigen Gottes steht zur Disposition, sondern auch das Selbstverständnis des Menschen, der meint, irgendwie mit allem zurechtkommen zu können und zu müssen.
Der folgende Themenblock bietet verschiedene Antworten auf die Theodizeefrage und fordert heraus, diese kritisch reflektierend zu überprüfen. Ausgehend von Epikurs Annahmen (vgl. SH S. 65) kann man die Antworten auf die Theodizeefrage folgendermaßen gliedern:

Voraussetzungen der Theodizeefrage	Antwortmöglichkeiten	Positionen im Heft
Es gibt Gott.	Es gibt keinen Gott.	Epikur, Büchner **M 20**
Gott ist allmächtig.	Gott ist nicht allmächtig.	Kushner, Kreiner, Moltmann, Bonhoeffer, Kegler, Prozesstheologie
Gott ist gut.	Gott ist nicht gut.	(griechische Götter)
Gott ist erkennbar und verstehbar.	Gottes Güte und Allmacht sind verborgen.	Leibniz
Es gibt Leid.	Es gibt kein Leid.	Buddhismus s.u.

Als Kompetenzziel kann formuliert werden: *Schülerinnen und Schüler können ihr Gottesbild erläutern, den Inhalt der Theodizeefrage erklären, verschiedene Antwortansätze darstellen und unterscheiden sowie eine eigene Position beziehen und argumentativ vertreten.*

28. Gott und das Leid

Das Kapitel Gott und das Leid versammelt vier Antworten auf die Theodizeefrage, die dann im Gespräch mit dem biblischen Zeugnis reflektiert werden sollen.

28.1 Genesis, Tell me why (SH S. 64)

Das Lied der Gruppe Genesis mit Phil Collins, Mark Rutherford, Tony Banks stellt die Theodizeefrage: »Tell me why«, sag mir warum. Beschrieben werden in dem zitierten Abschnitt des Liedes Bilder des Leids: Kinder sterben, Mütter schreien, niemand schaut zu, niemand hört zu, Politiker sind mit sich selbst beschäftigt, sie suchen sich selbst zu retten und man hat den Eindruck, selber nichts tun zu können. Die Bilder sind unschwer zu ergänzen. Das Klagelied endet nicht in der Resignation. Es gibt Hoffnung, es muss Hoffnung geben. Doch diese Hoffnung – so scheint es – richtet sich nicht auf Gott, sondern auf das Eingreifen handelnder Menschen: »Beeile dich, beeile dich, sie weinen.« Damit meldet sich aber die Frage der Anthropodizee. Warum schauen so viele weg?
Gott wird hier nicht als allmächtiger Eingreifer angefragt, sondern eher als Instanz der Wahrheit (»Was könnte er sehen?«) und als Geber der Hoffnung (»Kann er einen Strahl der Hoffnung geben?«, vgl. auch Steffensky SH S. 62). Die Theodizeefrage klingt an, doch nicht in ihrer ganzen Schärfe. Letztlich geht es in der Theodizeefrage um die Rechtfertigung Gottes angesichts des Leids. Warum lässt Gott das Leid zu? Wenn es einen Gott gibt, warum greift er nicht ein?

28.2 Die von Gott geschaffene Welt ist die beste aller möglichen Welten – G.W. Leibniz (SH S. 64)

Der Diplomat, Mathematiker, Erfinder der Rechenmaschine und der Integralrechnung, Philosoph und Universalgelehrte Georg Wilhelm Leibniz (1646–1716) operiert mit einem dreifachen Begriff des Übels und gewinnt so einen differenzierten Blick des Leids. Er unterscheidet

– das metaphysische Übel: Die Welt ist unvollkommen und alles Leben ist endlich.
– das physische Übel: Es gibt Schmerz, der jedoch danach drängt, Gutes zu tun.
– das moralische Übel: Menschen wenden sich von Gott ab; es gibt Böses, das Menschen einander antun.

Seine Argumentation lässt sich folgendermaßen darstellen:

1. Gott ist Inbegriff des Guten, der Vollkommenheit, er ist die höchste Vernunft (vgl. Die Gottesbeweise von Thomas von Aquin SH S. 44, 4. Gottesbeweis).

2. Wenn das so ist, so ist die Welt die beste aller Welten. Gott hätte sie nicht besser machen können.
3. Die Welt ist Geschöpf Gottes und deshalb notwendig, endlich und unvollkommen. Wäre sie absolut, gut und vollkommen, wäre sie ein zweiter Gott. Das ist aber unmöglich.
4. Alle Übel zeichnen sich durch einen Mangel an Gutem aus. Ohne Gutes gäbe es keinen Mangel.
5. Die möglichen Formen der Übel tragen zum Guten bei.
6. Die Übel tragen im Gesamtzusammenhang der Welt, den der Mensch als geschöpfliches Wesen weder räumlich noch zeitlich überblicken kann, zum Guten bei.

Diese Argumentation hinterlässt Fragen:
- Wird nicht vorausgesetzt, was am Ende herauskommen soll?
- Nimmt man das Übel ernst genug, wenn man es als Mangel an Gutem beschreibt?
- Gibt es nicht auch abgrundtief Böses oder vollständig sinnlose Übel?

Mit dem Erdbeben von Lissabon 1755 drängte sich diese Frage immer stärker auf und die Konzeption von Leibniz wurde fraglich.

28.3 Epikur, Warum nimmt er die Übel nicht weg? (SH S. 65)
Epikur (341–270 v.Chr.) ging es vor allem um das Lebensglück des Einzelnen (*Eudaimonia*) und die Wege, die dorthin führen. Ziel des Lebens ist Lustmaximierung durch die Regulation der Bedürfnisse. Alles Leben ist diesseitlich. Mit dem Tod ist alles aus. Mit dem Tod löst sich auch die Seele auf. Das Übel widerlegt letztlich die Existenz eines allmächtigen und gütigen Gottes, in dessen Wesen das Können und Wollen konstitutiv sind. Epikur setzt voraus, dass Gott als Gott allmächtig und gütig sein muss. Wollen und Nichtkönnen widerlegt die Allmacht Gottes. Können und Nichtwollen widerlegt die Güte Gottes. Nichtwollen und Nichtkönnen widerlegt sowohl die Güte als auch die Allmacht. Die Schlussfrage muss als rhetorische Frage angesehen werden. Sie enthält ein indirektes Urteil: Das Übel widerlegt die Existenz Gottes. Dann bleibt aber die Frage, wie die Welt ist, warum sie so ist und wie man darin einigermaßen sinnvoll leben kann.

28.4 Ergänzung zu SH S. 65: Georg Büchner, Leiden – der »Fels des Atheismus« (M 20)
Büchner führt folgende Argumente gegen den Gottesglauben an:
- Ein vollkommener Gott kann keine unvollkommene Welt geschaffen haben.
- Schmerz und Leiden machen »einen Riss« in der Schöpfung; sie sprechen gegen einen guten Schöpfergott.
- Die Anthropomorphismen haben ihren wahren Grund in dem menschlichen, unbewussten Bestreben, sein eigenes Wesen zu vergotten (»Anthropotheismus«).
- Die Moral kann Gott auch nicht beweisen, weil »gut« und »böse« relative Begriffe sind.

Die Argumente Büchners stehen und fallen mit ihrer Grundlage: dem Ausgehen von einem metaphysischen Gottesbegriff. Der Hang zum Anthropotheismus muss ernst genommen werden; theologisch sachgemäß ist er jedoch gerade nicht als Begründung für die atheistische Religionskritik anzusehen, sondern umgekehrt im Sinne der Kreuzestheologie als Kritik an der Gottes Menschlichkeit nicht annehmen wollenden, falschen Religion des Menschen. Nicht der Mensch, sondern Gott allein ist » jenseits von gut und böse«, die Idee des autonomen »Übermenschen« bei Nietzsche führt letztlich zur Menschenverachtung.
Paynes bzw. Büchners sog. Beweis des Atheismus beruht entscheidend auf der Voraussetzung des metaphysisch theistischen Gottesbegriffs; vom Gott in Jesus Christus ist nirgends die Rede! Der vorausgesetzte und dann zu Recht kritisch aufgelöste Gott der Metaphysik enthält den Grund des Seins, ist ewig, unveränderlich, zeitlos, ist leidensunfähig, ruht harmonisch in sich selbst, ist Inbegriff der Vollkommenheit. Dies ist aber nicht der Gott Abrahams, Isaaks und Jakobs und auch nicht der Vater Jesu Christi (vgl. Pascal SH S. 48).
Biblisch gesehen hat Büchner in seiner Argumentation gegen den metaphysischen Gottesglauben recht, aber der in Jesus Christus mitleidende, gekreuzigte Gott ist völlig ausgeblendet.
Thomas Payne (1737–1809) war ein englischer Philosoph, der 1774 nach Amerika ging und dort für die Unabhängigkeit kämpfte. 1787 nach England zurückgekehrt, musste er wegen seines Buches über die »Menschenrechte«, in dem er auch die Französische Revolution verteidigte, 1791 nach Frankreich fliehen. In Paris wurde er zunächst in den Nationalkonvent gewählt, wegen seiner Gegenstimme gegen die Hinrichtung Ludwigs des XVI. jedoch von Robespierre als Girondist ins Gefängnis geworfen, wo er seine Abhandlung über »Das Zeitalter der Vernunft« schrieb. Darin lehnte er zwar Bibel und Kirche ab, leugnete aber – entgegen der Darstellung Büchners – die Existenz Gottes nicht. Aufgrund einer Intervention der amerikanischen Regierung wurde er 1794 wieder freigelassen und in den Nationalkonvent aufgenommen. 1802 kehrte er nach Nordamerika zurück.
Louis Sebastian Mercier (1740–1814) war Schriftsteller und Rhetorikprofessor. Als Konventsdeputierter wurde auch er als Girondist verhaftet, kam aber später wieder frei und wurde in den Rat der Fünfhundert gewählt. Seine sechsbändige Schilderung der Revolutionszeit hat Büchner als Quelle ausgewertet.
Pierre Gaspard Chaumette (1763–1794) wurde als ehemaliger Schiffsjunge 1792 zum Prokurator des Gemeinderats von Paris gewählt. Als erklärter Atheist legte er sich den wohlklingenden Namen des griechischen Philosophen Anaxagoras (ca. 500–428 v.Chr., Lehre vom unpersönlichen Weltgeist; der Urstoff aller Dinge ist in unendlich vielen kleinen Elementen in jedem Ding enthalten) zu und schwärmte für die Göttin Vernunft. Als Anhänger der Hebertisten wurde er 1794 guillotiniert.

28.5 Bild: Clyfford Still, Gemälde 1944-N (SH S. 65)
Der amerikanische Maler Clyfford Still (1904–1980) wird dem abstrakten Expressionismus zugeordnet. Er war mit Jackson Pollock und Mark Rothko befreundet. Gemälde-N gilt als eindrucksvolles Beispiel von Stills reifem Stil. Es besteht aus einer großen Fläche mit dick aufgetragener teerich-schwarzer Farbe, die von einer gezackten roten Linie durchschnitten wird. Diese Linie schießt oben waagrecht durch das Bild, wird durch zwei unregelmäßige spitze vertikale Formen unterbrochen, bevor sie in die rechte untere

Ecke des Bildes hinabstürzt. Das Bild enthält keine entzifferbaren Symbole oder Verweise. Es ist ganz auf Wirkung ausgerichtet und will sich Deutungen und Festlegungen entziehen. Doch wie wirkt es auf den Betrachter?
Bei der Platzierung des Bildes im Kontext von Leid und Theodizee war der Eindruck bestimmend, dass die zuckende Linie auf einen brennenden Schmerz hinweisen könnte, der plötzlich aufblitzt, durchdringt, abbricht, aber nicht einfach aufhört. In solchen Erfahrungen kann der Sinn des Lebens dunkel und die Aussicht schwarz werden.

28.6 Harold Kushner, Wozu, nicht warum (SH S. 66)
Konstitutiv für die Antwort von Kushner auf die Theodizeefrage ist

- die Reduktion der Allmacht Gottes,
- das Ersetzen der Warum-Frage durch die Wozu-Frage,
- die Betonung der Sinndeutung durch den Menschen,
- die Annahme, dass Leid und Böses nicht zu verhindern sind, denn sie gehören unvermeidlich zu dem Leben,
- das Aufrechterhalten der Liebe und der Sympathie Gottes,
- das Handeln Gottes im Menschen.

Gottes Handeln ist dreifach begrenzt, nämlich durch Naturgesetze, die menschliche Natur und die menschliche Freiheit (vgl. auch Kreiner). Gott handelt auch nicht äußerlich in der Welt, sondern im Inneren von Menschen. Er motiviert und gibt Eingebungen. Die Warum-Frage und damit die Frage nach den Ursachen ist nicht zu beantworten. Anders ist es jedoch mit der Wozu-Frage und damit mit der Sinnfrage. Der Sinn des Lebens und des Todes liegen aber nicht von vornherein fest. Objektive Deutungen von Strafe und Gottes- bzw. Schöpfungsplan sind nicht möglich. Menschen geben dem, was ihnen widerfährt, ihren Sinn und ihre Bedeutung. Gott lässt leidende oder sterbende Menschen als Zeugen der Lebensbejahung sehen.
Kushners Antwort ist unter dem Eindruck des Leidens und Sterbens seines Sohnes entstanden. Das muss gesehen und respektiert werden. Dennoch sei gefragt: Kann es nicht doch Wunder geben? Wie steht es mit dem äußerlichen Handeln Gottes? Ist Gottes Handeln allein auf das Innere des Menschen beschränkt? Inwieweit sind Leid und Böses unvermeidlich? Zu fragen ist auch, wie es dazu kommen kann, dass es »den Menschen eingibt zu helfen«.

28.7 Armin Kreiner, Gott hat freie Wesen erschaffen (SH S. 66)
Konstitutiv für Kreiners Antwort ist

- die Erschaffung des Menschen als freies Wesen (der Mensch kann sich für das Gute und für das Böse entscheiden),
- die Rückführung von Sünde und Leid auf den Missbrauch des freien Willens,
- die Eingrenzung des Übels auf das moralische Übel bei Leibniz (SH S. 64).

Kreiner vertritt damit eine dezidiert katholische Position, wie sie aber auch im Judentum und im Islam zu finden ist. In protestantischer Perspektive wird die Willensfreiheit bestritten (Martin Luther, Vom unfreien Willen). Der Mensch kann nicht *wollen wollen*. Betrug, Diebstahl, Demütigung, Unterdrückung, Quälerei, Folter und Mord verdanken sich danach letztlich nicht einer willentlichen Entscheidung. Dies hat zweifellos Konsequenzen für den Umgang mit Übeltätern. Kreiner wäre zu befragen, wie er das metaphysische und das physische Übel einordnet.

Unterrichtsideen SH S. 64–66

(1) Bildbetrachtung Clyfford Still
  a) Bild beurteilen: Würde ich dieses Bild bei mir zuhause aufhängen? Warum oder warum nicht?
  b) Was sehe ich? Was assoziiere ich?
  c) Sind Bezüge zu Leid herzustellen?

Alternative: Lied »Tell me why« von Genesis
  a) Powerpoint-Präsentation zu dem Lied anfertigen lassen.
  b) Vorstellen und Abspielen: Welche Bilder werden verwendet?
  c) Beurteilen: Warum ist die Welt so? Wie ist das mit Gott? Wo ist er? Schaut er zu? Greift er ein?

(2) Diskussion der Leitfrage: Warum gibt es Leid?
  a) In Einzelarbeit eigene Antworten aufschreiben.
  b) In Tandems austauschen.
  c) Im Plenum unterschiedliche Antwortmodelle herausarbeiten und im Überblick festhalten. Welche Begründungen werden gegeben?

(3) Vier-Ecken-Spiel
  a) L hängt an die vier Ecken des Raumes vier Positionen:
    - Diese Welt ist die beste aller Welten.
    - Das Leid widerspricht der Existenz Gottes.
    - Die Frage nach dem Warum ist nicht zu beantworten. Entscheidend aber ist, wie wir mit dem Leid umgehen.
    - Böses entsteht, weil der Mensch sich dafür entscheidet.
  b) Schülerinnen und Schüler stellen sich in jene Ecke, der sie am meisten zustimmen. Die Raummitte meint unentschieden oder andere Position.
  c) Gespräch untereinander.

(4) Arbeitsteilige Gruppenarbeit zu den vier Positionen
  a) Lehrperson erläutert kurz die vier Positionen und versieht sie mit Namen.
  b) SuS entscheiden sich für eine der Positionen und bearbeiten diese. Sie rekonstruieren die Argumentation und formulieren ihre Urteile.
  c) Darstellung der einzelnen Positionen und Diskussion.
  d) Zuordnung der vier Positionen zu dem oben bezeichneten Schema auf der Grundlage von Epikur.

29. Der biblische Gott und das Leid

Für die biblische Sicht des Leids stehen vor allem das Hiobbuch und die Kreuzigung Jesu. Bezüge zum Leid befinden sich aber auch in der Gethsemane-Szene (vgl. SH S. 80), im Buch der Offenbarung und in den Klagepsalmen des Einzelnen (vgl. z.B. Ps 22). Leitend für das Nachdenken über den Zusammenhang des biblischen Gottes mit dem Leid ist der unterschiedliche theologische Befund (SH S. 64–66). Wer kann sich auf die Bibel berufen?

29.1 Der biblische Hiob – ein Drama in sechs Aufzügen (SH S. 67)

Der biblische Hiob soll hier als einheitliches dramatisches Werk verstanden werden, in dem verschiedene Antworten auf die Theodizeefrage durchgespielt werden. Die angegebenen Textteile wollen den Zusammenhang des Hiobbuches les- und hörbar machen und die unterschiedlichen Positionen zur Darstellung bringen.

Die Wette im Himmel (Hiob 1,6–12) lässt an dualistische Antworten auf die Theodizeefrage denken, in denen Gott und der Satan miteinander kämpfen. Das Leid wird danach durch eine gegengöttliche Macht ausgelöst. Einzuräumen ist jedoch, dass diese Sicht im Hiobbuch nur höchst eingeschränkt vorkommt. Das Ganze verdankt sich letztlich doch dem Willen Gottes, was jedoch als zutiefst ungerecht angesehen werden kann. Das Hiobbuch schließt faktisch dualistische Antworten aus und konzentriert sich auf monistische. Folgende Antworten und Reaktionen auf die Theodizeefrage werden in dem Text erkennbar:

- Alles kommt von Gott, das Gute und das Böse. Die Gründe sind unbekannt (Hiob 1,21).
- Absage an Gott (Hiob 2,9).
- Verzweifelte Klage (Hiob 3,3–6). Das Leid ist sinnlos.
- Leid ist Strafe Gottes für Verfehlung (Hiob 4,7; 8,4). Es besteht ein Tun-Ergehen-Zusammenhang.
- Leid ist Warnung Gottes und Aufforderung, das Leben im Sinne Gottes zu ändern (Hiob 33,16–19).
- Anklagender Protest. Das Leid ist Zeichen für die Ungerechtigkeit Gottes und verdient Widerspruch (Hiob 29,20).

Die Frage ist, welche dieser Antworten wirklich trösten kann und welche von der Bibel selbst ins Recht gesetzt wird. Offenbar ist dies vor allem der anklagende Protest (vgl. Hiob 42,7). Offen bleibt in dieser Darstellung, wie die Gottesrede zu verstehen ist. Ist sie schon dadurch tröstlich, dass Gott überhaupt Hiob antwortet?

29.2 Jürgen Kegler, Die Gottesreden im Hiobbuch (SH S. 67)

Ausgangspunkt der Auslegung des Heidelberger Alttestamentlers ist die Frage, worin der Trost der langen Gottesreden besteht. Sollte schon das »Dass« der Rede Trost sein? Können es die Kaskaden von Fragen sein, die eher niederzudrücken scheinen? Was bringt Hiob dazu, sich schuldig zu sprechen (Hiob 42,6)?

Kegler sieht an beiden Gottesreden jeweils eine argumentative Auseinandersetzung mit zwei Vorwürfen Hiobs:

- Es gibt keinen Plan Gottes für die Welt.
- Die Welt ist ein Chaos, in dem Willkür herrscht.

Gegen diese Sicht der Welt, sowie der Sicht der Welt als statische Ordnung, wird die Welt als dynamische Ordnung beschrieben, in der Gott beständig neu schaffend handelt (vgl. *creatio continua*, SH S. 18). Jeden Morgen wird das Dunkel aufgehoben, ständig muss die Wüste zurückgedrängt werden, das Treiben der Verbrecher wird durch das Morgenlicht beendet. Chaotische Mächte müssen immer wieder neu in Schach gehalten werden. Sie finden in Behemoth und Leviathan ihren symbolischen Ausdruck (Hiob 40,15; 40,25).

Hiob wird als aktiver Mitstreiter in diesen täglichen Auseinandersetzungen in Anspruch genommen. Zweimal bekommt er zu hören: »Gürte deine Lenden wie ein Mann« (Hiob 38,3; 40,7). Die Antwort auf die Theodizeefrage enthält dualistische Tendenzen (chaotische Wesen gegen Gott), reduziert damit die Allmacht Gottes und beschreibt das Leben als einen permanenten Kampf gegen Chaotisches und Böses, an dem jeder Mensch seinen aktiven Beitrag leisten kann und zu leisten hat. Die Frage aber bleibt: Kann das trösten? Gibt das Orientierung?

29.3 Bild: William Blake, The ancient of days, 1794 (SH S. 68)

William Blake (1757–1827), englischer Dichter, Maler und Kupferstecher, hatte schon in seiner Jugendzeit Visionen von Engeln und Propheten, die er in Gedichten und Bildern verarbeitete. Die Bibel spielte in seinem persönlichen Leben eine wichtige Rolle und war eine Quelle der Inspiration. Biblische Motive finden sich häufig in seinen Bildern. Zu seinen Lebzeiten wurden seine Werke weitgehend abgelehnt, gerade auch von Christen. Viele sahen in den Arbeiten Blakes Werke eines psychisch kranken Menschen mit Wahnvorstellungen.

Blake erlernte das Kupferstecherhandwerk in einer siebenjährigen Lehre bei James Basire, dessen Werkstätte in der Nähe des Zunftgebäudes der Freimaurer stand. Daraus ist wohl zu erheben, dass viele Freunde der Blakes Freimaurer waren. Dies wiederum kann begründen, dass Embleme und Motive der Freimaurer das ganze Werk Blakes durchziehen.

Der Titel des Bildes »The ancient of days« kann als »Der Alte der Tage« übersetzt werden. Thematisch geht es um Gott, wie er die Welt planvoll entwirft. Sie hat Maß, Ordnung und Weisheit. Eine nackte, muskulöse Gestalt hockt in der Bildmitte und beugt sich nach unten. Sie ist umgeben von einer brennenden, blitzenden, wirkenden Sonne. In ihrer linken Hand hält sie einen großen Zirkel. Die weißen Haare sind in Bewegung und werden von einem Sturm, der von rechts kommt, zum Wehen gebracht. Entgegen den stürmischen Begleitumständen wirkt die göttliche Gestalt in sich selbst ruhig und konzentriert. Die Augen sind geschlossen. Das, was konstruiert wird, kommt nicht in den Blick. Der Kosmos, die Erde, liegen außerhalb des Blickfeldes und des Bildes. Erkennbar ist aber, dass bei der planvollen Konstruktion der Welt Gott sich hinabbeugt.

Das Bild hat ein Vorbild in einer mittelalterlichen Darstellung von dem Schöpfergott als Baumeister der Welt. Während dort der christusähnliche Schöpfergott stehend und schreitend der Erdscheibe Maß und Ordnung gibt, sitzt er hier inmitten eines Feuerlichts und Sturms, den traditionellen Begleiterscheinungen der Epiphanie Gottes. Deutlich wird an beiden Bildern, dass Gott kein unbewegter Beweger ist, sondern voller Energie bis hin zur Dramatik ist. Durch den Zirkel wird die Welt als geordneter Kosmos bezeichnet. Ihre Strukturen sind nicht nur geometrisch bestimmt, sondern auch mathematisch fassbar. Biblische Bezugsstelle ist Hebräer 11,10: »Denn er wartete auf die Stadt, die einen festen Grund hat, deren Baumeister und Schöpfer Gott ist.« Auf diesem Hintergrund überrascht nicht, dass eine Darstellung Newtons von Blake mit dem gleichen Zirkel versehen wird. Dargestellt wird der Akt der geometrischen Anlage der Welt. Ihr Fortgang ist offen. Das Bild lässt eine deistische Deutung zu.

Der in der christlichen Ikonographie vertraute Zirkel ist zugleich Emblem der Freimaurer. So ist es nicht überraschend, das Bild »des Alten der Tage« im Zusammenhang mit den Freimaurern zu entdecken. Das Bild wird dort mit dem großen Baumeister aller Welt identifiziert. Nach Auffassung der Freimaurer verkörpert ein solches höchstes Wesen Weisheit, Schönheit und Stärke. Sie ist als der Urgrund von allem Sein anzusehen. Dies bedeutet für die Lehre der Freimaurer, dass die Weltenordnung im Grunde vernünftig ist, vor allem aber enthält das Bild die Aufforderung und Verpflichtung für alle Mitglieder der Gemeinschaft, sittlich, das heißt ethisch gut zu handeln.

Im Kontext der Theodizeefrage legt das Bild zum einen die Vorstellung nahe, die ganze Welt und das Leben in ihr sei geordnet und berechenbar. Es gäbe eine Nähe zu Lessing. Es kann jedoch auch die Vorstellung nahe liegen, dass Gott die Welt zwar geschaffen hat, aber sich nicht mehr um sie kümmert. Daraus könnte man eine Nähe zu Kreiner entdecken. Das Bild, so scheint es, steht im Gegensatz zu der Deutung der Gottesreden bei Kegler. Dort hat Gott die Welt nicht einfach sinnvoll geordnet, sondern kämpft ständig darum, die Welt als einen Raum zu erhalten, in dem sich überhaupt leben lässt. Es stellt sich die Frage, ob der Gott in den Gottesreden der Schöpfergott von William Blake sein könnte.

29.4 Der gekreuzigte Gott (Jürgen Moltmann) (SH S. 69)

Bei dem Text handelt es sich um eine zusammenfassende Darstellung der Position von Jürgen Moltmann, die dieser in seinem Buch »Der gekreuzigte Gott« entwickelt hat. Moltmann unterscheidet zwei Gottesbilder, den apathischen und den sympathischen Gott, wie er sich schließlich im Kreuz Jesu gezeigt hat (vgl. auch Huber SH S. 33).

Moltmann bestreitet die Voraussetzung eines atheistischen Protestes gegen einen Gott, der Unschuldige leiden lässt. Schlüssel für diese Bestreitung ist der Begriff der Vollkommenheit. Zu dieser muss auch die Leidensfähigkeit gehören, sonst wäre Gott nicht vollkommen. Moltmann reduziert dabei die Allmacht Gottes und stärkt in der Konsequenz die Liebe. Der auch im Leid mitgehende Gott erweist sich gerade in seiner Nähe als liebender Gott. Die Hoffnung ist, dass diese Liebe sich als schöpferisch und mächtig erweist (vgl. Ritter SH S. 43). Offen aber bleibt, ob der mitleidende Gott auch tröstlich wirken kann. Kann Nähe mitten im Leid Trost bewirken? Erfahrungen deuten darauf hin.

29.5 Dietrich Bonhoeffer, Christen und Heiden (SH S. 69)

Bonhoeffers Gedicht »Christen und Heiden« stammt vom Juli 1944. Der Brief vom 16.7.1944 setzt es voraus und gibt Hinweise zur Interpretation: Es geht um die Unterscheidung von »Religion« und »Christenglaube«.

In der 1. Strophe nimmt Bonhoeffer das Phänomen der »Religion« auf. Gott ist der große, mächtige Vater, der einem *deus ex machina* gleich Hilfe und Errettung für diejenigen bietet, die sich in ihrer Not wie ein Kind flehend an Gott wenden.

»Religion« ist beschränkt auf Grenzsituationen des persönlichen Lebens (Krankheit, Schuld, Tod). Sie wird relevant – und nur dann (!) –, wenn die menschlichen Kräfte versagen. Sie nutzt so menschliche Schwächen aus. Die Religion macht Menschen zu kleinen, unselbständigen Kindern.

Der Wunsch, ja das Bedürfnis nach einem solchen Gott findet sich bei allen Menschen, bei Christen und bei Heiden. Darin unterscheiden sie sich nicht. Bonhoeffer möchte, dass »alle« dies einsehen und als Teil ihrer selbst ansehen. Strophe 1 ist nicht polemisch gemeint.

Strophe 2 will den Blick von den eigenen religiösen Bedürfnissen ab – und auf die Selbstoffenbarung Gottes in dem kämpfenden, leidenden und sterbenden Christus hinwenden. Die in der 1. Strophe angedeuteten Allmachtsprädikate (Helfer, Erretter) erweisen sich als Ausdruck einer falschen Gottesvorstellung. Gerade diese will Strophe 2 kritisch bearbeiten. Wer in dem leidenden Jesus Christus Gott findet, der gehört zu den Menschen, die wahrhaft »Christen« und gerade deshalb wahrhaft »Menschen« sind. Sie wachen mit Jesus in Gethsemane und stehen wie Johannes und Maria unter dem Kreuz »bei Gott in seinen Leiden«. Sie fliehen nicht wie die anderen Jünger oder schlafen wie diese, sondern sie »bleiben der Erde treu«, harren zunächst einmal aus und üben »Beistand«. Jeglicher Aktivismus liegt ihnen fern.

Es gilt also, Gottes Leiden in dieser Welt zu sehen und davor nicht wegzulaufen. Das Kreuz ist dabei der Schlüssel für die Vielfalt des Leidens Gottes in dieser Welt: Armut, Schmähen der Menschen, Obdachlosigkeit, Hunger ...

Die 3. Strophe markiert die Heilsbedeutung des Kreuzes, das allen Menschen gilt, Christen und Heiden. Es will Menschen »in ihrer Not« stärken und ihnen die Möglichkeit eröffnen, in der vollen »Diesseitigkeit« mit »der Fülle der Aufgaben, Fragen, Erfolge und Misserfolge, Erfahrungen und Ratlosigkeit« zu leben. (Ein Anliegen, das Bonhoeffer mit Nietzsche teilt!) Erst wenn man »nicht mehr die eigenen Leiden, sondern die Leiden Gottes in der Welt ernst (nimmt)«, wird man »ein Mensch, ein Christ« (Brief vom 21.7.1944).

Der »Kreuzestod« will Christen und Heiden von ihren Allmachtsfantasien befreien und ihnen mitten im Diesseits einen neuen Anfang eröffnen. Dies meint die »Vergebung« und schließt Christen und Heiden zusammen.

Das Gedicht zeigt Konsequenzen mit der Sichtweise von Moltmann. Der Blick auf den Gekreuzigten will von Allmachtsfantasien befreien – sowohl im Blick auf Gott als auch auf den Menschen.

29.6 Bild: Lovis Corinth, Das große Martyrium, 1907 (SH S. 69)

Lovis Corinth (1858–1925), eigentlich Franz Heinrich Lovis Corinth, deutscher Maler, eiferte Rembrandt nach und vertrat zunächst einen deutlichen Naturalismus. Wie Max Liebermann und Max Slevogt gehörte er zu den führenden Vertretern eines deutschen Impressionismus. Später neigte er dem Expressionismus zu. Einige seiner Werke wurden im Dritten Reich als entartete Kunst verunglimpft.

Corinth war nicht religiös, dennoch gestaltete er immer wieder biblische Themen. 1908 schuf er das »kleine Martyrium« und betitelte das 1907 geschaffene, mehr als doppelt so große Kreuzigungsbild als das große Martyrium. Auf diesem erkennt man eine nackte ausgezehrte männliche Gestalt mit aufgerissenen Augen und erkennbarer Angst. Diese Gestalt wird gerade von drei Henkersknechten an ein T-Kreuz gebunden und genagelt, während ein Vierter ungerührt zuschaut. Noch wird die Gestalt gestützt, doch bald ist die Hinrichtung vollendet. Ob es sich um Jesus handelt, ist nicht direkt auszumachen. Die typischen Merkmale der Kreuzigungsszene fehlen, so die INRI-Tafel, die Dornenkrone, die Schächer, die Frauen. Hier können und sollen sich alle Hingerichteten wieder finden. Die Szene spielt auch

nicht auf einem Berg, sondern vor einer grau-weißen Wand, auf der auch die Jahreszahl und der Name des Künstlers zu entdecken ist. Man befindet sich im Atelier des Künstlers, wo sich Corinth zur Veranschaulichung ein Kreuz hat aufrichten lassen. Corinth entzieht sich der Tradition des klassischen Andachtsbildes, wie es bei Zurbaran erkennbar wird (vgl. SH S. 33). Ihm geht es um das zeitlose Martyrium des Menschen.
Im Kontext der Theodizeethematik weist das Bild auf die Gemeinheit von Menschen, die vollkommen gefühllos einen anderen Menschen hinrichten können. Erkennbar wird, dass Menschen im Blick auf das Leid sowohl Opfer als auch Täter sind. Wenn dieses Bild auf die Einsichten von Moltmann bezogen wird, dann verweist es darauf, dass Gott auch selber Angst hat und ohnmächtig die unbarmherzige Gewalt von Menschen erleidet. Gegenüber der Darstellung des Schöpfergottes bei Blake wird dem machtvollen dynamischen Vermessen die ohnmächtig leidende Seite Gottes gegenübergestellt. Passt das zusammen?

29.7 Prozesstheologie: Gott ist nicht allmächtig (SH S. 70f.)
Die amerikanische Prozesstheologie geht zurück auf den Mathematiker Alfred N. Whitehead (1861–1947). Seine Prozessphilosophie wurde von dem Theologen und Philosophen David R. Griffin aufgegriffen und theologisch fruchtbar gemacht. Er war es auch, der die Gedanken Whiteheads auf die Theodizeefrage anwendete. Ein entscheidendes Anliegen dieser Prozesstheologie ist es, naturwissenschaftliche und theologische Erkenntnisse in einen Zusammenhang zu bringen und um der Einheit der Wahrheit willen nicht in einen Gegensatz treten zu lassen (vgl. dazu SH S. 47 Polkinghorne).

Konstitutiv für die Bearbeitung der Theodizeefrage in der Prozesstheologie sind die Auffassungen:
- Die Welt ist nicht aus dem Nichts erschaffen. Neben dem personal zu denkenden Gott gab es schon immer etwas, nämlich das Chaos, aus dem Gott die Welt erschuf (vgl. Welker SH S. 16f.; Gen 1,1).
- Schöpfung meint, aus dem Chaos immer komplexere Ordnungen entstehen lassen.
- Gott ist nicht allmächtig. Er hat nicht die Macht all das zu tun, was er will. Er hat auch keine ausschließliche Macht. Die geschöpfliche Wirklichkeit hat eine eigene Macht, sonst wäre sie keine Wirklichkeit.
- Gottes Macht ist letztlich die Liebe (vgl. dazu Moltmann SH S. 69, Härle SH S. 42). Gott kann nicht zwingen. Er kann nur überreden.
- Die Wirklichkeit vollzieht sich als ein Prozess im Zusammenspiel von Gottes Schöpfermacht und der eigenständigen Macht der Geschöpfe.
- Wie die Welt entwickelt sich auch Gott. Gott reagiert auf die wechselseitigen Prozesse und sucht sie immer wieder neu zu überreden.
- Aus der eigenen Macht der geschöpflichen Welt folgt die Möglichkeit, sich dem Guten zu verweigern und sich selbst und anderen Leid, d.h. auch Böses, zuzufügen. Gott hatte nicht die Möglichkeit, den Holocaust zu verhindern. Aus der höheren Komplexität des Menschen (etwa im Unterschied zum Tier) folgt auch ein breiteres Spektrum, schmerzhafte und leidhafte Erfahrungen machen zu können.
- Ob es zu einer endgültigen Erlösung kommt, ist offen (vgl. Ritter SH S. 43). Gott kann sie wollen, aber nicht garantieren.

Man kann fragen, ob die Prozesstheologie noch als christliche Theologie anzusehen ist. Herausfordernd sind die Fragen, ob man nach diesem Ansatz noch zu Gott beten kann und was von der Auferstehung zu halten ist, die ja verheißt, dass alles Leben einst am göttlichen Leben Anteil gewinnen wird (vgl. SH S. 34 Welker). Auch wenn es hier kritische Stimmen gibt, so scheint doch beten möglich zu sein, denn Gott wirbt für ein intensives Überzeugen. Auch die Auferstehung ist nicht einfach erledigt. Der Prozess der Welt und des Lebens ist offen.

29.8 Bild: Superman (SH S. 71)
Die Szene schildert den Kampf des messianischen Mannes aus Stahl, Superman, gegen Doomsday (englisch: Jüngstes Gericht). Doomsday ist ein Monster von dem Planet Krypton, dessen einziges Ziel darin besteht, andere Lebensformen zu zerstören. Doomsday wurde von dem Genetiker Berton als ein Wesen geschaffen, das unter Nutzung der Evolution dem Tod trotzen kann.
Der Kampf findet in Metropolis statt und endet mit dem Tod von Doomsday, aber auch von Superman. Der Kampf des Guten gegen das Böse endet mit dem Tod beider, doch Metropolis bleibt bestehen. Supermans Tod bewahrt das Leben anderer.
Supermans Tod vollzieht sich in dem Comic 1992/93. Aufgrund der vielen Proteste kam es 1993 zur (geplanten) Wiederauferstehung. Der Kampf des Guten gegen das Böse geht weiter. Auch Doomsday kommt wieder zum Leben.
Im Kontext der Theodizeefrage repräsentiert die Comicserie den ewigen Dualismus von Gut und Böse, wie er z.B. im Manichäismus entwickelt wurde. Die Comicserie erzählt, dass sich die Gestalten ändern, aber der Dualismus bleibt bestehen. Der Dualismus der Prozesstheologie entspricht nicht diesem antagonistischen Bild. Nicht Licht und Finsternis stehen sich dort gegenüber, sondern Gott auf der einen und die Welt auf der anderen Seite. Zwischen beiden kommt es zu kooperativen, zu wechselseitigen Prozessen. Die Welt ist nicht als solche böse. Doch in dem Gegenüber liegen auch die Wurzeln des Bösen und des Übels.

29.9 Ergänzung zu SH S. 70f.: Hans Jonas, Der Gottesbegriff nach Auschwitz (M 21)
Der jüdische Philosoph Hans Jonas wurde 1903 in Mönchengladbach geboren und starb 1993 in New York. Er wanderte 1933 nach London aus, 1940 nach Jerusalem. Seine Mutter wurde in Auschwitz ermordet, was er erst nach 1945 erfuhr. 1949 siedelte er nach Kanada über. Von 1955 bis 1976 wirkte er in New York als Philosoph. Sein Hauptwerk ist »Das Prinzip Verantwortung«.
Seine Ausführungen zum Gottesbegriff nach Auschwitz legte Jonas 1984 in einer Dankesrede für die Verleihung eines Preises an der Universität Tübingen vor.
Der knappe Textauszug konzentriert sich ganz auf den religiösen Einwand gegen die Allmacht Gottes und verzichtet auf die logischen und ontologischen Einwände, wonach eine absolute Macht ein sich selbst widersprechender Begriff ist. Er verzichtet allerdings auch auf den Versuch von Jonas mithilfe der kabbalistischen Lehre vom *Zimzum* die

Theodizeeproblematik noch einmal neu zu durchdenken. Danach hat der Ewige bei der Weltentstehung sich zurückgenommen, um der Welt Raum zu geben. Damit hat er seine Macht beschränkt und muss deshalb Dinge hinnehmen, die ihn schmerzen. Es ist nun Aufgabe der Gerechten, dass das Gute in der Welt überwiegt.
In dem Textabschnitt wird »nach jüdischer Norm« davon ausgegangen, dass Gott letztlich irgendwie verständlich ist und das Wollen des Guten untrennbar zu Gott gehört. Wenn das festgehalten wird, kann Gott, wie Auschwitz lehrt, nicht allmächtig sein. Gott wollte, konnte aber nicht.

Unterrichtsideen SH S. 67–71

(1) Antwortmodelle auf die Theodizeefrage formulieren
- a) Lehrperson gibt die Begriffe: Strafe, Erziehung, Kampf zwischen Gut und Böse, Verborgenheit Gottes, letztes Geheimnis, alles ist sinnlos vor.
- b) Schülerinnen und Schüler rekonstruieren daraus Antwortmodelle zur Theodizeefrage und ergänzen diese mit ihren eigenen Vorstellungen.

(2) Inszenierung des Hiobbuches
- a) Lehrperson gibt anhand der sechs Bilder einen Überblick über das Hiobbuch.
- b) Rollen verteilen: Erzähler, Gott, Satan, Hiob, Frau Hiobs, Elifas, Bildad, Zofar, Elihu, Beobachter.
- c) Rollen lernen durch Lesen und Markieren von Texten in einer Bibel.
- d) Texte zu Gehör bringen. Beobachter achten auf das Vorkommen unterschiedlicher Antwortmodelle.
- e) Rekonstruktion der verschiedenen Antwortmodelle im Hiobbuch. Welches wäre mir am nächsten, wenn ich Hiob wäre?
- f) Rundgespräch: Warum spricht Hiob sich schuldig (Hiob 42,6)? Was tröstet an den biblischen Gottesreden?

(3) Textarbeit Kegler
- a) Eigene Reflexion der Gottesreden in Einzelarbeit durch Bestimmung der Antworten auf die beiden Vorwürfe in Satz 1–3. Es gibt keinen Plan für die Welt, die Welt ist ein Chaos.
- b) Vorstellen der eigenen Antworten.
- c) Textanalyse Kegler in Einzelarbeit. Klärung der Begriffe statische und dynamische Ordnung, verharren, schuldig sprechen anderer, Kampf.
- d) Gemeinsames Formulieren der Deutung von Kegler. Ist diese Antwort befriedigend? Kann sie Hiobs Reaktion erklären? Ist das tröstlich für Menschen heute?

(4) Bildbetrachtung William Blake, The ancient of days
- a) Bild beschreiben. Was sehe ich?
- b) Bildaufbau bestimmen.
- c) Empfindungen formulieren: Was finde ich anziehend oder abstoßend? Würde ich mir das Bild zuhause aufhängen? Passt dieses Bild in eine Kirche?
- d) Die Botschaft des Bildes bestimmen.
- e) Vergleich des Bildes mit dem Gottesbild in den Gottesreden des Hiobbuches.

(5) Bildbetrachtung Lovis Corinth, Das große Martyrium
- a) Beschreiben: Was sehe ich? Was geschieht hier? Wo spielt die Szene? Welche Assoziationen stellen sich bei mir ein? Welche Personen sind beteiligt?
- b) Empfinden formulieren: Wie wirkt auf mich das Bild?
- c) Deutungen entwickeln: Warum hat der Künstler diese Szene vermutlich gemalt? Eventuell einen Katalogtext schreiben und die Texte vergleichen in Einzelarbeit, Partnerarbeit und Rundgespräch.
- d) Vergleich mit Zurbarans Kreuzigung (Heft SH S. 33). Was ist dort anders? Was spricht mich mehr an? Warum?
- e) Vergleich mit Blakes Bild: Wie passen die beiden Bilder zusammen?

(6) Geistliche Übung mit Bonhoeffers Gedicht »Christen und Heiden«
- a) Schülerinnen und Schüler konzentrieren sich auf das Bild von Corinth. Eine Person rezitiert das Gedicht von Bonhoeffer evtl. mit Musik.
- b) Über die eigenen Gedanken und Empfindungen sprechen.
- c) Die Botschaft der dritten Strophe entschlüsseln und von daher die Strophe 1 und 2 in den Blick nehmen.

(7) Textarbeit: Der gekreuzigte Gott
- a) Schülerinnen und Schüler sammeln Merkmale in Einzelarbeit von dem allmächtigen Gott und dem leidenden Gott.
- b) Austausch der Ergebnisse.
- c) Prüfung der Behauptungen:
  - Der leidende Gott entzieht dem Atheismus die Grundlage für seinen Protest.
  - Der leidende Gott ist Trost für die Leidenden.
  - Hat Moltmann recht?
- d) Vertiefung: Vergleich Moltmann mit Huber (SH S. 33) und dem Gedicht Bonhoeffers »Christen und Heiden«.

(8) Bildbetrachtung: Superman
- a) Einander Geschichten von Superman erzählen und dabei das Bild einfügen. Wer ist Doomsday? Wie geht die Szene weiter?
- b) Das Bild deuten: Was erzählt das Bild von der Welt und dem Leben? Welche Rolle spielt darin Superman? Gibt es Menschen wie Superman?
- c) Aus dem Bild eine Antwort auf die Theodizeefrage erheben. Wie beurteilt mein Gefühl eine solche Antwort?

(9) Textarbeit: Prozesstheologie
- a) Aus verschiedenen Aufgaben eine auswählen und in Einzelarbeit oder Partnerarbeit bearbeiten.
  - Text in Thesen zusammenfassen.
  - Begriffen klären: Chaos, Schöpfung, Leiden, Creatio ex nihilo.
  - Begründen, warum die beiden Bilder für die Sicht der Welt nicht stimmen können (Töpfer und Schriftsteller).
  - Den Schlussabschnitt aus dem Text begründen.
  - Formulieren, was gefällt und was irritiert.
  - Diskrepanzen zum herkömmlichen christlichen Glauben aufzeigen.
- b) Austausch der Ergebnisse

(10) Erweiterung und Vertiefung: Erarbeitung der Position von Hans Jonas, Gottesbegriff nach Auschwitz **M 21**. Vergleich mit den bisher erarbeiteten Positionen.

(11) Alle Antworten auf die Theodizeefrage in einem Überblick darstellen und an der Tafel festhalten. Dabei auch Gruppen bilden.

Vertreter	**Position**
Epikur	
Leibniz	
Kushner	
Jonas	
Büchner	
Moltmann	
Bonhoeffer	
Prozesstheologie	
Superman	
Kegler	
Hiobbuch	
Buddhismus SH S. 76	

H: Glauben alle Religionen an den selben Gott?

Auf dem Hintergrund eines biblisch begründeten Gottesverständnisses sowie der Klärung der eigenen Position zum Gottesglauben soll nun der Blick auf andere Religionen gerichtet werden, allen voran Judentum und Islam. In gewisser Weise sollte man sich seiner selbst sicher geworden sein, um anderes als anders wahrnehmen zu können. Diese beiden Religionen spielen in der Lebenswelt der Schülerinnen und Schüler eine erkennbare Rolle. Hinduismus und vor allem der Buddhismus finden bei Jugendlichen zwar Interesse, haben aber keine lebensweltliche Erfahrungsdimension. Ziel des Kapitels ist zum einen das Kennenlernen des Gottesverständnisses prominenter Weltreligionen und zum anderen die Suche nach Unterschieden und Gemeinsamkeiten zum christlichen Glauben, gerade im Blick auf das Gottesverständnis. Auf diesem Hintergrund soll dann nach einer Theorie der Religionen gefragt werden. Eine solche Theorie bildet die kognitive Grundlage für das Zusammenleben, den Dialog und den Umgang mit Vertreterinnen und Vertretern anderer Religionen. Dabei werden einige elementare Fragen aufgeworfen. Die eine bildet die Überschrift: Glauben alle Religionen an den selben Gott?

Diese Frage bedarf einer kurzen Besinnung. Es heißt ja nicht, »Glauben alle Religionen an den gleichen Gott?«, sondern »glauben sie an den selben Gott?«. Den Unterschied mag man sich an der Kleidung klarmachen: Wir tragen alle die gleichen Jeans, aber nicht dieselben. An den gleichen Gott glauben meint, alle glauben an einen Gott, der dem Gott anderer gleicht. An den selben Gott glauben meint, alle glauben an ein und den selben Gott.

Die andere elementare Frage stellt sich im Vollzug: Kann man eigentlich zugleich Hindu, Christ und Muslim sein? Weitere Fragen finden sich in der Einführung: Wie kann man sich erklären, dass es verschiedene Religionen gibt? Wie können diese Religionen friedlich zusammenleben? Ist die Vielfalt der Religionen für unser Leben wichtig?

Während die zweite Frage hierzulande eher abgelehnt wird, dürfte die erste Frage eher Zustimmung finden. Leitend ist dann eine Haltung, die alle Religionen im Kern in Übereinstimmung sieht, aber verschiedene Wege zu diesem Kern gehen lässt. Dieser Kern ist letztlich jedoch nicht genau definierbar.

Auf dieser Grundlage kann man von den Angehörigen anderer Religionen wechselseitige Akzeptanz und wechselseitigen Respekt erwarten. Fundamentalismus und Intoleranz werden als fehlende Intellektualität verworfen. Man wird in einer solchen Haltung auch Erwartungen von Zeitgenossen und Jugendlichen für ihre eigene Form der Religiosität sehen können. Man erwartet für die eigenen Sichtweisen bei aller Unterschiedlichkeit und Individualität Akzeptanz sowie Anerkennung und lehnt jede Bevormundung ab. Da sich die letzten Bezugspunkte einer Religion als nicht recht definierbar erweisen, werden diese dem Gespräch entzogen: Darüber kann man so genau nichts sagen. Man erwartet also Toleranz und Respekt, auch wenn der Kern im Unklaren bleibt. Der Themenblock leistet einen Beitrag zum interreligiösen Lernen. Dabei lassen sich einige didaktische Grundsätze formulieren, die sich zu einem Phasenmodell fügen:

1. Möglichst sorgfältige Beschreibung der religiösen Phänomene.
2. Mitteilung der eigenen Beschreibungen an andere und Beurteilung dieser Phänomene durch authentische Vertreter der Religion.
3. Perspektivenwechsel: Fremde Sichtweisen übernehmen und auf Plausibilität überprüfen.
4. Kooperative Ko-Konstruktion: Vergleich der eigenen Sichtweise des anderen mit der Selbstinterpretation des anderen und die Reaktion des anderen auf die eigenen Deutungen, Aushandeln einer gemeinsamen Sicht, Festhalten von Unterschieden.

Der Block zielt auf die Ausbildung folgender Kompetenzen:
Schülerinnen und Schüler können

- *die Eigenart des Gottesbildes in den Weltreligionen erläutern,*
- *Unterschiede und Gemeinsamkeiten der verschiedenen Gottesvorstellungen darstellen,*
- *eine begründete Sicht des Verhältnisses der verschiedenen Religionen entwerfen und Konsequenzen für das Zusammenleben formulieren.*

Diese Kompetenzen dienen sicherlich der Selbstklärung, aber auch einer interreligiösen Dialogfähigkeit.

30. Der Glaube an Gott im Judentum

Zu dem Selbstverständnis des christlichen Glaubens gehört, dass der Vater Jesu Christi und der Gott Abrahams, Isaaks und Jakobs (vgl. SH S. 19) der selbe ist. Soweit werden Juden auch zustimmen können. Spannungsreicher wird es jedoch, wenn behauptet wird, dass der Gott, der sich in Jesus Christus offenbart hat (vgl. SH S. 26f., 28f.), der selbe sei, der Mose am brennenden Dornbusch (vgl. SH S. 20f.) begegnet ist. Diese Sichtweise wird vom Judentum so nicht geteilt. Die Frage ist, wie dann behauptet werden kann, dass Judentum und Christentum es mit demselben Gott zu tun haben. Als Zentrum des jüdischen Glaubens können nach Küng (Hans Küng, Das Judentum, München 1991, 64–75) folgende drei Elemente bezeichnet werden:

1. Das Selbstverständnis, das von Gott befreite Volk (Exodus und Pessach) zu sein
2. Zwischen Gott und dem Volk Israel besteht ein besonderes Verhältnis. Gott hat mit diesem Volk einen Bund geschlossen, der die Zusage der Treue Gottes und die Verpflichtung enthält, dem Bund im eigenen Tun und Lassen gerecht zu werden (Sinai, Dekalog, Tora)
3. Zu Gottes Volk gehört auch das von Gott versprochene Land.

Die zentrale Leitfigur des Judentums ist Mose. Er ist der Prototyp des Propheten und charismatischer Führer. Er ist in alldem der Gesetzeslehrer schlechthin.

30.1 Das Bekenntnis zu dem einen Gott Israels (SH S. 72)
Der Text verweist auf das Sch'ma, das dem Credo entspricht (SH S. 9) und die religiöse Praxis maßgeblich bestimmt (Morgen- und Abendgebet, Sterbestunde, Bestandteil jedes synagogalen Gottesdienstes) und dessen Text in den *Tefillin* und in den *Mesusa* enthalten sind. Er weist sodann auf das *Kaddisch* (jüdische Gebete) und das Achtzehnbittengebet (**M 10**), das als das Hauptgebet im Gottesdienst verwendet wird.
Das Glaubensbekenntnis des jüdischen Arztes, Philosophen und Theologen Moses ben Maimon (1135–1204), im Westen Maimonides genannt, entstand um 1168 und findet sich in dessen Mischna-Kommentar.
Die Glaubenswahrheiten konzentrieren sich auf den Schöpfer (1–5), auf Mose und die Propheten (6–7), die Tora (8–9), das Handeln der Menschen und die Vergeltung (10–11), das Kommen des Messias (12) und die Auferstehung (13). Das Bekenntnis hat erkennbar philosophische Züge, geht es doch vom Wesen des Schöpfergottes aus und nicht von dem geschichtlichen Handeln Gottes im Exodus.
Gemeinsamkeiten mit dem christlichen Glauben, wie sie z.B. im Apostolischen Glaubensbekenntnis zum Ausdruck kommen (vgl. SH S. 9), liegen in der Rückführung alles Geschaffenen auf einen einzigen, körperlosen, allwissenden und richtenden Schöpfergott, der durch die Propheten, vor allem Mose, seinen Willen verkündigt hat und einst die Toten zur Auferstehung bringen wird. Unterschiede liegen in dem noch ausstehenden Messias und damit in der Nichtanerkennung Jesu als Messias und den Ersten der Auferstehung. Aufgrund des gemeinsamen Gebrauchs des Alten Testamentes (so die christliche Bezeichnung) kann von grundlegenden Gemeinsamkeiten im Blick auf Gott ausgegangen werden, die bei Maimonides zwar anklingen, aber nicht ganz so deutlich herausgestellt sind.

- Aller Gotteserkenntnis geht ein erwählendes geschichtliches Handeln Gottes voraus.
- Der Mensch kann Gott nie ganz erfassen (vgl. Ex 33,18–23; 1. Kön 19,8–13; vgl. SH S. 25).
- Gotteserkenntnis und Ethos werden eng miteinander verbunden.
- Gott ist Schöpfer, Erhalter und Vollender von Welt und Geschichte.
- Quelle und Grundlage des Glaubens ist eine Sammlung von Heiligen Schriften.
- Im Gottesdienst mit seinen Psalmen wenden sich Menschen an Gott (vgl. dazu Hans-Martin Barth, Dogmatik, Evangelischer Glaube und Kontext der Weltreligionen, Gütersloh 2001, 238–243).

Eine Prüffrage ist die Frage nach dem Leiden. Auch wenn das Leiden nicht als Weg zur Gotteserkenntnis angesehen wird, so soll sich doch das Wissen um Gott besonders im Leiden bewähren, wie dies an der Zerstörung Jerusalems oder dem Auftreten Jeremias erkennbar wird.

30.2 Bild: Jean-Léon Gérome, Klagemauer (SH S. 72)
Jean-Léon Gérome (1824–1904) war ein französischer Historienmaler, dessen Arbeiten dem akademischen Klassizismus zugeschrieben werden. Seine historistischen Werke versuchen den Forschungsstand seiner Zeit wiederzugeben und haben in der Folge die Vorstellungen von Ereignissen, Personen und Orten der Geschichte nachhaltig geprägt. Gérome hat für seine Werke u.a. Reisen in den Orient unternommen.
Das Bild »Klagemauer« zeigt einen jüdischen, offenkundig orthodoxen Mann mit langem Mantel und Bart, der mit einem Gebetbuch vor der Westmauer des Tempelberges in Jerusalem steht und sich betend – sprechend dieser Mauer zuwendet. Neben ihm ist ein Wanderstab an die Wand gelehnt, daneben ist ein Bündel, evtl. mit Proviant, niedergelegt. Das Gebet an der auch als Klagemauer bezeichneten Wand ist das Ziel seiner Reise. Was mag er sprechen? Für ihn ist, wie für alle Juden, dieser Ort eine Gebetsstätte, die erst seit 1967 wieder voll zugänglich ist.
Das Gebet an diesem Ort bringt die innere Ausrichtung des Judentums an Jerusalem und dem Tempel zum Ausdruck. Am Ende des Passamales grüßen sich die Teilnehmenden mit den Worten »Nächstes Jahr in Jerusalem«. Sie bringen darin die Sehnsucht zum Ausdruck, als Volk Gottes wiedervereint im gelobten Land zusammenleben zu können. Hier hat der Zionismus von Theodor Herzl seinen religiösen Wurzelgrund.

30.3 Ergänzung zum SH S. 72: Das Sch'ma Jisrael (M 22)
Das »Höre, Israel« ist ein Schwur auf das Bündnis mit dem einzigen Gott und eine Bejahung des Judentums. Es ist das erste Gebet, das ein jüdisches Kind lernt. Es besteht aus drei Teilen. Der erste Teil stammt aus Dtn 6,4–9, der zweite aus Dtn 11,13–21 und der dritte aus Num 15,37–41.
Dtn 6,4–9 ist eine eindrückliche Mahnrede mit einer Kette von Imperativen. Der Anrufhörer erinnert an die Eröffnung einer Kultversammlung. Der Ruf, »Jahwe ist unser Gott, Jahwe als Einer allein« (Übersetzung von Gerhard von Rad) kann als Abgrenzung gegen den Baalskult, aber auch als Bekenntnis zur Einheit gegenüber der Vielfalt auseinanderstrebender Jahwe-Traditionen gelesen werden. Kernstück ist die Aufforderung, Gott zu lieben. Dies kann an ein Kindverhältnis erinnern. Kennzeichnend ist die Intensität der Ermahnungen. Die Liebe zu Gott soll verinnerlicht werden, um in jedem ganz nah zu sein, im Herzen, im Haus, am Arm, am Kopf, an der Haustür.

Unterrichtsideen SH S. 72

(1) Gespräch über die Leitfrage »Glauben alle Religionen an den selben Gott?«
   a) Abstimmung.
   b) Diskussion.
   c) Sammeln von unterschiedlichen Argumenten.
   d) Lehrperson erläutert das weitere Vorgehen:
      - Zunächst die Eigenart des Glaubens anderer Religionen zumindest ansatzweise kennen lernen.
      - Unterschiede und Gemeinsamkeiten mit dem christlichen Glauben herausarbeiten.
      - Am Ende die eigene Position in dieser Frage überprüfen und Kennenlernen verschiedener anderer Positionen.

(2) Bildbetrachtung: Jean-Léon Gérôme
   a) Bild beschreiben.
   b) Erläuterungen zur Westmauer des Tempelberges.
   c) Formulieren, was der Beter sprechen könnte.

(3) Das Glaubensbekenntnis des Maimonides
   a) Das Bekenntnis laut sprechen, möglichst im Stehen.
   b) In Partnerarbeit Gemeinsamkeiten und Unterschiede zum christlichen Glauben herausarbeiten, unter Einbezug des Apostolikum SH S. 9.

c) Austausch der Ergebnisse. Festhalten in einem Tafelbild mit den beiden Spalten »Gemeinsamkeiten und Unterschiede«.

(4) Vertiefung Sch'ma Jisrael (**M 22**)
   a) Text sprachlich inszenieren (wie ein Schauspieler sprechen).
   b) Gespräch: Wenn das der Kern des jüdischen Glaubens ist, was ist dann das Wichtigste?

31. Der Glaube an Gott im Islam

Christentum und Islam zeigen im Gottesverständnis Gemeinsamkeiten:

- Beide glauben exklusiv an einen Gott,
- beide binden die Gotteserkenntnis letztlich an Selbstoffenbarung Gottes,
- beide verstehen Gott als Schöpfer und der Welt,
- beide setzen darauf, dass Gott das Heil will,
- beide bekennen, dass die Menschen vor Gott als Richter Rechenschaft schuldig sind (vgl. Nürnberger SH S. 24),
- beide verstehen Gott als allmächtig (vgl. Ritter SH S. 43) und barmherzig (vgl. Huber SH S. 30).

Man vergleiche dazu das Apostolische Glaubensbekenntnis (SH S. 9).

Die deutlichen Differenzen zeigen sich in dem Verständnis Gottes als dreieinigem, gemeinschaftlichem Gott (vgl. Pemsel-Maier SH S. 36f.), in der Betonung der Liebe statt Allmacht als entscheidendes Wesensmerkmal Gottes (vgl. Härle SH S. 42), die Selbstoffenbarung in dem Menschen Jesus von Nazareth (vgl. Reiser SH S. 26f.) statt dem Koran sowie die Teilhabe Gottes am Leiden der Welt (vgl. Huber SH S. 33; Moltmann SH S. 69).
Aufgrund solcher Differenzen kommt es auf evangelischer Seite zur Auffassung, dass Christen und Muslime nicht an den selben Gott glauben. So sehen das z.B. Nikolaus Schneider oder Wilfried Härle. Ein gemeinsames Gebet sei deshalb nicht möglich. »Ein gemeinsames Gebet in dem Sinne, dass Christen und Muslime ein Gebet gemeinsamen Wortlauts zusammen sprechen, ist nach christlichem Verständnis nicht möglich, da sich das christliche Gebet an den einen Gott richtet, der sich in Jesus Christus offenbart hat und durch den Heiligen Geist wirkt« (Kirchenamt der EKD, Klarheit und gute Nachbarschaft. Christen und Muslime und Deutschland, EKD-Texte 86, Hannover 2006, 115).
Dies gilt auch angesichts der Auffassung von Sure 29,46, wonach der Gott des Koran der selbe sei wie der Gott der Juden und der Christen. Allerdings ist diese Sichtweise mit massiver Kritik an der Gottessohnschaft Christi, der Trinität und der Leidensfähigkeit Gottes verbunden. Reinhold Bernhardt, evangelischer Theologe in Basel, will sich jedoch mit dieser Feststellung nicht begnügen. Er weist zum einen darauf hin, dass es auch innerhalb des Christentums massive Differenzen gibt und die Theologie des Leidens Gottes vor allem ein Produkt der Theologie des 20. Jahrhunderts sei. Frühere Generationen hätten andere Akzente gesetzt. Vor allem aber weist er darauf hin, dass alle Offenbarungen Gottes, bis hin zur Offenbarung Gottes in Jesus Christus, noch einmal über sich selbst hinaus auf einen vollkommenen transzendenten Gott verweisen, der Geheimnis ist und bleibt (vgl. Katholischer Erwachsenenkatechismus SH S. 12). Bekenntnisse aufgrund spezieller Offenbarungen dürfen deshalb nicht verabsolutiert werden, ja es muss damit gerechnet werden, dass sich der universale Schöpfergott anderen anders bezeugt haben könnte. Gott möchte ja, »dass alle Menschen gerettet werden und sie zur Erkenntnis der Wahrheit kommen« (1. Tim 2,4). Die nichtchristlichen Athener verehren den Gott, den Paulus ihnen verkündet, auch dann, wenn sie ihn ganz anders verstehen (Apg 17,23; vgl. Reinhold Bernhardt, Glauben Juden, Christen und Muslime an den gleichen Gott?, Deutsches Pfarrerblatt 5/2011, 236–240). Aus dieser Debatte, die von unterschiedlichen Ansatzpunkten ausgeht, der Christologie einerseits und der Schöpfungstheologie andererseits, lässt sich entnehmen, dass es allemal gut und richtig ist, noch einmal genau hinzusehen. Die 99 Namen bieten dazu eine Grundlage.

31.1 Die 99 Namen Gottes (SH S. 73)

Ausgangspunkt für jegliche Gotteserkenntnis ist im Islam immer die Botschaft Mohammeds, wie sie im Koran festgehalten ist. Sie gilt als Wiederherstellung des Wissens von Gott, das bereits dem ersten Menschen gegeben war. Dies schließt den Gebrauch des eigenen Verstandes ausdrücklich ein. Dieser wird jedoch letztlich den Koran nur bestätigen können. Die 99 Namen sind dem Koran entnommen, widersprechen aber letztlich einem philosophisch-theologischen Weg der negativen Prädikation Gottes.
Versucht man die 99 Namen Gottes in Gruppen einzuteilen, so lassen sich folgende Kategorien unterscheiden:

- Barmherzigkeit (Vergebung, Langmut, Geduld, Gnade, Güte, Schutzherr, großzügig, freigiebig, Freund),
- Macht (König, Gewalttätiger, der alles hört, Majestät, der Große),
- Schöpfer (lebendig machen, ins Dasein rufen, wiedererwecken),
- Richter (erniedrigt, erhöht, handelt gerecht, bringt Schaden und Nutzen),
- Der Transzendente (verborgen),
- Rechtleitender.

Glauben Muslime und Christen an den gleichen Gott? Die Gemeinsamkeiten sind unverkennbar, aber auch die Unterschiede kündigen sich an: »Dass Gott sich herablässt und in unsere Menschenwelt eintritt, ja dass er sich Leiden und Tod aussetzt, weil seine Liebe ihn dazu treibt und er seine verlorenen Geschöpfe heimholen will zu sich – diese Erfahrung ist dem Islam fremd, geradezu gotteslästerlich« (Lutherisches Kirchenamt der VELKD und Kirchenamt der EKD, Was jeder vom Islam wissen muss, Gütersloh 1991, 183).
Doch auch angesichts dieser Differenzen gibt es vielfache Ansatzpunkte für einen Dialog: Was heißt rechter Wandel? Was bedeutet es, dass Gott auch verborgen ist? (vgl. Sure 6, 103) Oder: Warum gibt es Leid und Tod?
Die Frage ist, ob es trotz dieser Differenzen möglich ist, gemeinsam (mit den gleichen Worten) zu Gott zu beten. Gegenüber einer ablehnenden und darin auch Muslime respektierenden Haltung ist auf eine positive zu verweisen. Wenn es Gott gibt, und wenn es nur einen Gott gibt, dann weiß dieser gewiss mit den im Wort gleichen, letztlich aber doch verschiedenen Gebeten umzugehen. Man möge also dies Gottes Sache sein lassen.

31.2 Ergänzung zu SH S. 73:
Das muslimische Glaubensbekenntnis

Die so genannte *Shahada* gehört zu den fünf Säulen des Islam. Sie lautet: »Ich bezeuge, dass es keine Gottheit gibt, außer Gott. Ich bezeuge, dass Mohammed der Gesandte Gottes ist.« Das Wort *Allah* ist mit den hebräischen Gottesbezeichnungen *Eloah* und *Elohim* verwandt. Al kennzeichnet den Artikel. Allah ist dann aus *Al-Ilah* zusammengesetzt und heißt wörtlich »der Gott«. Gemeint ist aber damit der wahre Gott. Damit ist jeder Polytheismus abgelehnt (vgl. Sure 112). In der Sendung Mohammeds kann man die Gnade Gottes sehen. Er wendet sich den Menschen zu, warnt sie vor dem Gericht und ruft sie zur Umkehr und zu verantwortungsvollem Leben auf. Gleichzeitig wird Mohammed als der Prophet schlechthin legitimiert.

Unterrichtsideen SH S. 73

(1) Rekonstruktion des eigenen Wissens vom Islam, einschließlich Gemeinsamkeiten und Unterschieden.
(2) Strukturierung der 99 Namen Gottes
  a) Schülerinnen und Schüler suchen in den 99 Namen in Einzelarbeit Hauptkennzeichen Gottes. Anschließend Vergleich des Ergebnisses in Partnerarbeit.
  b) Verständigung im Plenum, Definition des Gesamtergebnisses.
  c) Vergleich mit dem christlichen Gottesglauben.
    – Definition von Gemeinsamkeiten.
    – Definition von Unterschieden (vgl. u.a. mit dem Apostolikum SH S. 9).
    – Vergleich mit der Einführung.
(3) Rundgespräch: Beten Christen und Muslime zu dem selben Gott?

32. Der Glaube an Gott im Hinduismus

Statt von Hinduismus sollte eher von Hindureligionen gesprochen werden. Diese sind an verschiedenen Orten zu verschiedenen Zeiten des indischen Subkontinents entstanden. In ihrem Zentrum stehen unterschiedliche Gottheiten. Der Begriff »Hinduismus« wurde erst im 19. Jahrhundert für die Hindureligionen angewandt, wurde aber von deren Anhängern als Selbstbezeichnung übernommen. Die im Text vorgestellten drei Religionen (Vishnu-Religion; Shiva-Religion; Shakta-Religion) entstanden erst in der vierten Epoche der Religionsgeschichte, die zwischen 200 v.Chr. und 1100 n.Chr. angesetzt wird.
Dieser vierten Epoche gehen folgende Epochen voraus:

- 1. Epoche (2500–1700 v.Chr.) mit der so genannten Harabba-Kultur. Hier gibt es nur archäologische Funde.
- 2. Epoche (1750–1200 v.Chr.) Religion der Veda. Entstehung der Veda (Rig-Veda, Sama-Veda, Yajur-Veda, Atharva-Veda).
- 3. Epoche (800–200 v.Chr.) Alles ist Schein, dahinter gilt es, das eigene Selbst (Atman) und das Absolute (Brahman) zu erkennen. Betonung der meditativen Praxis. In dieser Epoche entstehen auch die Upanishaden, eine Sammlung von 150 philosophischen Schriften. Sie beschäftigen sich mit dem Wesen von Brahman und Atman.
- In der schon bezeichneten 4. Epoche (200 v.Chr. bis 1100 n.Chr.) entstehen die Götterkulte für Shiva, Vishnu und Krishna. Der Glaube an das Karma und die Wiedergeburt entsteht sowie die Einteilung der Kasten. Diese Phase gilt als die Phase des klassischen Hinduismus mit Entstehung der Bhagavad Gita.

Der vierten Phase folgen:

- Die 5. Epoche (1200–1900). Ausbreitung der muslimischen Herrschaft und Niedergang großer Hindudynastien.
- Die 6. Epoche seit dem 19. Jahrhundert: Reformhinduismus.

In den Hindureligionen gibt es eine unüberschaubar große Zahl von Göttern (man spricht von 300 Mio. Göttern), die in ganz unterschiedlichen Formen begegnen (menschenähnlich, als Mischwesen, aber auch als Energie oder konkrete Gegenstände).
Es ist schwierig, die Hindureligionen auf einen Begriff zu bringen, da sie kein wirkliches Zentrum haben. Ein einheitliches Glaubensbewusstsein ist deshalb eher weniger ausgeprägt. Schon ein einheitliches Wort für Gott gibt es nicht. Alles was existiert, kann Manifestation des Göttlichen sein. Was jedoch als Polytheismus erscheint, trägt durchaus monotheistische oder monistische Züge. Anliegen ist es, die Vielfalt der Götter auf den Einen oder das Eine hin zu transzendieren. So werden konkrete Gottheiten monistisch als Manifestationen des Absoluten (Brahman) auf der Ebene des Relativen und Sichtbaren betrachtet (vgl. Gandhi). Eine überwiegende Zahl der Hindus verehrt jedoch monotheistisch eine höchste Gottheit, die unter verschiedenen Namen als Shiva, Vishnu oder als weibliche Gottheit bekannt wird. Man ist sich aber eins, dass es sich stets um ein und dieselbe höchste Gottheit handelt. Dafür hat man den Begriff »polymorpher Monotheismus« gebildet. Ein Gott, der drei Formen hat (vgl. Trimurti).
Auch wenn vieles im Hinduismus fremd bleiben wird und hier nur ein erster Blick geboten werden kann, so sei doch nach Unterschieden und Gemeinsamkeiten gefragt.
Gemeinsamkeiten kann man einmal in einer mystischen Gotteserfahrung sehen. Die Begegnung mit der Gottheit geschieht in Meditation und Ekstase. Eine besondere Nähe zum Christentum zeigt sich in dem Weg der Gottesliebe zur Befreiung aus dem Kreislauf der Wiedergeburt. Auch in der Inkarnation Vishnus in Krishna als Avatar kann man eine Nähe sehen. In der konzeptionellen Einheit von Brahman, Vishnu und Shiva zeigt sich Nähe zur christlichen Trinität. In einem absoluten transzendenten Sein (Brahman) findet man Nähen zu Gott als letztem Geheimnis der Welt. Allerdings zeigen sich auch Unterschiede: Mit den Avataren (den Inkarnationen oder Manifestationen) ist die Wiederholbarkeit verbunden. Die Inkarnation in Christus ist einmalig. In der mystischen Versenkung betont das Christentum den bleibenden Unterschied zwischen Gott und Mensch, weniger eine Verschmelzung (vgl. Mystik SH S. 50).

32.1 Bild: Trimurti (SH S. 75)

Trimurti heißt übersetzt »die drei Formen«. Es verbildlicht den Zusammenhang und die Einheit der drei Götter Brahma, Vishnu und Shiva. Sie sind im Grunde eins und repräsentieren als Schöpfer, Erhalter und Zerstörer die drei kosmischen

Funktionen der Erschaffung, Erhaltung und Zerstörung. Als sich gegenseitig bedingende und sich ergänzende Aspekte repräsentieren sie auf personaler Weise das allgegenwärtige und formlose Brahman, das transzendente Sein, das die Welt durchdringt, belebt, trägt und im Einzelnen als Atman gegenwärtig ist. Für Shakta-Anhänger gibt es auch eine weibliche Trimurti, die sogenannte Trivedi.

32.2 Der Glaube an Gott im Hinduismus (SH S. 74f.)

Der Text beschreibt in einem ersten Teil (SH S. 74 linke Spalte) den Ausgangspunkt und die Entwicklung des hinduistischen Glaubens an Gott.

- Ausgangspunkt ist die Erfahrung der Welt als eine Vielfalt von widerstrebenden Mächten. Hier stellt sich die Frage, ob Menschen heute die Welt ähnlich erleben.
- Diese Mächte fanden ihre Repräsentanz und Deutung in Göttern und Kräften.
- In der nachvedischen Zeit sah man dahinter das Wirken der drei großen Götter Brahma, Vishnu und Shiva, die in eigenen Religionen verehrt werden.
- Später hat man in diesen drei Göttern eine funktionale Differenzierung der höchsten und alles umgreifenden Gottheit gesehen, die sowohl als Vishnu, Shiva oder große Gottheit gesehen werden kann.
- Diese höchste Gottheit wird auch als allgegenwärtiges unerkennbares transzendentes Sein gesehen, das als Brahman bezeichnet wird und als Atman im individuellen Leben wirkt.

Der zweite Teil beschreibt die drei großen Hindureligionen, die jeweils eine besondere Weltdeutung bieten und damit eine andere Lebenshaltung nahelegen und fördern. Zusammengenommen betonen sie unterschiedliche Aspekte der Wirklichkeit mit Erschaffung, Erhaltung und Zerstörung.

Gottheit	**Welterfahrung**	**Lebenshaltung**
Vishnu erschafft Welten, greift in ausweglosen Situationen ein, manifestiert sich in Rama und Krishna, gibt Richtlinien und öffnet den Zugang zur Gottheit, will gerechte Verhältnisse.	Die Welt ist zyklisch, Welten entstehen, Welten vergehen, doch es gibt dramatische Veränderungen.	Güte, Humor, Ausgeglichenheit und gerechtes Handeln.
Shiva schaltet ab, kann aber in Gefahr wachgerüttelt werden. Dann strotzt Shiva geradezu vor Energie. Shiva formt die Welt und hält sie in Bewegung, zerstört sie aber auch. Shiva vernichtet Dämonen, zeigt den Menschen die Weltüberwindung.	Die Welt ist phasenweise ruhig, dann voll wilder Bewegung, bis hin zu Zerstörung.	Yoga, Meditation, wilde Ekstase mit dem Ziel der Befreiung der individuellen Seele von dem Fluch des Daseins, Verlachen der Normen und Werte.
Die große Gottheit spendet Leben, zürnt, züchtigt.	Leben entsteht, Leben wird verschlungen.	Hoffen auf Güte und Gnade.

32.3 Mahatma Gandhi, Wenn Er nicht ist, sind auch wir nirgendwo (SH S. 75)

Mohandas Karamchand Gandhi (1869–1948) genannt »Mahatma Gandhi« (große Seele), lebte die Haltung der *Satyagraha*, das beharrliche Festhalten an der Wahrheit, die neben der Gewaltlosigkeit (*Ahisma*) auch die individuelle und politische Selbstbestimmung (*Swaray*) umfasst. Gandhi gehörte zur Kaste der Kaufleute und damit zur gesellschaftlichen Oberschicht. Die Familie praktizierte den *Vishnuismus*, hatte aber auch Kontakt zu anderen Religionen, wie z.B. zu dem *Jainismus*, einer im Brahmanismus wurzelnden Religion, die davon ausgeht, dass sich in der Welt zwei Prinzipien gegenüberstehen, Geistiges und Ungeistiges. Der *Jainismus* vertritt auch die Gewaltlosigkeit gegenüber allen Formen der Existenz. Möglicherweise wurzelt hier die vegetarische Lebensweise Gandhis. Während seines Studiums in London beschäftigte sich Gandhi mit dem Christentum. Besonders hatte es ihm die Bergpredigt angetan, woran das Zitat von Sonne und Wolken erinnern könnte. An Jesus als Sohn Gottes konnte er nicht glauben. In dieser Zeit beschäftigte er sich jedoch meist mit der *Bhagavad-Gita*.

In dem Text schildert Gandhi seine Glaubensüberzeugung, die Gesichtspunkte des Jainismus und von Ramanuja aufnehmen. Ramanuja ist ein indischer Philosoph (1050–1137), der eine monistische Weltauffassung vertrat. Die Gottheit ist Brahman. Sie hat einen unpersönlichen und auch einen persönlichen Aspekt und damit auch Eigenschaften.

Das Glaubensbekenntnis von Gandhi könnte man folgendermaßen formulieren:

- Ich glaube an den einen Gott, den die Veden das Brahma nennen und der ganz verschiedene Namen hat.
- Dieser Gott ist unbekannt, undenkbar und unbeschreiblich. Er lässt sich begrifflich nicht fassen und wenn, dann werden die Aussagen widersprüchlich (schöpferisch / unschöpferisch, einer / viele).
- Die Vernunft kann Gott nicht erkennen. Der Glaube überholt diese jedoch und kann sich zu Gott bekennen.
- Gott ist der Urheber der ganzen Welt, er ist gütig und barmherzig, lässt Freiheit, zwingt nicht, befiehlt voller Barmherzigkeit seinem Willen zu folgen. Seine Größe ist nicht davon abhängig, ob ihn alle anerkennen.

Gandhi, der sich selber hier als glaubender Weiser definiert, zeigt Nähen zum katholischen Gottesverständnis (SH S. 12). Er bekräftigt die Einsicht, dass der polytheistisch erscheinende Hinduismus monotheistisch zu interpretieren ist. Gemeinsamkeiten kann man auch in den Eigenschaften Gottes sehen. Offen bleibt, wie sich diese Gottheit erfahren lässt und wie es zu dem Glauben von Gandhi gekommen sein mag. Genügt der Hinweis auf die religiöse Erziehung der Familie, um die Argumentation des erwachsenen Gandhi zu erklären?

Unterrichtsideen SH S. 74/75

(1) Bildbetrachtung Trimurti mit den drei Göttern Brahma (nicht Brahman), Vishnu, Shiva.
   a) Das Bild beschreiben und dabei Gemeinsamkeiten und Unterschiede im Aussehen der Drei bestimmen.
   b) Das Bild deuten: Welche Botschaft enthält das Bild?

c) Die Deutungen auf das eigene Wissen vom Hinduismus beziehen.

(2) Einführendes Referat zum Hinduismus auf der Grundlage von Peter Kliemann, Das Haus mit den vielen Wohnungen, Stuttgart 2004, 49–82, evtl. als Powerpoint-Präsentation.

(3) Textarbeit SH S. 74f.

a) Arbeitsteilige Textanalyse zum ersten Abschnitt in Einzelarbeit.
   - Begriffe klären: Brahma, Vishnu, Shiva, Brahman, Atman, Upanischaden, Große Gottheit.
   - Die Entwicklung des Hinduismus beschreiben.
   - Beurteilen, ob es sich hier um ein Polytheismus oder Monotheismus handelt.
   - Deutung des Bildes mit Hilfe des Textes.

b) Austausch der Ergebnisse, evtl. Anlage einer Grafik.

c) Interpretation der drei Hindu-Religionen nach den Kategorien Gottheit, Welterfahrung, Lebenserhaltung (siehe oben) in Partnerarbeit

d) Ergebnisse vorstellen, dazu Tafelanschrieb oder Folien.

e) Versuch, die Ergebnisse in einen Zusammenhang zu bringen. Wie wird hier Wirklichkeit letztendlich gesehen und gedeutet?

(4) Der Glaube von Mahatma Gandhi

a) In Einzelarbeit ein Glaubensbekenntnis von Gandhi erarbeiten.

b) Mit den bisherigen Einsichten vergleichen. Was ist ähnlich, was ist anders, was spricht mich an?

(5) Rundgespräch zu zwei Fragen:
- Was ist am Hinduismus interessant? Was ist fremd?
- Glauben Hindus und Christen an den selben Gott?

33. Der Glaube an Gott im Buddhismus

Die Lebenszeit des Fürstensohnes Siddhartha Gautama fällt in die Jahre 450–370 v.Chr. Bei einer Ausfahrt hat er vier Begegnungen, die sein Leben verändern. Er trifft auf einen altersschwachen Greis, auf einen schwerkranken Menschen, einen Toten und einen Wanderasketen. Gautama wird selber zum Wanderasket und sucht durch Meditation und radikale Askese Erlösung. Unter einem Bodhi-Baum erschließt sich ihm in drei Versenkungen der Weg zur Erlösung. Er erkennt das ewige Werden und Vergehen und schließlich die vier edlen Wahrheiten. In der Predigt von Benares verkündet Gautama diese Wahrheiten auf einem Lotussockel im Lotussitz sitzend. Nach dieser Erleuchtungserfahrung wandert Gautama noch 50 Jahre predigend durch Nordindien. Man nennt ihn »Buddha« (deutsch: der Erwachte). Er stirbt mit 80 Jahren in völliger meditativer Versenkung in Kushinara.
Zu den Kernelementen der Lehre Buddhas gehört die hinduistische Vorstellung vom ewigen Kreislauf der Wiedergeburten (*Samsara*) sowie die Vorstellung von dem Gesetz der Vergeltungskausalität (*Karma*). Anders als der Hinduismus lehrt Buddha, dass
- die Götter dem Gesetz des Karma unterliegen und für die Erlösung ohne Belang sind,
- der Opferkult vollkommen nutzlos ist,
- die vedischen Schriften nicht anerkannt werden,
- die Kastenordnung abgelehnt wird,
- es kein Atman und deshalb kein Selbst gibt. Das Ich ist eine Illusion, es gibt keine beständige Person.

Ziel des Lebens ist im Buddhismus die Befreiung aus dem Rad der Wiedergeburten, das an den Außenwänden und dem Inneren von Tempeln dargestellt wird (*Stupas*). Der Weg dazu besteht in dem achtfachen Pfad mit seinen Aspekten

1. rechte Ansicht (Anerkenntnis der vier edlen Wahrheiten),
2. rechter Entschluss (den Dingen zu entsagen und vor allem Lebewesen wohlwollend begegnen),
3. rechte Rede (nicht lügen und nicht schmähen),
4. rechtes Verhalten (nichts nehmen, was einem nicht gegeben wurde; nicht töten; nicht stehlen),
5. rechte Lebensführung (u.a. kein Handel mit Waffen, Betonung beruflicher Tüchtigkeit),
6. rechte Anstrengung (Kontrolle der Sinnesorgane),
7. rechte Achtsamkeit (aller Lebensvollzüge bewusst werden),
8. rechte Meditation (durch Versenkung).

Ziel dieses Weges ist das *Nirvana*, die Auflösung des Ich und das Eingehen in einen Zustand, der sich jeder Beschreibung entzieht und als das Absolute verstanden werden kann (Hans-Martin Barth, Dogmatik. Evangelischer Glaube im Kontext der Weltreligionen, Gütersloh 2001, S. 316ff.). Dieses nicht fassbare Eingehen in das Absolute steht im Zentrum der Buddha-Botschaft, nicht die Gottesfrage – wenngleich sich doch gerade darin gewisse Ähnlichkeiten zeigen. Die buddhistische Bewegung kennt zwei Formen der Anhängerschaft: die Gemeinschaft der Mönche und die Gemeinschaft der Laien. Das Bekenntnis, das ein Mönch abzulegen hat, ist das dreifache Kleinod. Maßgeblich für das Leben soll die Zuflucht zu Buddha, zur Lehre (*Dharma*) und zur Mönchsgemeinde (*Sangha*) sein.
Der Buddhismus kennt zwei große Bewegungsströme, den *Mahayana-Buddhismus* (großes Fahrzeug) und den *Hinayana-Buddhismus* (kleines Fahrzeug), die sich in unterschiedlichen Richtungen innerhalb von Ostasien entwickelten. Zu dem Hinayana-Buddhismus gehören nur ganz wenige Menschen, vor allem die Mönche und Nonnen. Buddha wird als historische Person verstanden, deren Tod endgültig ins Nirvana eingegangen ist. Ideal ist hier der weltabgewandte Heilige. Dem Mahayana-Buddhismus gehören potentiell alle Menschen an. Buddha wird als transzendentes Wesen aufgefasst. Er steigt von Zeit zu Zeit als *Bodhisattva* auf die Erde herab und hilft den Menschen den Weg zur Erlösung zu gehen. In der Volksfrömmigkeit des Mahayana-Buddhismus spielen Götter und Geister eine bedeutsame Rolle. Im *Amita-Buddhismus* kann der Mensch durch Vertrauen auf den Amita-Buddha und das Rezitieren seines Namens in Buddhas Reich versetzt werden. Im Zen-Buddhismus rückt die Vorstellung einer Erlösung durch Anstrengung in der Meditation in das Zentrum. Der tibetische Buddhismus mit dem Dalai Lama an der Spitze wird *Vajrayana-Buddhismus* genannt (das diamantene Fahrzeug). Hier spielen heilige Formeln (*Mantras*) und Bilder (*Mandalas*) sowie Rituale und Priesterhierarchien eine große Rolle. Der Dalai Lama wird als Bodhisattva verstanden.

33.1 Der Glaube an Gott im Buddhismus (SH S. 76)

Der Text formuliert zunächst die Vorstellungen, die der Buddhismus ablehnt:

- einen theistisch gedachten Gott,
- die Seele,
- eine ewige Seligkeit oder eine ewige Verdammnis.

Im Zentrum steht die »Erlösung vom Leiden« und damit die Frage, worauf es im Leben wirklich ankommt und was Menschen – europäisch christlich gesprochen – wirklich »glücklich« macht. Die Antwort befindet sich in den vier edlen Wahrheiten, die das Leid aus der Vergänglichkeit und dem damit verbundenen Kreislauf der Wiederverkörperung sowie dem Begehren nach Dasein erklärt. Frei davon wird man, indem man sich von dem Begehren abwendet. Wie dieses geht, beschreibt der achtfache Pfad (vgl. im Text die Minimalregeln). Er führt letztlich zur Erlösung. Hier liegt auch eine Antwort auf die Theodizeefrage (vgl. SH S. 64–71). Auf die Frage »Warum gibt es Leid?« lautet die Antwort, dass einmal Gott damit gar nichts zu tun hat und dass dies am Menschen selber liegt. Leid resultiert aus dem Begehren nach Lust, nach Dasein und nach Vernichtung (im Sinne des Aufgehens im Nirvana). Doch davon kann man freiwerden.
Endziel und damit das Wichtigste im Leben und das höchste Glück ist das völlige Erlöschen im Nirvana und damit das Erreichen des absoluten Friedens. Wenn der Buddhismus nicht als Philosophie, sondern als Religion bezeichnet wird, dann deshalb, weil es ihm nicht um Welterklärung, sondern um das zutiefst religiöse Anliegen der Erlösung geht. Daran hängt das Herz eines Buddhisten, das ist das, was ihn unbedingt angeht. Die Vorstellung vom Leben dient der Ermöglichung dieses existenziellen Anliegens (vgl. zum Religionsbegriff SH S. 14f.).
Gemeinsamkeiten mit dem christlichen Glauben kann man in dem Ziel des Lebens sehen, Erlösung zu erfahren. Dem christlichen Glauben geht es um die Erlösung von der Sünde und damit von einer falschen Lebensausrichtung. Weitere Gemeinsamkeiten zeigen sich in der Ethik, wie sie sich z.B. in den Minimalregeln zeigt, aber auch in der Hervorhebung meditativer Praxis für die Begegnung mit der allerletzten Wirklichkeit (vgl. Mystik SH S. 50). Diese allerletzte Wirklichkeit ist – wie Gott – letztlich nicht denk- und beschreibbar. Differenzen wird man in der Tendenz zur Weltabkehr sehen können, die es aber auch im Christentum gibt, wie verschiedene Formen des Mönchtums belegen. Was aus christlicher Perspektive jedoch als Weltabkehr erscheinen mag, könnte auch eine intensive Zuwendung zur Welt beinhalten. Eine entscheidende Differenz wird man jedoch in der Personalität der alles entscheidenden Wirklichkeit im christlichen Glauben sehen müssen, die die große Bedeutung von Beziehung für das christliche Leben begründet sowie das Personsein des Menschen (vgl. SH S. 40f.).

33.2 Yann Martel, Hindu, Christ und Moslem zugleich (SH S. 77)

Kann man zugleich Hindu, Christ und Moslem sein? Was für die Romanfigur Piscine so selbstverständlich ist, ist für die institutionellen Vertreter von Islam (der Imam), Hinduismus (der Pandit, ein indischer religiöser Gelehrter) und Christentum (hier vertreten durch einen katholischen Priester) eine Unmöglichkeit. In ihrer Argumentation definieren diese Vertreter, was in ihrer Religion besonders wichtig ist und zeigen auf, was sie am anderen am meisten kritisieren.

Institutionelle Vertreter	Glaubensinhalte	Kritik anderer Religionen
Katholischer Priester	Der Glaube an Jesus rettet die Seele. Gott ist mit uns. Die Auferstehung ist das Wunder, das beweist, dass es Gott gibt.	Muslime haben keine glaubensbegründenden Wunder.
Imam	Freitagsgebet, Lernen der Koranverse; Jesus wird als Prophet angesehen; Mohammed bringt das Wort Gottes; Vögel, Regentropfen sind ein Wunder.	Hindus sind Götzendiener; das Christentum ist polytheistisch; die Auferstehung ist ein Zirkus, die Bekehrung des Paulus (vgl. SH S. 25) verdankt sich einem epileptischen Anfall; Christen sind vom Pfad Gottes abgekommen.
Pandit	Besuch des Tempels, regelmäßige Darshan, d.h., sich Versenken beim Betrachten eines Gottesbildes und Puja, tägliche Verehrung des Höchsten in einer Götterstatue mit Anbetung des Göttlichen, Pflanzen o.ä.	Christen wissen nichts von Religion; Muslime haben viele Frauen.

Der Vater von Piscine insistiert auf Religionsfreiheit und fordert Toleranz ein. Die drei Weisen hingegen bestehen auf der Freiheit für die je eigene Religion. Piscine stellt sich auf die Seite von Gandhi (vgl. SH S. 75) und betont »Alle Religionen sind wahr«. Doch was sagt seine Antwort »Ich will doch Gott lieben«? Wenn es in allen Religionen um die Liebe zu Gott geht, dann sind alle religiöse Ansichten und Praxisformen im Grunde gleich und deshalb auf harmonische Weise kombinierbar.
In der lustig anmutenden Debatte wirken die drei Vertreter von Religionen veraltet. Doch es stellt sich dennoch die Frage, ob wirklich alle Religionen gleich sind.
Es stellt sich die weitergehende Frage, ob ihre Debatte nicht auch ihr Recht hat – jedoch ohne die Abwertungen der anderen. Man wird ihre Formen und Inhalte nicht einfach als gleich-gültig und problemlos kombinierbar darstellen können. Sie repräsentieren doch verschiedene Lebenshaltungen und Lebensdeutungen. Es gibt grundlegende Differenzen, die nicht verschwiegen werden können und dürfen. Ihre Emotionalität spricht nicht gegen ihre Vertreter. Glaubensvorstellungen sind existenzielle Wahrheitsansprüche, die emotional gefasst sind. Da Religionen mit Wahrheitsansprüchen zu tun haben, sind Dialoge nicht anders führbar, als dass die Wahrheitsansprüche formuliert und wechselseitig erläutert werden. Die Frage wird sein, ob es zu wechselseitigen Erkenntnissen kommt.

33.3 Bild: Niki de Saint-Phalle, Skulptur (SH S. 77)
Niki de Saint-Phalle (1930–2002) war eine französisch-schweizerische Künstlerin, die vorwiegend bunte Skulpturen von Frauen schuf (die so genannten Nanas). Sie war in zweiter Ehe mit Jean Tinguely verheiratet. Die Skulptur auf dem Dach der Bundeskunsthalle in Bonn wirkt wie ein kleiner Berg, in den man durch ein offenes Portal eintreten kann und darin eine Höhle findet. Der Berg ist mit den Symbolen verschiedener Religionen versehen. Man erkennt das Kreuz, den Davidstern, den Halbmond, eine sitzende Buddha-Figur (hinten), aber auch einen Kreis mit geöffneter Mitte sowie einen grünen Frosch. Das Ganze wirkt fröhlich-spielerisch und bringt die Weltreligionen (Judentum, Christentum, Islam, Buddhismus) in einen kreativen Zusammenhang. Doch passen sie wirklich zusammen? Können sie so fröhlich und spielerisch miteinander umgehen?

Unterrichtsideen SH S. 76/77

(1) Buddha und seine Lehre
   a) Buddha auf dem Löwenthron betrachten (**M 23**).
   b) Schülerinnen und Schüler suchen nach Antworten: Wer ist Buddha? Was lehrt der Buddhismus?
   c) Schülerreferat zu Buddha und dem Buddhismus (siehe oben Vorlage).
(2) Arbeitsteilige Textarbeit
   a) Vorstellen von verschiedenen Aufgaben. Schülerinnen und Schüler wählen eine für die Partnerarbeit aus.
      – Text in eine Grafik übersetzen.
      – Begriffe klären: Vier heilige Wahrheiten, Achtfacher Pfad, Nirvana, Philosophie und Religion.
      – Was der Buddhismus entschieden ablehnt.
      – Wie Erlösung zu verstehen ist.
      – Antwort auf die Theodizeefrage formulieren.
   b) Tandems stellen sich einander ihre Ergebnisse vor.
   c) Rundgespräch: Gemeinsamkeiten und Unterschiede von Christentum und Buddhismus, zusammenfassender Tafelanschrieb.
(3) Bildbetrachtung: Niki de Saint-Phalle
   a) Was sehe ich?
   b) Was empfinde ich?
   c) Welche Botschaft entnehme ich dem Bild? Wofür plädiert die Künstlerin?
   d) Beurteilen: Können alle Religionen gemeinsam in ein und demselben Gotteshaus beten?
(4) Klärung: Kann ein Mensch zugleich Hindu, Christ und Muslim sein?
   a) Diskussion der Frage.
   b) Text Martel mit verschiedenen Rollen lesen (Erzähler, Piscine, Priester, Pandit, Imam, Vater).
   c) Die Antwort von Piscine am Ende des Textes rekonstruieren und reflektieren. Wovon ist er überzeugt? Wie sieht er die Religionen? Hat er Recht? Worin unterscheidet er sich von seinem Vater?
   d) Textanalyse
      – In Einzelarbeit herausarbeiten, was die Vertreter der drei Religionen über ihre Religion sagen und andere beurteilen.
      – Zusammenfassender Tafelanschrieb.
      – Die Religionstheorie der drei Vertreter rekonstruieren und mit der Theorie von Piscine vergleichen. Wer hat Recht?

34. Religionstheorien

Gegenwärtig werden drei Grundmodelle zur Theorie der Religionen unterschieden: der *Exklusivismus*, der *Inklusivismus* und der *relativistische Pluralismus*. Ein weiteres Modell bieten Carl Heinz Ratschow, Eilert Herms und Wilfried Härle, die einen *positionellen Pluralismus* vertreten (vgl. **M 24**).
Im Blick auf den für viele so plausibel wirkenden relativistischen Pluralismus gilt es zwei Einsichten zu bedenken:
– Den Elefanten im Gleichnis vom Elefanten (**M 25**) kennt niemand. Es weiß auch niemand, ob das Ganze überhaupt ein Elefant ist – es sei denn, jemand beansprucht, alles zu erkennen, alles zu überschauen und alles zu wissen. Das wäre jedoch faktisch eine exklusivistische Position.
– Niemand kann von einem neutralen Standpunkt aus über grundlegende Wirklichkeitsverständnisse sprechen und urteilen. Diesen Standpunkt gibt es überhaupt nicht, denn ohne Wirklichkeitsverständnis kann niemand denken, urteilen und handeln.

Der christliche Glaube nimmt tendenziell eine exklusivistische Position ein. Er geht davon aus, dass sich Gott in einmaliger und einzigartiger Weise in Jesus Christus offenbart hat. Dies führt z.B. zu der Auffassung, dass muslimische und christliche Gottesvorstellungen grundsätzlich verschieden sind (vgl. Rat der EKD, Klarheit und gute Nachbarschaft, EKD-Texte 86, Hannover 2006, 115). Aus dem christologischen Ansatz lässt sich jedoch durchaus eine inklusivistische Position entwickeln. Wenn Jesus Christus nicht bloß das Haupt der Gemeinde (Kol 1,18), sondern zugleich auch der Herr der Welt ist (vgl. Phil 2,6–11), dann ist prinzipiell mit Bekundungen Christi durch den Heiligen Geist in anderen Religionen zu rechnen – auch wenn diese für Christen unerkannt bleiben sollten. Gott will ja, dass alle Menschen gerettet werden (vgl. 1. Tim 2,4). Mit solchen Selbstbekundungen Gottes muss deshalb christliche Verkündigung rechnen. Dies tut auch Paulus, wenn er den Athenern jenen Gott verkündigt, den sie unwissend verehren (vgl. Apg 17,25). Wenn es so ist, dass Gott auch in seiner Offenbarung ein Geheimnis bleibt (vgl. Ex 33,20; 1. Tim 6,16 Gott wohnt in einem unzugänglichen Licht; 1. Joh 3,20 Gott ist größer als unser Herz), dann kann nicht ausgeschlossen werden, dass Gott sich auch anderen anders offenbart hat. Aufgrund ihrer eigenen Gotteserkenntnis in Jesus Christus haben Christen zwar keinen Grund anzunehmen, dass sie sich zu dem selben Gott bekennen wie die Muslime, doch ausschließen können sie es auch nicht. Wolfgang Huber: »Ob Gott der selbe ist, müssen wir ihm schon selbst überlassen« (Fokus Interview 22.11.2004).
Diese theologischen Überlegungen zeigen Nähe zu einem *positionellen Pluralismus*. Dieser betont die eigenen Gewissheiten und bringt diese als Wahrheitsansprüche ins Spiel. Er rechnet aber mit menschlichen Verzerrungen und Täuschungen, aber auch dass Menschen dies erfassen können und unterstellt die Möglichkeit, dass sich der letztlich ganz andere Gott auf andere Weise selbst kundgetan hat. Die

Hoffnung ist, dass dies sich in einem offenen Diskurs zeigt, in dem sich Menschen einander mitteilen, was für sie gewiss und tragend ist.
Sinnvoll erscheint es, die religionstheoretischen Positionen noch einmal von der Bibel her zu betrachten. In einem Exkurs zu Gal 3,15–24, 2. Kor 5,17–21 und zu Hebr 11,1–12,3 kann deutlich werden, dass auch vor und neben der Christusoffenbarung Glaube möglich ist (Hebr 11,5f.), dass Christen dazu aufgerufen sind, allen Menschen die Versöhnung Gottes als Bitte vorzutragen (2.Kor 5,17–21) und Gemeinsamkeiten als auch Differenzen einschließen kann wie gerade die Berufung auf Abraham zeigt (Gal 3,15–29).

34.1 John Hick, Die »pluralistische« Religionstheorie (SH S. 78)

Als Veranschaulichung der Position von John Hick kann das Rad mit der Nabe angesehen werden. Alle Religionen beziehen sich auf eine Mitte.
Die Argumentation von Hick kann folgendermaßen zusammengefasst werden:

- Theoretischer Ausgangspunkt ist Kant, wonach das »Ding an sich« nicht erkannt, sondern nur nach Maßgabe der eigenen Erkenntnismöglichkeiten erfasst werden kann.
- Alle Religionen haben es deshalb mit der gleichen Realität zu tun, dem Realen an sich, doch ihre Wahrnehmung und Deutung des Realen ist von ihrer Art der Bezugnahme (personal oder nichtpersonal) geprägt. Dies begründet, warum alle Religionen projektive Züge tragen, aber selber nicht einfach nur als Projektion des menschlichen Verstandes verstanden werden können.
- Die daraus entstehenden Begriffe und Konzepte verhalten sich komplementär zueinander. Sie widersprechen sich (vgl. Licht als Welle oder Korpuskel), begrenzen sich gegenseitig, aber ergänzen sich auch. Sie dürfen nicht gegeneinander ausgespielt werden. Sie haben jeweils denselben Wahrheitswert. Sie können daher auch voneinander lernen, und sollten in der Lage sein, sich gegenseitig zu respektieren. Aus diesem Ansatz ergibt sich die Forderung von Toleranz.

Hick wäre zu fragen, woher er weiß, dass sich alle Religionen auf ein und denselben Grund beziehen. Es könnten ja auch ganz verschiedene Gottheiten sein. Er wäre auch zu fragen, ob die Religionen gleichwertig und gleichgültig sind. Sind alle Religionen unterschiedslos gleich? Es gibt lebensfreundliche und lebensfeindliche Formen der Religion – auch innerhalb des Christentums. Wie kann man diese unterschieden? Wird Hick den konkreten Religionen wirklich gerecht? Es sind ja nicht einfach unterschiedliche Konstruktionen der letzten Wirklichkeit, sondern grundlegende Lebenshaltungen und Orientierungen, die im Leben und Sterben Halt geben wollen oder mit dem Buddhismus existenzielle Befreiung versprechen.

34.2 Markus Mühling, Toleranz durch Verschiedenheit (SH S. 78)

Mühling geht aus von einer kritischen Beurteilung des theoretischen Konzeptes von John Hick (siehe oben). Entscheidend ist die Frage, warum es eigentlich nötig sein soll, sich auf einen gemeinsamen Grund zu beziehen.
Mühling nimmt an, dass es Hick um Toleranz und ein friedliches Zusammenleben geht. Dafür braucht es in der Sicht von Hick eines grundlegenden Konsens'.
Mühling bestreitet diese Annahme. Weder ist Konsens eine zwingende Voraussetzung für einen friedlichen Umgang miteinander (vgl. das Beispiel der jungen Männer), noch braucht es einen solchen Grund, um gemeinsam handeln zu können (Beispiel von Lastkraftwagenfahrern). Man kann sich auch für eine gemeinsame Sache einsetzen, wenn man sich in den Grundüberzeugungen unterscheidet.
Mühling votiert damit für die respektvolle Anerkennung von Verschiedenheit und Andersartigkeit in religiösen und weltanschaulichen Überzeugungen. Gleichzeitig plädiert er für eine Verständigung über die Handlungsziele. Gerade in einer pluralistischen Gesellschaft ist diese Position ermutigend. Sie lässt Gemeinsamkeiten im Handeln, trotz Unterschiedlichkeit der Religionen und Weltanschauungen als möglich erscheinen. Gleichzeitig setzt sie handlungsbestimmende Traditionen ins Recht. Menschen brauchen grundlegende Gewissheiten und Orientierungen, um handeln zu können.

34.3 Ergänzung zu SH S. 78: Hebräer 11,1–12,3

Hebr 11,1–12,3 besitzt im Kontext des Gottesheftes eine besondere Bedeutung im Blick auf den Glauben Abrahams und kann dort vertiefend und klärend angefügt werden (siehe oben C 8.4). Der Text erweist sich jedoch auch im Blick auf eine Religionstheorie des biblischen Christentums als bedeutsam. Eine wichtige Rolle spielt dabei Henoch (Hebr 11,5f.). Er ist das Muster des Menschen, der weder die Offenbarung vom Sinai noch das Christusgeschehen kennt und trotzdem glaubend so vor den einen Gott tritt, dass er von jedem Israeliten und Christen hoch zu achten ist. Offenkundig können Menschen auch vor und neben der Selbstoffenbarung Gottes zum Glauben kommen. Der Verfasser des Hebräerbriefes dürfte dabei auch solche Leserinnen und Leser vor Augen haben, die unterschiedlichen antiken Philosophien anhängen. Wie V. 6 zeigt, definiert der Hebräerbrief dabei einige Kriterien. Ein solcher Glaube verdient Achtung, der glaubt, dass Gott ist (Singular, kein Plural!) und einen Gottesglauben vertritt, der tugendhaftes Leben will und belohnt. Dies schließt letztlich ein personales Gottesbild ein.

34.4 Ergänzung zu SH S. 78: 2. Kor 5,17–21

Der zweite Korintherbrief muss als Briefsammlung angesehen werden. Jürgen Becker (Paulus, der Apostel der Völker, Tübingen 1998, 229–245) erkennt drei Briefe, die nachträglich zusammengefügt sind (2. Kor 2,14–7,4; 2. Kor 10–13; 2. Kor 1,1–2,13).
2. Kor 5,17–21 gehört in den geschlossenen Zusammenhang vor 2. Kor 2,14–7,4 (ohne 6,14–7,1), in dem Paulus auf das Eindringen und die Anerkennung von Fremdmissionaren in Korinth reagiert. Diese Missionare sind offenkundig Enthusiasten, die das Erleben ekstatischer Zugehörigkeit zur himmlischen Welt als Demonstration ihrer Überlegenheit und als Bestätigung der Wahrheit ihrer Botschaft betrachten. Damit werden das Apostolat von Paulus und der Inhalt seiner Verkündigung bestritten. Paulus reagiert darauf mit der Explikation seines Verkündigungsauftrags. Der sog. Tränenbrief 2. Kor 10–13 zeigt, dass sein Bemühen zunächst

einmal erfolglos blieb. Erst nach einem weiteren und diesmal harten Brief kam es zu einer Wende, auf die er dann mit dem Versöhnungsbrief 2. Kor 1,1–2,13 reagiert.
Konstitutiv für die Verkündigung und das Selbstverständnis von Paulus ist der Zusammenhang von Kreuz, Tod und Auferstehung Jesu. Er sieht darin die endzeitliche Erlösertat Gottes für die ganze Menschheit (V.19), an die der Getaufte persönlich Anteil gewinnt (V. 17). In Analogie dazu kann man die Berufung von Paulus sehen (vgl. SH S. 25), die als Erfahrung von Versöhnung allein aus Gnade gedeutet werden kann.
Die in 2. Kor 5,17–21 konstruierte Wirklichkeit geht aus von einem universalen und feindlichen Konflikt zwischen Menschen und Gott. In ihrem Leben vergehen sich die Menschen an Gott, zu dem sie eigentlich gehören. Damit – wie hinzugesetzt werden kann – schaden sie sich selbst und werden von sich selbst als Geschöpf Gottes entfremdet (vgl. Röm 7,7ff.). In Kreuz, Tod und Auferstehung Christi hat Gott aus purem Erbarmen ein für alle Mal »uns mit sich selbst versöhnt« (V. 19) und so zwischen ihm und den Menschen Frieden gestiftet (ebd.). Gott rechnet den Menschen ihre Übertretungen nicht zu.
Damit hat sich eine weltgeschichtliche Wende ergeben. Eine neue Zeit ist angebrochen, die Welt ist neu geworden. Es gibt neue Möglichkeiten, die vorher verschlossen waren. Wer deshalb in der Taufe auf die Versöhnungstat Gottes und auf seine Barmherzigkeit vertraut, ergreift die neuen Möglichkeiten und wird ein neuer Mensch. Er ist nun »in Christus«. Durch dessen Tod ist er von der Macht der Sünde befreit, durch dessen Auferstehung gewinnt er die begründete Hoffnung auf ein Leben mit Gott auch über den Tod hinaus. In diesem Sinne kann der Mensch als frei angesehen werden.
Aufgabe des Apostels ist es, das Wort von der Versöhnung Gottes weiter zu sagen und dafür zu werben, die Versöhnung als bedingungsloses Geschenk Gottes anzunehmen. Sinnfällig wird dies in den Gesten des Abendmahls (Reichen des Brotes und des Kelches). Die Versöhnung Gottes gilt der gesamten Welt (V. 19) und damit allen Menschen – nicht nur den Anhängern Christi. Sie gilt auch denen, die von der Vorsehung Gottes nichts mehr wissen wollen (wie die Korinther) oder noch nichts wissen. Entsprechend gilt auch allen Menschen die Botschaft von der Versöhnung Gottes. Diese ergeht jedoch als zwanglose Bitte (V. 20) in einem kommunikativen Zusammenhang.
Herausfordernd ist das Verständnis von 2. Kor 5,21. Dieser Vers beschreibt Kreuz, Tod und Auferstehung Christi in kultischen Begriffen. Sie werden dabei als stellvertretendes Opfer gedeutet. Dahinter steht das alttestamentliche Verständnis des Sühnopfers, in dem das Opfertier (hier Jesus Christus) mit dem sündigen Menschen identifiziert wird. In der Tötung des Opfertieres (hier die Kreuzigung) vollzieht sich die Lebenshingabe des Sünders an Gott (Friedrich Lang, Die Briefe an die Korinther, Göttingen / Zürich 1986, 295), die eine Wiederherstellung der personalen Beziehung mit Gott bewirkt. Die Begießung des Altars mit dem Blut des Opfertieres vollzieht die Lebenshingabe des Sünders, denn Blut ist Leben. Dadurch darf der Mensch ein neues Leben in der Gemeinschaft mit Gott führen. 2. Kor 5,19 ist wohl so zu verstehen, dass Gott den Tod Jesu Christi als endgültiges und nicht mehr zu wiederholendes Sünd- bzw. Sühnopfer betrachtet. Er ist ein für alle Mal für alle gestorben. Leitend ist dabei die Sicht Jesu als der von den Menschen verachtete, von Gott aber anerkannten Gottesknecht (Jes 53,1–5). Dieser Tod wird als freiwillige Lebenshingabe Christi gedeutet (und könnte dabei auch Hinweise der Evangelien aufnehmen). Es ist eine Tat der Liebe (2. Kor 5,14). Hervorzuheben ist dabei die Erfahrung, dass Versöhnung den Einsatz des Lebens notwendig machen kann.
Paulus erweitert die Deutung des Opfertodes Jesu um die Auferstehung bzw. die Auferweckung (vgl. 2. Kor 5,15). Das Opfertier bleibt ja nicht tot! Damit erweitert sich auch die Bedeutung des Heilstodes Jesu. Dieser Tod bringt nicht nur die Wiederherstellung der Beziehung zu Gott, sondern auch ewiges Leben (vgl. dazu Gerd Theißen, Die Religion der ersten Christen, Gütersloh 2001, 206–211).

34.5 Ergänzung zu SH S. 78: Gal 3,15–29

Paulus setzt sich im Galaterbrief mit einer Gemeinde auseinander, die anfänglich das gesetzesfreie Christentum von Paulus aufgenommen hat, aber danach von judenchristlichen Missionaren für das Befolgen des Gesetzes als Weg zur Gerechtigkeit Gottes gewonnen wurde. Diese vertreten die Sicht, dass nur der am Segen Abrahams Anteil haben kann, der die Gebote des Gesetzes befolgt und sich z.B. beschneiden lässt und die Essensregeln einhält. Für Paulus stehen damit nicht nur seine eigene Missionsarbeit und seine eigene Person infrage, sondern vor allem das Verständnis des Glaubens an Jesus Christus. Entsprechend hart argumentiert er und droht mit Verfluchen. Glaube besteht nicht im Befolgen von normativen Vorgaben, sondern im dankbaren Vertrauen auf das Geschenk der Verheißung Gottes.
Diese doch noch abstrakt wirkenden Aussagen können so interpretiert werden: Paulus geht es um die Frage, was »lebendig macht« (V. 21). Es geht ihm um den Gewinn einer gelassenen, zuversichtlichen und (innerlich) freien Lebenshaltung, die zudem noch Augen, Ohren und Hände für andere hat. Die Basis hierfür ist in seiner Sicht das Vertrauen, dass man mit der Barmherzigkeit Gottes rechnen darf, auch wenn man es nicht verdient hat. Gerade das entspricht Gottes Handeln und Wesen und wird Gott »gerecht«.
In diesem Rahmen geht Paulus auch auf das Verhältnis des christlichen Glaubens zu Abraham ein und liefert damit Grundlagen für das heutige Nachdenken über das Verhältnis zum Judentum bis hin zum Islam. Abraham – so Paulus – ist nicht primär Ahnherr Israels, sondern jener Mensch, der so vor Gott steht, wie es sein soll, wenn er Christ sein will. Abraham ist danach nicht der Grund des Erwählungs- und Segensbewusstseins seiner Nachkommen, sondern Paradigma des Glaubens. »Jeder, der so glaubt, ist Abrahams Kind« (Jürgen Becker). Von Paulus ergibt sich ein differenziertes Verhältnis von Judentum und Christentum. Beide berufen sich auf Abraham, deuten aber die Beziehung verschieden. Für Muslime ist Abraham das Vorbild für Rechtgläubigkeit und Gottergebenheit (Sure 2,124). Er verlässt sich ohne Wenn und Aber auf Gott (vgl. Sure 37,113 die Opferung Israels). Er erkennt und bekennt, dass Gott einer ist (Sure 3,67–68; 6,74–78). Sein Leben und Handeln ist Wegleitung für die Gläubigen. Er bestaunt die Schöpfung ohne sie zu vergöttern. Er ist Vorbeter wahren Glaubens. Er ist Vorbild der Gastfreundschaft, sowie Vorbild im Umgang mit Prüfungen aber auch für den Bau von Gotteshäuser. Seinem Vorbild steht dasjenige von Hagar zur Seite.

Gal 3,15–29 ist Teil einer argumentativen Auseinandersetzung (Diatribe) mit den Gemeinden in Galatien, die von Gal 3,1 bis 4,7 reicht. Der Textabschnitt besteht einmal aus einer grundsätzlichen Reflexion des Verhältnisses von Abraham, Verheißung und Gesetz (V. 15–22), zum anderen in der Anwendung dieser Einsichten auf das Christentum und die christliche Gemeinde (V. 23–29). An einem Beispiel aus dem Rechtsleben, nämlich einem rechtskräftigen Testament (V. 15) sucht er plausibel zu machen, dass das später gekommene Gesetz (430 Jahre später V. 17) die Zusagen Gottes nicht verändert haben können. Die Gemeinschaft Gottes mit Abraham, seine Begleitung und Zuwendung aufgrund des Glaubens hängen demnach nicht am Befolgen ethischer Regeln, sondern allein am Vertrauen auf die Verheißungen Gottes (V. 18, vgl. auch SH S. 19). Das später gekommene Gesetz ist deshalb auch nicht direkt durch Gott, sondern durch Engel und einen Mittler nämlich Mose verkündigt worden (V. 19). Es wirkt deshalb nicht Leben schaffend (V. 21), sondern wie ein Aufsehersklave, der unmündige Kinder mit harter Zucht beaufsichtigt (V. 24) wie sie eben erwachsen sind. Mit der Offenbarung Gottes in Jesus Christus ist zum einen der verheißene Nachkommen Abrahams gekommen (V. 16) und zudem die Zeit des züchtenden Gesetzes beendet (V. 25). Durch das Vertrauen in die Zusagen Gottes in Jesus Christus hat jedes schlechtes Gewissen ein Ende. »In Christus« kann man getrost in die Zukunft sehen und das Leben zuversichtlich angehen. Dadurch ändern sich auch die Beziehungsverhältnisse der Gläubigen untereinander (V. 28). Bekräftigt wird dies durch das abschließende Taufformular (V. 27–29), das Paulus wohl übernommen hat.
Der Text zeigt einige Eigenheiten von Paulus im Umgang mit biblischen Texten. Er bezieht sich auf die Septuaginta und nicht auf den hebräischen Text. Er bedient sich offenkundig rabbinischer Auslegung und kann dabei auch den Sinn eines Textes umdeuten. Er will damit seine Kontrahenten in Galatien widerlegen und seine Gemeinde wiedergewinnen. Die Frage bleibt, ob die Tora nicht doch noch einmal anders gesehen werden muss. Die protestantische Lehre vom der *tertius usus legis* räumt dem Gesetz eine leitende Funktion für das Leben im Vertrauen auf Jesus Christus ein. Hier könnten Christen und Juden Übereinstimmungen finden.

Unterrichtsideen SH S. 78

(1) Rundgespräch: Warum gibt es verschiedene Religionen? Wozu braucht es verschiedene Religionen?
(2) Die drei Modelle einer Theorie der Religion
  a) Die drei Modelle grafisch in Einzelarbeit anhand des Einleitungstextes darstellen.
  b) Grafiken vorstellen und erläutern.
  c) Vergleich mit **M 24**.
  d) Die Modelle beurteilen: Was entspricht meiner Sicht der Religionen?
  e) Modell des positionellen Pluralismus einbringen. Vergleich mit **M 24**.
(3) Die Theorie von John Hicks
  a) In Einzelarbeit den Text visualisieren.
  b) Im Rundgespräch klären, wie Christentum, Islam, Judentum, Buddhismus und Hinduismus nach Hicks zusammengehören.
  c) Beurteilen, wie plausibel das Modell ist. Suche nach Argumenten und Gegenargumente im Sinne von Pro und Contra (Tafelanschrieb).
(4) Text Mühling
  a) Rundgespräch: Warum ist es wichtig, sich auf einen Einheitsgrund zu beziehen? Was soll es bringen?
  b) Die Position von Mühling in Einzelarbeit erheben.
  c) Rundgespräch: Konsequenzen von Mühling für das Zusammenleben von Religionen bestimmen.
(5) Das Gleichnis von den Blinden und dem Elefanten (**M 25**)
  a) Gleichnis vorlesen und Deutungen suchen. Was sagt es über Religionen?
  b) Diskussion der Konsequenzen, wenn niemand weiß, dass sich um einen Elefanten handelt. Was heißt das für das Verständnis der unterschiedlichen Religionen? Was heißt dies für den Umgang miteinander?
(6) Vertiefung: Die Bibel zur Beurteilung anderer Religionen und zum Umgang mit ihnen.
  a) Schülerinnen und Schüler erarbeiten in themenverschiedenen Gruppen Gal 3,15–29; 2. Kor 5,17–21 und Hebr 11,1–12,3 mit der Maßgabe in Gal 3 das jüdische und paulinisch-christliche Bild von Abraham herauszuarbeiten, in Hebr 11,1–12,3 die Beurteilung der Menschen vor Abraham herauszufinden und in 2. Kor 5 den Auftrag der Christen gegenüber allen Menschen zu bestimmen.
  b) Die Ergebnisse werden festgestellt und daraus fünf Regeln für den Umgang mit anderen Religionen formuliert.
(7) Rückblick auf das Kapitel
  a) Struktur legen: Schülerinnen und Schüler bekommen eine Liste unterschiedlicher Begriffe aus dem Kapitel. Sie schreiben diese auf kleine Karten und legen daraus ein Gesamtbild.
  b) Die Bilder einander vorstellen.

I: Was bedeutet mit Gott leben?

Der Glaube an Gott prägt die persönliche Existenz und beeinflusst konkrete lebensgeschichtliche Entscheidungen. Dies kann im Heft an verschiedenen Beispielen verdeutlicht werden: Sido (SH S. 5), Bono (Heft SH S. 6), Pascal (SH S. 48), Gandhi (SH S. 75) oder Hildegard von Bingen (SH S. 51). Dies kann aber auch an biblischen Personen aufgezeigt werden wie Abraham (SH S. 19), Mose (SH S. 20), Elia (SH S. 25), Paulus (SH S. 25) Hiob (SH S. 67) und natürlich auch an Jesus. Denkbar sind aber auch Lebensbilder von Mystikerinnen und Mystikern wie z.B. Dag Hammerskjöld. An all diesen Beispielen kann die lebensgeschichtliche Bedeutung des Glaubens an Gott bedacht werden. Die Frage lautet: Wie wirkt sich der Glaube lebensgeschichtlich aus? Welche Aspekte des Glaubens an Gott spielen dabei eine wichtige Rolle?
So richtig deutlich wird der Zusammenhang von Gottesglaube und Biografie aber an ganzen Lebensgeschichten, denn dabei kann auch deutlich werden, wie sich der Glaube an Gott entwickelt, verändert, aber auch wie er herausfordert. Das Heft empfiehlt am Ende des Kurses an der einen oder anderen Biografie bekannter Personen der Christentumsgeschichte nachzuzeichnen, wie der Glaube an Gott eine solche Biografie geprägt hat und welche Aspekte des Glaubens dabei eine besondere Rolle spielen. Mit Dietrich Bonhoeffer und Margot Käßmann werden ein Mann und eine Frau vorgestellt, die versucht haben als evangelische Christenmenschen Jesus nachzufolgen und so den Glauben an Gott zu leben.
Die Gethsemaneszene weist auf einen dramatischen Höhepunkt der Geschichte Jesu.
Die Biografien solcher Christenmenschen sind vielfach bearbeitet. vergleiche z.B.

- Sophie Scholl: Maren Gottschalk, Die Lebensgeschichte der Sophie Scholl, Weinheim 2012
- Martin Luther: Arnulf Zitelmann, Widerrufen kann ich nicht, Weinheim 1995
- Dorothee Sölle: Renate Wind, Rebellin und Mystikerin, Stuttgart 2008
- Martin Luther King: Arnulf Zitelmann, Keiner dreht mich um, Weinheim 1989
- Franz von Assisi: Veit-Jakobus Dieterich, Franz von Assisi, Reinbek bei Hamburg 1995
- Albert Schweitzer: Harald Steffahn, Albert Schweitzer, Reinbek bei Hamburg 1990
- Hildegard von Bingen: Charlotte Kerner, Alle Schönheit des Himmels, Weinheim 2009

Interessant sind solche Biografien, wenn dazu auch Filme vorliegen wie zum Beispiel bei Albert Schweitzer oder Martin Luther. Im Rahmen eines Kurses käme es darauf an, den inneren Zusammenhang zwischen dem Glauben an Gott und der Biografie aufzuzeigen und dabei zu entdecken, wie dabei der christliche Glaube gleichsam neu erfunden wurde.
Angenommen wird, dass Schülerinnen und Schüler an solchen Biografien interessiert sind und daran entdecken wollen, wie Menschen fühlen, denken, urteilen und handeln können. Gerade in dieser Lebensphase geht es auch darum, Bilder eigenen Lebens zu entwickeln. Die Biografien anderer Menschen erlauben deshalb die Auseinandersetzung mit eigenen Lebens – und Glaubensvorstellungen. Gleichzeitig wird angenommen, dass für viele Schülerinnen und Schüler der Zusammenhang von Glaube und Alltagsleben sowie Lebensgeschichte weitgehend unklar und unbekannt ist. Weit mehr als 50 Prozent der Deutschen, die sich als religiös bezeichnen, sehen zwischen ihrer religiösen Sichtweise und dem Alltagsleben keinen Zusammenhang.

Folgende Kompetenzziele können hier verfolgt werden:
Schülerinnen und Schüler können

- *anhand von lebensgeschichtlichen Ereignissen den inneren Zusammenhang von Glaube an Gott und persönlichem Handeln aufzeigen,*
- *die lebensgeschichtliche Relevanz des christlichen Glaubens an Beispielen bestimmen und dazu Position beziehen,*
- *aufzeigen, wie sich bestimmte Aspekte des Glaubens an Gott in biografischen Erfahrungen niederschlagen.*

35. Gelebter Glaube

Der Begriff »gelebter Glaube« steht dem des »gelehrten Glaubens« gegenüber. Gerade von dem gelehrten Glauben ist in dem Arbeitsheft viel die Rede. Das Schlusskapitel bekräftigt die Einsicht, dass Glaube persönlich angeeignet und gelebt werden will und die Lehre darauf zielt, sowohl das eigene Leben, aber auch das Zusammenleben bis hin zu Gesellschaftsstrukturen, zu prägen und auszurichten. Wie Glaube gesellschaftliche Strukturen prägen kann, zeigt sich zum Beispiel an dem Sozialrecht (vgl. SH S. 24), aber auch am Schutz des Sonntags.

35.1 Widerstand und Ergebung – Dietrich Bonhoeffer (SH S. 79)

Das Heft bietet neben der Biografie Bonhoeffers auch sein Glaubensbekenntnis (SH S. 9) und das Gedicht »Christen und Heiden« (SH S. 69), das auch auf die Gethsemaneszene Bezug nimmt. Einen Einblick in die Biografie Bonhoeffers gibt unter anderem das Buch von Renate Wind, Dem Rad in die Speichen fallen, Weinheim 1990 und der Film »Die letzte Stufe« aus dem Jahr 2000. Einen Eindruck von der Person Bonhoeffer gibt ein Bericht seiner Schwester Susanne Leibholz (**M 26**).
Im Oktober 1933 übernimmt Bonhoeffer ein Pfarramt in London. Im August 1934 nimmt er als Jugendsekretär an der vom ökumenischen Weltbund und von »Life and Work« in Fanö/Schweden veranstalteten Jugendkonferenz teil. Diese Konferenz hat 50 Teilnehmer, unter ihnen Jean Lassarre, aber auch Marcel Sturm sowie Studenten von Bonhoeffer

wie Otto Dudzus. Wichtiges Anliegen Bonhoeffer ist es, dass dort keine Vertreter der Reichskirche teilnehmen und die Bekennende Kirche als legitime Vertreterin der evangelischen Kirche in Deutschland anerkannt wird. Dies ist allerdings nur zum Teil gelungen.
Zum historischen Hintergrund dieser Tagung gehört zum einen die Barmer Theologische Erklärung (29.–31. Mai 1934), der Röhm Putsch und dabei die Ermordung von 207 Personen (30. Juni / 1. Juli 1934), der Tod Hindenburgs (2. August) und damit die Vereinigung der höchsten Ämter auf Hitler, der Aufmarsch italienischer Truppen an der österreichischen Grenze und der Ausbruch des Abessinenkrieges. Für Bonhoeffer bedeutet Hitler Krieg.
Die Jugendkonferenz formulierte zwei Entschließungen:

- Vorordung des göttlichen Rechts vor staatlichen Ansprüchen,
- Unabhängigkeit kirchlicher von nationalen Zielsetzungen und Ablehnung jeden Krieges.

In Fanö hält Bonhoeffer einen Vortrag. Seine sog. »Friedensrede« hält er jedoch in einer Morgenandacht am 28. August 1934. Folgende Gedanken sind darin entscheidend:

- Frieden entsteht, wenn man den Gebot Christi folgt und die Waffen aus der Hand legt (vgl. dazu SH S. 23, Mt 5,38f.).
- Auftrag der Kirche Jesu Christi ist es, zum Frieden zu rufen, den eigenen Söhnen die Waffen aus der Hand zu nehmen, den Krieg zu verbieten und den Frieden Christi auszurufen.
- Dazu soll ein Konzil aus allen Kirchen zusammentreten und dabei eine verbindliche Erklärung abgeben und sich daran vor allem auch selbst halten.
- Ein solches Konzil wäre für alle Kirchen bindend. Schon das Zusammentreten wäre eine bemerkenswerte, friedensfördernde Tat.

Leitend in dieser Andacht ist die Frage »Wie entsteht Frieden?«
Erkennbar wird der theologische Ansatz von Bonhoeffer. Der Glaube an Gott heißt konsequente Nachfolge Jesu Christi. Christliche und kirchliche Existenz ist die gehorsame Antwort auf das Wort Christi, in diesem Falle das Einhalten des Gebotes auf Gewalt zu verzichten. Im Hintergrund stehen seine Ausführungen in dem Buch »Nachfolge« von 1937.

Nach der Kapitulation Frankreichs am 17. Juni 1940 entscheidet sich Bonhoeffer zur Teilnahme am Widerstand gegen Hitler und die Mitarbeit an Umsturzplänen bis hin zum Attentat. Diese Teilhabe bestand weitgehend in Reisen in die Schweiz, nach Norwegen, Schweden und innerhalb von Deutschland. Seine Aufgabe bestand in einem Kurierdienst mit dem Ziel, dem Ausland Informationen über die Pläne und Ziele des deutschen Widerstandes zuzuspielen. In dieser Zeit gab es in der Bekennenden Kirche zwar tapfere Einzelaktionen (z.B. Bischof Wurm in Württemberg), doch man war überwiegend mit Fragen der eigenen Existenz beschäftigt. Auf diesem Hintergrund versteht man Bonhoeffers Definition von Kirche als »Kirche für andere« auch als Kritik an seiner eigenen Kirche.
Leitend für dieses Handeln ist die Einsicht, dass es in politischen Konflikten Situationen gibt, in denen man nicht schuldlos bleiben kann. Der Verzicht auf Gewalt kann in bestimmten Fällen eine größere Schuld sein. Leitend für sein Handeln ist sodann die Einsicht in das »sündlose Schuldtragen Jesu Christi«. Nächstenliebe ist selbstlose Liebe, die auch Schuld auf sich nehmen kann. Aus diesen Überlegungen ergibt sich für Bonhoeffer, seinen bisherigen ethischen Rigorismus aufzugeben und bereit zu sein, Schuld auf sich zu nehmen. Im Zentrum dieser Jahre des Widerstandes steht die Frage, ob ein Christ einen Tyrannen töten darf.

35.2 Bild: Giovanni Bellini, Gebet Christi in Gethsemane (SH S. 80)

Gelebter Glaube zeigt sich auch in der Geschichte Jesu Christi. Ein dramatischer Höhepunkt ist das Ringen Jesu mit Gott im Garten Gethsemane (Mt 26,36–46 par.). Diese Szene kann mit der Kreuzigung verglichen werden (vgl. Huber SH S. 33; Moltmann und Corinth SH S. 69).
Giovanni Bellini (1437–1516) entstammt einer venezianischen Malerfamilie. Er gehört in die Frührenaissance. Einen großen Teil seines Werkes nehmen Andachtsbilder ein, vor allem Bilder der Madonna mit Kind.
Das Bild überrascht mit einer detailreichen Darstellung der Landschaft, die die Züge einer Vulkanlandschaft trägt. Jesus kniet auf einem Hügel, der wie ein Gebetsstuhl wirkt. Sein Blick ist nach vorne und nach oben gerichtet. Der fast pflanzenlose, rotbraune, wüstenartige Hügel ist auf der rechten Seite von einem Zaun, auf der hinteren Seite durch einen Fluss umgrenzt, über den eine Brücke führt. Auf der anderen Seite des Flusses kommt Judas mit den bewaffneten Soldaten näher. Die Verhaftung naht. Auf den Bergen im Hintergrund sieht man Dörfer, die an mittelitalienische Städte erinnern. Am Himmel zeigt sich eine halb bekleidete Figur, die in der Hand einen Kelch trägt und ihn Jesus zu reichen scheint. Im Vordergrund des Bildes schlafen drei Jünger, die anders als Jesus einen Heiligenschein tragen. Hinter ihnen zeigt sich ein abgestorbener Baum, der gleichsam Züge des Sterbens trägt.

35.3 Ergänzung zu SH S. 80: Matthäus 26,36–40

Das Ringen Jesu mit Gott im Garten Gethsemane gilt in der kirchlichen Tradition als Zeichen der Menschlichkeit Jesu. Die Frage stellt sich aber dann, worin sich seine Göttlichkeit zeigt. Jesus erweist sich in der Szene an der Kelter (so die Übersetzung Gethsemane) als trauernder und sich ängstigender Mensch (V. 37), der Schritt für Schritt über ein dreimaliges Gebet wieder Festigkeit findet und daraufhin entschieden sowie bewusst die nächsten Schritte geht (V. 46).
Die Szene erinnert durch das Aussondern von Petrus und den beiden Zebedaiden an die Verklärungsgeschichte (Mt 17,2–8), in der Jesus als der Sohn Gottes vorgestellt und proklamiert wird. In allem Zittern und Zagen hält sich Jesus an erprobte und traditionelle Frömmigkeitsformen. Vers 38 nimmt Psalm 42 auf: »Mein Gott, betrübt ist meine Seele in mir« (Psalm 42,7). Das Niederfallen entspricht einem traditionellen Gebet, wie es von Abraham überliefert ist (Gen 17,3.17). Die Worte zu Gott (V. 39.42) entsprechen dem Vaterunser. Jesus spricht dort Gott als »mein Vater« an und formuliert »dein Wille geschehe« (vgl. SH S. 32 Theißen). Der Kelch ist ein Symbol des Todes (vgl. Mt 20,20–22). Jesus hat danach den Tod vor Augen und weiß genau um seine Situation. Die Gebetsbitte rechnet mit der Veränderlichkeit Gottes und sieht den Beter in einer personalen Beziehung mit dem personal handelnden Gott (vgl. SH S. 40 Brümmer.)

Das dreimalige Beten zeigt eine Entwicklung an. Während das erste Gebet noch um Verschonung bittet, ist dies beim zweiten nicht mehr der Fall. Jetzt bittet Jesus darum, dass alles in Gottes Hand bleibt. Das dreimalige Beten signalisiert nicht bloß Gebetsintensität, sondern auch die fortschreitende Einigung mit den Willen Gottes. Diese lässt schließlich noch ironische Bemerkungen zu den Jüngern zu (V. 45). In den schlafenden Jüngern können sich Hörer oder Leser des Textes entdecken. Sie werden aufgefordert zu wachen und zu beten und dabei auch bereit zu sein, Leid zuzulassen und auf sich zu nehmen.
Deutet man den Text als Modell christlichen Umgangs mit Leid und Tod, so zeigt sich darin der Hinweis, sich im fortwährenden Gebet an Gott zu wenden, darin mit Gottes Willen einig zu werden und danach sich wieder gestärkt dem Leben, dem Leiden und dem Sterben zuzuwenden.

35.4 Margot Käßmann, Abschiedsrede (SH S. 80)
Margot Käßmann würde gewiss ihre eigene Situation nicht mit der von Dietrich Bonhoeffer oder Jesus vergleichen. Doch ganz gewiss hat auch sie mit sich selbst und ihrer Entscheidung gerungen, wohl auch im Gebet. Die Frage ist, was ihr die Kraft – und die Freiheit – gegeben hat, so entschieden ihr Amt niederzulegen und öffentlich zu bereuen. Der Schlusssatz, der ein Glaubenssatz ist, gibt dazu einen Hinweis. Margot Käßmann sieht sich getragen von der Treue und Liebe Gottes (vgl. dazu auch das »Bekenntnis« von Bonhoeffer, SH S. 9, und Röm 8,38f. LH 15.3). Der Glaube lässt Menschen das Fragmentarische ihrer eigenen Existenz annehmen in der Gewissheit, dass Gott auch gescheitertes Leben annehmen und tragen wird.

Unterrichtsideen SH S. 79/80

(1) Gespräch: Leben mit der Bibel – wie stelle ich mir das vor?
(2) Schülerreferat zur Biografie von Bonhoeffer, Filmausschnitte aus »Die letzte Stufe« oder Arbeit mit dem Bericht von der Schwester Bonhoeffers **M 26**. Gespräch: Was ist das für Mensch? Worin zeigt sich sein fester Glaube?
(3) Textarbeit Bonhoeffer
  a) Vorlesen bis zur ersten Frage »Wie wird Freude?«. Klassengespräch: Was antworten wir?
  b) Lehrperson erläutert Hintergründe der Konferenz in Verhandlung (siehe oben).
  c) Die Antwort von Dietrich Bonhoeffer am Text nachvollziehen. Was ist ein Konzil und was soll es bringen? Wovon ist Bonhoeffer überzeugt? Wie beurteilen wir die Haltung Bonhoeffers?
(4) Widerstand
  a) Lehrperson berichtet: 1940 geht Bonhoeffer in den Widerstand und arbeitet an Umsturzplänen mit. Wie passt das zu der Andacht in Fanö?
  b) Text aneignen:
    – Alle Schülerinnen und Schüler lesen den Text und übernehmen die Rolle von Bonhoeffer.
    – L. interviewt die Schülerinnen und Schüler. Warum sind Sie zum Widerständler geworden?
  c) Festhalten, wie sich der Glaube zeigt.
(5) Margot Käßmann
  a) L. verliest Text ohne den Schlussabschnitt. Schülerinnen und Schüler halten das Heft geschlossen.
  b) Gespräch:
    – Warum tritt Käßmann zurück?
    – Welche Motive bewegen sie dabei und was gibt ihr dazu Kraft?
  c) Schlusssatz zur Kenntnis nehmen.
    – Woran glaubt Margot Käßmann?
    – Vergleich mit Bonhoeffer SH S. 9 und Römer 8,38f. Welche Formulierungen passen zu Käßmann?
(6) Bildbetrachtung Bellini
  a) Beschreiben, was vorher und nachher gekommen ist oder kommt.
  b) Worte für Jesus finden: Was spricht er?
  c Vergleich mit Mt 26,36–46:
    – Den inneren Prozess als Jesu als Kurve in Einzelarbeit zeichnen.
    – Kurvenvorstellungen deuten: Was läuft hier ab?
    – Überlegen, welche Lebensempfehlungen hier zu entdecken sind.
(7) Rückblick auf das ganze Heft (siehe auch die Vorschläge in der Einleitung)
  a) Auf den Lernweg zurückblicken mit einer Feedback Landschaft (**M 27**). Wie ist es mir ergangen? Wo bin ich gerade?
  b) Erworbene Kompetenzen einschätzen mithilfe von U 2.
  c) Metakognition als Alternative (**M 28**).

Zusatz-Materialien (M)

M 1 Fünf Bilder zu biblischen Erzählungen

Bild S.	Kurzbeschreibung der biblischen Erzählung	Aussagen über den Gott der Bibel

M 2 Leitfragen in Kärtchenform

Wie kann man Gott erkennen?	Wie steht es mit Gott in unserem Leben?
Was meint das: »Gott«?	Warum gibt es Leid?
Wer ist das: »Gott«?	Glauben alle Religi-onen an den selben Gott?
Wie ist Gott?	Was bedeutet mit Gott leben?

M 3 Elfchen

Elfchen

Ein Elfchen ist ein kurzes gedichtartiges Textstück. Es hat 5 Zeilen und 11 Wörter.
In der 1. Zeile steht ein Wort, das das Thema angibt.
Die 2. Zeile enthält zwei Wörter. Hier steht, worauf sich der Begriff bezieht.
In der 3. Zeile befinden sich drei Wörter die bezeichnen, wo sich das befindet.
Die 4. Zeile enthält vier Wörter mit freiem Thema.
Die 5. Zeile fasst das Ganze in einem Wort zusammen. Z.B.

Grün
Das Blatt
Der Taube Noahs
Setzt Sehnsucht mir Freitag
Auf!

M 4 Das apostolische Glaubensbekenntnis

1	Petrus	Ich glaube an Gott, den Vater, den Allmächtigen, den Schöpfer des Himmels und der Erde.
2	Johannes	Und an Jesus Christus, seinen eingeborenen Sohn, unsern Herrn,
3	Jakobus	empfangen durch den Heiligen Geist, geboren von der Jungfrau Maria,
4	Andreas	gelitten unter Pontius Pilatus, gekreuzigt, gestorben und begraben
5	Philippus	hinabgestiegen in das Reich des Todes
6	Thomas	am dritten Tage auferstanden von den Toten,
7	Bartolomäus	aufgefahren in den Himmel; er sitzt zur Rechten Gottes, des allmächtigen Vaters;
8	Matthäus	von dort wird er kommen, zu richten die Lebenden und die Toten.
9	Jakobus, Sohn des Alphäus	Ich glaube an den Heiligen Geist,
10	Simon der Zelot	die heilige christliche Kirche,
11	Judas, der Sohn des Jakobus	Gemeinschaft der Heiligen, Vergebung der Sünden,
12	Thomas (noch einmal)	Auferstehung der Toten und das ewige Leben.

M 5 Rudolf Otto, Das Heilige – Fascinosum et Tremendum

Das wovon wir reden und was wir versuchen wollen einigermaßen anzugeben, ... lebt in allen Religionen als ihr eigentlich Innerstes und ohne es wären sie gar nicht Religion. Es gilt, für dieses Moment in seiner Vereinzelung einen Namen zu finden der erstens es in seiner Besonderheit festhält, und der zweitens ermöglicht die etwaigen Unterarten oder Entwicklungsstufen desselben mit zu befassen und mit zu bezeichnen. Ich bilde hierfür zunächst das Wort: das »Numinöse« ... und rede von einer einer eigentümlichen numinosen Deutungs- und Bewertungskategorie und ebenso von einer numinosen Grundgestimmtheit, die allemal da eintritt ... wo ein Objekt als numinoses vermeint worden ist. ...

Was aber und wie ist nun dieses – objektive, außer mir gefühlte – Numinose selbst?
Da es selbst ja irrational, das heißt in Begriffen nicht explizibel ist, wird es angebbar nur sein durch die besondere Gefühlsreaktion, die es im erlebenden Gemüte auslöst. ...
Betrachten wir das Unterste und Tiefste in jeder starken frommen Gefühlsregung ... verfolgen wir es durch Einfühlen durch Mit- und Nachgefühl bei anderen um uns her, in starken Ausbrüchen des Frommseins und seinen Stimmungsäußerungen, in der Feierlichkeit und Gestimmtheit von Riten und Kulten, in dem, was um religiöse Denkmäler Bauten Tempel und Kirchen wittert und webt, so kann sich uns als Ausdruck der Sache nur einer nahe legen: Gefühl des mysterium tremendum, des schauervollen Geheimnisses. Das Gefühl davon kann mit milder Flut das Gemüt durchziehen in der Form schwebender ruhender Stimmung versunkener Andacht: es kann so übergehen in eine stetig fließende Gestimmtheit der Seele die lange fortwährt und nachzittert bis sie endlich abklingt und die Seele wieder im Profanen lässt. Es kann auch mit Stößen und Zuckungen plötzlich aus der Seele hervorbrechen. Es kann zu seltsamen Aufgeregtheiten, zu Rausch Verzückung und Ekstase führen. Es hat seine wilden und dämonischen Formen. Es kann zu fast gespenstischem Grausen und Schauder herabsinken. ...

Der qualitative Gehalt des Numinosen ..., ist einerseits das schon ausgeführte abdrängende Moment des tremendum mit der ›majestas‹. Anderseits aber ist er offenbar zugleich etwas eigentümlich Anziehendes, Bestrickendes, Faszinierendes, das nun mit dem abdrängenden Momente des tremendum in eine seltsame Kontrastharmonie tritt. ...
Für ... diesen Doppel Charakter des Numinosen zeugt die ganze Religionsgeschichte mindestens von der Stufe der ›dämonischen Scheu‹ an. Sie ist das seltsamste und beachtlichste Vorkommnis überhaupt in der Religionsgeschichte. So grauenvoll furchtbar das Dämonisch-Göttliche dem Gemüte erscheinen kann, so lockend reizvoll wird es ihm. Und die Kreatur, die vor ihm erzittert in demütigstem Verzagen hat immer zugleich den Antrieb, sich zu ihm hinzuwenden, ja es irgendwie sich anzueignen. Das Mysterium ist nicht bloß das Wunderbare, es ist auch das Wundervolle. Und neben das Sinnverwirrende tritt das Sinnberückende, Hinreißende, seltsam Entzückende, ... Wir wollen dieses Moment »das Fascinans« des numen nennen.

Rudolf Otto, Das Heilige. Über das Irrationale in der Idee des Göttlichen und sein Verhältnis zum Rationalismus, Verlag C.H. Beck, München 1963, Nachdruck 2004, S. 6.13f. 42f.

M 6 Schema zum Vergleich verschiedener Religionen auf der Basis des Religionsbegriffs von Sundermeier

Kategorien	Christentum	Judentum	Islam	Hinduismus	Buddhismus
Art der Gemeinschaft					
Transzendenz-erfahrung					
Wichtige Riten und Symbole					
Ethische Forderungen					

M 7 Biblische Zeichnungen zu Gen 1–11

Aus: Jörg Erb mit Bildern von Paula Jordan, Schild des Glaubens, Ev. Presseverband, Karlsruhe 1954.

M 8 Psalm 104 gegliedert

1 Lobe den HERRN, meine Seele!
HERR, mein Gott, du bist sehr herrlich;
du bist schön und prächtig geschmückt.
2 Licht ist dein Kleid, das du anhast.
Du breitest den Himmel aus wie einen Teppich;
3 du baust deine Gemächer über den Wassern.
Du fährst auf den Wolken wie auf einem Wagen
und kommst daher auf den Fittichen des Windes,
4 der du machst Winde zu deinen Boten
und Feuerflammen zu deinen Dienern;
5 der du das Erdreich gegründet hast auf festen Boden,
dass es bleibt immer und ewiglich.
6 Mit Fluten decktest du es wie mit einem Kleide,
und die Wasser standen über den Bergen.
7 Aber vor deinem Schelten flohen sie,
vor deinem Donner fuhren sie dahin.
8 Die Berge stiegen hoch empor,
und die Täler senkten sich herunter
zum Ort, den du ihnen gegründet hast.
9 Du hast eine Grenze gesetzt, darüber kommen sie nicht
und dürfen nicht wieder das Erdreich bedecken.

10 Du lässest Wasser in den Tälern quellen,
dass sie zwischen den Bergen dahinfließen,
11 dass alle Tiere des Feldes trinken
und das Wild seinen Durst lösche.
12 Darüber sitzen die Vögel des Himmels
und singen unter den Zweigen.
13 Du feuchtest die Berge von oben her,
du machst das Land voll Früchte, die du schaffest.
14 Du lässest Gras wachsen für das Vieh
und Saat zu Nutz den Menschen,
dass du Brot aus der Erde hervorbringst,
15 dass der Wein erfreue des Menschen Herz
und sein Antlitz schön werde vom Öl
und das Brot des Menschen Herz stärke.
16 Die Bäume des HERRN stehen voll Saft,
die Zedern des Libanon, die er gepflanzt hat.
17 Dort nisten die Vögel,
und die Reiher wohnen in den Wipfeln.
18 Die hohen Berge geben dem Steinbock Zuflucht
und die Felsklüfte dem Klippdachs.
19 Du hast den Mond gemacht, das Jahr danach zu teilen;
die Sonne weiß ihren Niedergang.
20 Du machst Finsternis, dass es Nacht wird;
da regen sich alle wilden Tiere,
21 die jungen Löwen, die da brüllen nach Raub
und ihre Speise suchen von Gott.
22 Wenn aber die Sonne aufgeht, heben sie sich davon
und legen sich in ihre Höhlen.
23 So geht dann der Mensch aus an seine Arbeit
und an sein Werk bis an den Abend.

24 HERR, wie sind deine Werke so groß und viel!
Du hast sie alle weise geordnet, und die Erde ist voll deiner Güter.
25 Da ist das Meer, das so groß und weit ist,
da wimmelt's ohne Zahl, große und kleine Tiere.
26 Dort ziehen Schiffe dahin;
da sind große Fische, die du gemacht hast, damit zu spielen.

27 Es warten alle auf dich,
dass du ihnen Speise gebest zur rechten Zeit.
28 Wenn du ihnen gibst, so sammeln sie;
wenn du deine Hand auftust,
so werden sie mit Gutem gesättigt.
29 Verbirgst du dein Angesicht, so erschrecken sie;
nimmst du weg ihren Odem, so vergehen sie und werden wieder Staub.
30 Du sendest aus deinen Odem, so werden sie geschaffen,
und du machst neu die Gestalt der Erde.

31 Die Herrlichkeit des HERRN bleibe ewiglich,
der HERR freue sich seiner
Werke!
32 Er schaut die Erde an, so bebt sie;
er rührt die Berge an, so rauchen sie.
33 Ich will dem HERRN singen mein Leben lang
und meinen Gott loben, solange ich bin.
34 Mein Reden möge ihm wohlgefallen.
Ich freue mich des HERRN.
35 Die Sünder sollen ein Ende nehmen auf Erden /
und die Gottlosen nicht mehr sein.

Lobe den HERRN, meine Seele! Halleluja!

M 9 Gerhard Liedke, Die dreifache Schöpfung

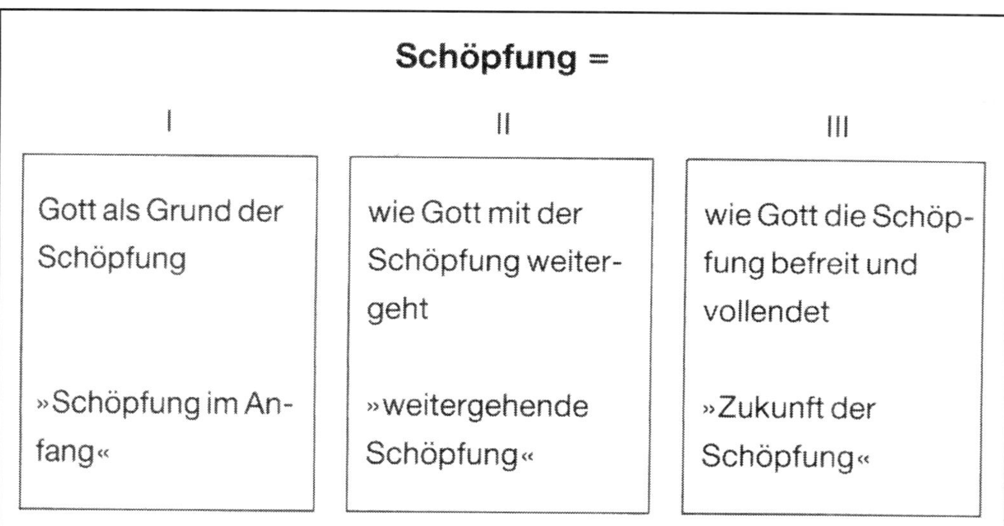

Im Zeitalter der ökologischen Krise sind II und III die wichtigeren Aspekte der Schöpfung.
Biblische Texte zu den drei Aspekten:

I: 1. Mose 1–2; Hiob 38–41; Kolosser 1 u.a.
II: Psalm 104,27–30; Jesaja 42,5; Matthäus 6,25–31 u.a.
III: Römer 8,17ff.; Jesaja 11,1–9; Jesaja 65,17ff.; Offenbarung 21,1–4 u.a.

Die Schöpfungslehre muss so entfaltet werden, dass die Differenzen und die Kontinuitäten zwischen den drei Aspekten der Schöpfung erörtert werden:

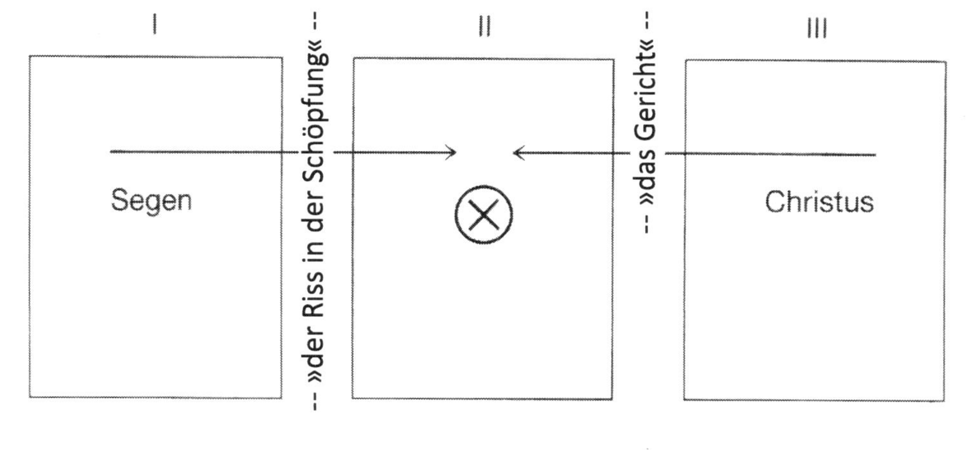

Aus: Erich Eßlinger u.a., Gottes verborgene Gegenwart. Gottesglaube / Atheismus, Oberstufe Heft 10, Calwer Verlag, Stuttgart 1988, S. 26.

M 10 Achtzehnbittengebet

1. Gelobt seist du, Ewiger, unser Gott und Gott unserer Väter, Gott Abrahams, Gott Isaaks und Gott Jakobs, großer starker und furchtbarer Gott, der du beglückende Wohltaten erweisest und Eigner des Alls bist, der du der Frömmigkeit der Väter gedenkst und einen Erlöser bringst ihren Kindeskindern um deines Namens willen in Liebe. König, Helfer, Retter und Schild! Gelobt seist du, Ewiger, Schild Abrahams!
2. Du bist mächtig in Ewigkeit, Herr, belebst die Toten, du bist stark zum Helfen. Du ernährst die Lebenden mit Gnade, belebst die Toten in großem Erbarmen, stützest die Fallenden, heilst die Kranken, befreist die Gefesselten und hältst die Treue denen, die im Staube schlafen. Wer ist wie du, Herr der Allmacht, und wer gleichet dir, König, der du tötest und belebst und Heil aufsprießen läßt. Und treu bist du, die Toten wieder zu beleben. Gelobt seist du, Ewiger, der du die Toten wieder belebst!
3. Du bist heilig, und dein Name ist heilig, und Heilige preisen dich jeden Tag. Sela! Gelobt seist du, Ewiger, heiliger Gott!
4. Du begnadest den Menschen mit Erkenntnis und lehrst den Menschen Einsicht, begnade uns von dir mit Erkenntnis, Einsicht und Verstand. Gelobt seist du, Ewiger, der du mit Erkenntnis begnadest!
5. Führe uns zurück, unser Vater, zu deiner Lehre, und bringe uns, unser König, deinem Dienst nahe und laß uns in vollkommener Rückkehr zu dir zurückkehren. Gelobt seist du, Ewiger, der du an der Rückkehr Wohlgefallen hast!
6. Verzeihe uns, unser Vater, denn wir haben gesündigt, vergib uns, unser König, denn wir haben gefrevelt, denn du vergibst und verzeihst. Gelobt seist du, Ewiger, der du gnädig immer wieder verzeihst!
7. Schaue auf unser Elend, führe unseren Streit und erlöse uns rasch um deines Namens willen, denn du bist ein starker Erlöser. Gelobt seist du, Ewiger, der du Israel erlösest!
8. Heile uns, Ewiger, dann sind wir geheilt, hilf uns, dann ist uns geholfen, denn du bist unser Ruhm, und bringe vollkommene Heilung allen unseren Wunden, denn Gott, König, ein bewährter und barmherziger Arzt bist du. Gelobt seist du, Ewiger, der du die Kranken deines Volkes Israel heilst!
9. Segne uns, Ewiger, unser Gott, dieses Jahr und alle Arten seines Ertrages zum Guten, gib Segen der Oberfläche der Erde, sättige uns mit deinem Gute und segne unser Jahr wie die guten Jahre. Gelobt seist du, Ewiger, der du die Jahre segnest!
10. Stoße in das große *Schofar* zu unserer Befreiung, erhebe das Panier, unsere Verbannten zu sammeln, und sammle uns insgesamt von den vier Enden der Erde. Gelobt seist du, Ewiger, der du die Verstoßene deines Volkes Israel sammelst!
11. Bringe uns unsere Richter wieder wie früher und unsere Ratgeber wie ehedem, entferne uns von Seufzen und Klage, regiere über uns, Ewiger, allein in Gnade und Erbarmen und rechtfertige uns im Gericht. Gelobt seist du, Ewiger, König, der du Gerechtigkeit und Recht liebst!
12. Den Verleumdern sei keine Hoffnung, und alle Ruchlosen mögen im Augenblick untergehen, alle mögen sie rasch ausgerottet werden, und die Trotzigen schnell entwurzle, zerschmettre, wirf nieder und demütige sie schnell in unseren Tagen. Gelobt seist du Ewiger, der du die Feinde zerbrichst und die Trotzigen demütigst!
13. Über die Gerechten, über die Frommen, über die Ältesten deines Volkes, des Hauses Israel, über den Überrest ihrer Gelehrten, über die frommen Proselyten und über uns sei dein Erbarmen rege, Ewiger, unser Gott, gib guten Lohn allen, die auf deinen Namen in Wahrheit vertrauen, und gib unseren Anteil mit dem ihrigen zusammen in Ewigkeit, daß wir nicht zuschanden werden, denn auf dich vertrauen wir. Gelobt seist du, Ewiger, Stütze und Zuversicht der Frommen!
14. Nach deiner Stadt Jerusalem kehre in Erbarmen zurück, wohne in ihr, wie du gesprochen, erbaue sie bald in unseren Tagen als ewigen Bau, und Davids Thron gründe schnell in ihr. Gelobt seist du, ewiger, der du Jerusalem erbaust!
15. Den Sprößling deines Knechtes David laß rasch emporsprießen, sein Horn erhöhe durch deine Hilfe, denn auf deine Hilfe hoffen wir den ganzen Tag. Gelobt seist du, Ewiger, der das Horn der Hilfe emporsprießen läßt!
16. Höre unsere Stimme, Ewiger, unser Gott, schone und erbarme dich über uns, nimm mit Erbarmen und Wohlgefallen unser Gebet an, denn Gott, der du Gebete und Flehen erhörst, bist du, weise uns, unser König, nicht leer von dir hinweg. Denn du erhörst das Gebet deines Volkes Israel in Erbarmen. Gelobt seist du, Ewiger, der du das Gebet erhörst!
17. Habe Wohlgefallen, Ewiger, unser Gott, an deinem Volke Israel und ihrem Gebete, und bringe den Dienst wieder in das Heiligtum deines Hauses, und die Feueropfer Israels und ihr Gebet nimm in Liebe auf mit Wohlgefallen, und zum Wohlgefallen sei beständig der Dienst deines Volkes Israel. Und unsere Augen mögen schauen, wenn du nach Zion zurückkehrst in Erbarmen. Gelobt seist du, Ewiger, der seine Majestät nach Zion zurückbringt!
18. Wir danken dir, denn du bist der Ewige, unser Gott und der Gott unserer Väter, immer und ewig, der Fels unseres Lebens, der Schild unseres Heils bist du von Geschlecht zu Geschlecht. Wir wollen dir danken und deinen Ruhm erzählen für unser Leben, das in deine Hand gegeben, und unsere Seelen, die dir anvertraut, und deine Wunder, die uns täglich zuteil werden, und deine Wundertaten und Wohltaten zu jeder Zeit, abend, morgens und mittags. Allgütiger, dein Erbarmen ist nie zu Ende, Allbarmherziger, deine Gnade hört nie auf, von je hoffen wir auf dich. Für alles sei dein Name gepriesen und gerühmt, unser König, beständig und immer und ewig. Alle Lebenden danken dir, Sela, und rühmen deinen Namen in Wahrheit, Gott unserer Hilfe und unseres Beistandes, Sela! Gelobt seist du, Ewiger, Allgütiger ist dein Name, und dir ist schön zu danken!
19. Verleihe Frieden, Glück und Segen, Gunst und Gnade und Erbarmen uns und ganz Israel, deinem Volke, segne uns, unser Vater, uns alle vereint durch das Licht deines Angesichts, denn im Lichte deines Angesichtes, gabst du uns, Ewiger, unser Gott, die Lehre des Lebens und die Liebe zum Guten, Heil und Segen, Barmherzigkeit, Leben und Frieden, und gut ist es in deinen Augen, dein Volk Israel zu jeder Zeit und jeder Stunde mit deinem Frieden zu segnen. Gelobt seist du, Ewiger, der du dein Volk Israel mit Frieden segnest!

Aus: Sidur Sefar Emet (Jüdisches Gebetsbuch), Basel 1964, S. 40ff.

M 11 Matthias Kröger, Bearbeitungen traditioneller Gebete

Luthers Morgensegen:

»Ich danke dir, mein himmlischer Vater«
Ich danke dir, großes Geheimnis und göttliche, schaffende und begnadende, also wahrlich väterliche und mütterliche Urmacht allen Lebens. (Von den dunklen und bedrohlichen Seiten dieses Geheimnisses, dieser Grundmacht, die es auch gibt, ist jetzt nicht zu reden.)

»durch Jesum Christum deinen lieben Sohn«
Ja, ich danke dir im Geiste Jesu v. Nazareth, der uns dich neu zu sehen gelehrt und in seinem Leben und Sterben zu glauben, offen und empfangend vor dir – im Angesichte deiner auch gnädigen und väterlichen Grundmacht und Schöpferkraft – zu leben ermöglicht hat. Ebenso ist er der »Christus«, d.h. einer, der die Hoffnungen und Erwartungen erfüllt, unsere Verschlossenheit öffnet und auf diese Weise »uns wiederbrachte zu Gnad bei Gott« – er, der zwar nicht der einzige Weg zu »Gott«, aber doch ein gültiges Gesicht Gottes und ein in Leben und Sterben bewährter Weg ist.

»Dass du mich diese Nacht vor allem Schaden und Gefahr behütet hast«
Ja, ich stimme zu und sage »Du« zu dir, du namenloses Geheimnis, »wer und was immer du seiest«, und danke für das Behütetsein in meinem Leben, auch in dieser Nacht, was wahrlich eine Gnade und ein Geschenk, nichts Selbstverständliches ist.

»und bitte dich, du wollest mich diesen Tag auch behüten vor Sünden und allem Übel, dass dir all mein Tun und Leben gefalle«
Ja, ich wünsche mir auch heute, behütet und wohlgefällig, reinen Herzens und vertrauend zu sein, auch wenn ich weiß, dass ich so nicht bin, und auch weiß, dass kein »Gott« eingreift und mich behütet. Dennoch bitte und hoffe ich dankbar auf Behütung durch die Kräfte des Heils und des Guten in dieser hochambivalenten Welt, denen ich mich beuge und füge.

»Denn ich befehle mich und meinen Leib und meine Seele und alles in Deine Hände. Dein heiliger Engel sei mit mir«
Auch wenn ich nicht an Engel glaube, aber doch an die Kraft irgendwelcher guten Geister, Kräfte und Energien, die es ohne Zweifel gibt – in welcher Form auch immer, jedoch schwerlich persönlich und engelhaft.

»dass der böse Feind keine Macht an mir finde.«
Dass die bösen Kräfte dieser Welt, die mich zum Unglauben, d.h. zu Verschlossenheit und Nicht-Vertrauen auf das Geschenk des Lebens, und zum Bösen, d.h. zur geheimen oder bequemen Zustimmung zu oder Anpassung an das viele Unrecht und Zweideutige, was in mir und um mich ist, verlocken und verleiten; dass diese Kräfte nicht zu mächtig sein mögen.

»Amen.«
Dies möge wahr sein und an mir wahr werden. Ich wünsche es mir.

Vater unser:

»Vater unser im Himmel«
Ja, noch einmal: Du schöpferisches Geheimnis bist wahrlich voller Gnaden, also mit Recht väterlich und mütterlich genannt, im Himmel und auf Erden: also überall, wo du bist und waltest (da ist der Himmel), aber eben im Himmel, d.h. in einer uneingelösten Dimension unserer Weilt, hautnah anwesend, aber unter Schleiern und Gegensätzen verhüllt und verborgen.

»geheiligt werde Dein Name«
Zu preisen ist dies wunderbar schreckliche Geheimnis der Welt und auf der Zunge und im Herzen in Ehrfurcht zu halten, anzubeten. Zu preisen bist Du, wunderbarschreckliches Geheimnis, das wir »fürchten und lieben« sollen.

»dein Reich komme, dein Willegeschehe«
Da es nicht äußerlich hereinbrechen wird (wie Jesus und das Spätjudentum es meinten), möge es in unseren Herzen, auch in meinem beginnen – mit seiner Begnadung und seinem »leichten Joch«, und seine Wahrheit möge sich etwas mehr bei uns auswirken, nämlich

»wie im Himmel so auf Erden«
Jene immer gesuchte und zu verehrende göttliche Wahrheit in allen Dingen – sie ist also dazu bestimmt, unter uns Wirklichkeit zu werden und nicht schizoid dualistisch abgespalten in irgend einem Himmel zu bleiben (wie eine missverstandene Zweireichelehre immer wieder behauptet). Aber traue ich mich, trauen wir uns, darum zu bitten, dass wir das »Joch der basileia« [des Reiches] auf uns nehmen?

»Dein Wille geschehe« –
das wäre schön und gut für die Welt, aber es wäre oft und meist zu schwer für uns, die Konsequenzen dieser Hoffnung mitzutragen und für sie einzustehen. Will ich das (»denn wir wissen nicht, was wir beten und wünschen sollen, wie sichs gebühret«)? Aber ich spreche ängstlich diese Bitte mit und bitte um Mut und Wahrheit, weil ich weiß, wie viel sie zumutet, aber auch wie viel Heil sie bedeutet.

»Unser tägliches Brot gib uns heute«
Es ist wahrlich – mitten im Überfluss von Lebensmitteln in unserer Welthälfte keine Selbstverständlichkeit, dass wir zu

essen haben. Mit welchem Ritus – sprechend oder eine Minute schweigend – können wir beim Essen dieses Unselbstverständliche uns bewusst machen und dem Dank für das wundersame Satt Werden Regelhaftigkeit verleihen?

»Und vergib uns unsere Schuld«
Lehre uns, du unergründliches Geheimnis, in der angeblichen »Zeit der Gesetz- und Schuldlosen« zu begreifen, dass und ob und wie es so etwas wie »unsere Schuld« gibt, da wir doch meist unter ihr nicht leiden. Und wie werden wir ihrer – unserer »unerkannten Sünde« – bewusst und ledig, was ist hier Wahrheit und was Masochismus? Lehre uns bedenken, dass wir leben sollen, auf dass wir klug werden.

»wie auch wir vergeben unseren Schuldigern«
Wo hilft Verzeihen? wo Trauern? und wo Zornigsein? Ich bitte um Hilfe: zu verzeihen, gut sein zu lassen, wo dies richtig und hilfreich ist, und zornig zu sein, wo dies wichtig und wahr ist; und ich bitte um die Weisheit, eines vom anderen zu unterscheiden, die Grenze zwischen beidem zu erkennen, ein sinnvolles Verständnis für Schuld und Vergebung zu finden. Wie das tägliche Brot, um das wir bitten, scheint diese Bitte auf etwas Lebensnotwendiges hinzuweisen, hinzuführen, das glaube ich. Lerne ich das Lebensnotwendige dieser in unserer derzeitigen Gesellschaft weitgehend verschwundenen, verdrängten Wahrheit und dieser Bitte? Ich bitte um Hilfe und Einsicht.

»Und führe uns nicht in Versuchung«
Versuchung von außen und Versuchung von innen, beide sind ständig da: im Bequemleben, im Nicht Widersprechen, im faktischen Zustimmen, also im Geschehenlassen des Unguten und Bösen, des Lieblosen, d.h. der mannigfachen fundamentalen Unwahrheiten (Illusionen) und Ungerechtigkeiten unserer Gesellschaft und im Verleugnen meiner eigenen Doppelgesichtigkeit und ihrer Schatten, durch die ich mich an den Ungerechtigkeiten und ungerechtfertigten Wohltaten dieser Gesellschaft beteilige. Nur die anderen und das System sind schuld? Gehört der Hunger und das Böse zur täglichen, nicht nur seltenen oder außerordentlichen Wahrheit unseres Lebens? Was für ein schlichtes und vielleicht wirklich unendlich wahres Gebet und Flehen, Sehnen des Herzens, uns selber nichtbewusst, hat Jesus sich da wunderbar – in gut jüdischer Tradition – ausgedacht: »führe uns nicht in Versuchung«. Ja, das spreche ich mit, lasse mich mitnehmen zu solchem Bitten, Meditieren, Beten.

»Sondern erlöse uns von dem Bösen«
So ein Böses gibt es also, nicht nur im Menschen, in uns, in mir selber, sondern auch um uns her, in unserer freiheitlichen Gesellschaft und Zivilisation, noch immer präzise »Kapitalismus« genannt, die mit der osmotischen Suggestion eines ganzen Markt- und Konsumsystems Macht und Gewalt über unsere und andere Seelen in vielfacher Weise ausübt. Davon – von den undurchschauten Suggestionen – bitte ich erlöst zu werden und in Freiheit und Wahrheit, vielleicht sogar ein bisschen in der Liebe zu leben.

»Denn dein ist das Reich und die Kraft und Herrlichkeit in Ewigkeit«
Ja, es gibt dich, du großes Geheimnis, größer denn unser Herz, im Hintergrund und Kern aller Dinge, nie für sich, für »dich« alleine, aber als »mitwahrgenommene« Dimension aller Dinge. Dies ist die Wahrheit, du bist die Wahrheit und die zu verehrende, anzubetende Herrlichkeit in der hochambivalenten, aber eben doch auch herrlichen Schöpfung, deren Geheimnis zusammen mit allem Bösen – in Yin und Yang – in Furcht und Liebe, Zittern und Staunen, Klage und Dank zu verehren ist. Ja, es gibt – bedroht aus innerster Polarität – das gnädige und furchtbare Wunder der Schöpfung. Ich preise es, ich preise dich, Geheimnis. – Aber ist »dein das Reich«, die Herrschaft? Wenn du aber das Geheimnis auch des Bösen bist und in allem Bösen das Böse wirkst (wie Amos 3,6 und Luther in *De servo arbitrio* wissen), dann ist »dein« dieses ganze aus Polaritäten des Guten und Bösen zusammengesetzte »Reich«. Dann hätte Paulus Recht, dass wir schaffen sollen, dass wir selig werden ‚mit Furcht und Zittern«. Ich beuge mich und gebe meinen Verstand gefangen in den Gehorsam deines Geheimnisses. »Dennoch bleibe ich stets an dir ...« Es gibt, Du bist das Geheimnis – mitten im Leben und mitten im Sterben jenseitig, unausweichlich. Wie immer du seist – ich bin dir ausgeliefert: »Führe ich gen Himmel, so bist du da. Bettete ich mich in der Hölle, siehe, so bist du auch da«, »Von allen Seiten umgibst du mich und hältst deine Hand über mir. Solche Erkenntnis ist mir zu wunderbar und zu hoch; ich kann sie nicht begreifen« (Psalm 139).

»Amen«
Ja das glaube ich. Schaffe in mir, Gott, ein reines Herz, und gib mir einen neuen gewissen Geist.

Matthias Kröger, Im religiösen Umbruch der Welt: Der fällige Ruck in den Köpfen der Kirche, 3. Auflage, © W. Kohlhammer Verlag, Stuttgart 2011, S. 120–123.

M 12 Blaise Pascal, Memorial

Jahr der Gnade 1654
Montag, den 23. November, Tag des heiligen Klemens, Papst und Märtyrer, und anderer im Martyrologium. Vorabend des Tages des heiligen Chrysogonos, Märtyrer, und anderer. Seit ungefähr abends zehneinhalb bis ungefähr eine halbe Stunde nach Mitternacht
FEUER
»Gott Abrahams, Gott Isaaks, Gott Jakobs«, nicht der Philosophen und Gelehrten. Gewissheit, Gewissheit, Empfinden: Freude, Friede.
Gott Jesu Christi
Deum meum et Deum vestrum. »Dein Gott wird mein Gott sein«- Ruth - Vergessen von der Welt und von allem, außer Gott. Nur auf den Wegen, die das Evangelium lehrt, ist er zu finden.
Größe der menschlichen Seele
»Gerechter Vater, die Welt kennt dich nicht; ich aber kenne dich.« Freude, Freude, Freude und Tränen der Freude. Ich habe mich von ihm getrennt. Dereliquerunt me fontem aquae vivae.
»Mein Gott, warum hast du mich verlassen.« Möge ich nicht auf ewig von ihm geschieden sein.
»Das ist aber das ewige Leben, dass sie dich, der du allein wahrer Gott bist, und den du gesandt hast, Jesum Christum, erkennen.«
Jesus Christus!
Jesus Christus!
Ich habe mich von ihm getrennt, ich habe ihn geflohen, mich losgesagt von ihm, ihn gekreuzigt. Möge ich nie von ihm geschieden sein. Nur auf den Wegen, die das Evangelium lehrt, kann man ihn bewahren.
Vollkommene und liebevolle Entsagung. Vollkommene und liebevolle Unterwerfung unter Jesus Christus und meinen geistlichen Führer. Ewige Freude für einen Tag geistiger Übung auf Erden. Non obliviscar sermones tuos. Amen.

Zitiert nach: Hans Küng, Existiert Gott? Antwort auf die Gottesfrage der Neuzeit, Piper Verlag, München / Zürich 1978.

M 13 Vision der Hildegard von Bingen

Alsdann sah ich ein überhelles Licht und darin eine saphirblaue Menschengestalt, die durch und durch in sanftem Rot funkelnder Lohe brannte. Das helle Licht durchflutete ganz die funkelnde Lohe und die funkelnde Lohe ganz das helle Licht. Und (beide) das helle Licht und die funkelnde Lohe durchfluteten ganz die Menschengestalt, alle drei als ein Licht wesend in einer Kraft und Macht. Wiederum hörte ich, wie dieses lebendige Licht zu mir sprach: Das ist der Sinn des Geheimnisses Gottes, dass klar erschaut und erkannt werde, welches die Fülle sei, die ohne Ursprung ist, der nichts abgeht (...), deshalb siehst du ein überhelles Licht. Makellos, ohne Abstrich und Minderung und Täuschung sinnbildet es den Vater. Und darin eine saphirblaue Menschengestalt. Makellos, ohne Härte des Neides und der Bosheit, zeichnet sie den Sohn, der seiner Gottheit nach vor aller Zeit aus dem Vater gezeugt, seiner Menschheit nach in der Zeit zur Welt geboren wurde. Seine Gestalt brennt durch und durch in sanftem Rot funkelnder Lohe. Makellos, ohne Dürre finsterer Sterblichkeit, weist sie auf den Heiligen Geist, von dem der Eingeborene dem Fleisch nach empfangen und aus der Jungfrau in der Zeit geboren, der Welt das Licht der wahren Herrlichkeit ergoss. Dass aber das helle Licht ganz die funkelnde Lohe und die funkelnde Lohe ganz das helle Licht und dass (beide) ... ganz die Menschengestalt durchfluten, (alle drei) als ein Licht wesend in einer Kraft und Macht, das bedeutet, dass der Vater, die gerechteste Gerechtigkeit, nicht ohne den Sohn und den Heiligen Geist, dass der Heilige Geist, der Herzensentzünder, nicht ohne den Vater und den Sohn, und dass der Sohn, die Fülle aller Fruchtbarkeit, nicht ohne den Vater und den Heiligen Geist ist. Untrennbar sind sie in der Majestät der Gottheit, denn der Vater ist nicht ohne den Sohn, noch der Sohn ohne den Vater, noch Vater und Sohn ohne den Heiligen Geist, noch der Heilige Geist ohne den Vater und Sohn. Und diese drei Personen sind Ein Gott in der einen und ungeteilten hochherrlichen Gottheit.

Zitiert nach: Charlotte Kerner, Alle Schönheit des Himmels. Die Lebensgeschichte der Hildegard von Bingen, Beltz, Weinheim 2009.

M 14 Religionskritik von Karl Marx

Für Deutschland ist die Kritik der Religion im Wesentlichen beendigt, und die Kritik der Religion ist die Voraussetzung aller Kritik.
Die profane Existenz des Irrtums ist kompromittiert, nachdem seine himmlische oratio pro aris et focis widerlegt ist. Der Mensch, der in der phantastischen Wirklichkeit des Himmels, wo er einen Übermenschen suchte, nur den Widerschein seiner selbst gefunden hat, wird nicht mehr geneigt sein, nur den Schein seiner selbst, nur den Unmenschen zu finden, wo er seine wahre Wirklichkeit sucht und suchen muss.
Das Fundament der irreligiösen Kritik ist: Der Mensch macht die Religion, die Religion macht nicht den Menschen. Und zwar ist die Religion das Selbstbewusstsein und das Selbstgefühl des Menschen, der sich selbst entweder noch nicht erworben oder schon wieder verloren hat. Aber der Mensch, das ist kein abstraktes, außer der Welt hockendes Wesen. Der Mensch, das ist die Welt des Menschen, Staat, Sozietät. Dieser Staat, diese Sozietät produzieren die Religion, ein verkehrtes Weltbewusstsein, weil sie eine verkehrte Welt sind. Die Religion ist die allgemeine Theorie dieser Welt, ihr enzyklopädisches Kompendium, ihre Logik in populärer Form, ihr spiritualistischer Point d'honneur, ihr Enthusiasmus, ihre moralische Sanktion, ihre feierliche Ergänzung, ihr allgemeiner Trost und Rechtfertigungsgrund. Sie ist die phantastische Verwirklichung des menschlichen Wesens, weil das menschliche Wesen keine wahre Wirklichkeit besitzt. Der Kampf gegen die Religion ist also mittelbar der Kampf gegen jene Welt, deren geistiges Aroma die Religion ist.
Das religiöse Elend ist in einem der Ausdruck des wirklichen Elendes und in einem die Protestation gegen das wirkliche Elend. Die Religion ist der Seufzer der bedrängten Kreatur, das Gemüt einer herzlosen Welt, wie sie der Geist geistloser Zustände ist. Sie ist das Opium des Volks.
Die Aufhebung der Religion als des illusorischen Glücks des Volkes ist die Forderung seines wirklichen Glücks. Die Forderung, die Illusionen über seinen Zustand aufzugeben, ist die Forderung, einen Zustand aufzugeben, der der Illusionen bedarf. Die Kritik der Religion ist also im Keim die Kritik des Jammertales, dessen Heiligenschein die Religion ist.
Die Kritik hat die imaginären Blumen an der Kette zerpflückt, nicht damit der Mensch die phantasielose, trostlose Kette trage, sondern damit er die Kette abwerfe und die lebendige Blume breche. Die Kritik der Religion enttäuscht den Menschen, damit er denke, handle, seine Wirklichkeit gestalte wie ein enttäuschter, zu Verstand gekommener Mensch, damit er sich um sich selbst und damit um seine wirkliche Sonne bewege. Die Religion ist nur die illusorische Sonne, die sich um den Menschen bewegt, solange er sich nicht um sich selbst bewegt.
Es ist also die Aufgabe der Geschichte, nachdem das jenseits der Wahrheit verschwunden ist, die Wahrheit des Diesseits zu etablieren. Es ist zunächst die Aufgabe der Philosophie, die im Dienste der Geschichte steht, nachdem die Heiligengestalt der menschlichen Selbstentfremdung entlarvt ist, die Selbstentfremdung in ihren unheiligen Gestalten zu entlarven. Die Kritik des Himmels verwandelt sich damit in die Kritik der Erde, die Kritik der Religion in die Kritik des Rechts, die Kritik der Theologie in die Kritik der Politik.
Die Waffe der Kritik kann allerdings die Kritik der Waffen nicht ersetzen, die materielle Gewalt muss gestürzt werden durch materielle Gewalt, allein auch die Theorie wird zur materiellen Gewalt, sobald sie die Massen ergreift. Die Theorie ist fähig, die Massen zu ergreifen, sobald sie ad hominem demonstriert, und sie demonstriert ad hominem, sobald sie radikal wird. Radikal sein ist, die Sache an der Wurzel fassen. Die Wurzel für den Menschen ist aber der Mensch selbst. Der evidente Beweis für den Radikalismus der deutschen Theorie, also für ihre praktische Energie, ist ihr Ausgang von der entschiedenen positiven Aufhebung der Religion. Die Kritik der Religion endet mit der Lehre, daß der Mensch das höchste Wesen für den Menschen sei, also mit dem kategorischen Imperativ, alle Verhältnisse umzuwerfen, in denen der Mensch ein erniedrigtes, ein geknechtetes, ein verlassenes, ein verächtliches Wesen ist.

Karl Marx, Zur Kritik der Hegelschen Rechtsphilosophie, Einleitung, in: Karl Marx, Friedrich Engels, Studienausgabe in 4 Bänden, hg. von Iring Fetscher, Fischerbücherei Nr. 764, Frankfurt a.M. 1966, S. 17f., 24.

M 15 Friedrich Nietzsche, Der tolle Mensch

Habt ihr nicht von jenem tollen Menschen gehört, der am hellen Vormittage eine Laterne anzündete, auf den Markt lief und unaufhörlich schrie: »Ich suche Gott! Ich suche Gott!« – Da dort gerade viele von denen zusammenstanden, welche nicht an Gott glaubten, so erregte er ein großes Gelächter. Ist er denn verlorengegangen? sagte der eine. Hat er sich verlaufen wie ein Kind? sagte der andere. Oder hält er sich versteckt? Fürchtet er sich vor uns? Ist er zu Schiff gegangen? Ausgewandert? – so schrien und lachten sie durcheinander. Der tolle Mensch sprang mitten unter sie und durchbohrte sie mit seinen Blicken. »Wohin ist Gott?« rief er, »ich will es euch sagen! Wir haben ihn getötet – ihr und ich! Wir alle sind seine Mörder! Aber wie haben wir dies gemacht? Wie vermochten wir das Meer auszutrinken? Wer gab uns den Schwamm, um den ganzen Horizont wegzuwischen? Was taten wir, als wir diese Erde von ihrer Sonne losketteten? Wohin bewegt sie sich nun? Wohin bewegen wir uns? Fort von allen Sonnen? Stürzen wir nichtfortwährend? Und rückwärts, seitwärts, vorwärts, nach allen Seiten? Gibt es noch ein Oben und ein Unten? Irren wir nicht wie durch ein unendliches Nichts? Haucht uns nicht der leere Raum an? Ist es nicht kälter geworden? Kommt nicht immerfort die Nacht und mehr Nacht? Müssen nicht Laternen am Vormittage angezündet werden? Hören wir noch nichts von dem Lärm der Totengräber, welche Gott begraben? Riechen wir noch nichts von der göttlichen Verwesung? – Auch Götter verwesen! Gott ist tot! Gott bleibt tot! Und wir haben ihn getötet! Wie trösten wir uns, die Mörder aller Mörder? Das Heiligste und Mächtigste, was die Welt bisher besaß, es ist unter unsern Messern verblutet – wer wischt dies Blut von uns ab? Mit welchem Wasser könnten wir uns reinigen? Welche Sühnefeiern, welche heiligen Spiele werden wir erfinden müssen? Ist nicht die Größe dieser Tat zu groß für uns? Müssen wir nicht selber zu Göttern werden, um nur ihrer würdig zu erscheinen? Es gab nie eine größere Tat – und wer nur immer nach uns geboren wird, gehört um dieser Tat willen in eine höhere Geschichte, als alle Geschichte bisher war!« Hier schwieg der tolle Mensch und sah wieder seine Zuhörer an: auch sie schwiegen und blickten befremdet auf ihn. Endlich warf er seine Laterne auf den Boden, dass sie in Stücke sprang und erlosch. »Ich komme zu früh«, sagte er dann, »ich bin noch nicht an der Zeit. Dies ungeheure Ereignis ist noch unterwegs und wandert – es ist noch nicht bis zu den Ohren der Menschen gedrungen. Blitz und Donner brauchen Zeit, das Licht der Gestirne braucht Zeit, Taten brauchen Zeit, auch nachdem sie getan sind, um gesehn und gehört zu werden. Diese Tat ist ihnen immer noch ferner als die fernsten Gestirne und doch haben sie dieselbe getan!« Man erzählt noch, dass der tolle Mensch desselbigen Tages in verschiedene Kirchen eingedrungen sei und darin sein Requiem aeternam deo angestimmt habe.

Hinausgeführt und zur Rede gesetzt, habe er immer nur dies entgegnet: »Was sind denn diese Kirchen noch, wenn sie nicht die Grüfte und Grabmäler Gottes sind?«

Friedrich Nietzsche, Aphorismus 125, in: Die fröhliche Wissenschaft, 3. Buch, Werke Hd. 11., Hg. K. Schlechta, S. 126–128.

M 16 Erscheinungsformen des Atheismus

Ebenso wenig wie der Gottesglaube ist auch der Atheismus ein einheitliches Gebilde. Es ist also sinnvoll, verschiedene Formen des Atheismus voneinander zu unterscheiden:
Der *methodische Atheismus* ist kennzeichnend für die moderne naturwissenschaftliche Erkenntnis. Er verdankt sich zum einen der Einsicht, dass exakte Wissenschaften ihre Aussagen nicht über den Bereich gegenständlicher Erfahrung hinaus ausweiten können und dürfen. Zum anderen beruht er auf der theologischen Erkenntnis, dass Gott als die »alles bestimmende Wirklichkeit« grundsätzlich kein Gegenstand objektivierender Erkenntnis sein kann (Bultmann). Im Sinne empirischer Wissenschaft gibt es Gott nicht! – Da aber Naturwissenschaft sich in ihrer Methode nach ihrem Erkenntnisobjekt richten will, rechnet sie weder mit Gott als Erklärungshypothese, noch macht sie überhaupt theologische Aussagen. Sie praktiziert deshalb einen methodisch notwendigen Atheismus.
Der wirkliche Atheismus dagegen tut nicht bloß so, als ob es keinen Gott gäbe (»etsi deus non daretur«), sondern er leugnet bzw. bestreitet die Existenz Gottes ausdrücklich. Dabei kann man wieder zwischen einem »bewussten« oder theoretischen und einem »unbewussten« oder praktischen Atheismus unterscheiden. Letzterer begegnet in der Regel als »religiöse Indifferenz«.
Wesentlich für den *praktischen Atheismus* ist die Gleichgültigkeit gegenüber der Gottesfrage. Man erwartet von ihrer Beantwortung keine Folgen mehr für das gesellschaftliche und persönliche Leben: Gott ist einfach überflüssig geworden!
Der *theoretische Atheismus* ist dagegen die bewusste und begründete Ablehnung Gottes, verbunden mit dem Versuch, an die Stelle des Gottesglaubens eine bessere, aufgeklärtere Lebenshaltung zu setzen: Ein vernunftgemäßes und eigenverantwortliches Leben allein gewährleistet die wahre Humanität des Menschen. Er soll vor realitätsfremden Urteilen und gefährlichen Illusionen bewahrt und zum Aufbau einer besseren Welt ermutigt werden. Bei einer sachgerechten Auseinandersetzung wird also immer auch zu fragen sein, welches das Anliegen der jeweiligen Religionskritik ist, wie dies zu bewerten ist und ob die Religionskritik ihrem eigenen Anliegen auch gerecht werden kann.

Innerhalb des theoretischen Atheismus lassen sich verschiedene Grundpositionen nach ihrer jeweiligen Begründung für die Ablehnung Gottes unterscheiden. In der Praxis lassen sich jedoch die folgenden fünf Hauptargumente nie völlig voneinander trennen:

1. Der Glaube an Gott widerspricht vernünftiger und naturgemäßer Wirklichkeitserkenntnis; er ist ein unglücklich machendes Hirngespinst.
2. Das unschuldige Leiden der Kreatur widerspricht der Existenz eines liebenden Gottes.
3. Aussagen über Gott sind weder verifizierbar noch falsifizierbar – also sinnlos.
4. Religion ist eine – psychologisch und soziologisch erklärbare – Illusion.
5. Gott ist unglaubwürdig geworden; die Menschen sind auf sich allein gestellt.

M 17 Arnold Angenendt, Das Christentum als Sündenbock

Der Kirchengeschichtler Arnold Angenendt zu »Bibel und Schwert«, Toleranz und Gewalt in einem Interview mit der Katholischen Nachrichten Agentur (KNA):

KNA: Herr Professor Angenendt, als Theologe schreiben Sie über »Das Christentum zwischen Bibel und Schwert«. Eine Verteidigungsschrift?

Angenendt: Nein, möglichst weder Verteidigungsschrift noch Anklage. Es geht mir darum, neuere Forschungserkenntnisse aufzunehmen und Klischees zu verabschieden. Wo es Unrecht gab, muss man das auch benennen; wo es Positives gab, ebenso.

KNA: Wie würden Sie denn die Rolle der Kirchen beschreiben?

Die Kirchen haben das was im Neuen Testament und im alten Christentum grundgelegt ist, durch die Zeiten hindurch zu tragen. Mit Erfolgen, auch mit Versagen. Ein Beispiel: Im Neuen Testament lautet der Auftrag: »Selig, die keine Gewalt ausüben, selig, die Frieden stiften.« Das Christentum, zunächst im Schutz des Römischen Reiches, kannte praktisch keine Idee, wie man Gewalt begegnen soll. Als dieses Reich zu wanken anfing, entwickelte Augustinus seine berühmte Verteidigungslehre: Gegen Bösewichte darf man sich mit Waffen verteidigen. Es ist die Preisgabe des radikalen Pazifismus. Man könnte das aktuell vergleichen mit der Geschichte der Grünen: Sie sahen sich mal als strikt antimilitaristische Partei. Mit ihrer Regierungsbeteiligung und dem Kosovokrieg setzten sich jene durch, die sagten: Dieses Morden an Zivilisten kann man nicht zulassen und darum ist militärisch einzugreifen. So musste auch das Christentum dazulernen.

KNA: Hat das Christentum mit seine Etablierung und der Nähe zum Staat dann seine Unschuld bezüglich der Gewalt verloren?

Vorweg: Wir können im Deutschen Gewalt sprachlich nicht differenzieren. Im Angelsächsischen gibt es violence und authority, also Willkürgewalt und Autoritätsgewalt. Das ist das Grundproblem der Menschen von Anfang an. Deswegen ist es utopisch zu sagen, man käme ohne Gewalt aus. Es geht aber darum, wie Gewalt angewendet und an Recht gebunden wird, und das ist Aufgabe des Staates.

KNA: Aber es gibt krasse Beispiele dafür, dass das Christentum im Verlauf der Kirchengeschichte mit blutiger Gewalt einher ging. Berühmte Schilderungen aus der Kreuzfahrerzeit sprechen vom Blut, das fußhoch in den Straßen Jerusalems stand ...

Dazu gibt es intensive neue Forschungen, die auf religionsgeschichtliche Kontexte verweisen. Alle Religionen haben die Tradition, dass heilige Orte nicht von Andersgläubigen oder durch Untaten besudelt werden dürfen. Wenn sie besudelt sind, müssen sie gereinigt werden das geschieht durch Blut. Im Alten Testament berichten darüber die Makkabäer Bücher. Auch der Islam kennt das, und das Christentum hat es zeitweise ähnlich praktiziert – bei den Kreuzzügen. Neuere Untersuchungen sagen, dass die Eroberung Jerusalems nach zeitüblicher Manier erfolgte. Die Formulierung »das Blut floss durch die Straßen« ist ein überhöhter Terminus, um Blutsühne zum Ausdruck zu bringen. Darüber herrscht inzwischen Einigkeit. Übrigens wird die Eroberung Konstantinopels 1451/53 kaum anders geschildert.

KNA: Also kein Exzess in den Straßen Jerusalems?

Zeithistorisch ist das kein Exzess, sondern normales, im nachhinein religiös überhöhtes Kampfgeschehen. Und die Tatsächlichkeit der Blutströme kann man tatsächlich bezweifeln.

KNA: Und was ist mit Hexenverbrenngen und Inquisition?

Auch da muss man Einordnungen vornehmen. Bei den Hexenprozessen ist eindeutig klar gestellt, dass die Kirche daran nicht beteiligt war. Das hat jedoch der frühneuzeitliche Staat getan. Seit der Antike - dem Kodex Hammurabi oder Platon wird die Todesstrafe angeordnet für jene, die vom Glauben abfallen. Das fließt ins Staatsrecht ein. Das Christentum kann das für eine Zeit lang stoppen, doch der frühneuzeitliche Staat macht sich von jedem kirchlichen Einspruch frei und setzt die Inquisition an die Seite. Und gerade in den Niederlanden und in Frankreich war es eine vom Staat betriebene Inquisition, die die Ketzer hinrichtete.

KNA: Wie erklären Sie es dann, dass Bücher über Grausamkeiten im Namen der Religion so hohe Auflagen erreichen?

Rene Girard, der französische Religionshistoriker, hat vor Kurzem in einem »Zeit« Interview betont: Wir sind in einer Situation, einer Mentalität der Emanzipation vom Christentum. Und in diesem Loslösungsprozess benutzen wir das Christentum als Sündenbock. Ihm wird also alles aufgeladen. Da kommt es gar nicht mehr drauf an, was stimmt. Aber davon müssen wir runterkommen und Ergebnisse der Forschung zur Kenntnis nehmen.

KNA: In den vergangenen Jahren gab es diverse kirchliche Entschuldigungen für Gewalt im Namen der Kirche.

Zu Recht, denn es gab ja durchaus auch Versagen in der Kirchengeschichte. Deshalb machen Entschuldigungen Sinn. Sie sind im Grunde auch Verpflichtung: Wir müssen uns neu besinnen auf unser eigentliches Anliegen und aus dieser Besinnung heraus in die Zukunft gehen. In dieser Weise würde ich erwarten, dass die Kirche sehr sensibel mit ihrer Geschichte umgeht.

KNA: Wie also konkret?

Ich nenne Beispiele: Die Kreuzzüge haben die Idee des Heiligen Krieges reaktiviert, die nicht christlich ist. Und die Päpste haben dem zugestimmt, waren dabei sogar Wortführer. Interessanterweise hat Johannes Paul II. vielerlei Entschuldigungen ausgesprochen. Er hat vom Zeitgeist gesprochen, von bestimmten Theologen, aber er hat nie einen Papst genannt. Das hätte man erwarten sollen. Päpste haben im 19. Jahrhundert Menschenrechte als Wahn hingestellt. Also: Grund zur entschuldigenden Stellungnahmen gibt es durchaus.

KNA: Ihr Buch ist eine Reaktion auf Herbert Schnädelbachs Buch »Der Fluch des Christentums« von 2000. Seitdem gibt es im intellektuellen Spektrum einen Umbruch. Als Kronzeuge wird oft die Mahnung von Jürgen Habermas genannt, religiöse Identität ernst zu nehmen und den Dialog zu suchen ...

Habermas erinnerte die Moderne daran, dass sie Quellen hat, die nicht aus der Aufklärung kommen, sondern aus der Religion, was nun übersetzt werden muss, dass auch Leute, die religiös amusikalisch sind, diese Tradition in sich aufnehmen können. Das eben ist mein Ziel: Positive Beiträge, die aus Christentum und Religion kommen, darzustellen in der Hoffnung, dass sie rettend übersetzt werden. Nur dann werden wir die Menschenrechte, die einzige Hoffnung zu einem Miteinander der Welt, anderen plausibel machen können.

Interview: Christoph Strack. In: Konradsblatt. Wochenzeitung für das Erzbistum Freiburg, 91. Jahrgang Karlsruhe, 28.1.2007, Nummer 4/2007, S. 24f.

M 18 Richard Schröder, Hexenverfolgungen

Die intensivste Hexenverfolgung, von der ich weiß, fand im Jahre 2001 statt. Die Tageszeitungen meldeten, dass im staatsfreien Gebiet des östlichen Kongo in vierzehn Tagen über 900 Menschen als Hexen umgebracht wurden, bis ruandische Truppen eingriffen. Zwischen 1970 und 1984 wurden in Tansania 3000 Menschen als Hexen umgebracht. ...
An der Westküste Indiens soll es seit der Unabhängigkeit zu mehreren tausend Hexenmorden gekommen sein. Die Begründung ist folgende: die Kolonialmächte (und auch die christlichen Missionare) haben uns schwer geschadet, indem sie uns die Hexenverfolgung verboten haben.
Daraus geht hervor, dass der Hexenglaube kein europäisches Proprium war, sondern weltweit verbreitet ist. Allerdings hat er in der frühen europäischen Neuzeit aufgrund einer spezifischen Hexenideologie und der Verrechtlichung des Verfahrens eine besondere Intensität entfaltet.
Ein ... weit verbreitetes Vorurteil macht die christliche Kirche, ja den christlichen Glauben prinzipiell und von Anfang an für den europäischen Hexenwahn verantwortlich. Aber bis ins 13. Jahrhundert hat die Kirche den Hexenglauben bekämpft. Auch während der Massenverfolgungen ist der innerkirchliche Protest gegen die Hexenprozesse nie verstummt. Wichtig wurde der Canon Episcopi des Regino von Prüm (906), der gebietet, das Volk über die Nichtigkeit des Hexenwahns zu belehren ...
Der Canon Episcopi wurde deshalb so wichtig, weil er ... geltendes Kirchenrecht wurde und auch in den Zeiten der Massenverfolgungen galt, während der hauptsächlich von dem Inquisitor H. Kramer (Institoris) verfasste Hexenhammer (1487) nie kirchenrechtliche Geltung erlangt hat. Es konnte also immer behauptet werden, die Hexenverfolgungen seien kirchenrechtlich illegal, was auch geschehen ist ...
Aber die lateinische Kirche hat ihre Haltung zum volkstümlichen Hexenglauben vom Hochmittelalter an in verhängnisvoller Weise sukzessiv geändert und eine kirchliche Hexentheorie entwickelt, und zwar:

1. durch ... die Lehre, dass Hexerei auf einem Teufelsbund beruhe.
2. Seit Thomas von Aquin wird zudem die Lehre von der Teufelsbuhlschaft vertreten, die das sexuelle Motiv in den Hexenglauben einführt. Das ist wohl ein Grund dafür, dass in Deutschland überwiegend Frauen als Zauberinnen / Hexen verfolgt worden sind.
3. Schließlich wurden Zauberer den Ketzern gleichgestellt, denn sie beteten den Teufel an ...
4. Seit 1409 (Papstdekret) wurden die Hexen außerdem, analog zu den Ketzern, als eine Sekte gedeutet, die sich verschworen habe, die Christenheit zu vernichten, und sich nächtlich auf Hexentanzplätzen versammelt. Das hatte die fatale Folge, dass diejenigen, die als Hexen angeklagt wurden, Namen von Mitwissern und Mitschuldigen nennen sollten.
5. Im 4. Laterankonzil (1215) wurde die Folter im Inquisitionsverfahren gegen Ketzer zugelassen ...
6. Und schließlich das Inquisitionsverfahren selbst. Es bezeichnet im Römischen Recht ein Verfahren, indem der Richter nicht erst aufgrund einer Anklage (Akkusationsverfahren) tätig wird, sondern selbst ermittelt (inquirere). Da Hexerei außerdem als Ausnahmeverbrechen galt, durfte auch anonymen Hinweisen nachgegangen werden, was der Willkür Tor und Tür öffnete. ...

Erstaunlich ist nun, dass die ersten Weichen für diese Hexenideologie bereits im Hochmittelalter gestellt waren, die Massenverfolgung aber erst zu Beginn der Neuzeit einsetzt. Was ist der Grund für diese Verzögerung?
Das hängt einmal damit zusammen, dass ... der Ruf nach Hexenverfolgungen zunächst und zumeist »von unten« kam ... Wo die Inquisition, also die kirchlichen oder ... königlichen Ketzergerichte ..., mächtig war (Spanien, Portugal mit ihren Kolonien und Italien), hat sie Hexenverfolgungen weitestgehend unterbunden. In Deutschland ist die Inquisition Anfang des 16. Jahrhunderts faktisch gescheitert. Die Hexenverfolgungen wurden Sache der Klein- und Kleinstherrschaften, die sich ganz verschieden verhielten. In freien Reichsstädten gab es so gut wie keine Hexenverfolgungen. Von einer zentralen Steuerung durch das Papsttum kann schon deshalb keine Rede sein.
Als der Inquisitor Kramer / Institoris (1430–1505; Verfasser des berüchtigten Hexenhammers ...), 1485 in Innsbruck eine Hexenverfolgung begann, protestierten Bürgerschaft und Geistlichkeit der Stadt, der Tiroler Adel und der zuständige Bischof, der ihn für »ganz kindisch« durchs Alter erklärte und aus seinem Bistum auswies. Die Verhafteten wurden freigelassen. Danach gab es in Tirol nie wieder eine Hexenverfolgung. Nicht selten und besonders in Österreich sind Anstifter zu Hexenverfolgungen, gelegentlich auch Hexenrichter bestraft, auch hingerichtet worden.
»Von unten«, das heißt: die Bevölkerung wendet sich an die Herrschaft mit der Forderung, den Hexen das Handwerk zu legen. Anlass sind Unwetter und Epidemien.
350 Jahre lang gab es in Europa legale Hexenprozesse (1430–1780), allerdings nicht andauernd und überall. Aufgrund der Akten kann man die Zahl der Opfer ungefähr plausibel schätzen. Behringer gibt die Zahl von ca. 50.000 an. ... Hexenverfolgung war im größten Teil der europäischen Geschichte illegal.
Die illegalen Hexenmorde, die regelmäßig anwuchsen, wenn die Herrschaft sich weigerte, Hexenprozesse durchzuführen ..., kann man nicht schätzen, weil sie nur bekannt sind, wenn gerichtlich gegen sie vorgegangen wurde, wofür es immerhin einige Beispiele selbst aus der Verfolgungszeit gibt. Als der Reichsgraf von Hohenems in seiner Grafschaft Vaduz in zweimal drei Jahren 300 Hexen verbrennen ließ (1648–51 und 1677–80), was 10 % der Bevölkerung ausmachte, wurde er von Kaiser Leopold I. abgesetzt und lebenslang unter Hausarrest gestellt.
Und wie fand der Hexenwahn sein Ende?
Durch die Aufklärung, sagt man. Das stimmt so nicht. Er kam nämlich schon im 17. Jahrhundert weithin zum Erliegen. Die Gegner waren Theologen und Juristen, die sich als Christen verstanden ... Zu nennen sind ... in Deutschland Cornelius Loos (1592), die Jesuiten Adam Tanner (1627) und vor allem Friedrich Spee (1631). Spee, von dem das Adventslied »O Heiland reiß die / Himmel auf« stammt, hat als Gefängnisseelsorger die Erfahrung gemacht, dass sich keine einzige der verurteilten Hexen schuldig wusste. Leibniz beachtet,

dass Spee in seinem Kampf gegen den Hexenwahn frühzeitig gealtert sei. Er wurde von Hexenverfolgern angegriffen, aber von seinem Orden geschützt.

Auf evangelischer Seite sind der Hofarzt Johann Weyer (1563), der Mathematiker Augustin Lercheimer (1585), der Jurist Johann Georg Goedelmann (1587), der Prediger Anton Praetorius (1558), der Tübinger Theologe Theodor Thummius (1621), ... zu nennen ...

Lercheimer stellt 1585 die Frage, warum als Hexen Verurteilte sich jedes Stück Brennholz aus dem Wald holen müssen, wenn sie doch angeblich so Gewaltiges durch Zauber bewirken können. ...Das Reichsrecht erlaubt Folter nur bei vorliegenden Indizien. Im Hexenprozess wird aber auf Verdacht und aufgrund von Foltergeständnissen gefoltert. Spee und später Thomasius greifen zudem die Folter als solche an.

Lercheimer erinnert daran, dass die Kirchenväter widerraten haben, Ketzer am Leben zu strafen, »wieviel mehr soll man mit unwissenden / aberwitzigen Weibern gedult haben«; hat nicht Jesus Petrus vergeben, der ihn verleugnete? ... Und Spee: »Es muss gezeigt werden, wie unser Gott nicht ist wie die Götzen der Heiden, die von ihrem Zorn nicht lassen können. Dass er ein für alle Mal von unbegreiflicher Liebe zum Menschengeschlecht erfüllt ist, die zu tief ist, als dass er nun noch das Versprechen seiner Zuneigung widerrufen könnte. Dass Gott in der Heiligen Schrift einen ewigen Bund unwiderruflich bei sich selbst beschworen hat: Wenn unsere Sünden gleich rot wären wie Scharlach, so sollen sie doch weiß werden wie Schnee. Dass wir aber auch seinen eingeborenen Sohn als Fürsprecher bei ihm haben, den Gekreuzigten, der unsere Schwäche kennt.« ...

Mit Berufung auf Jesu Gleichnis vom Unkraut unter dem Weizen, das auszureißen der Herr den Knechten verbietet, weil sie auch den Weizen mit herausreißen würden (Mt 13,29), hatte Adam Tanner gefordert, die Hexenprozesse so zu führen, »dass nicht aus diesem Prozess selbst auch den Unschuldigen regelmäßig Gefahr erwächst«. Spee, der an Tanner anknüpft, korrigiert ihn. Jesus sagt, »man dürfe wegen dieser Gefahr das Unkraut nicht aus jäten« und rät deshalb zur Abschaffung der Hexenprozesse.

Aus: Richard Schröder, Abschaffung der Religion? Wissenschaftlicher Fanatismus und die Folgen, Herder Verlag, Freiburg i.Br. 2009, S. 207–221.

M 19 William A. Dembski, Intelligent Design

Intelligent design begins with a seemingly innocuous question: Can objects, even if nothing is known about how they arose, exhibit features that reliably signal the action of an intelligent cause? To see what's at stake, consider Mount Rushmore. The evidence for Mount Rushmore's design is direct – eyewitnesses saw the sculptor Gutzon Borglum spend the better part of his life designing and building this structure. But what if there were no direct evidence for Mount Rushmore's design? What if humans went extinct and aliens, visiting the earth, discovered Mount Rushmore in substantially the same condition as it is now?
In that case, what about this rock formation would provide convincing circumstantial evidence that it was due to a designing intelligence and not merely to wind and erosion? Designed objects like Mount Rushmore exhibit characteristic features or patterns that point to an intelligence. Such features or patterns constitute signs of intelligence. Proponents of intelligent design, known as design theorists, purport to study such signs formally, rigorously, and scientifically. Intelligent design may therefore be defined as the science that studies signs of intelligence.
Because a sign is not the thing signified, intelligent design does not presume to identify the purposes of a designer. Intelligent design focuses not on the designer's purposes (the thing signified) but on the artifacts resulting from a designer's purposes (the sign). What a designer intends or purposes is, to be sure, an interesting question, and one may be able to infer something about a designer's purposes from the designed objects that a designer produces. Nevertheless, the purposes of a designer lie outside the scope of intelligent design. As a scientific research program, intelligent design investigates the effects of intelligence and not intelligence as such.

http://www.designinference.com/documents/2003.08.Encyc_of_Relig.htm.

M 20 Georg Büchner, Leiden – der Fels des Atheismus

Georg Büchner (1813–1837) hat in seinem Drama »Dantons Tod« die Spätphase der Französischen Revolution verarbeitet: Während Robbespierre mit unerbittlicher Strenge und konsequentem Machtwillen jeden Widerstand bricht, hat sich Danton einem gemäßigten Flügel angeschlossen, der für die Beendigung des Blutvergießens eintritt. Als er selber von Robbespierre des Hochverrats bezichtigt wird, denkt Danton nicht mehr an Auflehnung und Kampf, sondern sehnt sich nur noch nach endgültiger Ruhe.
Im dritten Akt lässt Büchner Danton und seine Anhänger zusammen mit anderen Häftlingen im Untersuchungsgefängnis auf ihre Hinrichtung warten. Den Tod vor Augen, beginnen sie nach dem Sinn ihres Lebens und Leidens zu fragen. In dieser ausweglosen Lage führt der Engländer Payne den folgenden ironisch scharfsinnigen »Beweis des Atheismus«.

Payne: Es gibt keinen Gott, denn: Entweder hat Gott die Welt geschaffen oder nicht. Hat er sie nicht geschaffen, so hat die Welt ihren Grund in sich, und es gibt keinen Gott, da Gott nur dadurch Gott wird, dass er den Grund alles Seins enthält. Nun kann aber Gott die Welt nicht geschaffen haben; denn entweder ist die Schöpfung ewig wie Gott, oder sie hat einen Anfang. Ist letzteres der Fall, so muss Gott sie zu einem bestimmten Zeitpunkt geschaffen haben, Gott muss also, nachdem er eine Ewigkeit geruht, einmal tätig geworden sein, muss also einmal eine Veränderung in sich erlitten haben, die den Begriff Zeit auf ihn anwenden lässt, was beides gegen das Wesen Gottes streitet. Gott kann also die Welt nicht geschaffen haben. Da wir nun aber sehr deutlich wissen, dass die Welt oder dass unser Ich wenigstens vorhanden ist und dass sie dem Vorhergehenden nach also auch ihren Grund in sich oder in etwas haben muß, das nicht Gott ist, so kann es keinen Gott geben. Quod erat demonstrandum. [...]

Mercier: Halten Sie, Payne! Wenn aber die Schöpfung ewig ist?

Payne: Dann ist sie schon keine Schöpfung mehr, dann ist sie eins mit Gott oder ein Attribut desselben, wie Spinoza sagt; dann ist Gott in allem, in Ihnen, Wertester, im Philosoph Anaxagoras und in mir. Das wäre so übel nicht, aber Sie müssen mir zugestehen, dass es gerade nicht viel um die himmlische Majestät ist, wenn der liebe Herrgott in jedem von uns Zahnweh kriegen, den Tripper haben, lebendig begraben werden oder wenigstens die sehr unangenehme Vorstellungen davon haben kann.

Mercier: Aber eine Ursache muss doch da sein.

Payne: Wer leugnet dies? Aber wer sagt Ihnen denn, dass diese Ursache das sei, was wir uns als Gott, d.h. als das Vollkommne denken? Halten Sie die Welt für vollkommen?

Mercier: Nein.

Payne: Wie wollen Sie denn aus einer unvollkommnen Wirkung auf eine vollkommne Ursache schließen? [...]

Mercier: Ich frage dagegen: kann eine vollkommne Ursache eine vollkommne Wirkung haben, d.h. kann etwas Vollkommnes was Vollkommnes schaffen? Ist das nicht unmöglich, weil das Geschaffne doch nie seinen Grund in sich haben kann, was doch, wie Sie sagten, zur Vollkommenheit gehört?

Chaumette: Schweigen Sie! Schweigen Sie!

Payne: Beruhige dich, Philosoph! Sie haben recht; aber muss denn Gott einmal schaffen, kann er nur was Unvollkommnes schaffen, so lässt er es gescheiter ganz bleiben. Ist's nicht sehr menschlich, uns Gott nur als schaffend denken zu können? Weil wir uns immer regen und schütteln müssen, um uns nur immer sagen zu können: wir sind! müssen wir Gott auch dies elende Bedürfnis andichten? – Müssen wir, wenn sich unser Geist in das Wesen einer harmonisch in sich ruhenden, ewigen Seligkeit versenkt, gleich annehmen, sie müsse die Finger ausstrecken und über Tisch Brotmännchen kneten? aus überschwänglichem Liebesbedürfnis, wie wir uns ganz geheimnisvoll in die Ohren sagen. Müssen wir das alles, bloß um uns zu Göttersöhnen zu machen? Ich nehme mit einem geringern Vater vorlieb; wenigstens werd ich ihm nicht nachsagen können, dass er mich unter seinem Stande in Schweineställen oder auf den Galeeren habe erziehen lassen.
Schafft das Unvollkommne weg, dann allein könnt ihr Gott demonstrieren; Spinoza hat es versucht. Man kann das Böse leugnen, aber nicht den Schmerz: nur der Verstand kann Gott beweisen, das Gefühl empört sich dagegen. Merke dir es, Anaxagoras: warum leide ich? Das ist der Fels des Atheismus. Das leiseste Zucken des Schmerzes, und rege es sich nur in einem Atom, macht einen Riss in der Schöpfung von oben bis unten.

Mercier: Und die Moral?

Payne: Erst beweist ihr Gott aus der Moral und dann die Moral aus Gott! – Was wollt ihr denn mit eurer Moral? Ich weiß nicht, ob es an und für sich was Böses oder was Gutes gibt, und habe deswegen doch nicht nötig, meine Handlungsweise zu ändern. Ich handle meiner Natur gemäß ...

Georg Büchner, Dantons Tod. Ein Drama, Philipp Reclam jun. Verlag, Stuttgart 1986 (Universal Bibliothek Nr. 6060), S. 46–48.

M 21 Hans Jonas, Der Gottesbegriff nach Auschwitz

Doch ... gibt es einen mehr theologischen und echt religiösen Einwand gegen die Idee absoluter und unbegrenzter göttlicher Allmacht [...]. Die drei Attribute [...] absolute Güte, absolute Macht und Verstehbarkeit – stehen in einem solchen Verhältnis, dass jede Verbindung von zweien von ihnen das dritte ausschließt. Die Frage ist dann: Welche von ihnen sind wahrhaft integral für unsern Begriff von Gott und daher unveräußerlich, und welches Dritte muss als weniger kräftig dem überlegenen Anspruch der andern weichen? Gewiss nun ist Güte, d.h. das Wollen des Guten, untrennbar von unserm Gottesbegriff und kann keiner Einschränkung unterliegen. Verstehbarkeit oder Erkennbarkeit, die zweifach bedingt ist: vom Wesen Gottes und von den Grenzen des Menschen, ist in letzterer Hinsicht allerdings der Einschränkung unterworfen, aber unter keinen Umständen duldet sie totale Verneinung [...]. Unsere Lehre, die Thora, beruht darin und besteht darauf, dass wir Gott verstehen können, nicht vollständig natürlich, aber etwas von ihm – von seinem Willen, seinen Absichten und sogar von seinem Wesen, denn er hat es uns kundgetan. Es hat Offenbarung gegeben, wir besitzen seine Gebote und sein Gesetz, und manchen – seinen Propheten hat er sich direkt mitgeteilt. [...] Ein gänzlich verborgener, unverständlicher Gott ist ein unannehmbarer Begriff nach jüdischer Norm.

Genau das aber müsste er sein, wenn ihm zusammen mit Allgüte auch Allmacht zugeschrieben würde. Nach Auschwitz können wir mit größerer Entschiedenheit als je zuvor behaupten, dass eine allmächtige Gottheit entweder nicht allgütig oder [...] total unverständlich wäre. Wenn aber Gott auf gewisse Weise und in gewissem Grade verstehbar sein soll [...], dann muss sein Gutsein vereinbar sein mit der Existenz des Übels, und das ist es nur, wenn er nicht allmächtig ist. Nur dann können wir aufrechterhalten, dass er verstehbar und gut ist und es dennoch Übel in der Welt gibt. Und da wir sowieso den Begriff der Allmacht als zweifelhaft in sich selbst befanden, so ist es dieses Attribut, das weichen muss.

Hans Jonas, Gedanken über Gott. Drei Versuche, Suhrkamp Verlag, Frankfurt a.M. 1994, S. 42–45.

M 22 Sch'ma Jisrael

Höre, Israel, der Ewige, unser Gott, der Ewige ist einzig!
Du sollst den Ewigen, deinen Gott, lieben mit deinem ganzen Herzen und deiner ganzen Seele und deinem ganzen Vermögen. Es seien diese Worte, die ich dir heute befehle, in deinem Herzen. Schärfe sie deinen Kindern ein und sprich von ihnen, wenn du in deinem Hause sitzest und wenn du auf dem Wege gehst, wenn du dich niederlegst und wenn du aufstehst. Binde sie zum Zeichen auf deinen Arm, und sie seien zum Denkband auf deinem Haupte. Schreibe sie auf die Pfosten deines Hauses und deiner Tore!
Und es sei, wenn ihr auf meine Gebote hört, die ich euch heute gebiete, den Ewigen, euren Gott zu lieben und ihm zu dienen mit eurem ganzen Herzen und eurer ganzen Seele. So werde ich den Regen eures Landes zu seiner Zeit geben, Frühregen und Spätregen, du wirst dein Getreide einsammeln und deinen Most und dein Öl. Ich werde Gras in deinem Felde geben für dein Vieh, du wirst essen und satt werden. Hütet euch, dass euer Herz nicht verführt werde und ihr abweichet und fremden Göttern dient und euch vor ihnen bückt. Da würde der Zorn des Ewigen wider euch entbrennen, er würde den Himmel verschließen, und es wird kein Regen fallen und die Erde ihren Ertrag nicht geben, und ihr werdet bald zugrunde gehen aus dem guten Lande, das der Ewige euch gibt. Legt diese meine Worte in euer Herz und in eure Seele, bindet sie zum Zeichen auf euren Arm, und sie seien zum Denkband auf eurem Haupte. Lehret sie eure Kinder, davon zu sprechen, wenn du in deinem Hause sitzest und wenn du auf dem Wege gehst, wenn du dich niederlegst und wenn du aufstehst. Schreibe sie auf die Pfosten deines Hauses und deiner Tore. Auf dass sich eure Tage vermehren und die Tage eurer Kinder auf dem Erdboden, den der Ewige euren Vätern zugeschworen, ihnen zu geben, wie die Tage des Himmels über der Erde.
Und der Ewige sprach zu Mosche also: Sprich zu den Kindern Israel und sage ihnen, sie sollen sich Schaufäden machen an die Ecken ihrer Kleider für ihre Geschlechter und sollen an den Schaufäden der Ecke einen Faden von himmelblauer Wolle anbringen. Sie seien euch zu Schaufäden, ihr sollt sie sehen und aller Gebote des Ewigen gedenken und sie erfüllen, auf daß ihr nicht eurem Herzen und euren Augen nachspähet, denen ihr nachbuhlet. Auf dass ihr gedenket und alle meine Gebote erfüllet und heilig seiet eurem Gotte. Ich bin der Ewige, euer Gott, der ich euch aus dem Lande Mizraim geführt, euch zum Gotte zu sein, ich bin der Ewige, euer Gott.

Übersetzung von Else Schubert Christaller, zit. nach: Robert Raphael Geis, Vom unbekannten Judentum, Freiburg i.Br. 1961, S. 24–26.

M 23 Bild: Buddha auf dem Löwenthron

Aus: Buddhistische Bilderwelt von Hans W. Schumann, erschienen bei Diederichs 1986, im Heinrich Hugendubel Verlag, Kreuzlingen / München.

M 24 Herbert Kumpf, Religionstheoretische Modelle

Der Exklusivismus besagt: Eine Religion – natürlich meist die eigene – ist die wahre Religion. Alle anderen Religionen führen nicht zum Heil, sondern sind bestenfalls unschädlich, verlängern aber den Weg des Menschen zum bestmöglichen Zustand oder führen weg vom höchsten Ziel oder verhindern sogar, es zu erreichen (»Hölle«).

Hinter den »falschen« Religionen können nach dieser Vorstellung gegen Gott gerichtete Kräfte (Dämonen, Satan) stehen. Oder Gott hat sie zugelassen bzw gewollt, um die Menschen zu prüfen, so z.B. eine Deutung im Koran Sure 5,48. Die einzige Chance, ewiges Heil zu erlangen, besteht für die Menschen darin, sich zur wahren Religion zu bekehren. Beispielhaft für diese Haltung ist der von Bischof Cyprian (gest. 256 n.Chr.) formulierte Grundsatz »Außerhalb der Kirche kein Heil« (»extra ecclesiam nulla salus«). Diese Position entstand in der Auseinandersetzung mit christlichen Glaubensgruppen, die nach Meinung der Großkirche eine falsche Lehre vertraten (Häretiker) oder die sich organisatorisch von der Kirche getrennt hatten (Schismatiker). Später wurde dieser Grundsatz auch gegen Juden und »Heiden« gewendet. Von christlicher Seite wird im Zusammenhang mit dieser Position oft Joh 14,6 zitiert: »Jesus spricht: Ich bin der Weg und die Wahrheit und das Leben; niemand kommt zum Vater denn durch mich.«

Inklusivismus

Der religiöse Inklusivismus geht davon aus, dass einige oder alle Religionen Heilsbedeutsamkeit besitzen, dass die wahren Elemente der anderen Religionen aber erst in der eigenen Religion zu ihrer vollen Entfaltung und Bedeutung gelangen. Deswegen ist die eigene Religion geeignet, die wahren Impulse der anderen Religionen in sich aufzunehmen und zur Vollendung zu führen. Eine inklusivistische Position ist immer mit dem Gedanken der Überlegenheit verbunden, weil sie zu wissen behauptet, welche Religion die wahren Impulse anderer Religionen integrieren und vollenden kann. Sie ist nicht exklusiv, weil sie andere Religionen nicht prinzipiell vom Zugang zum höchsten Erstrebens werten ausschließt. Als Beispiel eines Inklusivismus kann der Hinduismus gelten. Er kann in seine Theorie alle anderen Religionen integrieren. Gottheiten anderer Religionen – z.B. Jesus Christus – können als Herabkünfte (avatare) einer hinduistischen Gottheit gedeutet werden. Und jede konkrete Religion kann als eine Zwischenstufe verstanden werden, die für bestimmte Menschen auf dem hinduistisch verstandenen Weg zum Heil hilfreich und wichtig sein mag. Auf der christlichen Seite wird dieses Modell vor allem von der katholischen Kirche vertreten (vgl. Nostra Aetate).

Pluralismus

Beim Pluralismus eröffnen die unterschiedlichen, aber als gleichrangig verstandenen Religionen gleichermaßen Zugang zum Heil. Das Heil, das am höchsten erstrebenswert ist, wird dabei meist sehr abstrakt formuliert, um einen Überbegriff zu finden, dem möglichst alle Religionen zustimmen können. So wird z.B. von »dem Realen an sich« oder dem »Absoluten« gesprochen.

Wie dieses »Reale an sich« von verschiedenen Menschen erfahren und gedacht wird, kann sehr unterschiedlich sein. Einige verstehen es eher personal als anrufbare Gottheit, andere als nichtpersonale Instanz (Brahman, Nirvana, Tao ...). Nach dieser Vorstellung sind Religionen unterschiedliche, menschliche und damit relative Antworten auf das Absolute. Alle bemühen sich, das unerschöpfliche Geheimnis oder die Wahrheit zu entdecken oder ihr treu zu bleiben. Die Religionen ergänzen sich gegenseitig, auch wenn sie für die menschliche Wahrnehmung widersprüchlich erscheinen: Sie sind komplementär.

Positioneller Pluralismus

Ein vom christlichen Standpunkt her entworfener positioneller Pluralismus nimmt einerseits den religiösen und weltanschaulichen Pluralismus ernst und glaubt, dass Gott in der Welt auch durch andere Religionen und Weltanschauungen hindurch handelt und auf diese Weise auch die Welt erhält. Andererseits nimmt er ernst, dass er nur von seiner »Position« ausgehen kann, nämlich dass Gott sich durch Jesus offenbart hat. Der Heilige Geistes schenkt Christinnen und Christen innerhalb der Kirchen einen Glauben, der mit menschlichen Möglichkeiten auf die Offenbarung antwortet (»Wir haben aber diesen Schatz in irdenen Gefäßen ...«). Wegen dieser begrenzten menschlichen Möglichkeiten bezeugen und verkündigen Kirchen Gottes Offenbarung in Jesus immer nur bruchstückhaft, fragwürdig und vorläufig. Christinnen und Christen können also von ihrer Position aus niemals »wissen«, ob und inwiefern der Gott, an den sie glauben, sich in anderen Religionen zu erkennen gibt. Sie haben damit zu rechnen - darüber zu urteilen, wäre Anmaßung. Deswegen ist die einzig angemessene Haltung gegenüber anderen Religionen, sich ihnen mit Respekt zu nähern, dabei möglicher weise sich an eigene (verschüttete) Glaubenseinsichten zu erinnern und sich selbst von daher zu ändern (»Umkehr«). Bei einem gelingenden Dialog kann Gott schenken, dass man sich selbst besser versteht. Natürlich werden dabei auch Unterschiede entdeckt, angesprochen und bedacht, ohne deswegen ein abschließendes Urteil über andere Religionen zu fällen. Man darf und muss auch nicht über andere richten: »Richtet nicht!« (Mt 7,1).

M 25 Gleichnis von den Blinden und dem Elefanten

Es war einmal ein König. In seinem Königreich war ein großer Streit zugange. Einige Männer stritten darüber, wer Recht hatte. Der König war ein sehr weiser Mann und beschloss, den Herren eine Lektion zu erteilen. Er versammelte die streitenden Männer und bestellte einen Elefanten und sechs blinde Männer in seinen Palast. Die blinden Männer wurden zum Elefanten geführt. Nun forderte der weise König die blinden Männer auf, ihm das Aussehen des Elefanten zu beschreiben. Der erste blinde Mann sagte: »Ein Elefant sieht aus wie eine Säule.« Er hatte das Bein des Elefanten angefasst. Der zweite blinde Mann meinte: »Ein Elefant sieht aus wie ein Seil.« Dieser Mann hatte den Schwanz des Elefanten untersucht. Der dritte blinde Mann rief aus: »Nein, ein Elefant sieht aus wie ein Ast!« Er hatte den Rüssel des Tieres angefasst. Der vierte blinde Mann sagte: »Ein Elefant ist wie ein Handfächer.« Er hatte das Ohr des Elefanten in Händen. Der fünfte blinde Mann meinte aufgeregt: »Ein Elefant ist wie eine Wand.« Dieser Mann hatte den Rumpf des Tieres berührt. Der sechste blinde Mann äußerte sich: »Ein Elefant sieht aus wie ein hartes Rohr.« Er hatte einen Stoßzahn des Tieres angefasst. Der weise König erklärte ihnen: »Jeder von euch hat Recht. Ihr habt alle die Wahrheit gesagt. Ihr habt unterschiedliche Teile des Tieres angefasst, deswegen habt ihr unterschiedliche Erklärungen gegeben.«

M 26 Sabine Leibholz-Bonhoeffer, Mein Bruder Dietrich

Von Dietrich ein Bild seines Wesens zu geben fällt mir am schwersten ... Ob die Zwillingschaft mit ihm etwas damit zu tun hat, vermag ich nicht zu sagen. Jedenfalls war die Verbundenheit mit meinen älteren Brüdern und meinen Schwestern anderer Art als die Zusammengehörigkeit mit meinem Zwillingsbruder Dietrich ...

Bei aller Ausgelassenheit und Kraft war Dietrich ein sensibles Kind ... Der Krieg 1914 war ausgebrochen, und wir hörten vom Tod der großen Vettern und der Väter der Klassenkameraden. Und so lagen wir abends nach dem Beten und Singen, zu dem sich unsere Mutter, wenn sie im Hause war, immer einfand noch lange wach und versuchten, uns das Totsein und das ewige Leben vorzustellen. Wir bemühten uns, der Ewigkeit jeden Abend etwas näher zu kommen, indem wir uns vornahmen, nur an das Wort Ewigkeit zu denken und keinen anderen Gedanken einzulassen. Sie schien uns sehr lang und unheimlich ...

Zu seinem siebzehnten Geburtstag schrieb ich ihm mit einem Pinsel in drei Farben die Verse von Tersteegen: »Ein Tag, der sagt's dem andern, mein Leben sei ein Wandern zur großen Ewigkeit. O Ewigkeit, du schöne, mein Herz an dich gewöhne, mein Heim ist nicht in dieser Zeit.« Dietrich hatte sich das von mir gewünscht, freute sich darüber und hängte es in seinem Zimmer auf.

Im Grunewald Gymnasium war er gern und hatte ein gutes Verhältnis zu seinen Lehrern und Mitschülern, wenn er hier auch keinen besonderen Freund fand. Mit fünfzehn Jahren wurden wir zusammen eingesegnet. Damals war Dietrich schon entschlossen, Theologie zu studieren.

Dietrich liebte Feste. Diese Feste und Bälle bei uns erfreuten sich einer gewissen Berühmtheit; sie waren offenbar nie langweilig ...

Meine nahe Verbundenheit mit Dietrich blieb auch bestehen, als sich unsere Wege äußerlich trennten, als Dietrichs Studienzeit und theologische Berufsausbildung begann und für mich nach meiner Verlobung und Heirat mein Mann und die Kinder in den Vordergrund rückten ...

Sehr viel drängte sich in das Jahr 1931. Er war nun Privatdozent an der theologischen Fakultät der Berliner Universität und gleichzeitig Studentenpfarrer an der Technischen Hochschule, unterrichtete auch seine Konfirmandenklasse in der Zionskirche in demselben Jahr. Bei der Einsegnung von Dietrichs Konfirmanden begleitete ich meine Mutter. Wir waren sehr bewegt von dem Gottesdienst und von Dietrichs Predigt. Zum ersten Mal sah ich hier Dietrich im Talar ...

In unsere geschwisterliche Zusammengehörigkeit bezog Dietrich meinen Mann ganz mit ein, und zwar in hohem Maße, besonders als Gert durch das Hitlerregime menschlich und beruflich Schwierigkeiten bekam. Dietrich stand sogleich entschieden zu ihm, wie Dietrich überhaupt der Meinung war, dass die Kirche sich für die Entrechteten und Ins Schweigen Gestoßenen einsetzen müsse. Es genügte ihm nicht, dass sie Frieden predigte und um ihre eigene Erhaltung bemüht war.

1937 sahen wir Dietrich noch bei meinen Eltern. Er lag mit einer hässlichen Grippe gerade zu Bett. Mein Mann, der bei ihm am Bett saß, unterhielt sich mit ihm, und Dietrich sagte plötzlich zu ihm: »Du und ich, wir werden kein langes Leben haben.« ...

Dietrich war kein Heiliger. Aber Christus war »sein Leben und darum auch sein Gewissen«.

Sabine Leibholz-Bonhoeffer, vergangen – erlebt – überwunden. Schicksale der Familie Bonhoeffer, © 2005, Gütersloher Verlagshaus, Gütersloh, in der Verlagsgruppe Random House GmbH.

M 27 Bild: Feedback-Landschaft

M 28 Metakognition

1.1.	Was hat mir am besten gefallen?	
1.2.	Mit was konnte ich nichts anfangen?	
2.1.	Was ist mir neu aufgegangen?	
2.2.	Welche Fragen stellen sich jetzt noch?	
3.1.	Was hat mir Spaß gemacht?	
3.2.	Was hat mir keinen Spaß gemacht?	
4.1.	Welches Vorgehen hat es gebracht?	
4.2.	Was sollte man in Zukunft vermeiden?	